古代交通与地理文献研究

辛德勇 著

2020年·北京

图书在版编目（CIP）数据

古代交通与地理文献研究 / 辛德勇著. — 北京：商务印书馆，2018（2020.2重印）
ISBN 978-7-100-15758-2

Ⅰ.①古… Ⅱ.①辛… Ⅲ.①交通运输史－文献－研究－中国－古代②历史地理－文献－研究－中国－古代 Ⅳ.①F512.9②K928.631

中国版本图书馆CIP数据核字（2018）第015050号

权利保留，侵权必究。

古代交通与地理文献研究

辛德勇　著

商 务 印 书 馆 出 版
（北京王府井大街36号　邮政编码 100710）
商 务 印 书 馆 发 行
三河市尚艺印装有限公司印刷
ISBN 978 - 7 - 100 - 15758 - 2

2018年3月第1版　　开本 710×1000　1/16
2020年2月第2次印刷　印张 21　插页4

定价：60.00元

作者近影

喜读辛德勇的论文集
（代序）

辛德勇的博士论文《隋唐两京丛考》由三秦出版社印行后，我曾在1993年第3期《书城》杂志上写过介绍文章。几年过去，中华书局又出版了他的第一部论文集《古代交通与地理文献研究》，我因为题写了书名的缘故，得先读样书，喜悦之余，不免再说些话。

辛德勇现在已是中国社会科学院历史研究所的研究员、学术委员，在中国历史地理研究这一行中，被认为是有所成就的中青年学人。这本论文集的文章又多数是围绕汉唐长安城的地理尤其是水陆交通等问题作探讨，除了关涉城坊的已见《隋唐两京丛考》外，还旁及唐以后西安城和其他交通要道，对重要文献如《水经注》等也有所考订，公世后自必为研治历史地理以至研治隋唐史者欢迎，在这里毋庸赘说。我要说的只是辛德勇取得这些成就主要依靠了什么，顺便再就此发点题外的议论。

辛德勇的成就突出表现在考证，这也是内行人的共识。我在这里要强调的是，他的考证文章所以写得好，真能解决问题，主要在于他对文献的娴熟，因而考证起来能运用自如，得心应手。熟悉辛德勇的人都知道。他在大学本科读的是地理系，对文献、对考证可说几无所知，到读历史地理硕士生、博士生时才接触了这套学问而大好之。这自然得归功于他的导师史筱苏（念海）先生。众所周知，筱苏先生是以实地考察来解决历史地理问题而享盛名的。实则其文献功底之深厚仍不能忽视，如所提出黄河中上游原有众多森林使水土得以保持这个重要论点，就是掌握了大量文献做出来的。辛德勇当年就是秉承了筱苏先生的教诲，同时奉筱苏先生之命听我的版本目录碑刻等课也起了点作用，从而在文献上下了扎实的功夫。记得当时我正为中华书局点校元人骆天骧的《类编长安志》，此志自元以后即无刻本流传，他看到我用的复印旧抄本，就连我的校语再复印了一部。我有宋敏求《长安志》的毕沅刻初印本，他也借去复印。凡和历史地理直接间接有关的古籍，只要能买到，无不节衣缩食去购置（所以后来他写文章，除查地方志外，一般不必去图书馆，我到他家看过，确已买得很齐全）。购置了便认真读，我看到他的常用书包括《长安志》等复印本上都有蝇头小字的校语。他就在这些文献包括文献的字缝里发现新问题，提出新看法，写出为人们包括老一辈学者所称许的文章。

从这本论文集里举个实例。从长安往东去的崤山古道上有西崤、东崤两个地名，而《左传》上有"殽有二陵焉：其南陵，夏后皋之墓也；其北陵，文王之所辟风雨也"的话（僖公三十二年）。后者是人们熟悉的，因为它曾被加了个《蹇叔哭师》的题目收进了《古文观止》。大概受此影响，有的专家在论述崤山古道时就认为"崤山有二，北为东崤，南为西崤"，把东崤、西崤分派为一在北道，一在南道，以与《左传》北陵、南陵之说相一致，也就是把北陵等同于东崤，南陵等同于西崤。辛德勇在此论文集的《崤山古道琐证》中指出这种讲法有问题。他从《太平御览》卷四二地部七"崤山"条引用西晋戴延之《西征记》中所说的："自东崤至西崤三十里。东崤长坂数里，峻阜绝涧，车不得方轨；西崤全是石坂，十二里，险绝不异东崤。"看出这东崤、西崤是在同一条东西方向的道路上，把东西二崤放到一北一南两条道路上显然是迁就《左传》"殽有二陵"的牵强附会之说。

这是用文献里的硬史料来纠正时贤之说。还有文献记载本身就不精确，甚至互相矛盾，辛德勇也能很好处理，合理解决。如"霸上"这个地名，由于刘邦"先诸侯至霸上"迫使秦王子婴出降而知名。但其地究竟在哪里，《水经注》有两种互相矛盾的说法。《水经·渭水注》说："霸水又左合浐水。历白鹿原东，即霸川之西故芷阳矣，《史记》秦襄王葬芷阳者是也，谓之霸上，汉文帝葬其上，谓之霸陵。"这汉文帝的霸陵和芷阳都在灞水西边的白鹿原上，因此霸上也得在白鹿原上。这是一种说法，颇获得后人的信从，唐李吉甫的《元和郡县图志》、南宋王应麟的《通鉴地理通释》以至今日颇为权威的《中国历史地图集》、1979年版《辞海》都这么定这么说。但《渭水注》在下文又说："自新丰故城西至霸城五十里，霸城西十里则霸水，西二十里则长安城。应劭曰：霸水上地名，在长安东三十里，即霸城是也。高祖旧停军处。"这高祖旧停军处当然就是"先诸侯至霸上"的"霸上"，这里说它在霸水东边的霸城，则霸上又应在灞水的东边而不可能在灞水西边的白鹿原上。北宋乐史的《太平寰宇记》、宋敏求的《长安志》、南宋程大昌的《雍录》都据此来个折衷，说灞水东边的霸城和西边的白鹿原都可称霸上。论文集里收了辛德勇为此撰写的《论霸上的位置及其交通地位》和《再论》、《三论》三篇文章。主要根据《晋书·苻健载记》说桓温伐秦"转战而前，次于灞上"，而《苻坚载记附王猛传》王猛对桓温所说"公不远千里，深入寇境，长安咫尺，而不渡灞水"这条最有力量的史料，来论证霸上只可能在灞水东边，并从其时绾毂长安东方的函谷关、武关、蒲津关三条道路的交会点之在霸上，来论证霸上在灞水东边的合理性。至于《水经注》的前一说，辛德勇用《三秦记》校过，发现系郦道元移录《三秦记》旧文时误置秦芷阳于白鹿原而产生的错误。从正规的考证要求来讲，辛德勇这一套不能不说已达到了精密的程度。

这里还可以用论文集里《考〈长安志〉、〈长安志图〉的版本》这篇文章，来说明辛德勇给文献本身做考订的水平。使用过元人李好文《长安志图》的人都知道，《四库提要》对此书这么说过："此本乃明西安府知府李经所锓，列于宋敏求《长安志》之首，合为一编，然好文是书，本不因敏求而作，强合为一，世次紊越，既乖编录之体，且《图》与《志》两不相应，尤失古人著书之意，今仍分为两书，各著于录。《千顷堂书目》载此编作《长安图记》，于本书为合，此本题曰《长安志图》，疑李经与《长安志》合刊，改题此名。"1979年我撰写《唐史史料学》初稿时，只用没有李好文自序的毕刻本《志图》，也就信从了《提要》的说法。其实《四库全书》写本是有李氏自序的，辛德勇从影印文渊阁本找了出来，根据序中所说"书成后名之曰《长安志图》，明所以《图》为《志》设也"这句话，断定李《图》本系撰绘以补宋《志》，所以除此嘉靖十一年李经刻本外，同样源出元刻的成化四年邰阳书堂本也是《图》、《志》合刻，纠正了《提要》和我的错误。并从李好文友人吴师道的《吴礼部集》里查到了得李氏赠书后所撰写的《长安志图后题》一文（卷一八），证明《千顷堂书目》著录李《图》作《长安图记》为传写滋误。

现在的书评往往流于无原则的捧场。我在上面说了这一些，是否也在为辛德勇捧场呢？我说是的，不过这捧场是有原则而非无原则的。原则者，即如实地讲出这本论文集的长处。好让有些人知道什么才是正经的考证，真正的考证。因为这考证也者实在有点经历沧桑。先是把它和理论对立起来，认为马克思主义者只能讲理论，把考证双手奉送给了资产阶级，说是资产阶级的坏货色，个别以马克思主义自炫的人甚至面斥久有学术地位的老前辈："就是这些线装书害了你！"拨乱反正以后，这种说法失去了市场，考证工作逐渐吃香。但正由于长期把它打入了冷宫，现在重新拣起来往往不会使用，以致规矩的人考证起来也不免闹点笑话，心术不正者则打着考证的旗号玩些乱七八糟甚至招摇撞骗的把戏。什么一下子破译了几百几千个金文甲骨文啦，用家藏的贞观拓本破译了《石鼓文》之谜啦，考证出孙武的出生地啦，珍藏着从竹简抄出的《孙武兵法》八十二篇啦，脂批本《石头记》是刘铨福等伪造的啦，《红楼梦》是讲名叫竺香玉的女人入宫谋杀雍正皇帝啦，每出一说，必有报纸为之宣传鼓吹，但求惊世骇俗，以取得所谓轰动效应为能事。幸好稍有识见者还不致为其所惑，这类过于荒唐的货色正式出版问世的还为数无多。问题是正式出版问世的就都高明了吗？很遗憾，也不见得。在所谓学术书中，仍不免充斥着搭个框架、凑点议论，在通俗读物与教材之间的作品，很少见到以论文集面目出现的高水平出版物。其实真正的学术成果，一开始倒多数是以单篇论文出现的，包括自然技术科学也不例外，所以在国际上学术期刊、论文集、文摘极受重视，而我国老一辈的学者如先师顾颉刚先生的成名之作《古史辨》，就只是他和人家商讨古史的书信集论文集。陈寅恪先生也一向只发表论文，到抗战期间才出了两薄本专著《隋唐制度渊源略论稿》和《唐代政治史述论稿》，其中多数还是以前的论文或据论文所改写。现在不知何故，论文集许多出版社不愿出，说是新华书店不订货，销不出。加上有些学校评职称时书也比论文顶用，哪管只是抄袭拼凑的货色。所以中华书局在此气候中能印出辛德勇这样一本供内行阅读的论文集，实在如我在此文开头说的是令人喜悦的事情。因为我认为要提高我国社会科学、人文科学的水平，总得靠高质量的论文和真正的学术专著；搭个框架、拼拼凑凑的所谓学术书，出得再多也是无济于事的。

黄永年
1997 年 4 月 28 日

目 录

论宋金以前东北与中原之间的交通 1
崤山古道琐证 14
论霸上的位置及其交通地位 40
再论霸上的位置 47
三论霸上的位置 62
论西渭桥的位置与新近发现的沙河古桥 71
唐《东渭桥记》碑读后 93
唐长安都亭驿考辨
　　——兼述今本《长安志》通化坊阙文 100
西汉至北周时期长安附近的陆路交通
　　——汉唐长安交通地理研究之一 104
隋唐时期长安附近的陆路交通
　　——汉唐长安交通地理研究之二 126
汉唐期间长安附近的水路交通
　　——汉唐长安交通地理研究之三 147
长安城兴起与发展的交通基础
　　——汉唐长安交通地理研究之四 156
汉《杨孟文石门颂》堂光道新解
　　——兼析傥骆道的开通时间 164

史万岁南征路线重析 170
有关唐末至明初西安城的几个基本问题 177
宋金元时期西安城街巷名称考录 183
西安碑林迁置时间新说 191
唐骊山华清宫长生殿新解 193

河洛渭汇流关系变迁概述 197
说青州枣 203
唐高僧籍贯及驻锡地分布 205

《水经·渭水注》若干问题疏证 222
古地理书辨证三题 240
古地理书辨证续札
——附说唐代漳州徙治龙溪城的时间 248
《大业杂记》考说 261
考《长安志》、《长安志图》的版本
——兼论吕大防《长安图》 271
《宣和乙巳奉使金国行程录》的一个被人忽略的抄本 304
徐霞客史事二题 307

后　记 313
再版后记 315

论宋金以前东北与中原之间的交通

宋代诗人苏辙曾描述燕山形势说："燕山长如蛇，千里限夷汉，首衔西山麓，尾挂东海岸，中开多箕筆，末路牵一线。"燕山山势高兀，峰谷参差，在其南部更由于流水侵蚀，使坚硬的石英岩基底裸露地表，形成了一条东西壁立的峭脊，宛如一道屏障，横插在东北与中原之间。出入南北，唯赖山海之间的狭长滨海平原（即今辽西走廊）和潮河、滦河两大河流及其支流的河谷。但海滨道路到隋唐以后才逐渐畅通，潮河和滦河等山地河谷也多呈下嵌河曲，河道深狭，崎岖难行。在河流切穿石英岩脊处则形成道道险隘，成为控扼南北往来的咽喉之地。因此，通过燕山十分不易。由于燕山阻隔，直到明代，东北与中原之间的经济地理特征差别一向很显著。同时，也造成了两大区域间在民族与政权分布上的差异，并影响到其间的经济、文化联系。东北与中原之间交通的开拓见诸文字记载的可追溯到春秋时代[①]。随着历史的发展，交通状况也不断变迁。这里仅就宋金以前东北与中原之间的交通状况及其影响，做一初步探讨。

一　主要道路的演变

经山海关走辽西走廊是现在东北与中原之间的主要交通线。然而，山海关的前身临渝关晚至隋唐时期方才产生，此前该道并非畅行通途。宋金以前东北

---

① 《国语·鲁语下》。《左传》昭公九年。

与中原之间有三条主要道路，经山海关走辽西走廊的"傍海道"为其中之一，另外两条是由今喜峰口通过燕山的"卢龙道"和由今古北口通过燕山的"古北道"。迄唐为止，一直以卢龙道为主，辽时以古北道为主，金时始以傍海道为主。

今喜峰口一带夹峙滦河的隘道在汉魏时称"卢龙塞"。卢龙道即出卢龙塞沿滦河左岸北行，再沿滦河支流瀑河北上，直到老哈河上游西岸折而东去，沿大凌河趋向东北[1]。从远古起，该道就沟通着东北与中原之间的联系。旧石器时代大凌河上游和老哈河上游沿岸的原始文化遗迹具有中原地区原始文化向北推移的特征，说明大凌河谷即为人类由中原移入东北的通道[2]。新石器时代在大凌河谷所形成的密集的原始聚落及其文化性质与燕山以南中原地区的密切联系，更清楚地印证了这一点[3]。大凌河和瀑河河谷出土的青铜器反映出在商周时期这条孔道与中原地区的联系更趋密切[4]。卢龙塞以南的令支，春秋时已成为中原华夏族与东北山戎族相互争夺的要地[5]，战国时卢龙塞已以令疵塞的名称出现，当时即作为天下九塞之一与崤关（函谷关）等并重[6]。关塞是道路的咽喉，著名关塞必然控制着重要道路。因此，通过令疵塞的卢龙道在东北与中原之间交通上所处的地位自然无与伦比。正因为如此，西汉右北平、辽西两郡的主要设置几乎都在这一路上[7]。东汉时鲜卑出没频繁，人们仍冒被劫之险而

---

[1] 《三国志·魏书》卷一一《田畴传》及卷一《武帝纪》述曹操经卢龙道伐乌桓，经有卢龙塞、白檀或白檀之险、平冈、白狼山、柳城等地。平冈故城为老哈河上游西岸的黑城子古城，白狼山位于大凌河东岸，柳城在今朝阳市附近。白檀为汉县，在今古北口外的滦平县附近。田畴称卢龙道"近而便"，若经白檀，出卢龙塞后须先西行几百里，再折回东来，南辕北辙，更无近便可言。《田畴传》载田畴献策时称"从卢龙口越白檀之险，出空虚之地"；记实际行程只写"出卢龙，历平冈"，未及白檀。《武帝纪》云经白檀当误。"白檀之险"应指卢龙塞外平冈、白檀间的大片"空虚之地"，这里人稀路危，是一段艰险的路程（参阅〔日〕稻叶岩吉主编：《满洲历史地理》第一卷）。

[2] 辽宁省博物馆：《凌源西八间房旧石器时代文化地点》、《辽宁喀左鸽子洞旧石器遗址发掘报告》，吴汝康：《辽宁建平人类上臂骨化石》，分别载《古脊椎动物与古人类》1973年第2期、1975年第2期、1961年第4期。

[3] 佟柱臣：《东北原始文化的分布与分期》，《考古》1961年第10期；又《试论中国北方和东北含有细石器的诸文化问题》，《考古学报》1979年第4期。

[4] 辽宁省博物馆文物工作队：《概述辽宁省考古新收获》，河北省文物管理处：《河北省三十年来的考古工作》，并载《文物》编辑委员会编《文物考古工作三十年》。

[5] 《史记》卷四六《齐太公世家》。《管子·小匡》。

[6] 《吕氏春秋·有始览》。

[7] 《汉书》卷二八《地理志》下。

走此路①。魏晋南北朝时期攻伐频仍，戎马往来依然多从卢龙道。曹操平定乌桓的著名战役即由卢龙道出兵②。前燕慕容儁南伐石赵，分兵三路而下，亲率主力仍出卢龙道，另外两路都是轻兵③。隋唐时期一般往来仍以卢龙道为常，去往东北地区的要路"营州入安东道"，即经卢龙道入营州柳城后再继续前行④。

隋唐以前卢龙道在东北与中原之间交通上一直起主导作用的原因，一方面在于沿海地表长期积水，阻碍通行（详后）；另一方面大凌河恰由西南流向东北，河谷两侧山脉夹峙，中间一线之路直指东北腹地。迄唐为止，东北开发中心一直在大凌河流域及其以东的辽宁南部温暖湿润宜农地区。且大凌河谷亦温暖湿润，宜于生产，便于生活，历来人口比较稠密，便于商旅往来。故大凌河谷堪称一条名符其实的走廊。

宋辽时期契丹人不仅囊括东北大部地区，建立了空前的地方割据政权，还据有中原大片土地，出入中原的交通更为重要，往来也愈加频繁，特别是经济贸易需要大为增加，傍海道和古北道在此期间都有显著发展。辽国在三条道路的三大关口，即古北口、松亭关（汉魏卢龙塞）、渝关（相当于后来的山海关）三处都设有税官⑤，说明三条路上商旅往来都很频繁。军事上契丹南下也并取三路⑥。但由于辽国政治、经济、军事等活动都以西部的西喇木伦河、老哈河流域为中心，打破了历来以辽东襄平、辽西柳城为东北地区重心的局面，主要交通线也随之改变：卢龙道（宋辽时称为"松亭路"）失去优势地位，西面的古北道一跃而起，成为东北与中原之间最主要的通道。需要指出，卢龙道重要性的下降是相对古北道地位的上升而言，从其自身发展来看，也是日益发挥更大作用。商旅往来在卢龙道也是经常的，并且由辽中京大定府到南京析津府还

---

① 《后汉书》卷八一《赵苞传》。
② 《三国志》卷一《魏书·武帝纪》。
③ 《通鉴》卷九八。
④ 《新唐书》卷四三《地理志》七下载"营州入安东道"。又蓟州渔阳郡下记有"自古卢龙北，经九荆岭、受米城、张洪隘，度石岭至奚王帐"的道路。古卢龙即汉魏卢龙塞，九荆岭或即源于《水经·濡水注》所述卢龙"九岘之名"。石岭辽时或称石子岭，在老哈河、瀑河分水岭处，奚王帐在老哈河上游西岸、汉平冈以北。由石岭东北行，即为去营州之路。可见，"营州入安东道"实即汉魏卢龙道的发展。
⑤ 《辽史》卷一一《圣宗本纪》。路振：《乘轺录》。
⑥ 《辽史》卷三四《兵卫志》。

时或取道于此①。由中原直接前往松辽平原地区则更是常行的要路②。

古北道在十六国时已见通行,但因其险狭崎岖,山路漫长,去往东北方向极为不便,一直没有成为经常性的通途,其作用远不能与卢龙道相比。前燕慕容皝曾由此道南袭后赵蓟城,自谓"诡路出其不意"③,可见该道很少行走。古北口在十六国时称蠮螉塞④,入蠮螉塞即可直达塞内重镇蓟城。该道始自辽南京析津府(今北京市),经今顺义县、密云县附近,北渡潮河出古北口后,在滦平县东北渡过滦河,东趋平泉县,与卢龙道相会。但在北达汉平冈城附近后,又沿老哈河北上,抵辽中京大定府。继续北进,可达辽上京临潢府⑤。辽建国之初就多由此道南下,以后也一直是契丹兵南出的要路⑥。宋辽之间使节频繁往返,几乎无一不出此道。辽国沿途设有驿馆,置民供给行旅⑦。如此完备的交通设施,是东北与中原交通史上前所未有的。辽国还在古北口置有榷场,使山南山北得以贸易⑧。可见,在经济方面古北道也比其他两道更为重要。

女真人继契丹人之后据有东北,建立金国。女真兴起于松花江流域,所都上京会宁府在松花江支流阿什河畔,正处于东北腹心。辽时通过古北道到老哈河、西喇木伦河流域再联系这些地区的交通体系,显然已不能适应新形势的需要。超越前代的大量交往,卢龙道也已难以胜任。这样,东部傍海道得到进一步利用,成为这一时期东北与中原之间的主要通路。

傍海道的畅通,是滨海地带自然环境逐渐改善和人类生产开发的共同结果。辽西走廊地势平衍,依山面海,是连接东北与中原的天然良所。但历史上有相当长时期地表积水严重,以致迟迟不得畅行。曹操北伐乌桓时起初曾试图取道于此,可面对他的是一派"浅不通车马,深不载舟船"的大水,因而不得不改走卢龙道。为曹操指路的田畴称此路夏秋受阻于水由来已久,并非偶然现

---

① 《武经总要》前集卷二二《北番地理》。
② 《太平寰宇记》卷七一营州柳城县。
③ 《晋书》卷一〇九《慕容皝载记》。
④ 参阅〔日〕稻叶岩吉主编:《满洲历史地理》第一卷。
⑤ 《契丹国志》卷二四《王沂公行程录》。《通鉴》卷九六慕容恪败麻秋于三藏口条胡注。
⑥ 《辽史》卷一《太祖本纪》、卷四《太宗本纪》下。
⑦ 《续通鉴长编》卷六八。路振:《乘轺录》。《王沂公行程录》。陈襄:《古灵集·使辽语录》。苏辙:《栾城集》卷一六《奉使契丹二十八首》。
⑧ 路振:《乘轺录》。

象①。实际上正是如此，西汉辽西郡所属十四个县无一位于今锦州到山海关之间的沿海地带②。说明非但交通受阻，生产开发也历来深受限制。东汉灵帝时辽西太守赵苞遣使从今山东迎家眷到官，当时辽西郡西部已为鲜卑出没之地，卢龙道不能畅行，而辽西郡治所阳乐（今辽宁义县西）距海又较近，赵苞的家眷却仍然走卢龙道，结果被鲜卑抓去杀掉③。可见傍海道确是久阻于水。滨海地带的积水还很可能和辽河下游广泛发育的沼泽——辽泽相连属④，这就更要加重对交通的影响。为利用平坦的地势，人们也不断开辟着这条道路。如慕容隽南伐石赵、北齐文宣帝北讨契丹都曾趁冬季地冻时机分兵出傍海道⑤。但该道毕竟很艰难，因为受季节积水所限，沿海一直是无人地带。曹操平定乌桓后由海滨回师，时逢天旱，积水已退，但军马不得饮食，以致需杀马数千匹充饥，凿地三十余丈而得饮水⑥。如此景象，一般人不能不视为畏途。

隋唐时期情况开始有所转变，虽一般往来仍主要经由卢龙道，但傍海道的地位已开始上升，在隋唐几次东征中都起了主要作用。

隋唐出征高丽，均经由临渝关⑦。临渝关（又称渝关、榆关等）位于今河北抚宁县东榆关镇，与明清以后辽西走廊南端的山海关位置不同，地理形势也有所差异，但应同样是傍海道上的关口。日本学者松井等却据此认为隋唐临渝关路并未如明清山海关路一样傍海北上，而是出临渝关后转向西北，沿今滦河支流青龙河左岸北趋大凌河，再折而东去⑧。这种设想是不切实际的。首先，迄于宋金，东起碣石，西止五台，燕山南北除松亭、金坡、居庸、古北、渝关五关外，其余路径"尽兔径鸟道，止能通人，不可行马"⑨。而宋金所谓渝关路乃指傍海道则是明确无疑的。隋唐出师辽东，几乎倾尽全国之师，史称出师之盛，亘古未有。以隋大业八年之行为例，军兵与馈运民夫计有三百万人左右，

---

① 《三国志》卷一一《魏书·田畴传》。
② 《汉书》卷二八《地理志》下。
③ 《后汉书》卷八一《赵苞传》。
④ 参阅林汀水：《辽河平原的沼泽》，《厦门大学学报》1980年第4期。
⑤ 《通鉴》卷九八。《北齐书》卷四《文宣帝纪》。
⑥ 《三国志》卷一《魏书·武帝纪》。
⑦ 《通鉴》卷一七八、卷一八二、卷一九八。《新唐书》卷八四《李密传》。
⑧ 见〔日〕稻叶岩吉主编：《满洲历史地理》第一卷。
⑨ 《大金国志》卷四〇许亢宗《奉使行程录》。

其队伍"首尾相接，连营渐进"①，若竟能走仅可通人的山路，实在不可思议。其次，几次出兵都是先驻平州再出渝关，若出青龙河左岸，从平州（今卢龙县）北上最为便捷，根本没有必要舍近就远，绕道渝关。

松井等推断隋唐东征军未走傍海道的重要理由是认为隋唐军曾经由营州柳城。金毓黻先生也持同样见解②。首先要澄清隋唐东征是否必经柳城。在隋唐历次东征中，途经柳城的记载仅见唐太宗出征时李勣兵发柳城和太宗回师至柳城。柳城为东北战略要地，皇帝亲行，不当漏而不记。唐太宗东征时，李勣是统兵先行，他完全可能傍海北上后先勒兵柳城，再行进发。唐太宗班师至柳城则别有一番用心。此役唐军损失惨重，太宗自恨重蹈隋之故辙，为安抚民心他特地奔赴柳城，为阵亡士卒行葬作祭③。同时，征讨高丽也是对塞外其他诸部族的威慑。契丹、奚都曾发兵从征，也为笼络他们并向其他部族宣示唐朝的恩惠，太宗才到营州，尽召其君长、老人而赐以缯彩④。

唐太宗的行程时间，也反映出他至柳城是绕道专程前往的。出师时太宗由平州到辽泽约行走十三天⑤。南宋许亢宗奉使金国走傍海道，从平州到辽泽约用十一天⑥。许亢宗只身匹马，日行八十多里；唐太宗六军随发，理应稍慢一些。所以二者所取路径应当一致。无论再绕哪一道，都需要更多时间，途经柳城更不可能。至于班师时只用十天就从柳城驰入临渝关，更是非走傍海道不可⑦。

文献记载不能证明隋唐东征军曾经由卢龙道或青龙河谷的道路，却可反映出其所经行的道路为傍海道。隋炀帝大业八年征高丽回师时曾驻于柳城所辖的临海顿（又作望海顿或望海镇），其地临海，在辽河以西⑧。大凌河口至辽河口之间的滨海地带沼泽深重，无法行人，临海顿必定在大凌河口至临渝关之间的

---

① 《通鉴》卷一八一。
② 金毓黻：《东北通史》上编。
③ 《通鉴》卷一九八。
④ 《新唐书》卷二一八《契丹传》。
⑤ 《通鉴》卷一九七。《新唐书》卷二《太宗纪》。《册府元龟》卷一七《亲征》。
⑥ 许亢宗：《奉使行程录》。
⑦ 《通鉴》卷一九八。
⑧ 《隋书》卷七六《虞绰传》。《太平广记》卷四六三瑞鸟条。

海滨，正当傍海道上。可见，隋唐临渝关和明清山海关一样，控扼的是傍海道。

隋唐东征出入傍海道，原因之一是规模过大，卢龙道难以承负。卢龙道行经山地，峻坂萦折，早有"九峥之名"[①]。所以曹操平定乌桓时先要"堑山堙谷"，修治一番[②]。慕容儁伐赵也先槎山通道，以后又专门修凿，才仅可方轨[③]。隋唐倾国东征，自然难以通行。加之去往辽东傍海道更为便捷，但更重要的是海滨积水状况当已改善，因为隋唐时期其他交往也逐渐多利用此路，因而才有设置渝关的必要。如开元四年契丹威胁营州，都督许钦澹即从渝关撤回[④]。唐张守节《史记·朝鲜列传·正义》注汉使涉何自朝鲜归国所入之塞为"平州榆林关"（榆林当为临渝讹转）。汉时并无与唐临渝关相应的关塞，《史记正义》所述，反映的正是唐代使节往返也走过渝关一道。尽管如此，由于历史上长期积水，沿海地区还不能马上开发。五代时晋出帝北迁黄龙府行傍海道，出渝关至锦州之间，目睹遍地沙碛，一路饥不得食，只好吃草木野果[⑤]。与曹操杀马为食的情形相比照，其荒凉程度无甚相差，一般往来不能不受到严重限制。所以，这时的主要交通道路还是卢龙道。

从辽时起，沿海地区才得到开发利用。辽圣宗时在渝关至锦州之间设置了来、隰、迁、润四州，并在隰州置有盐场[⑥]。为傍海道进一步发展奠定了基础。赖此，辽国才可能在渝关设官征收商税。商旅大量往来，反映其交通能力已大幅度增进。到金国兴起、南下中原之时，恰是水到渠成。灭辽之初，女真割燕京与宋，却不舍平州，就是因该道为女真南下最重要的通道。得平州后，女真立即将其升为南京，作为经营中原的门户。随之又从上京会宁府到南京平州每隔五十里设置了驿站，取代古北道成为东北与中原之间管理、设施最完善的道路[⑦]。此后宋金使节往来，均取此道[⑧]。经过有金一代的经营，终于完成了傍海

---

① 《水经·濡水注》。
② 《三国志》卷一《魏书·武帝纪》。
③ 《水经·濡水注》。
④ 《旧唐书》卷一九九下《契丹传》。
⑤ 《新五代史》卷一七《晋家人传》。
⑥ 《辽史》卷三九《地理志》。
⑦ 《金史》卷三《太宗本纪》。
⑧ 许亢宗：《奉使行程录》。洪皓：《松漠纪闻》。《三朝北盟会编》卷二四四张棣《金房图经》。赵彦卫：《云麓漫钞》卷八《御寨行程》。

道的开辟，辽西走廊展现出雏形。

二　南北交通的影响

上述诸路是联系东北与中原两区域的交通命脉，对两区域经济，首先是沿途附近地区经济产生了重要影响。

东北与中原之间的经济交往秦汉时已很密切[①]。这时的主要途径自当为卢龙道。唐代卢龙道是"敕使慰赐"的路径[②]。所谓慰赐，与各部族入贡一样，具有官方贸易性质。辽在古北口、松亭关、渝关三处设官征税，标志着东北与中原之间贸易的飞跃发展，表明这几条道路都已成为必经商路。当时每年在河北榷场上契丹卖给宋人的羊就达数万，马和骆驼等也是榷场上的常货。这些牲畜应大多来自塞外。南面出塞的货物更多，如得燕云十六州后海盐即已大量运出[③]。

南北交往的不断增加，刺激道路所经地区经济迅速开发。西汉辽东郡十八个辖县户数不足二十八万；辽西郡由于地处卢龙要道，所辖十四县就有三十五万多户[④]。由于人口较多和地当要道，直接受中原文化影响，大凌河谷地不仅很早就有农耕经济，从东晋直到宋辽，还曾长期发展过蚕桑事业[⑤]，这在东北各地是十分突出的现象。

古北道和傍海道的开通，更直接促成了沿途经济开发。辽开古北道后，为维持道路畅通，迁奚民定居各驿馆，给以田地维持生计，实际等于令其开荒[⑥]。阿保机由古北道自幽蓟还师塞外，途中发现银铁矿，即令设置采冶[⑦]。宋

[①]《史记》卷一二九《货殖列传》。
[②]《新唐书》卷四三《地理志》七下。
[③]《辽史》卷五九《食货志》上。《宋史》卷一八六《食货志》下一、八。
[④]《汉书》卷二八《地理志》下。
[⑤]《晋书》卷一〇八《慕容廆载记》，卷一二四《慕容宝载记》，卷一二五《冯跋载记》。路振：《乘轺录》。参阅史念海师：《黄河流域蚕桑事业盛衰的变迁》，见《河山集》初集。
[⑥] 路振：《乘轺录》。
[⑦]《辽史》卷六〇《食货志》下。

真宗年间王曾出使契丹时，已见有渤海人聚居的冶铁处，还有达百余户人、专门锻造兵器的聚落，沿途草庵板屋的居民点不断，也有了粗放农业[①]。傍海道迄唐一直荒无人烟，宋辽以后随着交通增频，渐有人移居。辽沿此道置润、迁、来、隰四州，其中隰州之设纯以交通为契机。其原因是辽圣宗由此道迁其帐户去往信州，途中被大雪阻滞，于是把这些人就地安置了下来。以后还在此设置了盐场[②]。金时这四州（均属金瑞州域内）户数已近两万，锦州户数近四万[③]，隰州附近仍置有盐场[④]。辽道宗年间中京、南京等地大饥，锦州海边的海云寺进"济民钱"竟达千万[⑤]。可见，交通的开辟促使经济迅速发展起来。

贸易要有物资集散、交换场所来实现。这种场所有临时性的榷场，如古北口榷场，但更重要的是城市。蓟城（今北京前身）就是绾毂卢龙道的经济都会。蓟城正当从东北南下太行山东大道的转折之处，很早即为重要城市。战国秦汉时乌桓、夫余、秽貊、朝鲜等东北各族都通过蓟城和中原交易[⑥]。辽金以蓟城为南京，在城北置市，"陆海百货，萃于其中"[⑦]。可见其经济之繁荣和对东北贸易的重要性。需要指出，由前述东北与中原交通的发展过程可知蓟城最初产生的交通背景应为卢龙道，而不会是古北道和傍海道。但后来的古北道和傍海道也均经此南下，所以蓟城始终保持着经济繁荣。由于蓟城是去往东北各路的起点，所以在政治、军事上也是历代经营东北的桥头堡。从秦始皇巡视蓟城、汉武帝设置护乌桓校尉[⑧]，到隋唐东征以此为基地，都表明了蓟城的重要性。

与蓟城隔山相对的另一都会是卢龙道上的柳城。柳城始设于西汉，为辽西郡西部都尉治所，最初即为军事要地[⑨]。东晋以后柳城位置有所移动。汉魏柳城在后来的柳城（今朝阳市）之南，大凌河东岸。当时的卢龙道也由平冈而

---

① 《王沂公行程录》。
② 《辽史》卷三九《地理志》三。
③ 《金史》卷二四《地理志》。
④ 许亢宗：《奉使行程录》。
⑤ 《辽史》卷二五《道宗本纪》。
⑥ 《史记》卷一二九《货殖列传》。
⑦ 《辽史》卷六〇《食货志》下。许亢宗：《奉使行程录》。
⑧ 《太平御览》卷二四二引《汉官仪》。
⑨ 《汉书》卷二八《地理志》下。

东，渡过大凌河沿东岸北上。晋咸康七年，前燕慕容皝就为控制卢龙道，南下中原，由近海的棘城迁都到汉柳城以北的大凌河西岸。柳城直接控制着卢龙道，又有大凌河谷的经济为基础，前燕很快就南下中原，灭掉后赵。以后北燕又在此割据，经济上仍是一方中心。北燕亡时，火焚宫殿，经旬不熄①，可见其规模之大。柳城的政治地位更加重要，中原王朝当力量足以越过燕山经营东北时，无不以其为据点。以唐为例，当时东北有室韦、靺鞨、高丽、契丹、奚等族，唐分别设室韦、黑水、渤海、松漠、饶乐等都督府和安东都护府进行羁縻性管理，整个东北唯大凌河流域的营州柳城郡在唐朝直接管理下。对东北的管理，大多要通过柳城的平卢节度使行使②。唐后期营州陷于契丹，就阻断了唐朝与东北其他部族的陆路联系，契丹亦即因之得以征服各部族。柳城失陷，打开了进入中原的大门，成为此后契丹、女真、蒙古相继南下的先声。

辽以后古北道开通，柳城地位有所下降，辽中京大定府（今宁城县附近）代之兴起。辽中京在老哈河上游西岸，不仅处于中原北去辽上京临潢府的路上，而且有古北、松亭（卢龙）两路南下中原，向东沿大凌河谷的卢龙道又可去往辽河流域，因而迅速兴起。辽初中京即已有市③，《乘轺录》记载辽中京有内外两城，幅员三十里，城中居民列廛肆于道旁庑下。在原来牛羊刍牧的土地上，这确是十分显著的发展。

控制道路对军事具有直接意义。西汉时匈奴经常袭扰辽西郡和右北平郡，汉武帝起用李广为右北平太守，镇抚卢龙道上重镇平冈后，阻止了匈奴南下，并为以后由此出击匈奴奠定了基础④。在燕山两侧的军事争执中，为掌握稳固的军事主动，双方都力图据有整个燕山通道。汉击匈奴如此，隋唐征高丽亦然。契丹南下第一步是占据燕云十六州，控制南下之路；女真也是先取平州，掌握傍海道。卢龙道和古北道都形如一线，崎岖艰危；傍海道平坦，也山耸海峙，又迟迟未能畅行。不控制整个道路，极易遭到阻截。如曹操伐乌桓即自

---

① 《通鉴》卷一二三。
② 《旧唐书》卷三八《地理志》总序。《新唐书》卷六六《方镇表》幽州开元二十八年下、卷四三下《地理志》。
③ 《辽史》卷六〇《食货志》下。
④ 《史记》卷一〇九《李将军列传》。

称侥幸得免于危路[①]；慕容隽伐后赵也担忧受到伏击；慕容皝就曾在山道设伏，击溃石虎军队[②]。

后方的给养运输也与战争胜负密切相关。隋唐东征都要先输粮于营州以东，预作准备[③]。若非据有道路北端的营州，这是根本不可能的。宋辽相争时，宋将曹彬等曾兵入涿州，威胁辽平州，平州缺乏军备，只好急忙从显州（今北镇县）经傍海道调取补充[④]。可见控制这些通道对于防守同样重要。

纵观宋金以前东北与中原之间交通的发展历程，可以看出，东北与中原之间的交通是随着东北地区开发的加深而逐步趋于发达的。两大区域间交通的发展又直接影响着这两个区域之间的政治、经济、军事联系。

附一 临渝关考辨

临渝关又称临闾关、渝关、榆关、榆林关等。明清以来对其位置所在即有歧议。《明一统志》认为山海关是明初徐达于抚宁县东二十里处（即今抚宁县榆关镇）移到今处的，其原址即临渝关；《清一统志》及《读史方舆纪要》则认为山海关即隋唐临渝关故址。今或有两从之者[⑤]。实际上临渝关与今山海关无涉，应在今榆关镇。

其一，《清一统志》与《读史方舆纪要》的结论是据《通典》所记临渝关至卢龙间里至推算出来的，而《通典》并无临渝关与附近设置之间明确的相对位置。《通典》固然是研究唐代地理的重要依据，但其记载简略，个别里至与实际有所出入不无可能。《明一统志》成书距所谓徐达移关不及百年，徐达为明初显宦，误记的可能很小。明万历时仕官北京的蒋一葵谙熟燕山边关状况，

---

① 《三国志》卷一《魏书·武帝纪》裴松之注。
② 《晋书》卷一〇九《慕容皝载记》。
③ 《通鉴》卷一八一。《新唐书》卷一四五《高丽传》。《册府元龟》卷四九八《漕运》。
④ 《辽史》卷一一《圣宗本纪》。
⑤ 《辞海》渝关条，上海辞书出版社1979年版，第978页。同条又云渝关筑于隋开皇三年，所据当为《隋书》卷一《高祖纪》上开皇三年三月癸亥城榆关条。然而此榆关并非临渝关，而当为榆林郡之榆关，见《隋书》卷二九《地理志》上、卷五三《贺娄子干传》。日本学者稻叶岩吉主编《满洲历史地理》第一卷对此早有详辨。

也称有徐达移关事①，可证徐达确曾移关。

其二，《清一统志》及《读史方舆纪要》都认为今榆关镇处是辽金时因渝关为腹里之地，关塞湮废，因袭榆关旧名而设的驿所。此说亦欠妥。辽时尚在此设官征税②，渝关仍有作用。况且若渝关果然在山海关处，辽时其地设有迁州，因袭关名的自当为迁州，绝不会中间又隔着润州把关名西移到六十里之外去。

其三，渝关在今山海关以西，宋人有明确记载。许亢宗出使金国时曾于此登高瞩望山川形势，感叹天置此关以限南北③，足证辽金渝关绝非仅为驿递之所。

其四，有关历史事件也表明临渝关在今榆关镇。如契丹李尽忠反唐，先后与唐军战于东、西硖石④；金天辅七年，南京留守张觉据平州归宋，金将阇母自锦州前去征讨，战于兔耳山⑤。兔耳山与东、西硖石均在今榆关镇附近⑥，欧阳修谓榆关北有兔耳，唐时置东、西硖石等戍以扼契丹⑦，可见临渝关绝不可能在今山海关处，而应在今榆关镇。从地理形势上看，今榆关镇是傍海道上仅次于山海关的扼要之处，而当时其外侧荒无人烟、瘠卤相望；加之隋唐时此地山林尚且茂密，可以作为屏障⑧，在此置关也是十分自然的。

附二　都山位置考

都山，又称马都山、乌都山等，始见于唐代。现在一般都认为唐代都山的位置是在今河北省迁安县以北、滦河的两条支流青龙河与瀑河之间，即今都山

---

① 蒋一葵：《长安客话》卷七《边镇杂记》。
② 《辽史》卷一一《圣宗本纪》。
③ 许亢宗：《奉使行程录》。
④ 《新唐书》卷二一八《契丹传》。
⑤ 《金史》卷一三三《张觉传》。
⑥ 《嘉庆重修一统志》卷一八直隶永平府山川。《读史方舆纪要》卷一七直隶永平府。
⑦ 《新五代史》卷七二《四夷附录》。
⑧ 《新唐书》卷一九二《贾循传》。

之所在①。《旧唐书》卷一〇三《郭英杰传》记开元二十一年幽州副总管郭英杰"率精骑万人及降奚之众以讨契丹，屯兵于榆关之外，契丹首领可突于引突厥之众拒战于都山之下"，英杰战死。榆关即今山海关的前身，胡三省云"榆当作渝，此渝关在营、平之间，古所谓临渝之险者也"②，当是。由郭英杰事可知渝关与都山是在同一条通道上的。渝关在今河北抚宁榆关镇，近海。如果都山位置确如现今一般人所指认的那样在今河北迁安北，那么唐时出渝关去往东北的道路就要与后来沿海滨辽西走廊出入山海关的道路大为不同，即出渝关后要向西北转入险厄崎岖的燕山山地。这样一条交通路线显然是颇为令人费解的。据《元一统志》所记，都山在惠州东南200里③。从今图上量之，惠州至今所谓"都山"不及100里。出入很大。再进一步看都山的地理形势。清嘉庆《一统志》及光绪《永平府志》俱云都山"其水中分，东归渝，西入滦"。这一带的渝水有两条。一条是指白狼水上游，即今大凌河；别一条是指渝关附近的渝河。故且不论是指哪一条，都与今所谓"都山"位置不合。因为今都山东西两侧分别是滦河的两条支流青龙河和瀑河。从地图上看，今辽宁建昌县南面的大青山正当滦河与大凌河分水处，同时也是滦河与沿海各小河（包括渝关附近的渝河）的分水岭；并且其西北距元惠州约200里，与《元一统志》所载都山里至相合，应当就是唐代的都山。其山东坡下即今辽西走廊，郭英杰出渝关、赴都山，走的应当就是傍海一道。唐开元年间渤海王大武艺发兵袭唐，亦曾"出海滨，至马都山"④。可以证明都山确是在滨海大道上。

（原载《陕西师大学报》1984年第2期。其中附二《都山位置考》原载《中国历史地理论丛》1989年第3辑，因与本文密切相关，补附于此）

---

① 见〔日〕稻叶岩吉主编：《满洲历史地理》第1卷，谭其骧主编：《中国历史地图集》第5册唐河北道南部图。
② 见《通鉴》卷二一三胡注。
③ 赵万里辑本，卷二，辽阳行省大宁路山川。
④ 《韩昌黎全集》卷二六《乌氏庙碑铭》。

崤山古道琐证

崤山古道是我国古代沟通长安、洛阳两大都邑的东西干道上最为崎岖的一段，其险厄素与函谷并称[①]，而崤山之险实际上较函谷更甚。《淮南子·地形训》列当时天下九塞，函谷不预其间，但与崤山有关的却列有崤坂塞。崤山道为世所重，于此可见。近年来，海内外一些学者对崤山古道的路径及其变迁做了许多研究[②]，或广采博搜，勾沉稽隐，或不避风尘，出入山川，相继发表论著，揭示了这条通道的历史面貌，读后令人景慕不已。唯尚有若干问题，或有言犹未尽之憾。因试为补论，求正于方家。

一　东西二崤与南北二陵

王文楚先生在论述崤山古道的路径变迁时提到东西二崤说：

> 崤山有二，北为东崤，南为西崤，南北二崤都有隘路。……今陕县东硖石镇一带为东崤，隘路盘曲如羊肠，两旁峭壁耸峙，是潼关以东最险之路，其西段陆路沿今青龙涧河支流交口河河谷，东段陆路沿谷水（今涧河）河谷而东至洛阳；今陕县东南雁翎关一带为西崤，隘路也很险峻，沿今青

[①]《战国策·秦策一》。
[②] 严耕望：《唐代交通图考》第1卷《京都关内区·长安洛阳道》，台湾"中央研究院"历史语言研究所1985年刊行。王文楚：《唐两京驿路考》，《历史研究》1983年第6期。胡德经：《两京古道考辨》，《史学月刊》1986年第2期。

龙涧河支流雁翎关河、洛河支流永昌河谷道而行，复循洛河东至洛阳。①

按照王文楚先生的看法，这里所说的两条道路也就是所谓"东崤北路和西崤南路"；同时，从王文中还可以得出这样一个结论，东崤＝北崤，西崤＝南崤。在这两点上，胡德经先生就是带着与王文楚先生相同的看法，在文章中直接绘出"南崤"和"北崤"，分别标注在崤山南北两道上。

按史籍中从无南崤、北崤之说，东西二崤首见于西晋戴延之《西征记》：

> 自东崤至西崤三十里。东崤长坂数里，峻阜绝涧，车不得方轨；西崤全是石坂，十二里，险绝不异东崤。②

认真审读上文，不难看出东、西二崤是东西并列在同一条东西方向延伸的道路上，戴延之是按照他亲身行历的次序由东向西记述东、西二崤一段道路的。既然《西征记》记述得这样明白，那么王、胡二位先生又为什么会把东西二崤南北对置，并凭空推衍出所谓"南崤"、"北崤"来了呢？这从胡德经先生的文章中可以看出一点端倪。胡文说，

> 据《左传》僖公三十二年载，崤有南北二陵，南陵夏后皋墓，北陵有文王避风雨处。经考察，夏后皋墓今仍在，正当崤山南路要冲雁翎关西口，……今文王避风雨处的遗迹尚在，即今陕县硖石，也就是北崤道的必经之处。

在胡文的附图上，正是把南、北二崤分别标在了他这里所说的南、北二陵处，王文附图上西（南）、东（北）二崤的标法也大体相类。可以看出，胡、王两位先生是把崤山地区的所谓南、北二陵与东、西二崤视为一事了。

据《通典》卷一七七《州郡》七河南府永宁县下所引《括地志》，崤山南、

---

① 关于崤山南北两路的具体路线，特别是两路在陕县以东的分歧点，诸家所论，颇有出入，我基本同意王文楚先生的见解，文中不再一一论列诸家异同。

② 《太平御览》卷四二《地部》七崤山条引。

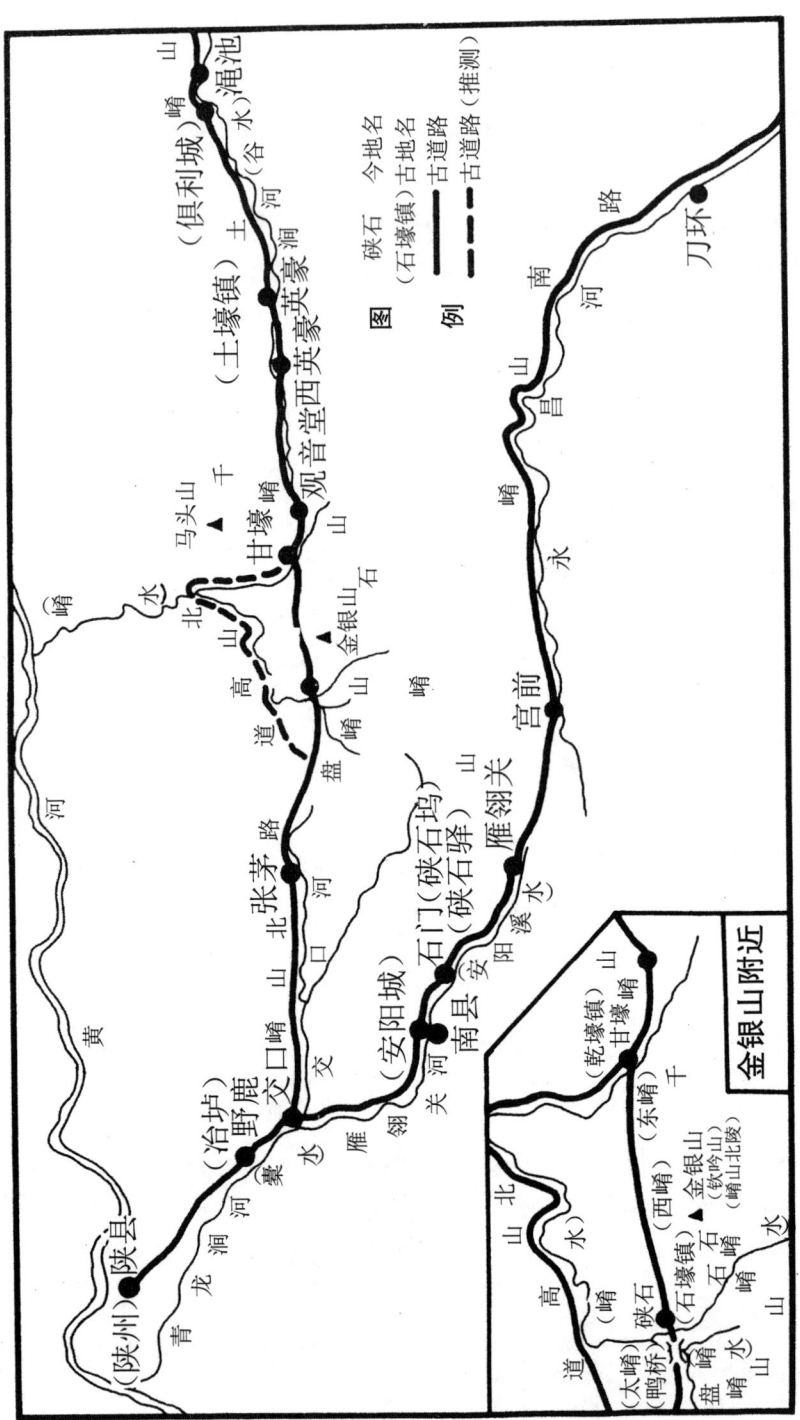

嵶山古道示意图

北二陵南北相距有 10 里左右，不可能在同一条东西道路上（今本《通典》文有舛讹，颠倒南北二陵方向，严耕望先生已有辨正，详见严文）。戴延之《西征记》记述的是崤山北道上的情况，这一方面可以由当时崤山南、北两道的实际使用情况上得到印证——即当时一般都走北道。如《通典》卷一七七《州郡》七河南府永宁县下叙南北两道变迁，云三国以后、北周初年以前，行旅多取北道；又西晋潘岳《西征赋》叙其过崤山路线也是走的北道。另一方面戴延之《西征记》的记述也可以明确证明这一点。如《水经·谷水注》引《西征记》提到他在旅途中曾"至白超垒"，白超垒在新安新函谷关附近，正当北道。因此可以肯定所谓东、西二崤都是在崤山北道上，与南北并立的崤山二陵决然不容相混淆。

二　崤山与崤水

关于崤山地理形势最早、最详的记述，当推北魏郦道元的《水经注》。《水经注》中涉及到崤山或崤水的地方有多处，总起来看由西向东有盘崤山、崤水（入河），石崤山、石崤水（入崤水），千崤山、千崤水（入河），土崤（三崤）。这些地点虽然已不可能完全一一确指，但其大致所在还是可以推究的。

首先可以确定土崤的大致位置。土崤见于《水经·谷水注》：

> 谷水出千崤东马头山谷阳谷，……东经秦赵二城南，……世谓之俱利城。……昔秦赵之会，各据一城。……谷水又东经土崤北，所谓三崤也。

谷水即今洛河支流涧河，上源处今仍有山名马头山，在今陇海铁路观音堂站北面，当即沿用古代旧名；俱利城即今渑池县西"秦赵会盟台"处；因此所谓土崤应即指"秦赵会盟台"一带的山地。

由谷水上源马头山向西，按照《水经·谷水注》的记载应是千崤山。在《水经·河水注》中，黄河在三门砥柱以下、马头山区以西，有两条较大支流由南岸并行汇入。一条是出自千崤山的千崤水，另一条是出自盘崤山和石崤山的崤水。千崤水在东，崤水在西。同时《水经注》还记载这两条河流也都横切过崤山古道。但是，事实上现在在这一地段上却只有一条河流北入黄河（在今陕县天冶河、涧底河村附近入黄河），在这一带山地中河道也不可能发生剧变，因此《水经注》的记载肯定有误。从《水经注》的文字来看，它对崤水、千崤水在崤山古道附近的一段，描述得都十分具体、生动，不会有什么错讹，更不会是向壁虚造的。但是下游近黄河段却都没有什么内容，显然作者对这一段不如上游熟悉。所以《水经注》的错讹应当是错把同一条河流上源的不同支流分成了两条各自独立的河流，即千崤水与崤水应是同一河流。从名称上看，应以崤水为主流名，千崤水作为支流汇入崤水，再北入黄河。《水经·河水注》记崤水：

> 出河南盘崤山，西北流水上有梁，俗谓之鸭桥也。历涧东北流，与石崤水合。水出石崤山，山有二陵，南陵夏后皋之墓；北陵文王所避风雨矣。言山径委深，峰阜交荫，故可以避风雨也。秦将袭郑，蹇叔致谏而公辞焉。蹇叔哭子曰：吾见其出，不见其入。晋人御师，必于崤矣，余收尔骨焉。孟明果覆秦师于此。

这里石崤山的位置又与上节提到的崤山南北二陵联系到了一起。南北二陵中崤山北陵侧临大道，为周文王所曾经历，也是《春秋》僖公三十三年秦军千里奔袭郑国，在中途全军覆没的地方。《水经注》关于崤山南北二陵这一段记述是兼采《左传》及杜预注写成的。《春秋公羊传》记蹇叔送子时曰："尔必死于崤之嶔岩，是文王之所避风雨者也。"《春秋谷梁传》作"女死必于崤之岩唫之下"。汉高诱注《淮南子·地形训》崤坂云："钦吟是也。"《说文解字》山部有"岑崟"，乃形容山貌之词。除《谷梁传》"岩崟"疑当为"嶔崟"之讹外，余几处读音均相近，当是同音讹转。崤山北陵当由山貌"岑崟"而得其名。今陕县硖石镇东南有"金银山"，北侧古道，山势险峻，疑即"钦吟"音转，可将其比定为崤山北陵。

然而钦吟山亦即崤山北陵只是石崤山的一部分。如上节所述，其南十里左右还有夏后皋墓所在的崤山南陵。由金银山向南十里，已到今响屏山东北的"大槽沟"一带（直线距离），而石崤山的范围比这还要大一些。由此向西南可以再推到响屏山以西，接近雁翎关。因为发源于此的青龙涧河支流雁翎关河古称"安阳溪水"，《水经·河水注》称其"出石崤南"。

确定了石崤山的位置和范围，也就可以推断其他几个地方的所在了。在天冶河和涧底河村附近流入黄河的这条河溪在上游有两大支源头。东支经甘豪，西支经硖石。甘豪一支东侧即谷水所出的源地马头山，因此应是《水经注》的千崤水。当然，千崤山的位置也就可以同时确定在这里了。在它的西面，就是石崤山北段的"金银山"（钦吟山）。西面经硖石的一支溪流，在硖石又可分为东西两支。东面一支侧近"金银山"，当即石崤水。其西应即盘崤山和《水经注》中的崤水正源。盘崤山应是指崤山山区西部接近交口河这一段。因由东西行，山路至此纡曲下降而得名，故潘岳西行至此自称"降曲崤"①。

至此，崤山、崤水的面目已基本廓清。

三　东崤、西崤与北山高道

在前面第一节论述了东、西二崤应同在崤山北道上。东、西二崤的具体所指，首见于《通典》卷一七七《州郡》七河南府永宁县下引《括地志》云："文王所避风雨即东崤山也（按今十通本"崤"讹作"垣"，据清嘉庆《一统志》及《读史方舆纪要》引文改），俗亦号为文王山。"按照《括地志》的说法，东崤山即石崤山北段的钦吟山，亦即今金银山，而西崤所在仍未言及。据前引《西征记》，东、西二崤是崤山北道上最为险厄的地段，二崤之间有三十里左右；而实际上崤山北道上最险的地段是千崤、石崤之间这一段。若以东崤当石崤钦吟山，则由此西去盘崤甚近，路又渐趋平缓，故无山可当西崤。同时，《水经·河水注》又载由潼关"历北出东崤，通谓之函谷关也"，崤山北

---

① 《文选》卷一〇潘岳《西征赋》。

道上千崤与石崤险隘相侔，若以石崤当东崤，那么，这个广义的函谷关（实际上是指一条隘道）就要在石崤山处断然中止，而把同样险峻的千崤山段排除在外，这显然是不合乎一般情理的。因此颇疑《括地志》"东崤"乃"西崤"之讹，即西崤是指石崤钦吟山，东崤则应指千崤山。《水经·河水注》千崤水下载：

> 汉建安中曹公西讨巴汉，恶南路之险，故更开北山高道，自后行旅率多从之。今山侧附路有石铭云："晋太康三年宏农太守梁柳修复旧道。太崤以东，西崤以西。"明非一崤也。

曹操西征开北山高道，是指在崤山北道之北别开山路，其所谓南路，实指通常所说的北道。这一点诸位学者都已指明。曹操这次征西开路事，别见于《左传》僖公三十二年杜注，系于秦师袭郑经崤山北陵事下。上节已经指出，《水经·河水注》石崤水下叙崤山南北二陵事是兼采《左传》及杜注写成的，那么郦道元为什么不把曹操西征开路事仍与崤山二陵事一起放在石崤水下呢？这只能是与梁柳修复"旧路"一事有关。梁柳修复的所谓"旧路"也就是原来的崤山北路。这件事是《左传》杜注中所没有提到的，郦道元把它系于千崤水下，是因为"今山侧附路有石铭"，记录了这一事件。当然，石铭所在的这座山也只能是指千崤山。铭文中"太崤以东，西崤以西"，应是指梁柳修复的"旧路"起迄地段。《通鉴》卷一八〇隋炀帝大业元年三月丁未废二崤道条胡三省注引《水经注》文作"太崤以东，东、西崤以西"①，是知今本《水经注》脱一"东"字。石碑既然立在千崤山间，千崤山间一段"旧路"也自应在梁柳的施工范围之内，同时千崤山也应是梁柳所修路段的东界。这样看来，梁柳修路碑铭中的东崤也只能是指千崤山而言了。通过梁柳修路碑铭可以更有力地证明东、西二崤都是在崤山北道上，与南道无涉。东崤既然是指千崤山，那么相应地西崤即应指石崤山。石崤山本即以山有"纯石"而得名②，戴延之《西征记》

---

① 为排除今标点本有排印错误的可能性，另检核了清胡克家翻刻元兴文署本《通鉴》及熊罗宿《胡刻资治通鉴校字记》。又今标点本《通鉴》将"太崤以东，东、西崤以西"二句标在铭文引号外，当误。

② 《文选》卷一〇潘岳《西征赋》李善注引刘澄之《地理书》。

称西崤"全是石坂"正与石崤山合。前论《括地志》"东崤"为"西崤"之讹可以定立。

梁柳修路碑铭同时又是关于曹操"北山高道"的一项重要资料。关于"北山高道",由于资料缺乏,以前一直没人能做出复原路线。胡德经先生在文章中称经过考察,揭开了这个"历史之谜",指出这条道路是自今新安县铁门西北,向西经韶山南坡、大小扣门等地,远远地兜了个大圈子以后,一直到了陕县东面近邻的磁钟,才和秦汉故道相合;但过了陕县城就又马上分开,一直到弘农河西岸的稠桑原,才重与秦汉旧路合。胡德经先生除了泛泛谈到当地"仍有古道路型、路槽、车轨、营寨以及汉魏石雕等文物存在"外,并没有提出任何具体根据。而单单这样泛泛而论是不能证明他所复原的这条道路的。因此这里也只能先就事论事地从情理上来推断这一复原。曹操别开北山高道,是因为"恶南路之险",而原来道路的险仄,主要是在东、西二崤之间的地段。因此新开"北山高道"只要能避开这一段路途也就应该可以了。如果像胡德经先生说的那样,"北山高道"长达"二百九十三华里"的话,需要花费大量工时、人力、物力,得失相较,恐怕没有什么必要非开新路不可。况且曹操西讨巴汉时为建安二十年,当时天下纷扰,曹操仍南征北战,奔波不迭,恐怕也顾不上在荒无人烟的崤山北部山区里骤然调集大批人力、物力来开辟这样漫长的一条新路。再说像胡德经先生所说的那样一条山路,纡曲行进在崎岖的山梁上,也不会比旧路容易多少。从梁柳修路碑铭可以看出,"北山高道"开通后荒弃不治的主要是"太崤以东,东、西崤以西"一段。《左传》杜预注注崤山北陵(即西崤),也说"古道由此,魏武帝西讨巴汉,恶其险而更开北山高道",也可以从侧面证明这一点。"太崤"仅见于此,以实地度之,唯有盘崤山可当。晋魏间人既以盘崤山为崤水正源所出,别称之为"太崤"也是合乎情理的。这样说来,曹操所开"北山高道"应从盘崤山西侧即今硖石西开始离开旧路,向东则至千崤水,沿千崤水谷地上溯南行,至千崤山下与旧路相合。因为《水经·河水注》千崤水下云"其水北流,缠络二道",说明新旧两路都有一段是与千崤河谷并行的。这条"北山高道"的具体行经地点虽然还有待于实地考察,但是上面描述的大致行径应当与历史实际相去不会很多。这一点也是与严耕望先生认为北山高道"仅就崤山地区之短距离而言"的看法是一致的。

附带指出，胡德经先生在文章中把梁柳修路事理解为修复曹操北山高道，这是明显错误的。这一点由潘岳《西征赋》可证。《西征赋》是晋惠帝元康二年潘岳西赴长安任职时述其行役之作①，时届晋武帝太康三年梁柳修路只有十年，而他却记述行经有渑池、俱利城、崤坂和崤山北陵的秦师败绩之处，这显然还是曹操开北山高道以前原来的旧路。

四　二崤山与三崤山

崤山地区又有二崤山或三崤山之说。二崤山或三崤山与崤山古道关系密切。严耕望先生互引二说，未为辨正；王文楚先生则径以二崤为说；再向远一点追溯，则有顾祖禹视二崤、三崤为一事，云"三崤山亦曰二崤"，未判孰是。今贺次君先生点校本《元和郡县志》作"二崤山"，校语云：

> （张驹贤）《考证》："二"王应麟引作"三"，自注云："隋大业元年废三崤道。《水经注》云'又东土崤北，所谓三崤也'。"此疑脱。今按："二崤"非误，《西都赋》"左据函谷、二崤之阻"，是乃土崤、石崤，王应麟引《水经注》"二崤"误"三"。

基于同样的理由，贺次君先生作《括地志辑校》，也把《史记·秦本纪·正义》引《括地志》之"三崤山"改订为"二崤山"。贺次君先生校订的这两种书是唐代的重要地志，也都是现在通行的本子，影响面很广。因此也更有必要仔细考辨一下孰是孰非。

从时间顺序上看，二崤比三崤见于史籍要早。二崤最早出现是在东汉，除上面贺次君引班固《西都赋》云长安"左据函谷、二崤之阻"外，《续汉书·郡国志一》亦载弘农郡渑池"谷水出，有二崤"，《后汉书》卷三四《梁统传附玄孙冀传》亦云冀"广开苑囿，采土筑山，十里九坂，以像二崤"。但在

---

① 见《文选》卷一〇《西征赋》李善注。

这一阶段也并没有"二崤山"的提法,只是称"二崤"。从《后汉书·梁统传》的记载来看,二崤应当在同一条崤山坂道上。汉魏之际张白骑叛于弘农,庞德"破张白骑于两崤间"①,这一事例可以进一步证明上述看法。根据《通典》卷一七七《州郡》七河南府永宁县下的记述和《左传》僖公三十二年杜注,在曹操另辟北山高道以前,一直是走崤山北道的。《后汉书》卷一七《冯异传》载异"奋翼渑池",大破赤眉军于崤底,可以直接证明这一点。又晋郭璞注《穆天子传》云新安十里有九坂,也可以与《后汉书·梁统传》之二崤"十里九坂"相印证,因为新安同样是在崤山北道上。因此,所谓"二崤"就应当是指崤山北道上的两个地段。而从班固《西都赋》将二崤与函谷并举这一点来看,二崤应是崤山北道上最险厄的一段,那这也就是西晋戴延之在《西征记》中所点明的东、西二崤了。

由于后人往往想当然地错把二崤与二陵联系起来,所以二崤的位置也被弄得扑朔迷离。如唐李贤注《后汉书·班彪列传》云:"《左传》曰'崤有二陵,其南陵夏后皋之墓,其北陵文王之所避风雨',故曰二崤。"《史记》卷五五《留侯世家·正义》云二崤山"在洛州永宁县西北二十八里",这显然只能是受崤山南夏后皋墓位置的影响,加上唐人以走崤山南路为多,就把崤山北路上的二崤与侧近南路的崤山南陵混为一事了。

从北魏开始出现三崤山的说法。《魏书·地形志下》恒农郡崤县:"有三崤山。"按照郦道元在《水经·谷水注》中的解释,谷水北岸的土崤别称"三崤"。但是《北史》卷二一《崔宽传》载宽在北魏时出任陕城镇将,云"三崤地险,人多寇劫","三崤"似乎不能专以土崤一山当之,而应当是指当时通行着的崤山北道上较长的一个地段。按北魏以前崤山北道上有东、西二崤之说,《水经·谷水注》称土崤"所谓三崤也",应当是指土崤为东、西二崤之外的第三崤,而一般所谓"三崤山"或"三崤"应当是合指西崤石崤、东崤千崤和"三崤"土崤。这样理解才能符合《北史·崔宽传》的原意。不然,相比之下,《魏书·地形志》也绝无理由独列"三崤山"而不及东、西二崤。三崤山应包括东、西二崤在内,还可以从后代的记载中看出。《史记》卷五《秦本纪·正

---

① 《三国志》卷一八《魏书·庞德传》。

义》引《括地志》云"三崤山又名嵚岑山",嵚岑山也就是钦吟山,亦即西崤。

从北魏开始,一般也就不再提二崤,文献上往往都是称三崤山或三崤。如《金石萃编》卷六三《唐□□寺造双像记》(按据《八琼室金石补正》卷四四,当题为《鸿庆寺碑》)云:"曾祖昌仁,周三崤镇将。""三崤"煌然勒诸金石;而且据《八琼室金石补正》卷四四著录,鸿庆寺碑即出于渑池,渑池县义马东面的石佛村今仍存有鸿庆寺旧址,这里与三崤山可谓近在咫尺,当地人立碑,总不至于把地名也刻错。这是确有"三崤山"一名,而非如贺次君先生所云三崤乃二崤之误的明证。又贺次君先生释《西都赋》之"二崤"为"土崤、石崤",没有提出任何根据,其实这是从唐孔颖达《春秋左传正义》中随意敷演出来的。《左传》僖公三十二年《正义》云:"崤是山名,俗呼为土崤、石崤。"这里只不过是说整个崤山的某些部分被称土崤或石崤,与二崤毫不相涉。因此贺次君先生的论断是找不到可靠根据的。又贺次君先生云王应麟引《水经注》,二崤误为三崤。其实这也找不到任何证明。因为现今常见的几种主要版本的《水经注》都是写作"三崤",与王应麟所见完全一致,是不容凭空设疑的。

北魏以后在个别书籍中还可以见到二崤或二崤山的写法,但这往往都是三崤的讹写。比较典型的如《隋书·地理志》河南郡熊耳县"有二崤",这应当也是受《左传》二陵的影响,袭用了已经不用的前代旧称,并且沿袭前人错误,把"二崤"的位置也错向南移。又如《通鉴》大业元年三月丁未"废二崤道,开䕌册道",此即废崤山北路,辟用南路,诸家已均有定说。《通鉴》叙大业间事,多采有唐杜宝《大业杂记》而每有讹误①。今传《大业杂记》诸本均作"废三崤旧道,令开䕌栅道";另外北宋王应麟《通鉴地理通释》卷八《七国形势考·秦》崤函条下自注亦云"隋大业元年废三崤道";再如《千唐志斋藏志》第22号《隋通事舍人长孙府君(仁)并夫人陆氏墓志》载长孙仁"检校河南陕县令事。于是玄感初诛,余烬尚梗;三崤谷口,心膂所寄",墓主为河南洛阳人,葬地在河南县瀍涧乡,离三崤地区也都不是十分悬远,三崤为洛阳西行必经之地,尽人皆知,按理也不会误刻。由上述事实可以确证隋代也并无二崤之说,当以三崤为是,时人称崤山北路为三崤道,而不是二崤道。附带

---

① 别详拙稿《〈大业杂记〉考说》(已收入本书)。

指出，今本《唐会要》卷八六《道路》下载"贞观十四年七月三十日，移五崤道于莎册，复旧路"，即废崤山北道，行南道。王文楚先生云"五崤"为"二崤"之讹。其实"五"、"三"字形更为相近易讹，根据上文所论，可以断定，"五崤"当为"三崤"之讹。

唐代提到二崤山的，除了前面说过的今本《元和郡县志》以外，还有《史记》卷五五《留侯世家·正义》。然而《史记正义》释地多本《括地志》为说，而《史记》卷五《秦本纪·正义》引《括地志》明为三崤山，已见于上文所举，《留侯世家·正义》当是受《左传》二陵影响致误，不足为信。至于今本《元和郡县志》的二崤山，则可以从几个方面证明是错讹的。其一，《元和郡县志》前后的唐宋重要地理文献都提到过三崤山。如上述《括地志》；又如《太平寰宇记》卷六陕州硖石县下亦同。其二，如前所述，从北魏开始到隋代，一直是称三崤而不称二崤。其三，不仅王应麟《通鉴地理通释》引《元和郡县志》作三崤山，清嘉庆《一统志》河南府山川"崤山"条下引《元和郡县志》也同作"三崤山"。因此，不仅没有理由否定《通鉴地理通释》所引《元和郡县志》"三崤山"的记述，而且还有充分理由可以否定今点校本《元和郡县志》"二崤山"的错误。

除此之外，尽管还有一些文献记有二崤山，但这些都显然是书生著述受《左传》二陵或班固二崤之囿所致，而不是当时的实录。前述两件唐代石刻可以作为明证，已无需一一辩驳。谭其骧先生主编的《中国历史地图集》，从第2册东汉时期起，在北魏、隋、唐、北宋、金等多幅图上标绘了二崤山或三崤山的位置，如果按照本文的观点，这些图上的标注在名称和位置上都是不够准确的。

五　三崤与三壕

石崤（西崤）、千崤（东崤）和土崤三崤从西向东一字并排在崤山北道上，同时在崤山北道上从西向东又恰恰并排有石壕、乾壕和土壕三个居民点[①]，唐

---

① 见宋郑刚中：《西征道里记》。

时即有"三壕"之合称①。石壕即杜甫作《石壕吏》诗处②。乾壕见于后唐潞王清泰元年，为潞王东入洛阳所经之地③。土壕则是金宣宗贞祐四年金将兵部尚书蒲察阿里不孙遇元兵全军不战而溃的地方④。石壕、乾壕和土壕见于史籍都是在唐代以后，而崤、壕二字在汉语中古音中完全相同，千、乾二字读音也比较接近⑤；三崤是崤山北道上的险段，而三壕也被行人称为"难处"⑥，能否是石壕、乾壕、土壕这三个地名得自于各自依傍石崤、千崤和土崤，因音近或音同讹转而来的呢？

首先看一下石壕的所在。唐代杜甫经过时石壕还只是个小村，故《石壕吏》开篇即云"暮投石壕村"，到了宋金时代，石壕、乾壕和土壕就都已分别设镇了⑦。石壕设镇，据《宋史·地理志》记载是在北宋"熙宁六年，省硖石县为石壕镇，入陕县"⑧，这样看来，石壕的位置与硖石县治所有密切关系，或者更明确些说，石壕就是旧硖石县治所在。但是严耕望先生却认为"盖其时省硖石县，而于石壕置镇，并入陕县，……非谓硖石县即在石壕也。检《纪要》（今按指顾祖禹《读史方舆纪要》）四六，永宁县目崤县条云：'武德三年自石坞移治鸭桥，……十四年移治硖石坞，改曰硖石县，而旧崤县为石壕镇。'是也"。《读史方舆纪要》时代已晚，其叙硖石沿革既不足征信，叙事又不清楚。硖石是由北魏崤县发展而来的，唐宋诸地志中《太平寰宇记》卷六陕州硖石县下述其在唐宋时代的建置变化最详：

> 唐义宁元年再置崤县，理硖石坞，二年省。武德元年再立。三年移理鸭桥故镇。贞观八年移于安阳城。十四年移于硖石坞西，即今县是也。

---

① 《智证大师全集》卷四《天台宗延历寺座主圆珍传》。
② 《困学纪闻》卷一八。
③ 《通鉴》卷二七九后唐潞王清泰元年三月丁卯，又四月庚午。
④ 《金史》卷一〇〇《完颜伯嘉传》。
⑤ 郭锡良：《汉字古音手册》，北京大学出版社1986年版。
⑥ 《智证大师全集》卷四《天台宗延历寺座主圆珍传》。
⑦ 《元丰九域志》卷一河南府渑池县、卷三陕州陕县。《金史·地理志》中陕州陕县。
⑧ 《宋史》卷八七《地理志》三。

王文楚先生分析这段文字认为：

（一）据《旧唐书·地理志》硖石县，武德三年"自石坞移治鸭桥"，所以怀疑《太平寰宇记》义宁元年崤县理"硖石坞"应是"石坞"之误。据民国《陕县志·古迹》载，石坞在"安阳城"稍东今石门。"安阳城"在今陕县东南雁翎关西二十里之南县村（按今南县村在雁翎关河南岸，雁翎关河即《水经·河水注》之安阳溪水，据《水经注》，安阳城当在安阳溪水北岸，今从改）。

（二）贞观十四年所移治硖石坞即今硖石镇。在此后未久，"即在此年七月移崤山道于南路时（今按事见《唐会要》卷八六《道路》），复徙硖石县于南县村"。理由是"因今硖石镇在陕县老城（唐陕州）东七十里，而《太平寰宇记》明确记载硖石县在陕州东南五十里，以方向道里考之，硖石县应在今南县村，可见《太平寰宇记》叙述硖石县址迁徙缺载贞观十四年七月复南移安阳城之事"。

王文楚先生这两点看法的中心意思是硖石县设在今硖石驿只有贞观十四年上半年内的一小段时间。硖石县究竟在今硖石驿设有多久？下面还是来重新审度一番《太平寰宇记》的记载。

《太平寰宇记》记载硖石县的最后一次治所移动是在唐贞观十四年，移于硖石坞①，硖石县也是到这时才根据县治的名称由崤县更名的②。按照乐史的说法，此后一直到北宋太平兴国年间作《太平寰宇记》时始终未曾移徙。王文楚先生以《太平寰宇记》硖石县与陕州之间的方向道里推论贞观十四年硖石县移至硖石后，旋即在当年复南迁今南县村亦即古安阳城，这是缺乏充分依据的。因为《太平寰宇记》记硖石县在陕州东南五十里，从"方向"上来说，今南县村和硖石驿都在陕州"东南"，只是硖石驿要偏东一些、南县村要偏南一些罢了。如果按照《元和郡县志》的记法，则硖石县"西至州五十里"，看起来还更接近于今硖石驿的方向（按照王文楚先生的看法，《元和郡县志》时代的硖石县与《太平寰宇记》时代也应是同在一地的）。至于"道里"问题，那是不能过分拘泥的。今硖石驿和南县村距古陕州的距离相差并不是十分悬远，而古

---

① 《太平寰宇记》原作"硖石坞西"。今按两《唐书·地理志》均作硖石坞，疑"西"字当衍。
② 《旧唐书》卷三八《地理志》一。

代文献记载的"道里"则往往有很大出入。单单根据孤立的两个地点间的"道里"来确定古地位置是不够审慎的,最好是依据其周围几个地点的相关位置来作分析。

(一)砥柱山。《太平寰宇记》:"俗名三门,在县东北五十里黄河中。"今三门砥柱的位置是在硖石驿西北、南县村东北。

(二)硖石水。《太平寰宇记》:"在县东二十里,水出土岭,西经硖石山,因名。与橐水合流。"硖石水不详所指,但橐水即今陕县南青龙涧河,见于《水经·河水注》,其所有支流均在今硖石驿西,而有几条支流的源头是在南县村东。

(三)《左传》"二陵"。《太平寰宇记》:"在县东北四十六里。……文王避风雨古道犹存。"按此实指崤山北陵西崤山,亦即《水经注》石崤山,为今硖石驿所依傍而在南县村东北。

从以上三点来看,《太平寰宇记》硖石县治显然应在今南县村附近,而不可能是在硖石驿。但是另一方面《太平寰宇记》却又记载今南县村之安阳城"在县西四十里",依此硖石县治又好像应该在今硖石驿了。

那么,应该如何看待《太平寰宇记》记载的混乱呢?这只能是由于乐史没有理清不同时期、不同来源的资料。因为《太平寰宇记》乃乐史"悉取自古山经地志,考证谬讹,纂成此书",资料来源庞杂[①],不然是不应该出现硖石县治所在同一时间断限上东西飘忽不定的情形的。这样看来,硖石县治的变动情况,从《太平寰宇记》所记县下各地点的相关位置上也不能得到明确说明,仍需回过头来再仔细分析一下《太平寰宇记》对于县治更徙的直接记载。

首先是唐义宁元年崤县治硖石坞。王文楚先生据《旧唐书·地理志》,改《太平寰宇记》硖石坞为石坞是缺乏充分依据的;相反,《元和郡县志》和《新唐书·地理志》二书的记载均与《太平寰宇记》相同。几种书相互参校,恰可证明《旧唐书·地理志》有误。因此可知唐硖石县(初称崤县)曾在义宁元年和贞观十四年先后两次治硖石坞。硖石坞的具体地点,可以从《太平寰宇记》硖石县安阳城条下得到线索:

---

① 《郡斋读书志》(衢本)卷八。

安阳城，……唐贞观八年以崤县在此城内置，十四年移治向南，改名
硖石县。

这显然就是指贞观十四年硖石县自安阳城移治硖石坞事。由安阳城稍向东南六七里左右，即今石门（现修有石门水库），亦即民国《陕县志·古迹》所谓"石坞"。王文楚先生引民国《陕县志·古迹》谓唐初复置之崤县"即故安阳东，有石门，亦称石坞"，其说近是。贞观十四年崤县自安阳城南移，当即回归唐初故址。石坞当即唐宋之硖石坞。王文楚先生释《太平寰宇记》崤县贞观十四年"移治向南"，谓"南"为"北"字之误，实为先入为主之见，其实并没有什么依据。按照《太平寰宇记》等书的记载，从贞观十四年起，崤县应移治古安阳城南的硖石坞，即今石门。

在硖石县治的更徙过程中，从武德三年起到贞观八年曾有十四年左右时间治鸭桥。鸭桥首见于《水经·河水注》崤水下，见本文第二节所引，在石崤水与崤水上源合流前的崤水上，正当崤山北道，今陇海铁路硖石驿站西面由东向西接连有两座桥梁，东面一座跨古千崤水，西面一座跨古崤水，古鸭桥应当就在西面这座桥上下。《太平寰宇记》称鸭桥为"故镇"，看来也曾是一时重地。清人王昶疑此即前面本文第四节引《唐鸿庆寺碑》之北周"三崤镇将"治所①。王文楚先生据民国《陕县志·古迹》下载"大通寺碑文"为说，以为鸭桥在乾壕镇，并置杜甫《石壕吏》诗之石壕村于今甘豪附近，与《水经注》鸭桥位置相左，当误。

至此，已经理清了《太平寰宇记》所载义宁元年以后崤县或硖石县的治所变更情况，义宁元年治今石门之古硖石坞，武德三年向东北移治今硖石驿西侧之古鸭桥，贞观八年复向西南移至今南县村之古安阳城，十四年又向东南移至今石门之古硖石坞。前后移动三个地点，其中只有鸭桥和崤山北道有关。

按照《太平寰宇记》的说法，从贞观十四年以后直到北宋太平兴国年间硖石县的治所就再也没有移动。然而事实却并非如此。据《宋会要辑稿》方域五之三九载：

---

① 《金石萃编》卷六三《唐□□寺造双像记》附考释。

> 陕州硖石县，乾德五年移治石壕镇，仍割河南永宁县之胡郭管隶焉。

这里说乾德五年已有石壕镇，似与《宋史·地理志》云熙宁六年"省硖石县为石壕镇"一语相违，其实不然。熙宁六年只是省县留镇，并非始设之意。宋初已有石壕镇，尚可证之于《太平寰宇记》硖石县神雀台条：

> 神雀台在县北四十五里石壕镇东路北，唐天宝二年赤雀翔于台上，因名。

据郑刚中《西征道里记》，石壕在三崤谷道的西部近陕县一侧，约略即今硖石驿前后，而北宋乾德五年硖石县移治石壕镇，两相参证，可以肯定今硖石驿即宋石壕镇，因宋置硖石县故，后世仅以硖石名显。石壕镇和鸭桥相距极近，几乎就在一地，而石壕稍偏东、鸭桥偏西。

由于宋初硖石县治的这一重要变动为《太平寰宇记》所漏略，致使人们对有关问题产生了种种误解。现在可以明白，《太平寰宇记》硖石县下各地方位的记载，一部分是据新县治的石壕镇（今硖石驿）为坐标，另一部分是据旧县治以硖石坞（今石门）为坐标。因乾德五年至太平兴国年间只有十余年左右时间，县治新徙，乐史未能理清新、旧方位关系，遂致迷离莫辨。

弄清硖石县治所的变更情况，还可以纠正崤山南道上硖石驿的位置。硖石驿即硖石县驿，王文楚先生因推测贞观十四年以后硖石县曾移治安阳城直至北宋，所以把硖石驿也定在了安阳城，即今南县村。据上述，从唐贞观十四年至北宋乾德五年，硖石县一直设在硖石坞即今石门，所以硖石驿也应相应南移。

明确了石壕在今硖石驿，本节最初提出的问题，即石壕与石崤之间的对应关系就可以得到肯定的回答了。今硖石驿为古石崤水下流所经，其西南紧依石崤山北段的嶔岑山（即今金银山）。山、水、地一体相依，石崤、石壕中古发音又完全相同，二者之间必定具有内在因果联系。宋人郑卬称"石崤即石壕矣"①，实际上对此早有揭示。

---

① 见宋希、黄鹤：《补注杜诗》卷三《石壕吏》注文引郑卬《杜诗音义》。又《钱注杜诗》石壕吏篇下引卞圜语亦云"石壕即石崤也"。

乾壕在石壕东。今硖石驿东、观音堂西有地名"甘豪"，傍古千崤水、千崤山。千、乾、甘应为一音之转，豪、壕音同，在中古又都与崤音同。所以从大致方位、语音以及上述石崤与石壕的相互关系上，可以推定今甘壕即古乾壕，由千崤得名。清嘉庆《一统志》陕州关隘下载乾壕镇在州东九十里，石壕镇在州东南七十里。两地相去二十里，与今硖石、甘豪间里至大体相当，可以证明上述推断不误。

乾壕之东为土壕。清嘉庆《一统志》河南府关隘下有土壕铺，"在渑池县西四十里，接陕州界"。其地正当今英豪附近，也就是《水经·谷水注》土崤附近，西升崤坂即乾壕。郑刚中《西征道里记》载土壕有东、西二所，今英豪西亦有地名"西英豪"，故疑今东、西英豪即古之东、西土壕。其本名与石壕、乾壕同理，也是得自土崤，只是后来地名又发生了演变。姑书此志疑。

总之，从相对位置和地名语音等方面来分析，石壕、乾壕、土壕这"三壕"与石崤、千崤和土崤"三崤"之间具有密切关联，"三壕"应是分别以"三崤"得名。

六　崤县与崤山道

上节为了论证石壕与石崤的关系，花费一些笔墨重新审定了崤县、硖石县治所的更徙情况，得出了一些不同于前人的结论。由于王文楚先生曾提出"崤县、硖石县的置废和迁徙，正与崤山南北二路互为更替的历史完全一致"，所以有必要依据对于崤县和硖石县治所的新的认识，重新审度一下这一结论。

（一）王文楚先生云："北魏设崤县于安阳城，故北周初移崤山主道于南路。隋大业二年废崤县，故三年移崤山主道于北路。"北魏崤县的治所本文前面没有讨论，王文楚先生在这里是沿用了民国《陕县志·古迹》类载所谓"大通寺碑文"的说法。因手头无民国《陕县志》，不详"大通寺碑文"出于何时何人之手。但据《太平寰宇记》卷六陕州硖石县下载，则是"后魏太和十一年分陕县东界于冶垆置崤县，在冶之郊，属宏农，取崤山为名"。据此，崤县应当紧挨着陕州治所，而古安阳城所在的今南县村距陕州（即今陕县）要有

50 里左右①，是不宜称之为陕州之"郊"的。今陕县东南不远有地名"野鹿"，傍古之橐水即今青龙涧河，与"冶垆"音似，地望与《太平寰宇记》陕州之"郊"亦合，疑即北魏崤县所治。据此，冶垆在崤山南北两路分歧点今交口以西，南北两路都必经其地，看来北周初移道崤山南路和大业三年移道北路与崤县的置废都不会有什么关系。

附带指出，谭其骧先生主编之《中国历史地图集》第 4 册北魏图上，崤县的位置标注与王文楚先生所定位置大略相似，当有同误。

（二）王文楚先生云："武德初再置崤县于石坞，因此时又恢复南路；贞观十四年移县于硖石坞，改名硖石县，是时北路通而南路衰；同年不久复迁硖石于安阳城，又复南路为主。"按唐代南北二路的主次变化，据王文楚先生研究，除贞观十四年内很短一小段时间一度移就北道外，其他时候都是以南路为主。可是根据上节所述，贞观十四年以前，崤县曾从崤山南路上的硖石坞（今石门）移至北路上的鸭桥（今硖石驿西），而后又复移回到南路上的安阳城（今南县村），往返变动过 3 次；而贞观十四年移治硖石坞（今石门）后直至北宋初年，又从未移动过 1 次。这也显然不合乎王文楚先生上面所述县与路之间的对应关系。如果再考虑到王文楚先生在这里没有提起的大业元年废三崤道等南北路线变化，那么王文楚先生关于崤县与崤山南北二道互为更替的对应制约关系也就更为难于成立了。

又王文楚先生论崤山南北二道更替，殆本诸《通典》永宁县目为说。然而《通典》"此段文字颇多讹误，不能通解，且似有矛盾处"（见严耕望先生文）。如《通典》云大业三年废南道，而不载《通鉴》等书大业元年废北道开南道事；《通典》云贞观十四年废南道，而又恰恰失载《唐会要》贞观十四年废北道开南道事。严耕望先生以为《通典》大业三年疑为元年之讹，即与《通鉴》同指一事；而贞观十四年事也与《唐会要》所云为一事。《通典》叙南北方向均有讹误。今按严说近是。但即使依照严耕望先生的解释，也仍然不能与王文楚先生的推论相吻合。

---

① 《太平寰宇记》卷六陕州硖石县载县在"州东南五十里"，应是据南县村东南不远的石门即古硖石坞而言。

崤县、硖石县地当崤山路口，其治所选择与崤山南北两道主次地位的更迭二者之间是具有一定影响的。如贞观十四年以后硖石县一直设在南道上的硖石坞（今石门），迄唐亡再未曾移徙，这与贞观十四年以后一直以南路为主道应当是有所关联的。但是同时县治的选定还会受到其他因素的影响，因此它们二者之间往往并不呈现机械的对应关系。

七　崤底与回溪

崤底与回溪因两汉之际光武将冯异曾在两地与赤眉军大战而知名。《后汉书》卷一七《冯异传》记冯异此役，云异与赤眉首战失利，同与此役的光武将邓禹逃归宜阳，冯异则走回溪坂逃脱；尔后冯异复与赤眉相约会战，设伏兵大破赤眉于崤底，赤眉余众东走宜阳投降。由于这两次战役都提到了崤山南路上的宜阳，因此从唐代开始，就有人把回溪、崤底都推定在崤山南路上。唐初章怀太子李贤注《后汉书·冯异传》即云：

> 回溪，今俗所谓回坑。在今洛州永宁县东北，其溪长四里，阔二丈，深二丈五尺也。

其后杜佑在《通典》永宁县目下又转述了李贤的说法。再往后唐宋乃至明清诸地志几乎无一不是沿袭这一说法。如《元和郡县志》、《太平寰宇记》、《大清一统志》等均如是。而且愈到后来具体地点讲得越清楚，最后又干脆明确地将崤底与回溪放到了一起。及至今谭其骧先生主编的《中国历史地图集》第2册东汉图幅上，也是承用此说，把回溪连同崤底一道标注在了今洛宁县北（即唐永宁县北）；严耕望先生论唐代崤山两道变迁涉及此地时，也同样是因循李贤以下诸说。

单单从李贤的说法来看，可谓具体入微，既有俗名如何叫法，又有溪谷之长、宽、深尺度，毫厘毕现，叫人不容不信。其说也就是藉此才得以在后世递相传承，而且愈演愈真。然而核诸实际，李贤之见则可谓"得之毫厘，失之千里"了。

回溪与崤底两役的背景是赤眉军入据关中后,汉光武帝刘秀先委派邓禹征讨,师老无功,又征邓禹还而命冯异代之。冯异于光武帝建武二年冬十一月受命出师西行,而赤眉军时亦挥师东来,两军中途相遇,首战于回溪附近。《后汉书·冯异传》记回溪之役云:

> 异与赤眉遇于华阴,相拒六十余日,战数十合。……三年春,(光武帝)遣使者即拜异为征西大将军。会邓禹率车骑将军邓弘等引归,与异相遇。禹、弘要异共攻赤眉。……弘遂大战移日,……弘军溃乱,异与禹后兵救之,……大为所败。……禹得脱归宜阳,异弃马步走上回溪坂,与麾下数人归营。

据此,回溪理当在华阴附近。《后汉书》卷一一《刘盆子传》记邓禹参与此役云:"邓禹自河北度,击赤眉于湖,禹复败走。"河北为县名,在黄河北岸今山西芮城附近,隔河与湖县相对①;湖在华阴东,今河南灵宝县西北,东汉时与华阴是相互毗邻的两个县。由此可以说明回溪是在华阴与湖两县之间的地带内。

在冯异与赤眉回溪之战以前不太久,回溪还发生过邓晔与"九虎"之间的一场大战,事见《汉书·王莽传下》:

> 析人邓晔、于匡起兵南乡,……西拔湖。莽愈忧。……拜将军九人,皆以虎为号,号曰"九虎",将北军精兵数万人东。……九虎至华阴回溪,距隘,北从河南至山。于匡持数千弩,乘堆挑战。邓晔将二万人从阌乡南出枣街、作姑,破其一部,北出九虎后击之。六虎败走,……三虎郭钦、陈翚、成重收散卒,保京师仓。

京师仓在渭口,阌乡在湖县西。通过此役可以进一步证明回溪是在华阴附近、

---

① 今中华书局标点本标作"自河北度",把"河"作为专名,误。

京师仓与阌乡之间。郭沫若主编《中国史稿地图集》上册《西汉末年农民起义图》上所绘回溪位置近是，应该是正确的。

回溪既在华阴，那么崤底是否也在这一带呢？其实不然。把冯异回溪之役与崤底之役的地点联系到一起，纯粹出于后人草率武断。冯异回溪之役与崤底之役一在建武三年春正月甲子，一在闰月丁巳①，其间是相隔有一段时间的，并非连日作战。回溪之役以后，赤眉军继续东进，"遂出关南向"②。湖县附近没有什么关隘，只有秦故函谷关，在今河南灵宝县东北，当是因两汉之际战争频繁，重又利用戍守，故云出关。湖县东弘农郡，即治秦函谷关故城③。赤眉军初出关中，陕县有苏况起兵杀弘农太守，光武帝闻之急忙连夜强招卧病在家的将领景丹，云"闻赤眉从西方来，恐苏况举郡以迎之"，因令景丹将兵至弘农郡镇守④。此即利用秦函谷故关置防之意。赤眉军出关之后其实并没有"南向"，而是继续东进（故《后汉书·刘盆子传》"南"字当为"东"字之讹），进入崤山隘道，随之大战崤底，全军溃败。

赤眉军出关中向东进发以后，光武帝马上派侯进和耿弇将兵分别屯驻崤山北道上的新安和南道上的宜阳，"分为二道，以要其还路"，并布署诸将："贼若东走，可引宜阳兵会新安；贼若南走，可引新安兵会宜阳。"⑤同时指令冯异将赤眉军引入崤山隘道决战，而光武帝"自待其会"，"一举取之"⑥。因此，冯异按照刘秀所布署的这一"万全之计"，本来是要竭力避免在回溪与赤眉军进行大规模会战的，只是无奈邓禹自愧出师无功，强以意行之，结果遭致惨败。回溪战后，邓禹离开冯异军队，走崤山南路，"独与二十四骑还诣宜阳"⑦，不再与冯异在一起。因此他的行路与崤底不但没有任何关系，而且恰恰可以反证崤底不应在崤山南路上。

关于冯异与赤眉崤底决战的详细地点，文献没有十分明确的记载。但从

① 《后汉书》卷一《光武帝纪》上。
② 《后汉书》卷一一《刘盆子传》。
③ 《元和郡县志》卷六河南陕州灵宝县。
④ 袁宏：《后汉纪》卷四《光武帝纪》。
⑤ 《后汉书》卷一一《刘盆子传》。
⑥ 袁宏：《后汉纪》卷四《光武帝纪》。
⑦ 《后汉书》卷一六《邓禹传》。

此役前后的有关情况，还是可以推论的。第一，如上所述，冯异与走崤山南路的邓禹后来分道扬镳了。因此，他很可能走的是崤山北路。第二，崤底决战以后，赤眉军余部"尚十余万，东走宜阳降"①。假如冯异是在崤山南路上设伏击溃的赤眉军，那么十余万众赤眉军是不可能在全军溃败之后，竟又毫无阻拦地越过冯异的军队东走宜阳的。第三，从地名本身看，崤底当与崤山有关②；从刘秀的整个战略部署来看，崤底之战也只能发生在崤山隘道上。第四，崤底战后，赤眉军东走宜阳。刘秀按照既定部署"自将征之"，赤眉乞降③。光武帝"玺书劳异曰：'赤眉破平，士吏劳苦。始虽垂翅回溪，终能奋翼渑池。可谓失之东隅，收之桑榆。……'"这里可以说明两个问题。首先是赤眉授降时冯异没有与光武帝一起在南道，因此才需要以玺书相劳；其次是崤底必在崤山北道，近渑池。第五，赤眉军崤底败后，是怎样从崤山北路改移到崤山南路上去的？其具体路径虽然不详（应当从崤山北路向西退出隘道后再转赴南路，虽也可能有别的山间小径可走，但十余万众从山间小路通过其艰难是不易想象的），但《水经·谷水注》秦赵二城（即俱利城）下云其地即"司马彪《续汉书》曰赤眉从渑池自利阳南欲赴宜阳者也"。赤眉起兵后在各地转战期间，以前从未进入过崤渑地区④。因此，司马彪《续汉书》所云当即指此次崤底之战后赤眉军赴宜阳事。由此可以证实崤底就在渑池附近的俱利城（今渑池县城稍西）一带。

八 补记

拙稿排出清样时，又检得王文楚先生《西安洛阳间陆路交通的历史发展》一文（刊复旦大学中国历史地理研究所编《历史地理研究》第1辑），为撰稿

---

① 《后汉书》卷一七《冯异传》。
② 《后汉书》卷一《光武帝纪》上李贤注："崤，山名；底，坂也。一名嶔岑山，在今洛州永宁县西北。"
③ 《后汉书》卷一《光武帝纪》上。
④ 《后汉书》卷一一《刘盆子传》。

时疏略而未及拜读。王文楚先生这篇文章中与拙稿所论崤山道相关部分，与《唐两京驿路考》一文基本相同，无需重为论述。但有两个问题有必要在此补充说明一下。

一是在前文中我从《唐两京驿路考》不是十分明确的表述中，推测王文楚先生认为：东崤＝北崤＝崤山北陵（文王避风雨处）、西崤＝南崤＝崤山南陵（夏后皋墓）。关于这一点，《西安洛阳间陆路交通的历史发展》一文有明确论述，我的理解是准确无误的。而且由此文可知，王文楚先生的主要依据是民国二十五年编纂的《陕县志》。与前文所举西晋戴延之关于东崤、西崤的第一手记叙相比，这显然是不足凭信的。东崤、西崤同在崤山北道上，尚可证之于东汉应劭的《风俗通义》。《风俗通义》卷十载："崤在弘农渑池县。其语曰：'东崤、西崤，渑池所高。'"渑池地当崤山北道，东、西二崤为"渑池所高"，实际上也就是说东、西二崤是渑池道上的高山。

二是《西安洛阳间陆路交通的历史发展》一文提出"渑池县南有间道可趋崤山南路，东通洛阳，西达陕县，是为北路支线，但历史上很少经行"。作为其具体例证，文中举有三事。一是潘岳《西征赋》述其行程"经渑池"、"登崤坂"、"徂安阳"、"陟陕郊"、"行漫涘之口"。二是前文所述东汉建武二年，光武帝预谋在崤山道上消灭赤眉军，分遣两路大军屯驻北道新安和南道宜阳，云"贼若东走，可引宜阳兵会新安；贼若南走，可引新安兵会宜阳"。三是前文所述赤眉军在渑池遭伏击溃败后"欲赴宜阳"事。今按这三件事都不能确证这条支线的存在。潘岳《西征赋》所述渑池、崤坂等地都在崤山北道上。"漫涘之口"即《水经·河水注》所谓"漫口客舍"："（安阳溪水）东合漫涧水。北有逆旅亭，谓之漫口客舍。"安阳溪水即今雁翎关河，东入青龙涧河。李善注《文选·西征赋》引《水经注》本文作："漫涧水北有逆旅亭。"这样理解则"漫口客舍"自不必在安阳溪水口，而应当在漫涧水更下游一些，这样就已届崤山南、北两路的相会之地。况且《水经注》失载今雁翎关河以北的青龙涧河支流交口河，即使理解为"漫口客舍"在安阳溪水口之北，也可以北到交口河口一带。因此，可以把"漫口客舍"比定在崤山南北两路的会结点即今交口处。《西征赋》所记各地，唯"安阳"城在崤山南道上。《西征赋》乃潘岳述职长安县令时述其沿途行经之作，这是极其正常的一次旅行，他可以选择崤山南路或北路，但却没有任何缘由要先走北路，再顺着这条人迹罕至的所谓支线绕到南路上，这样既险仄而又迂远，是违背常理的。因此这个"安阳"不会是实指"安阳城"，而是像"陕郭"一样指安阳附近。《西征赋》"登崤坂"之下随之叙崤山北陵秦晋之战，可证潘岳并未从渑池附近南下"支线"，而是一直向西走入了钦吟山道。光武帝设伏灭赤眉事则新安、宜阳间两军也不必走"间道"。新安或宜阳至洛阳都不过一日之程，而在相对近捷的崤山北道上从陕县到新安也要三日程（见郑刚中《西征道里记》），赤眉军在陕县出发后，光武帝完全来得及调动布署，将新安或宜阳的军队向洛阳方向东调，走出山地后再转到另一路上，而不必走什么山间间道。至于赤眉军从渑池"欲赴宜阳"事，则并不能证明已成事实。其地山间小径或许有之，但这还算不上一条"支线"，只能是当地人相互联系所用，起码不是大队军马所堪通行的，更不会是长安、洛阳间长途旅行的人们会涉足的。

最后再补充谈一下有关杜甫《石壕吏》诗的问题。自北宋以来都认为《石壕吏》作于石壕镇，本不成问题（见《困学纪闻》卷一八、《西征道里记》等）。但杜甫诗中为什么称"石壕村"而不叫"石壕镇"呢？今人对此往往有些疑虑。其实石壕在唐代尚未设镇，所以唐代只是单称石壕，或像杜甫诗中那样称为石壕村。直到后唐同光三年孟知祥从洛阳西行赴蜀路过此地时，仍只称"石壕"①，宋人始设镇（详见前文）。唐代地方政权组织县下一般只设乡、里、村等建置，县下大量设镇是宋代以后才出现的。石壕的情况也正是这样。杜甫"暮投石壕村"，并不是当时"安史之乱"兵荒马乱情势所迫随便投宿了一个小村，而是当时只能在这里投宿。根据北宋人的行程记载可以看出，从洛阳西至陕县，逐日停宿地点为新安、渑池、石壕镇、陕县②。渑池至陕县之间是崤山北道上最为险仄的地段，石壕地当两地之间，恰为东来西往一日行程所止，石壕由村升镇、由镇改县（硖石县），都与这个交通位置具有密切关系。石壕一带山路险隘异常，据戴延之《西征记》所述，乃多为"峻阜绝涧"。可以想见，在这样的山间谷道上，必然稀有人烟。行至这一带时日色已暮，舍石壕行人恐

---

① 见《通鉴》卷二七四，后唐庄宗同光三年。
② 郑刚中：《西征道里记》。《续通鉴长编》卷七五真宗大中祥符四年。

怕是无处止宿的。

附 三崤山补证

　　崤山道上有石崤（西崤）、千崤（东崤）和土崤三山，合称"三崤山"或"三崤"。与此相对应，在崤山道上又有石壕、乾壕和土壕三所聚邑，合称"三壕"。拙作《崤山古道琐证》，曾经推论以壕、崤中古同音之故，三壕当分别得名于三崤山。石壕为今硖石驿，乾壕为今硖石驿东面的甘壕。土壕据其方位推测，可能就是今渑池县西的"英豪"，疑"其本名与石壕、乾壕同理，也是得自土崤，只是后来地名又发生了演变"。但是当时由于未能查找到直接证据，只能存疑。今读清武亿《授堂文钞》，该书卷二所载乾隆五十三年夏作《题土豪镇壁》记云："新安、渑池间，其镇曰土豪。旧勒之丰碑，用以标其名。至近岁，已易为英豪。询之土人，固以其俗悍而健于斗，往往致毙，故官斯土者，归于名之不顺，以易之也。予检行箧，取《左氏传》，僖三十二年《正义》云：北崤，此道见在。崤是山名，俗呼为土崤、石崤。《释文》：崤，户交反。刘昌言音豪。然则今俗所传土豪即土崤也。崤有豪音，人日习焉而不察，至以音字为正字，而岂知其失也哉！郦道元注《水经》，所指三崤之目，固以云土崤。盖其名流称已久。然孔氏谓俗呼为土崤，岂亦莫推其所自欤？"由武亿所记，不仅可以确证英豪就是土壕所更名（土壕即土豪），而且武亿也早已指出，"土豪即土崤"，换句话，也就是说土豪镇得名于土崤山。从而可以证明先前拙文对"三崤"与"三壕"对应关系所作的推论是正确无误的，著名的石壕村或石壕镇都是得名于石崤山。

（原载《中国历史地理论丛》1989年第4辑，所附《三崤山补证》原载《中国历史地理论丛》1991年第1辑）

论霸上的位置及其交通地位

霸上（又作灞上）作为关东各地出入长安所必经的交通要冲，在历史时期长安附近的交通体系中占有重要地位。但其确切位置说者不一，所处交通地位迄今亦未得揭示，因撰此文，略述己见。拙稿属草之后，适又获读李健超先生《霸上与长安》一文[①]。李文否定霸上在白鹿原说，并指出汉唐时期霸上的位置曾有移徙。对此，拙见相同，今略为补证。然李文承袭杨守敬说，仍认为"霸水东西通得霸上之名"，我以为不然。故觉拙稿所论仍有刊布之必要。

一 《水经注》的矛盾记述

霸上始见于记载在战国后期[②]，其名彰史牒则首因秦末刘邦突破武关，进据霸上，迫使秦王子婴出降，秦王朝从而宣告覆亡。北魏郦道元《水经注》最早记述了刘邦此次驻军的具体地点，谓在灞水东岸魏晋的霸城[③]。比照《史记》与《水经注》的记载，霸上理应在魏晋霸城处。但郦道元却又谓霸上在灞水西岸、灞浐之间的白鹿原上，于是形成了与《史记》相矛盾、并且也自相矛盾的记述。后世学者祖述《水经注》，两说并存，迄无人详审其是非。唐李吉甫《元和郡县志》、南宋王应麟《通鉴地理通释》等均移录《水经注》后一说，

---

① 载《西北大学学报》1984年第1期。
② 《史记》卷三三《王翦传》。
③ 《水经·渭水注》。下引述《水经注》文均出此。

置霸上于白鹿原①。北宋乐史《太平寰宇记》、宋敏求《长安志》、南宋程大昌《雍录》等始注意到其间的矛盾，但亦未能深加推敲，只是略加折衷，把魏晋霸城与白鹿原并列为霸上②。清末杨守敬研治《水经注》堪称精审，亦不过再综合《太平寰宇记》等说，谓"霸水东西通得霸上之名"③。现代有关的研究非但未能继乐史、杨守敬等人更进一步，反而退回原处，径谓霸上在白鹿原④。

魏晋霸城亦即汉霸陵和秦芷阳⑤，所以也可以说霸上在秦芷阳。《水经注》的矛盾即源于其误置秦芷阳于白鹿原。《渭水注》说："霸水又左合浐水，历白鹿原东，即霸川之西故芷阳矣，《史记》秦襄王葬芷阳者是也，谓之霸上。汉文帝葬其上，谓之霸陵。"置芷阳于霸水之西，实承自《三秦记》。《三秦记》云："白鹿原东有霸川之西阪，故芷阳也。"⑥但《汉书·地理志》却谓："霸陵，故芷阳，文帝更名。"东晋阚骃《十三州志》亦云："霸陵，秦襄王所葬芷阳也，汉文帝更名霸陵。"⑦徐广此称芷阳即霸陵⑧。《汉书·地理志》等所称霸陵，显然是指汉霸陵县，而非汉文帝所葬霸陵。《三秦记》和《水经注》应是混淆了汉霸陵县与汉文帝霸陵，以致误将芷阳置于汉文帝霸陵所在的白鹿原。秦芷阳实与汉霸陵城同在一地，而不是和汉文帝霸陵在一起。《水经注》也并未否定汉霸陵城与魏晋霸城为一地，这样，秦芷阳所在的霸上也就是《水经注》中刘邦驻军的霸城了。

二　刘邦与桓温进军霸上路线

说霸上在白鹿原者，往往引述刘邦与桓温入关经白鹿原至霸上为证。谓刘

---

① 《元和郡县志》卷一京兆府万年县。《通鉴地理通释》卷五"十道山川考"、卷一三"晋宋齐梁陈形势考"。
② 《太平寰宇记》卷二五雍州万年县。《长安志》卷一一万年县。《雍录》卷七霸水杂名、卷八庙陵。
③ 杨守敬、熊会贞：《水经注疏》卷一九。
④ 《辞海》，上海辞书出版社1979年版。谭其骧主编：《中国历史地图集》。吴镇烽：《陕西地理沿革》等。
⑤ 《魏书》卷一〇六《地形志》下。《汉书》卷二八《地理志》上。
⑥ 《史记》卷五《秦本纪·正义》引。
⑦ 《长安志》卷一一万年县引。
⑧ 《史记》卷五《秦本纪·集解》。

邦入关途经白鹿原的依据,是刘邦与秦军曾战于蓝田。秦蓝田在今蓝田县西的白鹿原上,因而刘邦当已西渡灞水,抵达白鹿原。刘邦入武关后,曾与秦军两次交锋。据《史记·高祖本纪》、《曹相国世家》,这两次战役分别在蓝田的南面和北面;《史记·绛侯周勃世家》、《灌婴传》、《夏侯婴传》省记为一次,只云战于蓝田;《史记·留侯世家》则写成先战于蓝田南,再战于蓝田。显然,此蓝田之战即《史记·高祖本纪》的蓝田北之役。《留侯世家》所记不确。《汉书·高帝纪》却揉合《史记·高祖本纪》和《留侯世家》,误为刘邦与秦军在蓝田南相战后,进军蓝田,又与秦军战于蓝田北。刘邦曾至蓝田之说,盖即由此误生。对照《史记·高祖本纪》和《留侯世家》,可知蓝田南之战,实即攻破峣关之役。峣关在今蓝田县南二三十里处,与秦蓝田亦隔有辋谷水(今网峪河)、灞水①,峣关既可称为蓝田南,则所谓蓝田北之役完全可以在蓝田以北、灞河东岸某处。刘邦进军霸上的路线应是:武关—峣关—蓝田北、灞河东某处—芷阳—霸上②,与白鹿原无涉。

　　东晋桓温北伐前秦,沿武关道直抵霸上。秦晋两军曾战于白鹿原。前人多据《晋书·桓温传》称白鹿原之战发生在晋军赴霸上途中,晋军突破秦白鹿原防线,并经此挺进霸上。《晋书·桓温传》所记白鹿原之役的时间和结局实均有舛误。《晋书》卷一一二《苻健载记》记此役为:"温转战而前,次于灞上,……健别使雄领骑七千,与桓冲战于白鹿原,王师败绩。"《晋书》卷八《穆帝纪》云:"苻健将苻雄悉众及温战于白鹿原,王师败绩。"《太平御览》卷五七引《十六国春秋·前秦录》亦云:"丞相苻雄与桓温战白鹿原,晋师败绩。"《太平御览》卷三〇九引《晋中兴书》亦仅云"(桓温)进击青泥,皆破之,至于霸上",并无途经白鹿原事。可见,白鹿原之役不在桓温进军霸上途中,而在其驻军霸上之后;战斗的结局亦非晋军获胜,而是秦军击退晋军进攻。桓温进军霸上后,王猛曾前往谒见。桓温问王猛,关中人士何以不助其攻秦,王猛答曰:"公不远数千里,深入寇境,长安咫尺而不渡灞水,百姓未

---

① 自从唐代以来,多认为峣关与唐蓝田关同在一地,即今牧护关处。此说实误,别详拙稿《西汉至北周时期长安附近的陆路交通》(已收入本书)。

② 芷阳据《史记》卷九五《夏侯婴传》。

见公心故也，所以不至。"① 桓温的进军路线应是经青泥、过峣柳后沿灞水东岸直下霸上，并未绝灞水而至白鹿原。《资治通鉴》亦未详审上述记载，而折衷《桓温传》和《苻健载记》、《穆帝纪》等，结果误为两次白鹿原战役。

刘邦与桓温进军霸上路线，说明霸上不在白鹿原而在灞水东岸。

三 霸上的交通地位及位置变化

刘邦进军霸上，子婴出降，说明霸上对咸阳安危举足轻重。汉兴建长安，移都渭南，霸上的地位益加重要。如汉高祖十一年刘邦东征黥布，为屏卫长安，即征集北地、上郡、陇西各郡兵，由太子统领，驻于霸上②。此后迄于唐末，历代攻守长安，相争霸上，不胜枚举。此乃其交通地位所致。

长安与关东之间，自来有三条要道。即沿渭河南岸、经函谷关的函谷道，沿灞河、丹江经武关的武关道和经东渭桥、蒲津关的蒲关道。三条道路在灞河至长安城之间并为一路，中间介以霸桥（秦咸阳在渭北，虽蒲关道不经霸桥，但函谷、武关两道仍须经霸桥）。霸桥为横绝灞水的唯一桥梁，绾毂东方三路。地位十分重要，唐代特置勋官、散官各一人专门掌治③。霸上的重要性就在于它位于霸桥东端，为东方各地出入长安之门户。霸桥在隋初曾迁徙重建，霸上的位置也随之有所变化。

汉霸桥在灞浐之交以下，魏晋霸城之西，西对汉长安城④。今西安市东北灞河东岸有地名上、下桥子口，其地距魏晋霸城不远⑤，或即因霸桥得名。《水经注》谓霸城为"高祖旧停军处"，似乎隋以前的霸上仅指霸城（秦芷阳、汉霸陵），其实不然。称某水畔为"某上"，本是泛称，如《诗》云"二矛重英，

---

① 《晋书》卷一一四《苻坚载记》下附《王猛载记》。
② 《汉书》卷一《高帝纪》。
③ 《新唐书》卷四八《百官志》三。
④ 《水经·渭水注》。
⑤ 魏晋霸城故址在今谢王庄，位于桥子口东。见李健超：《被遗忘了的古迹》，《人文杂志》1981年第3期。

河上乎翱翔",河上即泛指河畔①。霸上本意亦当仅为"霸水之上"②,后虽用以特指一地,其范围依然不够明确。汉代要在霸上举行祓禊③,霸上应含有灞涘。刘邦入关时先经芷阳,再到霸上④;由鸿门逃归霸上时也曾经过芷阳⑤,都说明霸上并不等于芷阳城,而应当包括芷阳以西的灞水沿岸地区。隋以前的霸上当指今谢王庄、王家围墙、上桥子口一带。

由于刘邦灭秦影响深广,后世研究者往往只注意武关道与霸上的关系。其实函谷道经由霸上,更是史不绝书。如汉初刘邦东征黥布即与群臣别于霸上⑥。景帝时周亚夫东击吴楚,初拟兵出函谷,但当其行至霸上时有人献策说:"吴王素富,怀辑死士久矣,此知将军且行,必置间人于崤黾阨陜之间。且兵事上神密,将军何不从此右去,走蓝田,出武关,抵洛阳,间不过差一二日。"周亚夫信从其计,在霸上转赴武关,大获全胜⑦。说明武关、函谷两道交会于霸上。桓温北伐由武关道至霸上,与秦军相持不下后转向潼关撤军,同样说明这一点⑧。《史记·高祖本纪》谓刘邦"先诸侯至霸上",正是相对于诸侯由函谷道入咸阳也必经霸上而言。

汉文帝后六年,匈奴入云中、上郡,文帝一面遣兵拒战,一面在长安周围设置防线,其中刘礼一军即驻于霸上。匈奴既来自北方,说明霸上也控制着蒲关道⑨。其实蒲关、函谷两道相交于霸上,南宋程大昌早已指出:"若夫霸上者,东距潼关、北望蒲关,又皆代郡、太原房可犯雍之路也。"⑩东晋时有人从河东蒲坂送佛骨入长安,长安僧尼也到霸上迎观⑪,《晋书》还记载苻融由长安赴冀州,"融将发,坚祖于霸东,奏乐赋诗。坚母苟氏以融少子,甚爱之,比

---

① 《诗·郑风·清人》。
② 《史记》卷六《秦始皇本纪·集解》。
③ 《汉书》卷二七《五行志》中之上。《史记》卷四九《外戚世家》。
④ 《史记》卷九五《夏侯婴传》。
⑤ 《史记》卷七《项羽本纪》。
⑥ 《史记》卷五五《留侯世家》。
⑦ 《汉书》卷四〇《周亚夫传》。
⑧ 《晋书》卷一一二《苻健载记》。
⑨ 《史记》卷一〇《孝文本纪》。
⑩ 《雍录》卷七《说棘门、细柳、霸上》。
⑪ 《弘明集》卷二宋宗炳《明佛论》。

发,三至霸上"①。

隋在汉长安城南营建大兴城(唐复名长安),旧日的霸桥及通往汉长安城的道路均已无法适应新的需要。开皇三年,大兴城建成,城东道路随城址南移,霸桥徙至今霸桥稍北重建②,霸上之名也随之南迁。

唐肃宗乾元元年,上皇李隆基自华清宫返回长安,肃宗曾迎于霸上③。黄巢由潼关入长安,唐金吾大将军张直方等也至霸上迎接④。此时函谷道已改经新建霸桥,自汉新丰城西转趋西南,原霸上、霸桥均西邻禁苑,无路可通,霸上显然已随霸桥南移。南移后的霸上仍在霸桥东端⑤,武关、函谷、蒲关三路依旧在此相交,霸上的交通地位一如既往。如黄巢入长安后遣朱温攻南阳,朱温回师时黄巢曾至霸上相迎⑥。朱温归来时途经蓝桥,乃取道武关⑦。说明函谷、武关两道仍交会于霸上。隋仁寿四年,文帝死后,汉王杨谅起兵并州,有人献策直取长安,声称要"直入蒲津","顿于霸上"⑧。李渊起兵太原,进军长安,亦取蒲关道经霸上而入⑨。可见蒲关道依然须经霸上进入长安。隋开皇十六年在霸上置滋水驿(又名霸桥驿)⑩,唐人诗文中常常沿用汉代故事而称其为霸亭。唐代武关、函谷、蒲关三条驿路即在霸上的滋水驿并为一路,西入长安。

霸上的交通地位同样表明其不在白鹿原。白鹿原在灞水西岸,汉、唐霸桥均在白鹿原下游,与白鹿原南北一线并列。汉霸桥更远在灞浐之交以下,过霸桥东趋长安的武关、函谷、蒲关三路,无论在过桥前后,都无由南绕到白鹿原上,三路更不可能同趋于白鹿原相交。况且汉长安东出大道就在霸陵城南,唐灞浐之间的道路也与白鹿原无涉,都是史有明文的。汉时每于霸桥折柳话别,唐亦因之,称霸桥为销魂桥,正与霸上送往迎来事相应。尽管唐代诗文中亦

---

① 《晋书》卷一一三《苻坚载记》上。
② 《元和郡县志》卷一京兆府万年县。
③ 《旧唐书》卷一〇《肃宗纪》。
④ 《旧唐书》卷二〇〇下《黄巢传》。
⑤ 《续玄怪录》卷一辛公平上仙条。
⑥ 《旧五代史》卷一《梁书·太祖纪》一。
⑦ 《旧唐书》卷一八四《杨复光传》。
⑧ 《隋书》卷四五《庶人谅传》。
⑨ 《大唐创业起居注》卷三。
⑩ 《长安志》卷一一万年县引《两京道里记》。

有称灞浐之间为霸上者①，但那只不过是诗人附会旧说，不足为信。五代以后，国都东移，长安失去了政治中心地位，交通地位随之下降。于是，霸上变为一个普通的交叉路口，在史籍中淹没无闻了。

写成于一九八三年四月，改定于一九八四年四月

（原载《陕西师大学报》1985 年第 1 期）

---

① 《孟东野诗集》卷一《霸上轻薄行》。

再论霸上的位置

我曾撰写《论霸上的位置及其交通地位》一文，在《陕西师大学报》1985年第1期发表后，马正林先生在同年第3期中发表了《也论霸上的位置》一文（下简称《也论》），对拙文提出不同看法。我认为，其中某些看法对于深入探讨霸上及其相关交通问题或者不无启发，但文中关于霸上的位置及其交通地位的基本观点却尚须商榷。为此再陈愚见，以就教于马正林先生。《也论》主要是针对拙文的，所以今仍主要从拙文所论三个方面，进行辨正。

一 《水经注》究竟错在哪里？

为解决长久以来以讹传讹造成的关于霸上位置的错误说法，拙文溯本寻源，指出霸上在白鹿原说实源出《水经注》的错误记载。《也论》认为拙文是"用郦氏之误来否定郦氏对霸上的正确记载"。《水经注》的原文为："霸水又左合浐水，历白鹿原东，即霸川之西故芷阳矣，《史记》秦襄王葬芷阳者是也，谓之霸上。汉文帝葬其上，谓之霸陵。……自新丰故城西至霸城五十里，霸城西十里则霸水，西二十里则长安城。应劭曰：霸水上地名，在长安东二十里（按：熊会贞据《汉书》应劭注改作三十里，当是），即霸城是也，高祖旧停军处。"这里所谓"高祖旧停军处"，显然就是指《史记》所载刘邦入武关后驻军的霸上。对于这两处矛盾着的霸上，笔者认为前一处（即白鹿原上的霸上）系郦道元移录《三秦记》文，误置秦芷阳于白鹿原所致。《三秦记》原文是："白鹿原东有霸川之西阪，故芷阳也。"① 郦道元博采群书而作《水经注》，这是众所周知的，其间移录旧籍而不著所本者比比皆是。但《三秦记》偏偏混淆了汉霸陵县和汉文帝的霸陵。事实上，秦芷阳城与汉霸陵城、也就是魏晋及北魏霸城，同在一地，不是与汉文帝霸陵在一处（详后）。因此，秦芷阳所在的霸上也就是刘邦驻军的霸城。

《也论》则认为"北魏霸城县与魏晋霸城县、汉霸陵县并非一地，更不用说与汉霸城观、秦穆公霸城（即芷阳）最易混为一谈了（按：拙文并未认为汉霸城观与秦芷阳、霸陵县、魏晋霸城县或北魏霸城县为一处）"。"芷阳又在今蓝田县西六里"，"在白鹿原上"。这里首先要搞清的是北魏霸城与魏晋霸城及汉霸陵城的位置关系。论北魏霸城，自当以《魏书》或北魏时期的记载为基本依据。《魏书·地形志》载："霸城，郡治，汉曰霸陵，晋改属。"北魏郦道元《水经注》也载："渠上承霸水，东北经霸城县故城南，汉文帝之霸陵县也。"北魏杨衒之《庙记》同样载有："霸城，汉文帝筑。"② 在以后的文献中也无不认为北魏霸城、魏晋霸城及汉霸陵城同在一地，如《太平寰宇记》卷二五雍州万年县："灞岸在通化门东三十里，秦襄王葬于坂，谓之霸上。其城即秦穆公所筑，汉为县，在今县东北二十三里，灞水东岸，灞陵故城是也。东南至文帝陵十里。晋改为灞城，宇文周建德二年省，即此城也。"③ 可见北魏霸城与魏晋霸城、汉霸陵城同在一地。《也论》虽然对此不以为然，但却未举出任何证据。相反，《也论》对北魏霸城县与魏晋霸城县及汉霸陵县之间位置关系的认识颇为混乱，如先说"北魏霸城县与魏晋霸城县、汉霸陵县并非一地"，后面却又写道："魏晋改霸陵县为霸城县，城址北移到铜人原上，或者也就是北魏霸城县所在。"而魏晋改移霸城城址事同样没有举出证据。何况，即使汉霸陵城、魏晋霸城或北魏霸城在灞桥东侧一定区域内有所移徙，也毫不影响拙文的结论。

再来看汉霸陵城与秦芷阳城的关系。《也论》说："'霸陵，故芷阳也'（按：注云出《括地志辑校》）是指汉文帝霸陵，并不是汉霸陵县。《汉书·地

---

① 《史记》卷五《秦本纪·正义》引。
② 《史记》卷八《高祖本纪·正义》引。
③ 《长安志》卷一一万年县下所记略同。

理志》云'霸陵，故芷阳'，是指汉霸陵县即秦芷阳县，并不是汉霸陵城也就是秦芷阳城。秦穆公的霸城宫，'汉于此置霸陵'（按：注云出《史记·高祖本纪·正义》引《三秦记》），……仍是指的文帝霸陵，并不是汉霸陵县。"按《括地志》"霸陵，故芷阳也"见泷川资言《史记会注考证》引古本《史记正义》，此古本《史记正义》之真伪本颇成问题①，即或《正义》此文可信，以此来论证芷阳与汉文帝霸陵同在一地也没有什么意义。因为《史记》卷五《秦本纪·正义》引《括地志》说得很清楚："芷阳在蓝田县西六里。《三秦记》云：白鹿原东有霸川之西坂，故芷阳也。"可见《括地志》中之芷阳位置实承自《三秦记》，而拙文所进行辨正的正是《三秦记》置秦芷阳于汉文帝霸陵的错误。尽管如此，这里仍不妨对《括地志》之说作点分析。按照《括地志》所云（同时也是《也论》的看法），芷阳在唐蓝田亦即今蓝田县西六里，则由此所谓"芷阳"到汉文帝霸陵要在四十里以上，何以得云"霸陵，故芷阳也"？溯本求源，这句话应系袭用《汉书·地理志》"霸陵，故芷阳"文，而《汉志》所言的霸陵明是县名，决不能是汉文帝的霸陵。《括地志》一方面移录《三秦记》，错置芷阳城于白鹿原，又误取《汉志》释霸陵县文以当汉文帝霸陵，遂致此谬误。这从其他文献也可证实。如《长安志》卷一一万年县云："霸陵故城，在县东北二十五里，霸水之东。《十三州志》曰：霸陵，秦襄王所葬芷阳也，汉文帝更名霸陵，葬曰水章。……其城即秦缪（穆）公所筑，……东南至文帝陵十里。"据此，汉霸陵城不仅是沿用秦芷阳旧城址，而且还是秦穆公霸城宫的所在。在后一点上，《三秦记》另一条记载倒是正确的，《史记·高祖本纪》"沛公遂先诸侯至霸上"条《正义》说："故霸陵在雍州万年县东北二十五里，汉霸陵，文帝之陵邑也，东南去霸陵十里。《地理志》云：'霸陵，故芷阳，文帝更名。'《三秦记》：'霸城，秦穆公筑为宫，因为霸城，汉于此置霸陵。'《庙记》云：'霸城，汉文帝筑，沛公入关，遂至霸上，即此也。'"《也论》忽略《史记正义》的上下文联系，截取《三秦记》"汉于此置霸陵"一句，而径自断言其本意"是指的文帝霸陵，并不是汉霸陵县"。今通读《史记正义》

---

① 见程金造：《〈史记会注考证〉新增〈正义〉的来源和真伪》，《新建设》1960年第2期。又贺次君：《日本〈史记会注考证〉增补〈史记正义〉的真伪问题》，《文史》第14辑。

这条全文，张守节明明是把"汉于此置霸陵"解释为霸陵县。

秦芷阳不在"蓝田县西六里"的白鹿原上，也可证之于史实。刘邦在项羽鸿门宴上逃归霸上时，"从郦山下，道芷阳间行"，刘邦称"从此道至吾军不过二十里"，较常途少走一半路程。此说虽然不免言过其实，但他走的毕竟应该是一条较近的路。若按照《也论》，霸上在白鹿原北端汉文帝霸陵处，芷阳在其南四十里之外，那么，仅由其所谓"芷阳"至其所谓"霸上"就超过了常途上鸿门至霸上间的"四十里"距离[①]，更何论还须先走五十里左右山路，通过所谓"郦山间道"，由鸿门至"蓝田县西六里"的芷阳，两段路程合在一起已近百里，何有近便可言？

总之，我认为《水经注》置霸上于白鹿原有误，《也论》肯定此说也自然站不住脚。

二 刘邦与桓温究竟是如何进军霸上的？

主霸上在白鹿原说者，往往征引刘邦与桓温进军霸上时曾经过白鹿原，拙文辨正史料，认为二者系分别因袭《汉书·高帝纪》和《晋书·桓温传》的错误记载。《也论》不同意这种看法，对拙文对史料所作的辨正有何不当之处却未作说明。对前者，《也论》完全回避了拙文所证刘邦未至蓝田县城问题，而径自断言拙文所说"是没有根据的"。对后者，《也论》提出三条根据：（1）《晋书·桓温传》，（2）《元和郡县志》，（3）《资治通鉴》。其中《晋书·桓温传》拙文已辨正其误，《也论》对拙文考辨正确与否未作任何说明，因而毋庸重说。《元和郡县志》中最可能为《也论》引作说明桓温途经白鹿原的，只能是卷一京兆府蓝田县白鹿原条下"晋桓温伐苻健，督护邓遐等奋击于白鹿原"一句。此句除可说明确有白鹿原之役外，于此役的时间和结局实不能说明任何问题。至于《也论》引《通鉴·晋纪》为证，则更令人大惑不解。与拙文所引《晋书·穆帝纪》、《晋书·苻健载记》、《十六国春秋·前秦录》和《晋中兴书》

---

① 《史记》卷七《项羽本纪》。

相比，《通鉴·晋纪》史料价值如何，实无庸赘言。《通鉴》论桓温北伐与霸上相关事显然是揉合《晋书》之《桓温传》和《穆帝纪》而成，拙文对此也曾作有说明。而《也论》对史料真伪不作辨正，即用拙文所舍弃之史料来驳拙文的观点，毋乃有失谨严。

《也论》据《通鉴》以为秦晋两军曾战于白鹿原上的蓝田县城。《通鉴》原文为："（桓温）进击青泥，破之。……秦王健遣太子苌、丞相雄、淮南王生、平昌王菁、北平王硕帅众五万军于峣柳以拒温。夏四月，己亥，温与秦兵战于蓝田，秦淮南王生单骑突阵，出入以十数，杀伤晋将士甚众，温督军力战，秦兵大败。"①《通鉴》战于蓝田云云，实移录《晋书·穆帝纪》："夏四月，己亥，温及苻健子苌战于蓝田，大败之。"这里所谓蓝田并不是指蓝田县城，而是指蓝田县境的愁思堆。《晋书·桓温传》载："（桓温）进击青泥，破之。健又遣子生、弟雄众数万屯峣柳愁思堆以拒温，遂大战。生亲自陷阵，杀温将应诞、刘泓，死伤千数，温军力战，生众乃散。"对照上述记载，可知晋军破取青泥城后，秦军全力设防于峣柳愁思堆（今蓝田县东南二十五里），双方首次以主力会战，结果秦军大败，晋军也受一定损伤。因愁思堆属蓝田县境，故《晋书·穆帝纪》将此役战地略记为蓝田，而为《通鉴》所承用。否则，如此重大的愁思堆之役何以不见于《晋书》本纪和《通鉴》？桓温如何突破秦军愁思堆防线《通鉴》何以会无所交待？而所谓蓝田之役又何以不见于《晋书·桓温传》？

《也论》虽然除此之外未能举出其他直接证据来否定我对于刘邦与桓温进军路线的考证，却提出了一系列"旁证"，试图说明刘邦与桓温所经过的霸上在白鹿原。下面择其要者，逐一辨正。

（一）《也论》认为白鹿原居高临下，地势险要，"绾毂东去和东南去的两条大道"，"实在是屯兵的理想所在"，而"汉唐灞桥附近地势低平，根本不是屯军的所在"。按白鹿原地势高峻，确实利于屯兵、用兵，但它毕竟离开大道已远，由汉灞桥至长安城的距离与至白鹿原的距离大致相等，若敌军已至灞桥，不待白鹿原防守军队赶到，即已经兵临长安城下，又如何可能"绾毂"由灞桥东去的函谷关大道？况且古代军事争执，攻守渡口，不乏其例。关中外虽

---

① 《通鉴》卷九九晋穆帝永和十年。

有四塞之固，关内却是坦荡的平川，长安四出道路于近处实无险可恃，北面的渭河和东面的灞河就成了长安城外的一道自然"护城河"，通过这道障碍的桥渡也就势必为兵家所必争。如汉文帝后六年匈奴入塞，长安震动，文帝分遣三军设防，刘礼一军驻霸上，其他两军分别驻在便桥北端的细柳和横桥北端的棘门①，以控制西北和北面入长安大道。又如唐代宗时分遣诸军屯于东渭桥、便桥（西渭桥）等地以防御吐蕃②；德宗泾师之变时李晟屯东渭桥以进逼长安③；僖宗时黄巢遣朱温屯东渭桥以抵御唐军④；如此等等，不胜枚举。灞桥绾毂东方三条要道，比三渭桥更为重要，刘邦或桓温驻军灞桥东端毫不足怪。

（二）《也论》认为《史记·项羽本纪》记鸿门与霸上相距四十里，白鹿原北端比北魏霸城更接近这一距离。实际上按直线距离量算，鸿门至白鹿原北端约五十里，至北魏霸城（即汉霸陵城）约四十二三里，至汉灞桥也不过五十里左右，若将鸿门去白鹿原须跨越灞河，上下山原等因素考虑在内，则鸿门去北魏霸城要比去白鹿原北端更为便捷，事实并不像《也论》所说的那样是"郦道元误认北魏霸城县为霸上，增大了鸿门与霸上的距离"。因此，以鸿门与霸上间的相对距离决不能证明霸上应在白鹿原。实际上鸿门虽侧近出函谷关大道，但至少从秦汉时代起，东西大道就一直未曾通过其间。秦末陈胜将周章西入函谷，与秦将章邯战于戏，戏即指戏亭⑤，在戏水西岸、鸿门北⑥；又汉新丰城故址在今沙河（古阴盘水）西岸长窐村东，汉文帝曾登霸陵，指新丰道示慎夫人："此走邯郸道也。"⑦说明秦汉时出函谷关大道经戏亭、新丰，不在原上。《史记集解》引曹魏时孟康语谓鸿门乃"旧大道北下阪口名也"⑧，《也论》据《水经注》袭用孟康语，推论北魏以前的"旧大道"是走原上。但《水经注》明确记述鸿门乃"南北洞开"⑨，而如上所说，秦汉出函谷关的东西大道则

---

① 《史记》卷一〇《孝文本纪》。
② 《旧唐书》卷一一《代宗纪》。
③ 《旧唐书》卷一三三《李晟传》。
④ 《旧五代史》卷一《梁书·太祖纪》一。
⑤ 《史记》卷六《秦始皇本纪》并《集解》引孟康语。
⑥ 《水经·渭水注》。
⑦ 《史记》卷一〇二《张释之传》。
⑧ 《史记》卷七《项羽本纪·集解》。
⑨ 《水经·渭水注》。

经新丰、戏，横过其北，未曾经此上下原面，所以孟康所谓"旧大道"不可能是秦汉时期出入函谷关的东西干道。秦汉以后东西大道仍侧鸿门北而过，更有明确记载。南北朝时陈姚察奉使北周，亲历鸿门，归后撰有《西聘道里记》①，姚察谓鸿门"在新丰古城东，未至戏水，道南有断原，南北洞门是也"②。至于《也论》一文征引唐以前的潼关县城一直设在原上，试图说明出函谷关的东西大道一直沿山前高原行走，就更没有什么意义了。因为唐以前黄河直逼原畔，以后黄河河道下切，原下河边才有一些平地③，唐以前自然无由置城辟路于其间。鸿门一带则并不存在这样严重的河道下切问题，汉新丰城和戏亭设在原下并侧近渭河就是证明。因此，《也论》所臆度的"长期以来人们走原上而不走原下"，是经不起史实检验的。

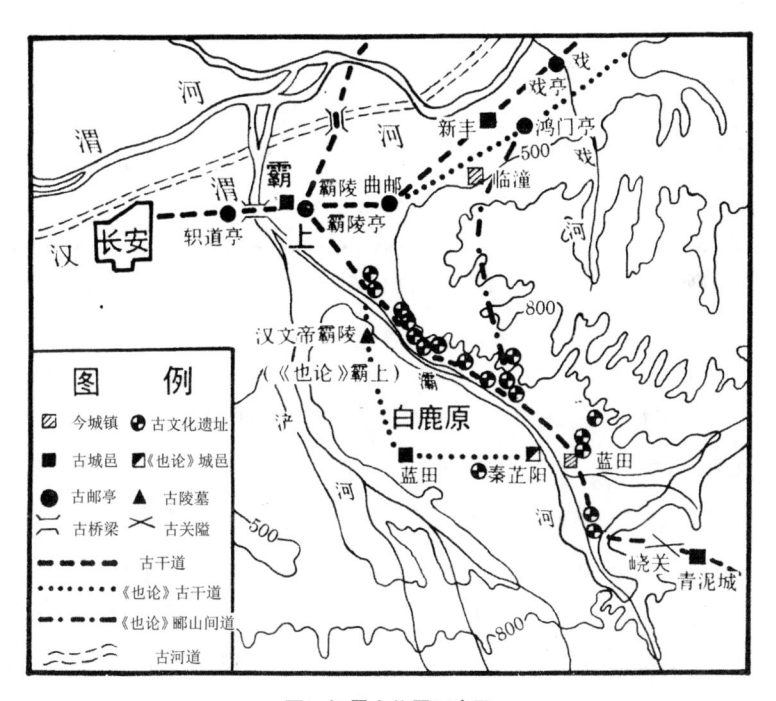

图1 汉霸上位置示意图

---

① 《陈书》卷二七《姚察传》。
② 《史记》卷八《高祖本纪·索隐》引姚察语。
③ 详史念海师：《历史时期黄河在中游的下切》，载《河山集》二集，生活·读书·新知三联书店1981年版。

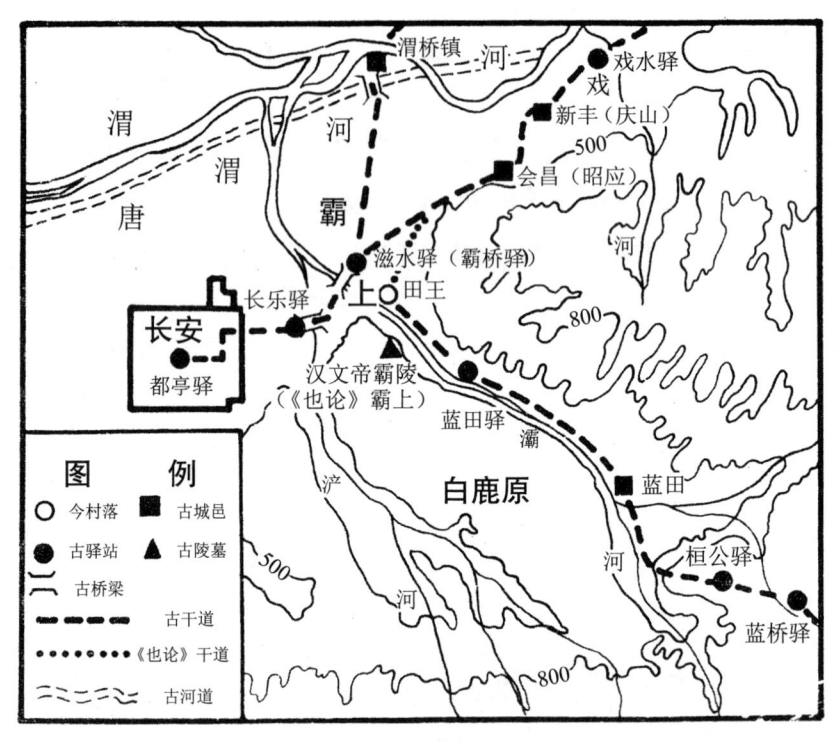

图2 唐霸上位置示意图

（三）《也论》认为"郦道元没有分清兵家必争的霸上和对霸上的泛指两种概念，才得出了错误结论"，误认为霸城即"高祖旧停军处"。按郦道元认为刘邦驻军之霸上在霸城，见本文第一节开头引《水经注》文。在此，郦道元首先援引了应劭对于霸上位置的记述，《也论》未举出任何证据，便说："应劭所说的霸上是灞水之上的泛指。"而郦道元误引作了"兵家必争的霸上"。应劭语出自其《汉书音义》，乃专为释刘邦驻军之霸上而发，根本不是泛指什么"灞水之上"。由《也论》一文所注应劭语出处来看，这一点马正林先生应该是清楚的。刘邦驻军之霸上在霸城，还见于北魏杨衒之的《庙记》。《也论》也曾引及《庙记》，云："(《庙记》)'霸陵即霸上'，……'沛公入关，遂至霸上，即此也'，仍是指的文帝霸陵，并不是汉霸陵县。"按上《庙记》文前一半出自《史记·周勃世家·正义》所引，《史记正义》为："《庙记》云：'霸陵即霸上。'按霸陵城在雍州万年县东北二十五里。"由张守节按语可见，《庙记》所云霸陵显然是指"雍州万年县东北二十五里"的汉霸陵城,并非指文帝霸陵。如若不然,就只能是张守节读《庙记》时断章取义了。幸好《庙记》原书虽已久佚,但《史记正义》中另外还保留下一段《庙记》关于霸上的记载,这就是《也论》所引后一半《庙记》文。不过《史记正义》中除《也论》所引一句外,前面还有一句。全文是:"《庙记》云:霸城,汉文帝筑。沛公入关,遂至霸上,即此也。"① 可见张守节注《周勃世家》乃据实引用《庙记》,决无断章取义之事。在北宋宋敏求的《长安志》中,同样认为刘邦驻军之霸上在霸城:"霸陵故城在(万年)县东北二十五里,霸水之东。……秦襄王葬于其坂,谓之霸上。……汉王元年十月至霸上,子婴降。"② 可见,郦道元对于刘邦驻军之霸上的认识是继承了前代的正确记载,因而不仅其同时代人会有同见,而且也为后世学者所承用。

(四)《也论》认为:"如果仅为一次白鹿原之战,又发生在桓温进军霸上之后,是晋军仰攻白鹿原上的秦军,而且遭到了失败,苻秦朝野吃紧,岂不成了笑话?晋军不取蓝田,直抵所谓霸桥东端的霸上,秦军又占据蓝田县城和白鹿原的有利地形,必然会乘胜追击晋军,桓温焉能长期屯军霸上,狐疑不进。""晋军占据峣柳后,若不进兵蓝田,而沿灞河东岸直达灞桥东端的霸上,又回军仰攻白鹿原,这也是用兵之道所不允许的。"按两次白鹿原之役说出自《通鉴》,前此拙文考辨《通鉴》此说系揉合《晋书·桓温传》与《晋书·穆帝纪》而成,不足为信。《也论》在此对史料来源真伪未作说明,而试图从军事形势上论证《通鉴》之说可信,因此,这里也只好针对《也论》所说,从军事形势上再看一下桓温的进军路线。据《晋书·苻健载记》,桓温进军霸上后,苻健自以赢兵六千固守长安,遣其子苻苌屯兵城南,又以精锐三万为游军以拒桓温主力,双方对峙于灞河两岸。在这种情况下,双方各出偏师,苻健"别使雄领骑七千,与桓冲战于白鹿原"。孙子云"战势不过奇正",曹操谓"正者当敌,奇兵从旁击不备也"③。苻雄与桓冲白鹿原之战,不论晋秦双方谁先出兵,都不过是以"奇兵从旁击不备"而已,正合所谓"用兵之道"。此其一。

---

① 《史记》卷八《高祖本纪·正义》引。
② 《长安志》卷一一万年县。
③ 《孙子·势篇》并曹操注。

由于在这次战役中秦晋双方都未投入主力，所以尽管晋军败绩，但驻在霸上的桓温主力却未受丝毫损伤，因而苻秦朝野不能不吃紧如故。苻雄以七千兵马还远不足以"乘胜追击"桓冲，与桓温主力交锋，桓温当然依旧屯军霸上。此其二。白鹿原胜后，苻雄虽无力出击霸上的桓温主力，但倒也确有"乘胜追击晋军"之事。据《晋书·苻健载记》载，白鹿原之役后，苻雄"又破（晋）司马勋于子午谷"，《晋书·桓温传》也载有："雄又与将军桓冲战白鹿原，又为冲所败，雄遂驰袭司马勋，勋退次女娲堡。"若果然如《桓温传》所载，桓冲败苻雄于白鹿原，那么桓冲何以不乘胜追击，西下浐河，直取长安；或接应司马勋出子午谷，而竟放任苻雄从容回击司马勋于子午谷？白鹿原一败之后，苻雄七千士卒能有几何，尚可败司马勋于子午谷？《通鉴》载"秦丞相（苻）雄帅骑七千袭司马勋于子午谷"，兵员一如赴白鹿原之初，又何以会有白鹿原败绩之事？此其三。至于晋军不取蓝田而径赴霸上，更是毫不足怪。从来各级州县并非均为军事重镇，蓝田既不当武关大道（在今蓝田西三十里，已届浐河畔），也没有必要一定在此驻军设防。晋军入武关后，秦军先在青泥城（约在今蓝田县东南三十余里，《也论》以为在今蓝田县南七里，实误）阻拦①，为晋军所破后，苻苌等率大军五万，复阻击于愁思堆（即古峣关所在，约在今蓝田县东南二十五里）②。愁思堆之战是桓温伐秦的关键一仗，秦军倾其主力，力图却敌于国门之外，因此苻健子苻生"亲自陷阵，杀温将应诞、刘泓，死伤数千，温军力战，生众乃散"③。愁思堆破后，一来再无重险可守，二来秦军元气大伤，所以秦军退缩回城，固守长安周围，"收麦清野以待之"④。各地即使别有驻军，也定当调集长安周围，区区蓝田不会有何重兵，桓温至霸上后三辅郡县纷纷不战而降⑤，就说明苻秦兵力都已集中长安。况且蓝田尚远在武关道以西三十里之外，并不像《也论》所讲的那样对武关道有着举足轻重的作用。此其四。总之，从秦晋双方军事形势来讲仍无法证明桓温所驻霸上在白鹿原。

---

① 《太平御览》卷三〇九兵部引《晋中兴书》。
② 《晋书》卷一一二《苻健载记》。
③ 《晋书》卷九八《桓温传》。
④ 《晋书》卷一一二《苻健载记》。
⑤ 《晋书》卷一一二《苻健载记》。

（五）《也论》认为"所谓桓温沿灞河东岸直抵汉灞桥东端的道路，在当时尚不存在，或者只是羊肠小路，并不是通武关的大道"，"大约在蓝田县东移后，经过白鹿原上的大道才逐渐衰落下去，沿灞河东岸的道路慢慢成了干道"，而"唐代以前的武关道必出白鹿原"。其论据有三。其一是"刘邦、桓温进军路线和北周以前的蓝田县一直设在白鹿原上"。这里刘邦与桓温进军路线正是提出来尚待通过一般交通道路以证明的论题，《也论》则反过来以此证明一般交通道路，这种循环论证方式是形式逻辑所不允许的。至于谓蓝田县设在白鹿原上，武关道就必出白鹿原，未见《也论》提出任何历史事例加以说明，若是认为既是县治，就必为交通干道所经，那么就必须首先证明秦汉以至南北朝期间每一县治均设在全国交通干道上，而事实上这种情况是不存在的。其二是灞河东岸"从骊山南麓下注的河流无计其数"，因而往往泥泞不堪，"成为开辟交通道路的极大障碍"，直至"蓝田县东移之后"，才"随着灞河的不断向西滚动，东岸的陆地愈来愈宽广"，"为开辟一条大路创造了有利条件"。按由于所谓河流众多、道路泥泞，古代人们取道原上，而不走原下，也是《也论》一文对长安东出函谷关大道的看法。在此甚为令人不解的是难道北周（武关道）或北魏（函谷道）以后这些河流就消失了吗？或者是关中气候明显转旱、降雨量锐减了吗？至于灞河河道向左岸滑移问题，则是自晚上新世至早更新世骊山大幅度隆起时就开始了的，在人类历史时期其相对变化很小，灞河右岸发现的大量旧石器以至商周时代的文化遗址可以证明。值得注意的是，灞河右岸虽然古文化遗址密集，左岸却无所发现。古代人们选择河边居住往往与交通有关，渭河沿岸的新石器时代遗址在西安以东大都在南岸，以西在北岸，其分布情况和今主要交通道路完全相符，说明这样的大道应该在新石器时代早已形成。同样，灞河右岸的古文化遗址也可以说明从新石器时代起武关道就是沿灞河东岸延伸的。其三是《也论》设想唐以前的武关道"过峣关后，要在今蓝田县西或蓝田县南渡过灞河或辋峪河，径上白鹿原，从文帝霸陵以东再渡过灞河，经霸陵县向西北过灞桥去长安"。对此，在《也论》中除仍可以用其论题"刘邦和桓温曾经白鹿原和芷阳城或蓝田县城"来"循环论证"外，实在找不出任何其他实际例证。即以情理揆之，武关道若果然行经白鹿原上，而且经今蓝田县西三十里、已届浐河东岸的蓝田县城以及白鹿原北端为浐灞两河所夹峙的所谓"霸上",那么何不由白鹿原直接西过浐河而入长安,却偏偏要重新返回灞河东岸,再绕经灞桥,重过灞河,西向长安?刘邦至霸上后,秦王子婴素车白马,降于轵道亭旁,说明霸上应距此不远,而且由霸上入咸阳必经轵道亭。轵道亭在灞水西岸四里余,东对灞桥①,过桥即为霸城所在的霸上。若霸上果然在白鹿原北端,武关道本当下白鹿原,过浐河,向西北直指咸阳或长安,根本没有必要绕经轵道亭。《也论》的作者似乎也觉得武关道上下白鹿原、两次涉历灞河,于理有难,因此提出《长安志》所载横霸官渡(入蓝田路)等古渡来做佐证,试图说明当时有专门渡口供人往返灞河以上下白鹿原。按《长安志》所载横霸官渡不见于唐以前记载,《唐六典》载唐两京附近重要津渡甚详,如泾水上的泾合渡、眭城坂渡等,皆一一备载,横霸官渡近在京师,又连接武关要道,若果设于唐代,《六典》决不会遗而不著②,唐人诗文也不会竟无一语及之,它只能是宋制。宋代或以后曾存在横霸官渡等渡口,所能证明的只是在没有桥梁时,人们"可以通过一定的渡口或利用简单的渡河设施",但如此论述并无意义,人们甚至熟知"亲迎于渭,造舟为梁"的诗句③。我们要研究的是汉唐之间究竟是否设置过这样的渡口,如果武关道在灞河一段诚如《也论》所述,那么相应的渡口是应该存在的,但现在是要证明这样一条道路确曾存在,因而也就必须先证明确曾存在这样的渡口,然而这一点却是《也论》所未能做到的。

总之,《也论》提出的上述五个方面的旁证,都不足以证明刘邦和桓温是经白鹿原至霸上的,武关道自古以来就是沿灞河东岸延伸的。

三 霸上的交通地位究竟如何?

前此拙文指出,后世一些地理书往往祖述《水经注》两个霸上的矛盾记载而未加详审,通过考定《水经注》之误,并阐明刘邦与桓温进军霸上未曾行经

---

① 《史记》卷八《高祖本纪·索隐》引《汉宫殿疏》。《水经·渭水注》。
② 《唐六典》卷七水部郎中条。
③ 《诗·大雅·大明》。

白鹿原，也就可以肯定霸上是在灞桥的东端，从来不存在所谓"两个霸上"的问题。《也论》仍把霸上析而为二，一处是"指军事斗争中的霸上"，即白鹿原北端。其主要论据即刘邦与桓温驻军地点，前已辨正其误。其他如汉高祖十一年驻军等事，不过为臆度之辞，无须驳议。另一处是"迎来送往时的称谓"，即"对灞上的泛称"，包括灞河东西两岸，窃揣摩《也论》文意，其具体含意似乎是指灞桥东西两方。虽然《也论》声言"称灞河两岸为霸上的记载也屡见不鲜"，但却未曾指出一处明确称灞河西岸为霸上的例证。至于《也论》所举秦始皇送王翦征楚、西汉群臣送刘邦征黥布、张直方等迎黄巢、黄巢迎朱温等事，文献记载简略，由其本身都说明不了霸上到底是在灞河的哪一岸上。而周亚夫东征吴楚在霸上改道武关事，即使按《也论》所复原的交通路线，也只能是在灞河东岸。因为《也论》也认为"唐以前东出函谷关的大道就在汉霸陵县附近与武关道分离"。苻坚母至霸上为苻融送行事，史籍更明确记载地属灞河东岸[①]。此外，我所见行经霸上的记载中，凡属文义明晰者，都是在灞水东岸。如《续玄怪录·辛公平上仙》条记唐贞元、元和间，辛公平由泗州下邳入京，宿灞上。次日五更，"步往灞西"。"灞上"与"灞西"对举，霸上显然是指灞水东岸。《也论》还说灞桥西端的汉霸城观处也"以霸上名之"，但未讲明有何根据。至于《也论》论汉代送往迎来是否必至灞桥东端，则对于说明霸上的位置并无意义，我也从未认为其必至灞桥东端。汉代送往迎来不仅可以在霸城观，也还可以在长安城东都门，即使过了灞桥也不一定就别或会于霸上，张良送刘邦东征黥布，就送过霸上，直至曲邮才分手[②]。人们常常在霸上送往迎来，并不等于送往迎来之处都可称为霸上。

拙文指出，霸上的重要性就在于它位于灞桥东端，绾毂长安东方的函谷关、武关、蒲津关三条道路，三路交会的具体地点，在汉代应为霸陵亭，唐时则为滋水驿（又称灞桥驿）。《也论》则认为"事实并非如此"。唐代以前，蒲关道如何走法，《也论》未作说明，只能视其同意拙见，在霸上的汉霸陵亭与函谷、武关两道交会。关于武关道，《也论》则提出所谓唐代以前的武关道必

[①] 《晋书》卷一一三《苻坚载记》。
[②] 《史记》卷五五《留侯世家》。

出白鹿原为根据,试图否定拙文的看法。但即使唐以前的武关道确经白鹿原,《也论》不是说武关道还要"从文帝霸陵以东再渡过灞河,经霸陵县,向西北过灞桥去长安"吗?因此仍须经过灞桥东端、霸陵县城附近的霸上和位于霸上的霸陵亭。西汉李广于蓝田南山狩猎,夜归长安时止宿于此,即为其明证①。虽然《也论》之初衷是想以此为据来驳难愚见,但最后也只能得出结论:"唐代以前东出函谷关的大道就在汉霸陵县附近与武关道分离。"这与愚见是完全一致的。尽管《也论》开宗明义就断然否定长安东方三路交会于汉、唐灞桥东端的霸上,但起码就唐代以前的情况而言,《也论》最后得出的结论却实在看不出与鄙意有何差别。关于唐代的情况,《也论》指出:"从长安东出、东南出的大道都是在灞桥以东趋向东南,从今田王附近分路","唐代在灞桥以东设有灞桥驿(今灞桥街)和滋水驿(今灞桥乡所在地),通高陵道和通潼关道、武关道应该在滋水驿分路,并不在灞桥的东端"。按首先必须说明,上述论说改换了我的概念。拙文认为霸上是灞桥东端一定范围内界限不是十分明确的一块区域,在汉代应当包括距今灞河三公里以上的霸陵城,唐代的情况也应大致相似。不管是今灞桥街还是今灞桥乡所在地,均应属霸上范围之内,无论道路在其中哪一点交会,都是交会于霸上,也都可以说是交会于灞桥东端。《也论》滋水驿不在灞桥东端云云,显然是改换了拙文霸上和"灞桥东端"的概念。按照《也论》的说法,长安东出大道至滋水驿后,向东北分出蒲关道(《也论》"高陵道"),函谷道和武关道则趋向东南,至今田王附近分为两路。在此,《也论》同样没有提出任何证据。即由情理而论,出函谷关道本应过灞河直趋东北,没有任何理由要先折向东南、再转回东北,而且唐代长安东出大道在今长乐坡下东过浐河,田王基本直对唐浐桥,如果出函谷关道一定要经田王,灞桥何不设在其西侧,与浐桥相对,几路皆为便利,何以非要把灞桥设在浐桥东北,来回"之"字转折不可?关于灞桥驿与滋水驿的关系问题,严耕望先生早已指明二者当为一驿②,本无庸赘论。但王文楚先生《唐两京驿路考》不审,复析作两个驿站,《也论》也沿袭其说,二者孰是,这里也就不能不略事辨析。

---

① 《史记》卷一〇九《李将军列传》。
② 严耕望:《唐两京馆驿考》,载《唐史研究丛稿》。

按武则天圣历元年前，滋水驿至长安都亭驿之间别无他驿。圣历元年，因二驿间路途过远，马多死损，中间增置长乐驿（今西安市东长乐坡），其后滋水、长乐二驿之间相距不过十五里，根本没有必要再行置驿[①]。北宋钱易称滋水驿在长乐驿东，可以说明终唐一代滋水、长乐二驿之间并无他驿[②]。灞桥驿不仅不可能在滋水驿西，也不会邻滋水驿东。唐高彦休《唐阙史》记元和十三年丁约被押入京，于骊山旅舍遇故人韦子威，丁约请子威"幸且相送至前驿，须臾到滋水，则散絷于邮舍"[③]，说明滋水驿至骊山昭应驿间也别无他驿。灞桥驿在灞水东岸，近灞桥，距长乐驿十五里左右[④]，与《两京道里记》载滋水驿距长乐驿里至相当，二者定为一驿。

如上所论，《也论》关于霸上位置及其交通地位的看法应是有悖于历史实际的。其所列各项理由，均不足以否定愚见。

（原载《陕西师大学报》1986年第3期）

[①] 《长安志》卷一一万年县引《两京道里记》。按，据《通典》卷三三职官十五乡官条，唐制"三十里一驿"。都亭驿至滋水驿原即三十里，在两驿之间增设长乐驿应当是由于长安东方三路在这一段合而为一，交通过于繁忙。
[②] 《南部新书》戊。
[③] 《唐阙史》卷上《丁约剑解》条。
[④] 《通鉴》卷二六二光化三年六月胡注，圆仁《入唐求法巡礼行记》卷三。

三论霸上的位置

霸上是秦汉至隋唐期间长安附近的一个重要交通枢纽点，七年前我在研究复原汉唐期间长安附近的交通结构时①，发现长安城东向函谷关、武关和蒲关的三条大干道，都是由霸上歧出的，如果按照传统的看法，将霸上的位置定在灞水西岸（左岸）的白鹿原上，就无法解释和复原当时的交通道路。为此，我检核有关文献，发现霸上的实际位置应在灞水东岸（右岸）的灞桥东端，其所表示的具体范围在秦汉至北周期间和隋唐时期有所不同，是随着隋唐长安城址的迁徙及由此引起的灞桥位址变动而更徙的。我的这一看法，撰为《论霸上的位置及其交通地位》（下简称《一论》）一文在《陕西师大学报》1985年第1期发表后，马正林先生在《陕西师大学报》同年第3期上发表了《也论霸上的位置》一文，维护传统的观点。由于这篇文章主要是针对拙文所发的，所以在此简称为《一问》，以便于叙述。拜读《一问》后，我感到马正林先生对我的观点的质难，在方法上和史料上都是站不住的，因此复撰《再论霸上的位置》（下简称《再论》）一文，发表在《陕西师大学报》1986年第3期上，逐条归纳回答了马正林先生所提出的全部质难。最近我又在《陕西师大学报》1988年第4期上，拜读到马正林先生的新作《〈水经注〉所论霸上辩析》，对拙见重又提出质难。为了讨论问题方便，这里将此文简称为《二问》。通读《二问》一文以后，我是颇有些疑惑的。作为一种辩难质疑的文章，我认为作者是有责任对其所要辩诘的论点、论据逐一加以反驳或说明的。可令人不解的是，《二问》

---

① 关于汉唐期间长安附近的陆路交通结构，请别详拙稿《西汉至北周时期长安附近的陆路交通》和《隋唐时期长安附近的陆路交通》两文（均已收入本书）。

一文对拙撰《一论》、《再论》两篇文章中所论的大量基本问题和史实却均未置一词，特别是我的中心观点即霸上是长安东面函谷关、武关和蒲关三大要路的汇结点，不知马正林先生是默认？抑或反对？在这种情况下，来继续讨论这一问题，我只能先在这里说明，关于我的全部观点和看法的详细情况，请读者参看《一论》《再论》两篇文章及《一问》一文，这里一般不再重为复述。鉴于马正林先生所采取的这样一种令人费解的论证方式，本文只好采用"注疏式"的手法，对《二问》一文逐页逐段逐层给以回复和说明，以对学术负责。这一点希望读者给予谅解并请同时对照参看《二问》一文。

《二问》P80，第1、2两段。提出论述《水经·渭水注》关于霸上的矛盾记载，不必要讨论。

P80，第3段。第1—3行，"《一论》、《再论》所以否定郦道元对霸上的正确记载，其主要论据是，《水经注》置芷阳于灞水之西来自《三秦记》，即《三秦记》所说的'白鹿原东有霸川之西坂，故芷阳也'这句话。"按，《二问》这句话的根据不知是什么？我在《一论》、《再论》两篇文章中都没有这样的提法，对照这两篇文章，我想任何不带偏见的人都可以看出，我对于霸上位置看法的主要论据是霸上与长安东面函谷关、武关和蒲关三条要道的关系和刘邦、桓温两次进军霸上的路线。在这一前提下，"溯本寻源，指出霸上在白鹿原说实源出《水经注》的错误记载"（见《再论》），而"《水经注》的矛盾即源于其误置秦芷阳于白鹿原"，"置芷阳于灞水之西实承自《三秦记》"（见《一论》）；也就是说，像校勘学上先通过一系列有力证据考订某字确为误字之后才最后断定其为形讹抑或为音讹一样，对于《水经注》的"白鹿原霸上说"，主要是通过实际历史事实而予以否定的，根本不是什么《三秦记》的某句话。《二问》对于《一论》、《再论》所论述的大量确凿事实依据不置一词，而偷换概念来展开论述，这实在令人百思不解。

同段下文。第3—5行，"《三秦记》早已佚失，除《说郛》有一卷外，也只有几种辑本。从张澍的辑本来看，《水经注》引用《三秦记》共有3条，恰好没有上述这句话。《三秦记》所记载的这句话，张澍辑自《太平御览》和《括地志》，并没有说《水经注》引用过。"按，这段话实不知所云。谓《三秦记》为佚书抑或有几种辑本，这能说明什么呢？张澍辑本《三秦记》白鹿原一条抄自何处，这又有什么意义？我引《三秦记》白鹿原一条依据的是《史记·秦本纪·正义》，不是在《一论》、《再论》中都标注的清清楚楚吗？我何尝说过根据的是张澍辑《三秦记》，又何尝诬称张澍说过他这一条是从《水经注》中辑来的呢？而且我也没有说《水经注》中曾经注明过白鹿原一条出自《三秦记》，倒是明确说过《水经注》"移录旧籍而不著所本者比比皆是"。更何况张澍说与不说《水经注》引用过《三秦记》白鹿原条与否本毫无意义，张氏不过是清嘉庆、道光间人，在这一点上，他的话并不具有任何权威性，何须征引及此？

同段下文。第5—11行。这几句话的中心内容是说《水经注》并未袭用《三秦记》文，证据一是"语气不一致，看不出相承袭的关系"；二是《水经注》除与我所举《史记正义》引《三秦记》佚文相类的内容外，还写有其他内容。二者"行文完全不同"；三是"《三秦记》已有'故芷阳也'之说，而《水经注》却引用《史记》'秦襄王葬芷阳者是也'，这就更加证明《水经注》的记载不是承袭了《三秦记》"。关于这三点，现一一说明如下。（1）关于《水经注》与《三秦记》的行文语气，这里只能不惮其烦，再重录如次：（A）《水经注》文："霸水又左合浐水，历白鹿原东，即霸川之西，故芷阳矣，《史记》秦襄王葬芷阳是也，谓之霸上。"（B）《史记正义》引《三秦记》文："《括地志》云，芷阳在雍州蓝田县西六里。《三秦记》云白鹿原东有霸川之西坂，故芷阳也。"我认为，二者行文的语气是十分相近的，《水经注》与《三秦记》的差别是句末语气词一为"矣"，一为"也"，而在这里它们的实际作用又是完全一样的。此外，《水经注》在"霸川之西"后少一"坂"字，但可以明显看出，是《水经注》脱落了这一"坂"字，不然，"霸水历白鹿原东，即霸川之西"这样的句子，又成何话？（2）至于《水经注》在《三秦记》白鹿原一段文字之外，还有其他一些记述，这说明不了任何问题。因为《水经注》摘录《三秦记》的某一句话，并不等于《水经注》是《三秦记》的别名，二者怎能完全相同！（3）关于这最后一点，我实在是完全读不懂，不知所云，故无法作答。难道《水经注》一旦移录《三秦记》"故芷阳也"一句后就不能再引《史记》秦襄王葬芷阳事以证成芷阳其地了吗？二者之间的内在逻辑联系我是苦思不解的，热望马正林先生能再行赐文垂教。

同段第12行至P81本段结束。这一部分谈了这样几点内容：（1）"《水经注》是否承袭了《三秦记》关于芷阳的记载，可以继续研究，不必断然下结论"。（2）即使《水经注》承袭了《三秦记》的记载，也是正确的，二者都是说"霸川之西或白鹿原的东阪，都是属于秦芷阳县的范围，得不出'故芷阳'就是芷阳县城的结论"。（3）秦芷阳县可能辖有白鹿原。（4）芷阳县境是秦陵区。秦人葬芷阳并非葬于芷阳县城中，而是芷阳县境内。（5）陵县与陵墓并非一事。（6）秦悼太子葬地在白鹿原。（7）在关中，"阪也是原的一种称谓"。（8）秦、汉、唐诸帝陵均选在白鹿原这样的"高而平坦的地方"。按，这里自（3）以下诸问题，姑不论其然否，都与论题略不相干，所以这里不予讨论（需要声明的是，我从未发表过与《二问》上述论点相左的看法，尽管其有些提法譬如"阪也是原"显然是错误的）。就（1）、（2）两点来说，我大体可以接受第（1）点的提法。因为前面已经说过，我本来也就是从行文本身推求《水经注》的错误来源，而不是单单依此推论《水经注》的记载有误。关于第（2）点，也就是《水经注》的记载正确与否，在这方面，我的观点和主要论据，仍请读者参看《一论》、《再论》，这里仅就《三秦记》或《水经注》中的"故芷阳"是不是指芷阳县城谈上几点。第一，任何一个经常阅读中国古代典籍的文史工作者都可以看出，《三秦记》或《水经注》中这样的提法，按照习惯，只能是指芷阳县治，而不会是芷阳县境。起码就我寡陋所及，没有见到过一例反证。第二，《二问》也提到秦宣太后葬芷阳郦山，由此就可以确证芷阳辖有灞水东岸的郦山，若《水经注》等所谓"故芷阳"果然指的是芷阳辖境，那么霸川之东既同样为芷阳辖境，又何必强调"霸川之西故芷阳矣"或"霸川之西阪故芷阳也"呢？第三，《水经注》云"《史记》秦襄王葬芷阳者是也"，自然不是仅指芷阳县城，其中实际包含两层意思。第一层意思是《史记》中的本来含意，即云秦襄王的葬地在芷阳县境；第二层意思则是郦道元引述后新增的，就是说霸川西阪上有故芷阳县城，这个芷阳，就是秦襄王所葬的那个县。这两层含意，在《水经注》中本来都是十分清晰的。这与阚骃《十三州志》云"霸陵，秦襄王所葬芷阳也，汉文帝更名霸陵"是同样的句式[①]，无庸置疑。

P81，第1段。这一段论述没有什么实际意义。《二问》提出的所有问题，

[①] 《长安志》卷一一万年县引。

在《一论》、《再论》中都有明确论述，读者可自行参考，无需赘述。而《再论》针对《一问》所提出的问题，《二问》在此却没有作出任何解释。

P81，第 2 段。这一段的意义是引证了一批先贤时彦的论著来维护自己的看法。这里有三个问题需要指出。一是《二问》所举的这些论著都是我在《一论》中开宗明义就已指出了的前人的看法，《二问》唯增添上《读史方舆纪要》和《类编长安志》二种，而《类编长安志》又实本自《长安志》卷一一霸陵故城条，并误灞水东岸为西岸（其"通化门东三十里"之距，自在灞水东岸）。二是《太平寰宇记》、《长安志》、《雍录》三书，都是并列《水经注》二霸上说，未辨孰是，杨守敬则独持己见，以为"灞水东西通得霸上之名"①，《二问》却径剪取其白鹿原一说而谓此说"得到后世许多著名学者的承袭，并广泛加以引用"。如果说是孤陋寡闻，尚或情有所宥，但这些先贤的说法，我在《一论》中是早已明确举述了的，那么又为什么要有意歪曲古人的观点？第三，《二问》以为"这些著名学者也都知道《水经注》对霸上的论述前后有矛盾，但仍坚持霸川之西的白鹿原就是霸上的说法，应该是他们研究的成果"。姑不论如上所述，《二问》这种说法是有悖于历史事实的，仅就怎样对待前人著述这一点来看，据我所见，上述这些古今学者们当中，除在《水经注疏》中可以看出杨守敬对于霸上的位置问题用过一番心思斟酌以外，在其他诸书中都看不出是否真的对这一问题进行过认真研究。任何一个读过中国古代地理文献的人，对于志书中的一些说法代代相沿不改都是不会感到奇怪的。即或这些古今学者们都进行过比较认真的研究，每一个学者也都是有其局限的，再权威的学者，也不会承认自己的每一个看法都是金科玉律。作为一个学者，我们的任务也正是发现前人没有发现的问题。即以谭其骧先生主编的《中国历史地图集》而言，其权威性是世所公认的。但这决不等于图上每一个点都是毫无差误的，像这样宏大的学术工程，存在某些不足是在所难免的，况且霸上这个地名在这八大册地图中又是何等微不足道的！谭其骧先生自己就曾公开表示过，《中国历史地图集》并没有解决疆域政区地理研究方面的全部问题，目前没有搞清楚的问题还有很

---

① 杨守敬、熊会贞：《水经注疏》卷一九。

多①。因此，《二问》所举述的这些前贤时彦的看法并不能说明任何问题，真正要想搞清一个问题，只能认认真真地从历史事实出发去研究。

P82，第1、2两段。这两段的内容有：（1）郦道元关于霸城即灞上的叙述，主要是驳郭缘生《述征记》对鸿门位置的错误记载。（2）"为了论证霸上就是霸城，他指出自新丰故城（汉新丰县）西至霸城五十里，霸城西十里霸水，西二十里则长安城。并引用应劭的话说：'霸水上地名，在长安城东二十里，即霸城是也'。这里的20里应为30里，因为长安城距灞水20里，灞水距霸城10里，《汉书·高祖纪》的注文是正确的。"（3）经过一番量算之后，认为《水经注》的说法是不可信的。（4）"《水经注》从距离推论霸城的所在，就连郦道元本人也不大相信。他说'高祖停军处，东去新丰既远，何由项伯夜与张良共见高祖乎？'"最后得出结论："《再论》对《水经注》这段记载坚信不疑，以此作为论证霸上位置的根据，自然也就没有着落了。"按，关于第（1）点，《二问》的说法是正确的，我并无异议。但这也并不等于《水经注》以这种形式提出作者的看法就是无足轻重的，由此恰恰可以看出，正因为郦道元对霸上在灞水东岸的看法笃信不疑，他才会以此作为坐标点来探讨鸿门的位置所在。关于第（2）点，首先需要指出，《二问》对于《水经注》"20里应为30里"的校订，并不是什么新见，这是熊会贞早已指出、而我在《再论》中也已重申了的问题。此外，应劭并没有说过霸上"即霸城是也"，应劭语出自其所著《汉书音义》，今两见于《汉书》卷一《高帝纪上》颜师古注和《史记》卷六《秦始皇本纪·集解》，其中均无是语。对照《水经注》上下文，可以看出"即霸城是也"乃郦道元本人的断语，与应劭无涉。这里的问题是虽然郦道元是根据相互里距推定的霸上与霸城的关系，但对于我们所要讨论的真正核心问题即霸上的位置，郦道元却不是根据霸上与霸城的相对里至推断出来的，而是依据应劭《汉书音义》所记霸上与长安城间的相对距离拟定的，即："霸上，地名，在长安东三十里。"②而霸上的这一位置与霸城的里至相吻合，则是可以

---

① 谭其骧先生在1987年"西安国际历史地理学术讨论会"上的报告《应当重视对中国历代疆域政区的研究》，报告要点介绍见郦湜：《西安召开国际历史地理学术讨论会》，《中国历史地理论丛》1987年第2辑。

② 《汉书》卷一《高帝纪》上颜注。

从其他材料得到证明的。如北魏杨衒之《庙记》云:"霸城,汉文帝筑,沛公入关,遂至霸上,即此也。"①因此,《二问》根据被它颠倒了的郦道元的看法来驳难郦氏,也就没有任何意义了。也就是说这一部分的第(3)点问题,即《二问》作者对于鸿门霸城间相互里至的测算,不拘如何精当,也都是没有必要的了。至于其第(4)点,即云郦道元本人对其所云霸城的所在也不大相信,则亦不知从何说起。为了说明问题,只好不厌其烦,在此抄录《水经注》原文:

> 《郡国志》曰:新丰东有鸿门亭者也。郭缘生《述征记》曰:或云霸城南门曰鸿门也。项羽将因会危高祖,羽仁而弗断,范增谋而不纳,项伯终护高祖以获免。既抵霸上,遂封汉王。按《汉书注》,鸿门在新丰东十七里,则霸上应百里。按《史记》,项伯夜驰告张良,良与俱见高祖,仍使夜返。考其道里,不容得尔。今父老传在霸城南门,数十里,于理为得。按缘生此记,虽历览《史》《汉》,述行途经见,可谓学而不思矣!今新丰故城东三里,有坂长二里余,堑原通道,南北洞开,有同门状,谓之鸿门。孟康言在新丰东十七里,无之,盖指县治而言,非谓城也。自新丰故城西,至霸城五十里,霸城西十里则霸水,西二十里则长安城。应劭曰:霸水上地名,在长安东二(三)十里。即霸城是也。高祖旧停军处,东去新丰既远,何由项伯夜与张良共见高祖乎?推此言之,缘生此记乖矣。

仔细分析《水经注》这段话,可以看出,尽管《水经注》语意有些曲折,文字不够通畅,但有一点还是可以明确的,就是郦道元并未对他所述的长安城—霸上—霸城—新丰—鸿门间的里至有若何疑惑,而是将其作为确凿证据来驳斥郭缘生之"学而不思"的。其"东去新丰既远"云云,应是就郭缘生鸿门至霸上"应百里"的说法而言的,因为根据郦道元的看法,鸿门霸上间不过60里上下路程,远不足百里,故云"(郭)缘生此记乖矣"。这样看来,《二问》所

---

① 《史记》卷八《高祖本纪·正义》引。

指责的我对《水经注》这段记载的坚信不疑，也并没有什么不应该的，尽管它并不是我论证霸上位置的唯一根据，但作为论据之一，却也是有着有落的。

P83，第1段。本段着意论证北魏霸城县与汉霸陵县的相对位置关系，没有什么实质意义，因此不予多加讨论。在这里我只想说明两点。一是需要重申一下我在《再论》中的观点，作为对本段的答复。即："即使汉霸城、魏晋霸城、或北魏霸城在灞桥东侧一定区域内有所移徙，也毫不影响拙文之所论。"二是在这里《二问》又重提《一问》中的看法，即应劭所说的霸上，是对"灞水之上"的泛称，而未对我在《再论》中的回复作出任何解释。因为这一点与上面的论述具有密切关系，因此也只好再重引《再论》的话作答，"应劭语出自其《汉书音义》，乃专为释刘邦驻军之霸上而发，根本不是泛指什么'灞水之上'，由《也论》（按即《一问》）一文所注应劭语出处来看，这一点马正林先生应该是清楚的"。

P83第2段至P84第1段。这两段的内容有两点：(1)"《再论》含含乎乎地承认了霸上有泛称的一面，即所谓'界限'不十分明确的一块地方。"(2)我所指认的霸上的位置，正当灞河泛滥区之内，这与历史事实不符。关于第(1)点，需要说明的是，马正林先生在《一问》中曾把霸上一分为二，一个霸上在白鹿原上，是"指军事斗争中的霸上"，一个霸上是"对灞上的泛称"，包括灞河东西两岸。对此，我在《再论》中曾明确指出，虽然《一问》声言'称灞河两岸为霸上的记载也屡见不鲜'，但却未曾指出一处明确称灞河西岸为霸上的例证"，这一点直到《二问》问世，马正林先生也仍然未能做到。那么，我认为霸上是灞桥东端界限不是十分明确的一块地方，又何以会"含含乎乎"地等同于他的"灞上的泛称"了呢？霸上的界限不够明确，我感到这并不足怪。因为它本身表示的是一个小区域，而不是一个点。但它与灞桥的相对位置关系却是确定不移的，所以我说它是一个专名，而不是对灞水沿岸任意一个地点的泛称。其实马正林先生因循一般传统的看法认为霸上在白鹿原上，和我所谓灞桥东端同样是指一块区域。关于第(2)点，马正林先生所指出的这一点，对于复原霸上的绝对位置，是颇有参考意义的，对此我应当深表谢忱。但是这并不能成为否定我的论点的根据。因为我的论点的中心就是确定了霸上与灞河和灞桥的相对位置关系，以及它与长安东方三条交通干道的相互关系，至于其具体绝对地点，这只要确定了当时的灞河河道和灞桥也就可以明确了，并不是什么难以解决的问题。关于《二问》这两段论述，还有一点需要指出，这就是云："《再论》以《水经注》记载的长安城与灞河、灞河与霸城、霸城与鸿门之间的距离来论证霸上的所在。"这是与事实根本不相符合的。究竟我在《再论》中是怎样论述的，读者自然一看便知，这里无需多说。

  P84，第2段。即本文最后一段："《水经注》关于霸上的记载是论证霸上位置的主要依据。只有（按原文如此，应当是"只要"）弄清了郦道元记载的是与非，其余有关霸上的问题就可以迎刃而解了。"这里的第一句话或许是马正林先生的一贯看法，但我却从来不以为然。我认为论证任何一个历史地理问题，最重要的依据都是当时的历史活动事实。一个正确的结论，首先要能通过历史活动的事实的检验。就霸上问题而言，看了马正林先生的《一问》、《二问》之后，我感到按照马正林先生的观点，一些重大基本问题都是无法解析的。譬如如何解释桓温北伐进军霸上之后，王猛所云"长安咫尺而不渡灞水"的问题？这一条可以说是我的论点的铁证，我想马正林同志是应该作出适当解释的；再如如何解释长安东面的交通网络结构？像这样一些基本问题和我在《再论》中所指出的一系列问题，我都非常希望能够得到马正林先生有充分事实根据的、全面的、负责任的解释，以便彻底弄清有关霸上的位置的各项问题。

（原载《中国历史地理论丛》1989年第1辑）

论西渭桥的位置与新近发现的沙河古桥

西渭桥又称便桥、便门桥，是汉唐期间长安城去往西北方向的交通咽喉要地。弄清其位置所在，对于复原汉唐期间长安城附近的交通路线具有重要作用。因此屡有学者进行探讨。1986年元月，在今咸阳市南侧约9公里的沙河枯河床内，当地农民挖沙时发现了一些排列有序的古代木桩，其后不久在紧临其东300米处又发现了一处类似遗迹。经考古工作者进一步发掘，并约请有关专家协同论证，目前已基本确定这是两处大型古桥遗址[1]，并按发现先后次序分别命名为1号桥址（西侧）和2号桥址（东侧）。这两处桥址发掘工作的主持者依据地层分析和史料记载及C^{14}测定等，最近撰文，初步推断"1号桥应是汉魏时的西渭桥，2号桥是隋唐时的西渭桥"[2]。这一看法，得到了考古学界比较广泛的认同[3]。然而核诸历史文献记载，我认为这一看法还需要进一步商讨，有关地层沉积相的分析，也有必要再多做一些具体参校对比，才能作为论证的依据。从目前所做工作情况来看，我认为沙河古桥的归属还不能最后确定。考虑到这两座古桥的发现在海内外都有很大影响，对于研究我国古代桥梁史和长安城附近地区的

---

[1] 关于这两处遗址的性质，仍有一些学者持审慎态度，认为要考虑到汉唐期间在这一带有引水工程设施，也可能留下相应的遗迹。我认为这种看法是应当给予充分重视的，而且应当作为讨论沙河古代木桩问题的首要前提。1989年9月，蒙主持发掘工作的段清波先生盛情邀请，侧席国家文物局在西安召开的"沙河古桥学术论证会"，在会上曾就此问题求教于段清波先生和与会的水利工程专家，据云根据木桩排列情形，当属古桥遗迹无疑，而不会是水渠、堤堰等工程遗迹。因此，本文亦将这两处遗址作为古桥梁来论述。

[2] 段清波、吴春：《西渭桥地望考》，《考古与文物》1990年第6期。拙文所引考古发掘工作者的看法，均以此文为代表。

[3] 目前也仅有部分文物考古工作者对沙河古桥的性质持不同看法，如中国社科院考古所的卢连成先生和咸阳文物部门的邓霞女士、时瑞宝先生、曹发展先生都与我交换过彼此相近的看法。

交通地理问题都具有重大价值，而西渭桥的问题尤为人们所关注，有关方面并且有建立遗址博物馆的动议，这样，各方面研究人员从不同角度发表自己的看法，或许将有助于早日得出最后一致的认识。基于这样的想法，下面我就谈一点自己的看法，以供有关方面参考。失宜之处，敬祈各界专家诲正。

一　汉代和唐代的桥址不在同一地点

考古发掘工作者把沙河 1 号桥址视为汉西渭桥、2 号桥址视为隋唐西渭桥，这两座桥址之间相距尚不足 300 米，可视为同在一个地点。然而在历史文献记载中，汉代的西渭桥和唐代的西渭桥却相距很远，不可能这样相互毗邻。

主持沙河古桥考古发掘的学者罗列了许多相互出入的资料和不同看法，用以论证西渭桥的位置。其基本看法是"从蛛丝马迹的文字中"看，汉西渭桥与唐西渭桥"可能在相距不远的某处"。其实文献中的不同记载往往指的不是同一回事，有时是指汉代的西渭桥，有的则是指唐代的西渭桥，有的记载本身也混淆不清，所以互有歧异。下面让我们来分析一下考古发掘者推测汉、唐西渭桥相互邻近的文献依据。文出宋敏求《长安志》卷一三咸阳县下：

> 渭河浮桥，在汉渭城县南北两城中间，架渭水上。即汉之便桥也。《汉书》曰武帝建元三年春初作便门桥。……颜师古曰：便门，长安城北面西头门，即平门也。古者平、便皆同字。……即今所谓便桥是其处也。便读如本字。……唐末废，皇朝乾德四年重修，后为暴水所坏。淳化三年徙置孙家滩。至道二年复修于此。

这段记载本身是有错误的。首先，《长安志》记载的北宋时期的这座浮桥位于"汉渭城县南北两城中间"，这根本不是汉西渭桥的位置，却正是汉代中渭桥的所在。中渭桥本名横桥，又称渭桥[①]，传为秦昭王始建。《史记·孝文本纪·正

[①] 《汉书》卷六三《戾太子传》。《水经·渭水注》。

义》引《三辅旧事》云:"秦于渭南有兴乐宫,渭北有咸阳宫,秦昭王欲通二宫之间,造横桥,长三百八十步。"①咸阳宫也就是渭河北岸的秦咸阳城的主体建筑,兴乐宫在后来则作为汉代营建长安城的基础,成了汉长安城的一部分,即汉长乐宫②。秦亡后,汉都渭南长安城,原渭北秦都废毁,汉改设渭城县,治于其地③。所以,《长安志》所云北宋设在"汉渭城县南北两城中间"的浮桥,与之相应的秦汉渭桥只能是汉长安城与汉渭城亦即秦咸阳渭北宫区之间的中渭桥,而不可能是西渭桥便桥。

其次,汉代的西渭桥不仅与北宋的渭河浮桥不在一处,而且也不像颜师古所说的那样与唐代的西渭桥同在一地。宋敏求之所以会把汉、唐西渭桥以及北宋渭河浮桥联系在一起,实缘自颜师古对《汉书》中便门的错误注解。

宋敏求《长安志》引颜师古语,出自《汉书·武帝纪》建元三年初作便门桥条颜注。颜注以便门释便门桥所在,这是十分合理的。但是颜师古注《汉书》,却未能弄清便门的所在位置,因此其所定便桥的位置也自然是错误的。颜师古论便门位置的出发点是平、便古音相同,因此便门也就是平门。尽管同音有可能通假,但是平门与便门实际是否存在这种通假关系却需要有具体证明。况且平门本来是汉长安城南面靠西头一门④,颜师古注《汉书·薛广德传》,云便门为"长安城南面西头第一门",实际上与此相同,也是由平、便同音推定的。只不过在注释《薛广德传》时还没有搞错平门的位置,而在《武帝纪》注中又混淆南北方位,把平门错置为城北与平门相对的横门,以致无端生出南北两个便门⑤。

颜师古和宋敏求以为便桥在汉长安城北,可能还受到了《水经注》错误记载的影响。《水经·渭水注》在渭水横桥(即中渭桥)下记有:"水上有梁谓之渭桥,秦制也,亦曰便门桥。"按《水经注》在上文已明确记载便门桥在沣、渭之会的短阴山下,不应在此重出。审其文意,"亦曰便门桥"应是"亦曰横

---

① 《史记》卷一〇《孝文本纪·索隐》引《三辅故事》略同。
② 《史记》卷八《高祖本纪》。《史记》卷九九《叔孙通传·集解》引《关中记》。
③ 《水经·渭水注》。
④ 《水经·渭水注》。
⑤ 别详拙稿《〈水经·渭水注〉若干问题疏证》(已收入本书)。

桥"或"亦曰横门桥"之论文。

如上所论，宋敏求和颜师古的话既然都不可信从，考古发掘者据之推论汉代和唐代的西渭桥相互毗邻也就站不住脚了。那么汉代和唐代的西渭桥（也就是便桥）究竟应各自在什么地方呢？

据《汉书》记载，西渭桥初建于汉武帝建元三年，当时名为便门桥[①]。由便桥的初建时间，也可以证明它决不会如颜师古在《汉书·武帝纪》注文中所说的那样是与汉长安城北面西头门相对直的，因为汉长安城北面西头门称为横门，门与横桥也就是后来所谓的中渭桥相对直[②]。而如前所述，横桥相传为秦昭王始建，最迟在秦始皇时期已经建成[③]。汉承秦旧，沿用未改。汉文帝初立，由代地入长安，即曾经由此桥[④]，即位后也曾出行此桥[⑤]。假如说武帝建元三年修建的便门桥就是重修中渭桥，那么《汉书·武帝纪》是不应该说成"初作便门桥"的。如颜师古所见识到的，汉代的便门桥应与便门对直，这是既有文献依据[⑥]，又合乎情理的。问题的关键在于便门究竟是汉长安城的哪一座城门？

前已述及，颜师古注《汉书·薛广德传》，曾以为便门为"长安城南面西头第一门"平门，而从《汉书·武帝纪》颜注中可以看出颜师古的说法完全是由平、便音同可以通假推导出的，并无确实依据。可是在殿本《水经注》中，却在汉长安城平门下注有"又曰便门"四字，如果以之与颜注相互参证，似乎颜师古的说法也是言之有据的。然而事实上殿本《水经注》"又曰便门"四字是出于四库馆臣戴震妄改。戴震校订殿本时自称曾逐条参校的《永乐大典》本以及明朱谋㙔笺本、南宋程大昌所见本[⑦]、王国维所见残宋本。戴震事实上多所袭窃的清赵一清《水经注释》本和影宋本《太平御览》卷一八二

---

① 《汉书》卷六《武帝纪》。
② 《三辅黄图》卷一。
③ 《水经·渭水注》。《燕丹子》卷上。
④ 《史记》卷一〇《孝文本纪》。
⑤ 《史记》卷一〇二《张释之传》。
⑥ 《水经·渭水注》："便门桥与便门对直。"又《三辅黄图》卷六："此桥与（便）门对直，因号便桥。"
⑦ 见《雍录》卷六"便桥"条。

引《水经注》佚文,"又曰便门"四字均在汉长安城西面南头第一门章门(章城门)之下,熊会贞已据之考定殿本有误,应当依从《永乐大典》本等①。但是熊会贞又称:"《黄图》于此(按指平门)称'一曰便门',于下章门称'又曰便门',则两门均有便门之号。"到头来仍是两存其说。按今本《三辅黄图》出于唐人抄撮,其中"与颜师古《汉书注》相同之处最多,是《黄图》用颜注,而不是颜注引《黄图》"②。熊会贞引证的今本《三辅黄图》,有关部分原文如下:

> 长安城南出第三门曰西安门,北对未央宫。一曰便门,即平门也。古者平、便皆同字。武帝建元二(三)年,初作便门桥,跨渡渭水上,以趋茂陵,其道易直。

与此相应,《汉书·武帝纪》及颜注云:

> 建元三年,……初作便门桥。〔师古曰:便门,长安城北面西头门,即平门也。古者平、便皆同字。于此道作桥,跨渡渭水,以趋茂陵,其道易直。〕

两相对比,今本《三辅黄图》出自颜注,这是十分明显的(抄撮者参合了《汉书·武帝纪》和《汉书·薛广德传》两处颜注,所以把便门定在了平门)。而如前所论,颜注以平门当便门,实出自师古臆测,别无可靠依据。今本《三辅黄图》在平门下抄撮颜注之后随复征引《三辅决录》,谓"长安城西门曰便门";在西面的章门下又征引《三辅旧事》云章门"又曰便门"。这些也都是否定颜注的有力证据。因此,熊会贞云便门兼为平门、章门二门别称的说法是站不住脚的,便门就是指汉长安城西面南头第一门章门。

---

① 杨守敬、熊会贞:《水经注疏》。
② 陈直:《三辅黄图校证》序言,陕西人民出版社1980年版。

76　古代交通与地理文献研究

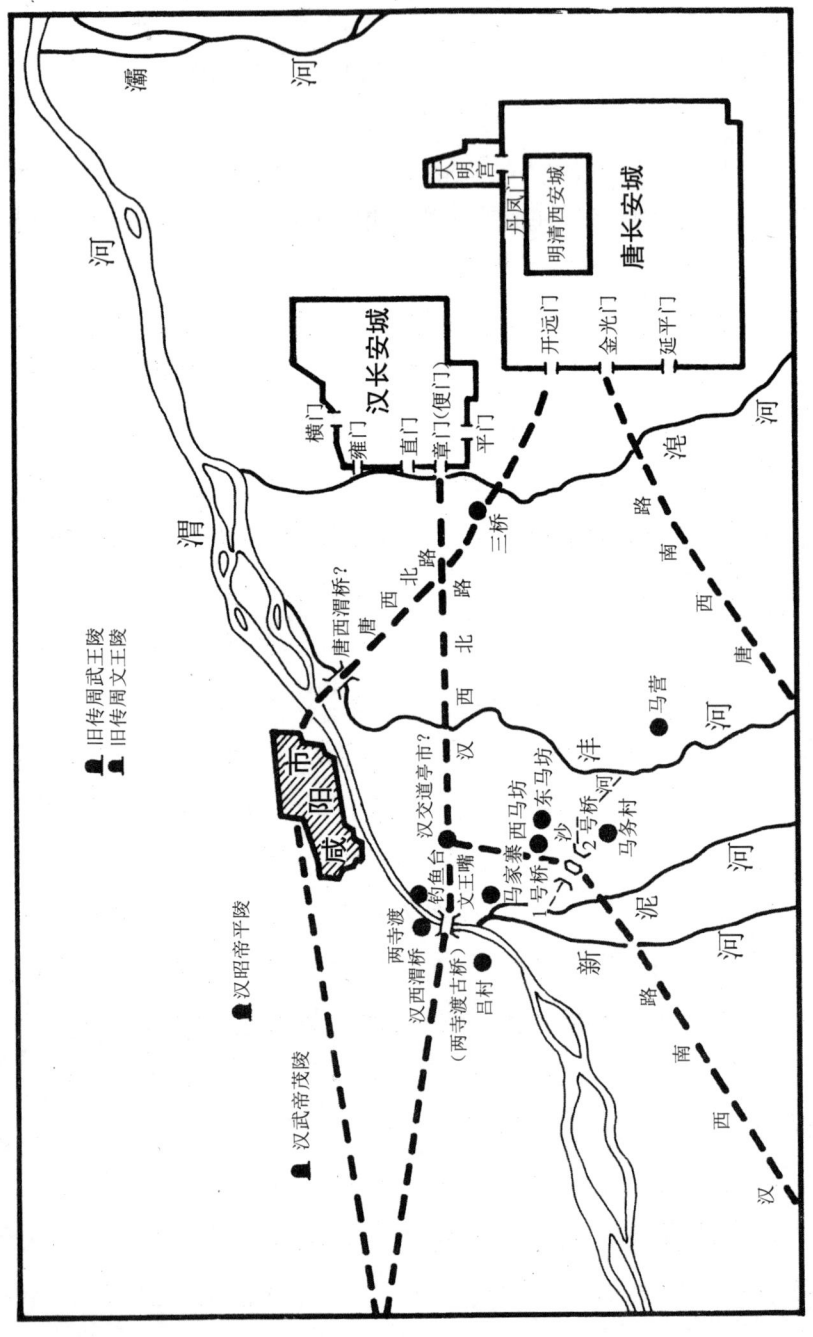

图1　西渭桥位置示意图

确定了便门的所在，与便门相对直的西汉便门桥的位置也就容易确定了。有关考古发掘者说："今人在研究西渭桥与便门关系时，多以为对直就是直对。笔者认为，就桥与门而言，只要相差不大于90°就永远对直，……若将对直理解为直对，就西汉科技发展水平而言，是不可能的。"这种说法在情理上恐怕是很难讲通的。将对直理解为一条绝对水平的东西向直线固然不妥，事实上也没有人这样理解。但既然特地指出是与便门对直，也就不可能有太大偏差。如果说是在90°以内，那么汉长安城西面的直门、雍门与章门东西延长线之间的角度也绝对不会超出这一范围，那么又何必要特地说明与便门对直呢？我认为对直仍然只能理解为东西相对，不然这句话是毫无意义的。考古发掘者还提到自北魏郦道元《水经注》始有便门桥"与便门对直"之语，其实这也不够妥当。东汉赵岐《三辅决录》即记有："长安城西门曰便门，桥北（按"北"当为"东"字之讹）与门对，因号便桥。"① 由汉长安城便门（即章门）向正西至渭河，正当今咸阳市西南两寺渡至马家寨一带。若自汉迄今，这段渭河河道没有发生显著变化，那么汉代的便桥也就应当在这一段渭河河道上求之。这是汉代西渭桥的位置。

　　唐代以后的西渭桥，与唐咸阳城的位置密切相关。唐宋以来的咸阳城大致就在今咸阳市区，明初稍有移动，范围有限。由于两《唐书·地理志》和《元和郡县志》这几种主要的唐代地理书叙述咸阳建置沿革都有脱漏，仅止于唐武德二年徙置咸阳县于今咸阳市东的白起堡即秦杜邮处，因而给确定唐咸阳县治和便桥的位置造成了很大混乱。事实上唐咸阳县治白起堡不过四年，武德六年又徙至便桥西北，宋人相承未改②。下面根据《长安志》记载的咸阳四周几个地点的相对距离，来看一下唐宋咸阳城的大致位置：

（1）两寺渡：在县西十五里。
（2）周文王陵：在县北十五里。
　　　周武王陵：在县北十五里。

---

① 《三辅黄图》卷一所引佚文。
② 《通典》卷一七三州郡三京兆府咸阳县。《太平寰宇记》卷二六雍州咸阳县，《长安志》卷一三咸阳县。

(3) 唐顺陵：在县东北三十里。

两寺渡地名至今未改，周文王、武王陵以及唐顺陵也都保存完好，用这三个不同方位的地点来交叉定位，可以测定唐宋咸阳城就在今咸阳市区范围内，或者说即使稍有偏离，也应当与今市区相毗邻。现在的咸阳城，据乾隆《咸阳县志》记载，是明洪武四年县丞孔文郁迁建的（传有李炳撰文记此事①，我尚未查到）。乾隆《咸阳县志》引"旧志"称，洪武迁治之前"城昔在杜邮西"。然而《大明一统志》已载明杜邮西侧为唐代故城②，此亦见于《长安志》记载③，亦称为"唐故县城"。核诸上文所论，武德六年以后的唐咸阳城为宋人沿用未移，因此宋人所称"唐故县城"只能是唐武德二年至五年间咸阳故城，而不会是武德六年以后至明初的故城。明何景明成书于嘉靖年间的《雍大记》卷二叙咸阳建置沿革，云唐武德六年"又徙便桥西北，即今县也"，也就是说他认为唐武德六年以来的咸阳县城一直沿至明嘉靖年间未曾改易。他的说法与上文通过相对方位测定的唐宋咸阳县城位置是相互吻合的。那么如何解释乾隆《咸阳县志》关于洪武四年迁城的记载呢？我认为洪武四年迁城当确有其事，不会是向虚空造。但是迁治前后的城址恐怕相距很近，大致都在今咸阳市区或其边缘地带，所以何景明略而未论。总之，唐武德六年以来至今，咸阳城址只是在明洪武四年略有改迁，但移动范围有限，前后位置仍可大致视为一地，大略以今咸阳市区当之。

咸阳城从武德六年起即移治便桥西北，不唯见之于地志记载，尚可证之于有关史事。唐安史之乱时玄宗从长安城出逃幸蜀，"过便桥，……至咸阳望贤宫置顿"④，望贤宫在咸阳县东⑤，可证唐咸阳确在便桥西北。正因为过便桥就是咸阳，所以唐人又称由便桥西行一路为"咸阳路"⑥，称便桥为"咸阳桥"⑦。这

---

① 乾隆《咸阳县志》卷二城池。
② 《大明一统志》卷三二西安府古迹"咸阳故城"条。
③ 《长安志》卷一三咸阳县。
④ 《通鉴》卷二一八肃宗至德元载。
⑤ 《唐诗纪事》卷六二郑嵎《津阳门诗》自注。
⑥ 《史记》卷一○二《张释之传·索隐》。
⑦ 《分门集注杜工部诗》卷一四《兵车行》。

种情况，以后一直也沿袭未改。如南宋初郑刚中西使入陕，也是由"咸阳桥"过渭水而至咸阳①。

《太平寰宇记》称咸阳城在"便桥西北百步"，这应当是北宋时的情况。唐代的时候渭河距咸阳城尚有 3 里左右②。所以从咸阳城到便桥也还有一段距离。前面提到的唐玄宗过便桥以后所到过的望贤宫，西去咸阳城还要走几里路程③，这段路程也就是咸阳城到渭河和便桥的大致距离。

总括以上所论，唐代以来的西渭桥只能在今咸阳市区以东的渭河河段（按指当时的渭河，今沣河尾闾很可能就是袭用了渭河故道）上求之，认为沙河 2 号古桥是唐代的西渭桥，这与历史事实是显然相背戾的。

附带指出，谭其骧先生主编的《中国历史地图集》第 2 册西汉司隶部图幅上所绘西汉便门桥的相对位置与上文所论是基本吻合的，而同书第 5 册唐京畿道关内道图幅上的西渭桥（便桥）仍然绘在今咸阳市区西南，与汉代位置一致。按照上文所作推论，这种绘法也显然是错误的。这一错误产生的根源，大概是由于误把《元和郡县志》等书所记的汉便桥当作唐代的西渭桥了。严耕望先生论唐长安附近的交通问题，也有过同样疏误④。

二　从交通作用看西渭桥的位置

南宋程大昌在推论便桥位置时，鉴于文献记载时有驳复，曾提出以事理相验求其所在⑤。这是一种十分科学的研究方法。所谓事理，也就是当时的交通作用。因为在渭河上架桥决非易事，不可能如园林中之桥梁用于游赏。所以西渭桥的所在，必然要合乎当时的交通需求。

《汉书·武帝纪》载作便门桥时没有明确交代此桥的修建目的，颜师古注

---

① 郑刚中：《西征道里记》。
② 《元和郡县志》卷一京兆府咸阳县。
③ 《唐诗纪事》卷六二郑嵎《津阳门诗》自注。
④ 严耕望：《唐长安西通凉州两道驿程考》，载《香港中文大学中国文化研究所学报》第 4 卷第 1 期，1971 年 9 月。
⑤ 《雍录》卷六"便桥"条。

解说"于此道作桥"的目的是"跨渡渭水以趋茂陵,其道易直",今本《三辅黄图》上也有"跨渭水,通茂陵"的解释①。这种说法以后流行比较普遍②。《汉书·武帝纪》载作便桥事时,上文有:建元二年,"初置茂陵邑。三年春,河水溢于平原,大饥,人相食。赐徙茂陵者,户钱二十万,田二顷。初作便门桥"。作便桥事在置茂陵邑之次年,而且叙其事与赐茂陵居民钱田事相并在一起,因此二者之间很可能确有关联。东汉人服虔作《汉书音义》,注便门桥"在长安西北,茂陵东",也把便桥与茂陵联系在一起③。由此可见颜师古《汉书注》的说法既合于事理,也应当有所根据,是可以凭信的。

从《汉书·武帝纪》本身的记载和桥的名称以及东汉服虔以来对便桥的解释,都可以看出所谓建桥以趋茂陵,是指从汉长安城特别是从长安城便门西趋茂陵,这一点是很清楚的。《汉书·薛广德传》载广德侍从元帝赴宗庙祭祀,元帝"出便门,欲御楼船。广德当乘舆车,免冠顿首曰:'宜从桥。'……光禄大夫张猛进曰:'臣闻主圣臣直。乘船危,就桥安。圣主不乘危。御史大夫(薛广德)言可听。'上……乃从桥"。过去有人以为所谓"御楼船"是指出便门在门外的沇水枝渠上乘船,或北下渭河赴高帝庙,或南趋下杜祭宣帝庙④。其实由上文或从桥、或乘船的争执来看,汉元帝所欲乘御的"楼船"显然是一条渡船。便门外的沇水枝渠是一条小河,乘船过渡既无危险,也没有什么游赏的兴味,双方没有必要争执不休。值得乘船一玩而且也有一定危险的只能是与便门相对的渭河,而渭河上与便门相对的桥梁也就是便门桥。汉武帝有陵庙号称龙渊庙或龙渊宫,在茂陵东⑤。汉元帝只有西去武帝茂陵或平帝昭陵酎祭宗庙⑥,才有必要出便门。但昭陵与茂陵大致在同一方向,因此元帝此行可以视为从长安城出便门、过便桥赴茂陵的一次实例。考古发掘者推测修建便桥是为了分别从南山和沣河口向茂陵运输建陵木材和砂石。这种说法臆测的成份太

---

① 《三辅黄图》卷六。
② 《初学记》卷七桥下有"汉作便桥,以趋茂陵"。又《雍录》卷一"五代都雍总说"条:"此桥趋茂陵为便也。"
③ 见《汉书》卷六《武帝纪》注。
④ 刘运勇:《西汉长安》,中华书局1982年版,第22页。
⑤ 《水经·渭水注》。《三辅黄图》卷五。
⑥ 《汉书》卷七三《韦玄成传》:"京师自高祖下至宣帝,与太上皇、悼皇考各自居陵旁立庙。"

多，缺乏相应的文献依据。尽管便桥初建的目的主要是为了西通茂陵，但茂陵就在长安城西去大道路旁，因此便桥建成后也自然就成了联结长安城西去大道的枢纽。

汉长安城西面的渭水北岸有地名细柳，东临"石徼"，汉置细柳仓①。《水经·渭水注》谓沣、渭之会处"无他高山异峦，惟原阜石激而已"。石激即石堤②，激、徼上古互为双声叠韵字，可以通转③。因此，所谓石徼也就是石激。另一方面，据《水经·渭水注》记载，汉代的便门桥正在这"原阜石激"之地，因而细柳及细柳仓也就应当位于便桥西端。细柳本来就是长安城西去大道所经之地，其地又名柳中，汉初刘邦还定三秦，自雍（今凤翔县南）遵渭而东，曾过此而至咸阳④。便桥建成后，自然通过细柳把长安城直接与西去的大道联系到了一起。汉代在细柳除设置细柳仓外，还置有细柳观和柳市⑤。这些设置恐怕都与细柳这个繁忙的交通枢纽有关，而这种效应也不应是一条从南山运木或从沙河运沙的道路所能产生的。潘岳《西征赋》云"津便门以右转，究吾境之所暨；掩细柳而抚剑，快孝文之命帅"，就是反映出便门、过便门桥而至细柳的情形⑥。

按照颜师古的说法，便桥修建后，长安城至茂陵间的道路是相对比较"易直"的。所谓"易直"，应当是就建造便桥以前的交通状况而言。在便桥修建以前，从长安城到茂陵周围及其以西各地，如果不用渡船，只能通过中渭桥。因此，颜师古所谓"易直"，就是说便桥一路要比中渭桥一路捷近。如果按照上文所论把便桥定在今两寺渡一带，那么出长安城便门后一直向西到渭河便门桥，这一路就确实要比中渭桥一路迅捷。然而若是将沙河1号古桥定为西渭桥，那么出汉长安便门后要向南回绕8里左右，才能通过便门桥，再返折向西北。不仅南辕北辙，令人不解；而且与原来的中渭桥路相比，两条道路的回

---

① 《史记》卷一一〇《匈奴列传》、卷一〇《孝文本纪·集解》。《三辅黄图》卷六（按《三辅黄图》讹"石徼"为"古徼"）。《太平御览》卷一九〇引《三辅故事》。
② 《汉书》卷二九《沟洫志》颜师古注。
③ 郭锡良：《汉字古音手册》，北京大学出版社1986年版。
④ 《史记》卷九五《樊哙传》。
⑤ 《三辅黄图》卷五。《汉书》卷九二《游侠传》颜师古注引《汉宫阙疏》。
⑥ 《文选》卷一〇潘岳《西征赋》。

绕程度也大致相侔，没有什么"易直"可言了。因此，从交通作用方面来讲，把汉代的西渭桥定为沙河1号古桥是很不合乎情理的。

下面再来看看唐代的情况。如前所论，唐便桥应当在唐咸阳城也就是今咸阳市区东南的渭河上（指唐代渭河河道），这样从唐长安城过便桥到咸阳城的道路，就应当大致为一条东南—西北向的直线。当时的情况事实上也就是这样。唐长安城西面有三座城门，去往西北方向最常走的是北头一门即开远门①。由开远门向西北趋咸阳，地经三桥。唐德宗兴元元年，德宗由兴元回京时的路线，可以具体地说明这一点：

> 上至咸阳县。李公（晟）以金商同华、神策等军马，自丹凤桥（门？）至于便门（桥）②，六十余里，御路两旁，前后鱼贯。……上发自咸阳，都人士女僧道、耆老兆庶，迎驾于路。……驾至三桥，中书令李公……等奉迎于乘舆。③

三桥地名至今一直沿用，现称三桥街，正当唐长安、咸阳二城间的连线上。宋代在这里设有驿站"渭城馆"，驿馆西北方又有沙坡店④，见于南宋初郑刚中所撰《西征道里记》，是从长安城向西北经咸阳桥去咸阳的大路必经之地。按照上文所定唐西渭桥的位置，即今咸阳市东南，从三桥向西北过西渭桥入咸阳城，道路是十分顺畅的。可是假如把西渭桥定为沙河2号古桥，那么从三桥赴咸阳也要向南回绕8里左右，再陡折向北。舍近求远，这在情理上是无法解释的。

总之，从交通作用上来看，把沙河古桥定为西渭桥，很难解释当时的交通道路。与此相反，如果按照本文第一节的推论，把汉西渭桥定在今两寺渡一带、唐西渭桥定在今咸阳市东南，那么与历史时期的交通活动就没有任何抵牾了。

---

① 别详拙稿《隋唐时期长安附近的陆路交通》（已收入本书）。
② 唐长安城无便门，出渭城至咸阳又不经汉长安城便门，且下文云丹凤桥（门？）至"便门"六十余里，《通鉴》卷二三一记同事亦云时李晟等迎驾队伍"步骑十余万，旌旗数十里"，因此"便门"显然是"便桥"之讹。
③ 《奉天录》卷四。
④ 《金石续编》卷一六宋游师雄《阿房宫赋后序》。

三 关于渭河河道变迁问题

　　上面从西渭桥同汉长安城便门、唐咸阳城的相对位置关系以及西渭桥与汉唐交通道路的关系两个方面分别论证了西汉和唐代西渭桥的位置。上述论证有一个假设的前提，即从西汉经隋唐至今，今马家寨附近到咸阳市之间的渭河河道没有发生大幅度移徙。依照上文所作论述，这种假设是合理的，因为它可以完满地解释有关历史事实。然而考古发掘者推定沙河古桥为西渭桥的基本出发点却是认为汉唐时期的渭河河道就在沙河古桥之下，今天这一段的渭河河道是宋代以来才形成的。这种观点主要是根据沙河古桥及其附近地区的地层沉积状况得出的。这种沉积相分析方法，是极为重要的，而且也是最终解决渭河河道问题以及沙河古桥性质问题的根本所在。然而从目前情况来看，我认为现在还不能论定沙河古桥附近沉积沙层次的性质，这项工作还有待进一步深入。主要是沉积沙的粒度定量对比说明、详细的剖面对比分析，以及沉积物矿物构成对比分析等。下面我想对考古发掘者已做的沉积相探查情况，谈一点自己的分析意见，同时再从文献记载来看一下渭河河道是否发生过重大变化。

　　考古发掘工作者报告在沙河古桥及其东西延伸地带存有厚达 5 米左右的与今渭河沉积沙粒度一致的古渭河沉积沙，由此证明这一带为汉唐渭河河道所经。关于这一点，我认为古河道沉积沙层的存在是可以肯定的。但问题的关键在于沙层的沉积时间。陕西师范大学地理系杜甫亭先生判读卫星照片，在汉长安城区内，发现了两条横贯城区的渭河古河道，结合有关地层、地貌状况分析，其向西延伸，正通过沙河古桥一带①。这两条渭河河道显然是汉长安城修建以前的河道。因此，沙河古桥一带的渭河沉积沙并不一定就是汉唐时期的沉积沙，而更像是汉代以前的古渭河沉积。

　　其次，沙河古桥下的地层沉积状况是在"6 米以上的沣河粗沙层"下面，"有两米以上的黑灰细沙层"，即古渭河沉积细沙层，"成不整合状叠压"。而在

---

① 杜甫亭：《西安附近渭河河道演变》，《史前研究》1985 年第 1 期。

"沙河河床北部,地表1米以下就是红黄细沙的渭河沙系",河床下的黑灰细沙和这种红黄细沙的粒度一样,"相交处没有明显的断裂带,它们应是同一河沙系"。这种沉积状况,可图示如左:沙河古桥残存的

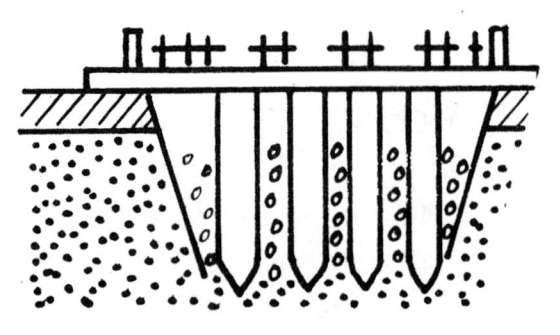

图2 沙河古桥下的地层沉积状况

木桩,上部在沣河粗沙层内掩埋,下部植立于渭河细沙层中。显然,考古发掘者认为上部的粗沙是宋代以后渭河北移后沣河袭用渭河古道沉积留下的;而下面的细沙层则是汉唐时期渭河沉积所致。对于这种沉积状况,我认为完全可以提出另一种解释:即在西汉以前渭河北徙后,沣河在这一段袭用渭河故道。由于渭河北徙幅度较大,沣河在最初有一段时间并没有在这一段河道产生堆积,相反却是下蚀,冲蚀掉了很厚一层原渭河沉积沙,这就是今沙河河道底部的细沙层大大薄于两岸同一沙层的原因。后来随着河道发育,侵蚀作用转为堆积作用,又在上面沉积了沣河的粗沙层。沙河古桥大致就修建在侵蚀与堆积作用的转换时期前后。为使桥柱坚固稳定,下头就有一部分被植立在了河底的原渭河细沙层中(沙河古桥桥桩下头有尖角,可以证明这一点),而不是建桥之后渭河沉积沙堆积掩埋了桥柱。沙河河底的渭河沉积沙与两岸的渭河沉积沙之间没有不整合痕迹就是证明。

考古发掘者根据地层沉积物分析,认为渭河在这一带的北徙先是缓慢的侧蚀平移,到今马家寨一带以后,侧蚀受阻,因此在马家寨以西冲刷开了一条新的河道,即今渭河河道。这种说法与杜甫亭先生利用卫星照片等的研究结果相吻,可以成立。问题在于新河道形成于什么时间?考古发掘工作者认为大致是在北宋神宗时期前后,论证的主要依据,是沣河入渭口的变迁。

沣河入渭的地点,最早见于《水经注》的记载。《水经注》多数版本仅云:"渭水东与沣水会于短阴山内,水会无他高山异峦,所有惟原阜石激而已。"可知所谓短阴山就是稍超出四周的一小块高地。《长安志》卷一二长安县丰水条下引有《水经注》佚文云沣水"北至石墩注于渭","石墩"当即"石激"之

讹①。戴震校殿本《水经注》，补有此条，当即出于《长安志》。据此，短阴山与石激是紧密联系在一起的。如前文所述，石激则又与便桥、细柳等密切相关。因此，论述沣河口的变迁也要与石激、细柳等联系起来。

以往在对汉魏沣、渭水道进行复原时，一般都是将今沙河河道视为当时的沣河主流下游河道②，因此沣、渭之会地点就是现在的沙河下游入渭口，也就是今泥河入渭口，即在今马家寨西北。泥河口东，地势稍高，当地今称"文王嘴"。"嘴"是当地人对比较坚硬而突出的河岸的俗称，如咸阳县西南还有一地俗名"铁强嘴"，渭水"冲射，激石而还，杀其猛势，纡折而东"③。"文王"一般都是指周文王，乡俗以"文王"称呼此地，其实事有所本。元骆天骧《类编长安志》卷五祠庙类周文王庙条下记有：

> 《周地图》云："文宪（宪字疑衍）王庙，在长安县西北五十里。"新说曰，"沣水与渭合处，属咸阳县元村矩（短）阴山，地形高爽，古庙犹存，松柏森然"。

《类编长安志》成书于元初的成宗元贞二年，"新说"就是作者骆天骧自己的说法。据此，文王庙当时犹在沣、渭之会，而且与汉魏时期相同，其地仍称短阴山。《类编长安志》在这里没有明确交代文王庙和短阴山在沣、渭相合处的哪一边。在同书卷首的元《安西路州县图》上，把文王庙绘在了沣河口西侧。但在这幅图上《水经注》明确记载在沣水东岸的周灵台也画在了沣水西岸。审其缘由，当是绘图上安排失宜，在沣水东岸无处填绘，不得已而权置于此。在元李好文《长安志图》卷中《咸阳古迹图》上，文王庙和灵台就都绘在了沣河口东。沣河口东也就是今文王嘴所在，因此，"文王嘴"显然得名于文王庙。《长安志图》成书于元末的顺帝至正二年④，与《类编长安志》相互参证，可知有

---

① 《雍大记》卷一一引同文作"石徵"，如上文所论，徵、激互通。
② 黄盛璋：《水经·渭水注选释》，载侯仁之主编《中国古代地理名著选读》第1辑，科学出版社1950年版。卢连成：《西周丰镐两京考》，《中国历史地理论丛》1988年第3辑。
③ 乾隆《咸阳县志》卷一《川原》。
④ 别详拙稿《古地理书辨证三题》（已收入本书）。

元一代这一段的沣、渭河道与以往一般复原的汉魏水道是完全一致的。换句话说，也就是元代由今咸阳西南到文王嘴这一段渭河河道，已与今天完全一致，当时的沣河仍然由今沙河故道入渭，短阴山就在今文王嘴。

元代如此，那么元代以前的情况如何呢？骆天骧是长安当地人，他称所见文王庙为"古庙"，说明设庙由来已久。《周地图》又作《周地图记》，著录于《隋书·经籍志》及《旧唐书·经籍志》，据罗苹《路史注》，乃出自北周宇文护之手①。《周地图》云文王庙在长安西北 50 里，与今汉长安故城到文王嘴的距离是基本一致的，也与《汉书·武帝纪》注引曹魏苏林语云便门桥去长安 40 里的距离大体相差不多，而便门桥就在短阴山上或短阴山旁，因此从方位和距离上看，北周时的文王庙与元代的文王庙应在同一地点，即沣河口东的短阴山上。这一点可以从其他记载中得到证明。其一，《隋书》卷七《礼仪志》二载："高祖既受命，……使祀先代王公。……文王、武王于沣、渭之郊。""郊"义与国邑相对，于此无解，当是通"交"。周祚隋替，隋立文王庙于沣、渭之交，当是袭依北周旧制。又《唐会要》卷二二载玄宗天宝七载五月，诏令在历代帝王肇迹之处立祠庙致祭，以丰都为周文王肇迹地，注云："今咸阳县见有庙。"同时并以周武王入文王庙同享。《唐会要》同卷又载："元和十四年正月敕，周文王、武王祠宇在咸阳县，宜令有司精加修饰。"如黄盛璋先生所论，由于丰京城邑宫室很早就已荒堙殆尽，唯有附近的灵台迄于唐代仍岿然独存，所以汉以后一般均据灵台以解说丰京位置，唐人也是如此。黄盛璋先生考证认为，周灵台当在今马营、斗门镇以西的沣河东岸②。这种看法不够十分准确。《长安志》卷一二长安县下引《水经注》佚文云，沣水"又北，昆明池水注之，又北径灵台西，又北至石墩（墽）注于渭"。据此，灵台在昆明池水口之下、石墽之上。今马营虽然是昆明池水入沣口所在，但正如黄盛璋先生引证《三辅黄图》等文献所论证的那样，西周灵台在唐长安县的西北方，而马营却是在唐长安城正西偏南，方位稍有不合。又今马营周围唐代设有丰邑、昆明和司农

---

① 参见王谟：《汉唐地理书钞》。
② 黄盛璋：《周都丰镐与金文中的菶京》，收入作者文集《历史地理论集》，人民出版社 1982 年版。

三个乡①，马营属于其中哪一个乡虽然现在还不清楚，但大致不会出于这几个乡之外。然而唐朝在长安县西北界别设有灵台乡，在沣水上②，显然是得名于西周灵台。据《长安志》记载，长安县西北界在马坊村一带，隔界与咸阳县相邻③。今沙河古桥东北有东、西二马坊村，当即由唐马坊村沿袭而来。由此看来，唐灵台乡和西周灵台也都应当在今马坊村一带。马坊村在唐长安县西北，这样比定灵台的位置，就与《三辅黄图》等文献的记载完全吻合了。同样，这里也符合《水经注》所记灵台在沣河东岸、昆明池水口之下、石徼之上的情况。唐人颜师古、杜佑直至元人马端临等都认为这个灵台也就是周文王丰邑的所在④。这可以看作是唐宋间人的一般看法。文王嘴上的周隋文王庙，虽然属于唐咸阳县管辖，但是与马坊村相互毗邻，完全可以满足玄宗诏书中于丰都肇迹之地建庙的要求。所以《唐会要》自注云在天宝七载下诏时咸阳县已经存在的旧庙，应该就是指文王嘴的周隋故庙。反过来说，北周和隋代所以要把文王庙建在今文王嘴，也应该是由于西周灵台与这里毗邻的缘故。宋代也有周文王庙，这个庙与唐代相同，也是既"在丰"，又在"京兆府咸阳县"⑤，根据上述同样的道理，这也就是文王嘴上的先代旧庙。其二，《类编长安志》卷六山水类沣水条下在记载短阴山和周文王庙的同时，还提到当地有"堰头"，云沣水"北流至长安县西北堰头元村周文王庙，西合于渭"。"堰头"是指水坝的端头，宋元时代这里没有什么水利工程，唯隋唐时代漕渠渠首堰水堤坝名兴成堰，在唐咸阳县西十八里，堰渭水入渠⑥。核其里至，兴成堰正当今文王嘴一带，"堰头"之名显然当得自于此。堰头在短阴山，距咸阳十八里，这与《元和郡县志》咸阳县下记载短阴原（即短阴山）在县西南二十里，也基本吻合。这样看来，从北周历隋唐直到元末，沣河口一直都在今文王嘴西，文王嘴以北一段渭河河道也与今天基本一致。

---

① 〔日〕爱宕元：《唐两京乡里村考》，〔日〕《东洋史研究》第40卷第3期，1981年。
② 《汉书》卷二八《地理志》下师古注。
③ 《长安志》卷一二长安县丰水条。
④ 《汉书》卷二八《地理志》下颜师古注。《通典》卷一七三《州郡》三长安县。《文献通考》卷三二二《舆地》八长安县。
⑤ 《文献通考》卷一〇三《宗庙》十三。
⑥ 《旧唐书》卷一〇五《韦坚传》、卷一七二《李石传》。

北周以前，即汉魏时期的渭河河道也有踪迹可寻。第一，《元和郡县志》咸阳县下记"细柳仓在县西南二十里，汉旧仓也"，这与上述唐代短阴山的位置是非常相近的。前已论及，汉细柳仓东临石激、渭河、便桥，即隔渭河与短阴山相望，因此从细柳仓的位置可以推断汉魏时期这一段沣、渭河道与唐代没有什么不同。据咸阳市文物部门的邓霞、时瑞宝、曹发展几位先生介绍，在文王嘴对面渭河西岸的两寺渡村附近，已发现大型汉代建筑基址，并出土有"百万石仓"瓦当。结合《元和郡县志》等文献的记载，他们已初步断定这里就是汉细柳仓故址。第二，《水经·渭水注》在渭水过短阴山、石激、便门桥之后，紧接着又经过太公庙，在渭水南岸。从郦道元说"庙前有太公碑，文字褫缺，今无可寻"的情况来看，此庙建立已久。太公庙即姜太公吕尚庙。这座庙后代再未见于记载，但今两寺渡对岸有村名钓鱼台。姜太公垂钓渭滨而得遇文王是见于载记世代相传的佚事，村俗之间由太公庙而讹传为太公钓台，是自然而然顺情合理的事情。如果以钓鱼台当《水经注》的太公庙，那么汉魏时期的渭河河道自然当在今钓鱼台村以西。第三，前已论及，唐代漕渠渠首应在今文王嘴一带。在唐代以前，汉代也开凿过漕渠。唐文宗开成元年重新疏凿漕渠时，宰相李石说，"旧漕在咸阳县西十八里，……自秦汉以来疏凿，其后湮废"，若修复其旧迹，则无需多用功日①。因此才决定兴工开凿。按照李石的说法，唐代的漕渠渠首，就在汉代渠首旧处②。由此看来，汉代的渭河河道也应当在今文王嘴以西。第四，从《水经注》等记载汉长安城西渭水上的便门桥"与便门对直"的情况来看，这一段的渭河河道也应当同今天一样，大致作南北流向，而不会是像沙河古桥附近一段的沙河河道那样作东西流向。南宋程大昌《雍录》在解释汉便门桥的作用时，曾联系河流流向说明道：渭水"又东北行，则汉便门桥横亘其上。此时渭方自西南来③，未全折向东，故便门桥得以横绝而径达兴平也"④。这里讲的也是同样的道理。

综上所论，根据现有文献资料可以初步推断，从西汉初年开始直到元代

---

① 《旧唐书》卷一七二《李石传》。
② 别详拙稿《汉唐期间长安附近的水路交通》（已收入本书）。
③ "此时"不是指时间，而是以"时"代"地"，就是"这一段"的意思。
④ 《雍录》卷一《五代都雍总说》。

末年，今文王嘴到咸阳市之间的渭河河道基本上没有大的移徙，沣河也一直是在文王嘴西经今沙河河道入渭。渭河由今沙河古桥一带的古道改徙到文王嘴以西，应当发生在西汉以前。

最后需要对考古发掘者的有关看法作一说明。首先是《长安志》记载的沣河入渭地点问题。考古发掘者认为，"宋敏求在《长安志》中对沣水路线有矛盾的记载。第十二卷中言'由马坊屯（村）入咸阳合渭水'，第十三卷中言'至宋屯（村）合入渭水'"，"同在一本书中记载了两处沣河入渭口，说明这期间渭河已经北移"。关于这个问题，我认为，第一，像《长安志》这类方志，往往是抄撮许多不同来源的资料，"总萃隐括"而成的①，出现一些矛盾歧出的地方往往是资料来源不同造成的。《长安志》中颇有一些这类问题。南宋程大昌已指摘其"时有驳复"②。因此，不能仅仅抓住《长安志》本身的某些矛盾，脱离其他证据而求之过深。第二，所谓《长安志》关于沣河入渭地点的不同记载，也是可以做出其他解释的，未必就是渭河北徙的反映。《长安志》卷一二长安县下关于沣河入渭问题的记载为：

沣水出县西南五十五里终南山丰谷，自鄠县界来，经（长安）县界，由马坊村入咸阳，合渭水。

斟酌上文可以看出，马坊村只是沣水由长安县界流入咸阳县界的两县交界地点，而不是沣水入渭地点。沣水由马坊村入咸阳县界以后的流向，就是《长安志》卷一三咸阳县下记载的情况了。即沣水"自长安县界来，流至宋村合入渭"。这样解释，既顺畅又合于《长安志》叙述河流的一般体例。

其次，考古工作者发现，在上文所述两寺渡附近的汉代细柳仓遗址对岸，也有大型汉代建筑遗址，而且两岸的遗址都有一部分已被河水冲蚀掉。考古发掘者由此推测两岸的汉代遗址原来应是连结在一起的，汉以后渭河北徙至此才从中冲开。此外，考古发掘者依据民国《重修咸阳县志》和当地耆老口碑，

---

① 北宋赵彦若《长安志序》语。
② 《雍录》卷一《长安志》条。

认为今文王嘴东的马王寨为汉武帝朝丞相田千秋的茔墓所在。因此，若将汉、唐、宋渭河河道及西渭桥定在这里，"则解释不通为何两处的汉代建筑基址都在河边，汉丞相墓紧邻渭河亦解释不通"。关于这个问题，我认为也是可以解释的。第一，汉代这里有石激，也就是石护堤岸，可以免却渭水噬啮之患，因此才会近水布置建筑。时过境迁之后，无人维护，石激冲毁，河流也就冲蚀掉了一部分建筑基址。第二，如上所论，汉代的漕渠渠首可能也在这一带，堤坝、堰口及其附属设施，都只能设在水上或水边。另外细柳仓的设置很可能与利用渭水转运粮食有关，如果是这样，仓储也只宜设在岸边，以便于搬运。第三，文王嘴被称为短阴山就是由于当地地势高亢；渭河河道在文王嘴至咸阳一段束狭不散，也是由于两岸土质坚硬，地势稍高。因此，在这一段建筑房屋或修置坟茔，条件也都并不算很坏。至于田千秋墓的问题，是否属实还需要确证。况且马家寨离渭河还有2里左右距离，相距也不是特别近切。

四　论沙河古桥与两寺渡古桥

据有关文物考古学者介绍，除了沙河两座古桥之外，近年还在两寺渡、文王嘴附近的今渭河河道中发现了一座古桥的桥桩[①]，为行文方便，这里姑且称之为"两寺渡古桥"。要想最终解决西渭桥的位置和沙河古桥性质问题，我认为必须把这三座古桥址放在一起来论述，也就是说要能够同时合理地解释三座桥梁各自的用途。

沙河古桥的考古发掘者认为，两寺渡古桥"不是汉唐北宋时的西渭桥，而是渭河北移此处的渭桥"，也就是说，这是北宋神宗以后的西渭桥。前文已经论述，北宋神宗前后渭河北徙说是缺乏可靠根据的，而唐宋时代及其以后的西渭桥只能在今咸阳市东南。根据前文所作论述，可以看到，汉代的西渭桥就应当在两寺渡至文王嘴之间这一带。如果把两寺渡古桥比定为汉便门桥的话，就

[①] 见前举段清波等人文。又咸阳市文物部门的邓霞女士、时瑞宝先生、曹发展先生也盛情介绍了有关这一古桥的情况，这几位学者一致初步认为这一古桥应当是汉代的西渭桥，亦即便桥。

可以圆满地解释与之相关的一切问题，如短阴山、细柳、石激、便门、交通道路等。而且至迟从唐代开始，便桥向东北移建于咸阳县东南，长安城向西北去的大道亦随之转迁。在渭河上架桥，即使在今天也绝非易事，古代更为艰难。如果不是主要通道所经，是没有必要架设桥梁的。在文献中目前我也没有见到唐代以后在这一带架桥的任何记载。因此，从交通需要来看，两寺渡古桥也是非西汉莫属。总之，从目前情况来看，我认为把两寺渡古桥暂定为汉代的便门桥是合适的。当然，对这座古桥遗址进行科学的考古调查和发掘现在已十分迫切，以最后确定其年代和性质。

根据前面的论述，今沙河河道也就是从西汉一直到元代末期甚至更后（待考）的沣河河道。这样一来，沙河古桥也就只能是古沣河桥了。假如把沙河古桥认作西渭桥，出汉长安城过西渭桥的道路就弄得十分别扭；若是定为沣河古桥，那么从汉长安城向西南经此桥过沣河，道路就会变得十分顺畅。这一点从两座沙河古桥的方向上看得更为清楚。沙河 1 号桥为北偏西 5°，基本上正南正北，2 号桥北偏东 30°，桥北头正向东北方向，朝着汉长安城西门，显然不可能用于从汉长安城绕至桥南过河再转趋西北（唐城的情况也大致相似），而正适于从汉长安城出发，由北向南渡河。所以就此而言，沙河古桥也无疑当属于沣河桥。

下面就来分析一下这两座桥梁的使用年代和用途。沙河 1 号古桥 C^{14} 测定桥桩木材年龄为 2140 年左右，正当西汉初期。当时为什么要在沣水上建造这样一座大型桥梁呢？历史文献中对此虽然没有任何直接记载，但是其中的缘由也还是可以推测的。从交通形势看，从汉长安城或秦咸阳城通向西南的道路如果经过沣河桥是很便捷的[①]，这座桥梁应当设在这条道路上。《长安志》云汉便桥东有交道亭市[②]，过去我曾误以为是因汉长安城雍门、便门两门赴便门桥路相交汇而得名。现在结合沙河古桥，看来应该是因经过沣河桥的"西南路"与经过便门桥的"西北路"两路在便桥东面相交而得名。因为两门之间的道路差别，总不如这样两条大道重要。

---

① 别详拙稿《西汉至北周时期长安附近的陆路交通》（已收入本书）。
② 《长安志》卷五《宫室》三。

考古发掘者鉴定沙河2号古桥的保存情况和结构情形，表明其晚于1号桥，并推测2号桥建于隋唐时期。今按隋文帝开皇三年，汉长安城废为禁苑内的一部分，迁入新建大兴城，唐复更名为长安城。由于隋唐长安城较之汉城向东南方向移动了很多，所以长安城附近的交通道路也有了相应的改变。由隋唐长安城去往西南的大路，始于长安城西面中间一门金光门。出金光门后，趋昆明池南侧，因此唐人甚至就把这条路称为"昆明路"①。过沣河的渡口，改在了秦渡镇（又作秦杜，或讹作秦社）②。因此已经没有多大必要再在汉代旧路上架设这么大规模的桥梁。考虑到这种情况，沙河2号古桥也应当是西汉至北周期间所建。由于技术水平所限，古代桥梁往往都不能耐久，要反复重修，屡毁屡建。古长安附近的灞河桥、渭河桥也都是这样。沙河2号古桥应该是1号桥冲毁之后另择新址重建的。

[附记]

在本文写作过程中，我曾向主持沙河古桥考古发掘工作的段清波先生请教有关发掘、探查情况。段清波先生虚怀若谷，慷慨帮助，热情赐教。拙文得以草就，多有赖焉。此外，咸阳市文物部门的邓霞女士、时瑞宝先生、曹发展先生也盛情提供了许多有关文物古迹情况，并在本文脱稿后，多次垂情赐教，相与切磋，使我从中多所获益。诸位学者对于学术研究的无私和负责精神，令人钦敬无已，在此谨附致真挚的谢意。

（原载《历史地理》第1辑，1993年）

---

① 《白居易集》卷一三《醉中归周至》。
② 《长安志》卷一二长安县。别详拙稿《隋唐时期长安附近的陆路交通》。

唐《东渭桥记》碑读后

唐《东渭桥记》碑 1967 年出土于高陵县耿镇白家嘴村西南约三百米处，同时在其附近发现了唐代东渭桥遗址。1981 年底，王翰章先生在中国考古学会第三次年会上公布了《东渭桥记》碑文及其研究成果，但由于出版方面的原因，刊载王翰章先生《唐东渭桥遗址的发现与秦汉以来的渭河三桥》一文的《中国考古学会第三次年会论文集》直到 1985 年底方与一般读者见面。我在阅读碑文后，有几点粗浅看法，兹述于此。不妥之处，敬祈方家赐正。

一　碑文释读

王翰章先生文中附有碑文拓本照片并录文，其录文未作标点，兹据拓本照片及其录文，重录并标点如下。

东渭桥记　　富平县尉河南达奚珣词
书曰导渭自鸟鼠同穴，其来尚矣。发源之际，岐雍之间，包荒沣滈之类，益用深广。东流映则莫可得而济矣。夫通变者，圣人之务也，可之时，义大矣哉。开元中，京尹、孟公以清风故事，可以成梁。上闻于天，
帝用嘉心。明制即下，指期有日。总统群务，工徒，详力役；经远迩，度高卑。前规率由，具物

雷霆。瑰材所聚，隐若山岳。曾未逾月，其功乃
石。杭星柱，延虹梁，矗如长云，横界极浦。迹是
夐乎无以加也。至如架鼋鼍而麾蛟龙，则闻
镳，孰尚其劳。岂如今兹择善而举，既利于物，
彼有惭德。若乃　　睿图光赫，天京辐凑，于
波足畏也，舟楫至危也，苟或失所，其伤则多。
平路。无杭苇之险，同袚度之安。劳于一朝，逸
有经矣。且夫诗美造舟之役，史重河桥之功，
稽古有训，敢不钦若。时郡邑寮寀视事者八
望。礼乐之度，近取诸身；文章之能，高映天下。
众贤一心，其下毕力。上则答
□□□大命，中则述　　京尹之明谟。义叶从
□弊河流。高陵主簿刘绾，文史之雄也，糺合
不敏从诸公之后焉。终始备详，用举其略。请
是时大唐开元九年冬十有一月旬有八日
京兆府士曹彭城刘惟超　　　高陵令太原
奉先尉渤海吴贯之　　　　　高陵尉河南
美原尉弘农杨慎余　　　　　同官尉京兆
华原尉太原祁玉恽　　　　　三原尉吴郡
高陵主簿彭城高绾　　　　　富平尉河南

上文中第十行之"矗"字，照片模糊甚剧，乃依王翰章录文；二十一行"弊"字，残缺过半，并依王文；二十七行"郡"字，王翰章录文无，据拓本照片，似原有"郡"字，姑补。另外，王翰章录文于十九行"则答"二字上脱"上"字，又行末增衍一"时"字，为拓本照片所未见。按"上则答"下文应为对皇帝之称谓，如第六、七行"上闻于天，帝用嘉心"格式，"上则答"之下文提行顶格书写，故"上则答"下半行均为空格，于义亦不当有他文。又第四行起首"则"字下脱"莫"字，第五行行末"清风"误为"清凤"，十一行"孰尚其劳"之"其"误为"岂"，十三行"舟楫至危也"之"至"误为"之"，

这些或为排校致误。

兹就王文所述，对碑文补论如次。

（一）关于碑文底部的残缺部分。王文云：此碑出土时碑额和碑座已失，仅存六面柱形的碑身。每面宽17厘米，高67厘米，下部稍残。今推敲碑文，其正文每行下绝非仅缺一、二字，如：据文意，十九行下继"上则答……"，"中则述……"后，理应有"下则……"一句，其他各行亦大率如是，所缺者甚多。依常例，首行"富平县尉河南达奚珣词"句下，应署有碑文书写者姓名，其文长要与上"富平县尉河南达奚珣词"句相当。由整个碑文各个部分的残缺情况、尤其是正文的缺佚情况来判断，全碑原来应由上、下两块碑石构成，今残存者为上石，下石佚去，其长度大致与上石相当。如果这样的推论不谬，那么这整块失落的碑石不比个别字句残损，或许尚可期之重现于他日。

（二）关于碑文的句读。王文只录碑文，未作标点，但文中引用的个别句子句读似有未妥。王文谓："由于史书缺乏明确记载，唐东渭桥属石构还是木构，过去不够清楚。碑文说：'石抗星柱，延虹梁蠹'，又说：'架鼋鼍而麾蛟龙'，看来都是形容该桥的石柱罗列情形，……因此，我们推测，唐东渭桥很可能是一座石柱桥。"关于唐东渭桥桥柱的材料构成，《唐六典》卷七《水部郎中员外郎》条有明确记载："凡天下……石柱之梁四，洛三，灞一。木柱之梁三，皆渭川也：便桥、中渭桥、东渭桥。此举京都之冲要也。"《唐六典》修撰于开元十年至二十六年间，正当《东渭桥记》所记开元九年重修东渭桥事之后，故《唐六典》所述东渭桥无疑就是指开元九年这次修建的东渭桥。后来的实际发掘也证明了《唐六典》的记述是正确无误的。因此，王文推测的差误，已不必论究。唯"石抗星柱，延虹梁蠹"一句，实为误读。前面笔者所录碑文释读为"……石。杭星柱，延虹梁，蠹如长云，横界极浦"，此"杭"字及十五行之"无杭苇之险"之"杭"字，王文俱误读为"抗"。按《诗·卫风·河广》："谁谓河广，一苇杭之"，碑文之"杭苇"即出此，"杭星柱"亦由此引申而来。此数句即"排列如星之柱，架设如虹之梁，东渭桥如一片长云，横蠹于水天之际"意。若如王文所读，实不知竟作何谓。要之，于碑文中决无桥为石柱之意。

二 对于达奚珣仕历的补充

《东渭桥记》碑碑文的作者达奚珣是唐中期一位重要人物，曾被安禄山任为宰臣，然而两《唐书》无传，其事迹仅散见于其他记述中。据《唐摭言》、《唐御史台精舍题名考》、《登科记考》、《安禄山事迹》等书记载和考订，可略知达奚珣为开元五年进士，寻授官郑县，天宝初为礼部侍郎，此前曾任侍御史，天宝末任河南尹，降安禄山，署为大燕国侍中，安史之乱平，至德二载斩于长安。在其初任郑县至转迁侍御史之间，有一段仕历史籍缺载。《唐摭言》卷一一张楚《与达奚侍郎书》云达奚珣于郑县转迁"畿甸"，而未详实居何职。由《东渭桥记》碑题名可知，此即指达奚珣任富平县尉事，同时还可推定达奚珣任侍御史的时间要在开元九年以后。

三 东渭桥的交通作用

《东渭桥记》碑末所署参与修建东渭桥诸官吏分别来自高陵、奉先、美原、同官、华原、三原和富平等县，这些县份均位于渭河北岸、长安城东北方向。尽管碑文有所残缺，但也不会恰好只把这一个区域内县份的官吏残存下来，这些官吏的属县，代表着修建东渭桥时工役征集的范围。之所以会征集这些地区的人力来修建东渭桥，当是与这些地区出入长安须经东渭桥一路有关。例如日僧圆仁由高陵经东渭桥入长安[①]，唐薛调《无双传》记无双出长安，经东渭桥往富平代宗元陵[②]，等等。隋唐时期的中渭桥已与汉代不同，汉代过中渭桥南，即入长安城横门，而隋唐时期长安城已经向东南迁移，城北筑有东西二十七里的禁苑，西连汉长安城，北枕渭水，中渭桥以南入为苑地[③]。《元和郡县志》

---

① 圆仁：《入唐求法巡礼行记》卷三。
② 《太平广记》卷四八六引《无双传》。
③ 《旧唐书》卷三八《地理志》一。

载唐贞观十年曾移建中渭桥，在咸阳东南二十二里①；唐乔潭开元年间前后撰写的《中渭桥记》也记载有重修中渭桥事②。其地虽已难以确指，但唐司马贞云"中渭桥在古城（按指汉长安城）之北"③，乔潭也称中渭桥"连横门，抵禁苑"，可知在汉中渭桥址上移动不大，仍当南对禁苑。唐肃宗至德二年，唐将王伯伦破安禄山军于中渭桥，追击入苑中，说明中渭桥直通禁苑④。代宗永泰元年，仆固怀恩诱吐蕃入寇京畿，代宗分遣诸军屯驻于长安周围的泾阳、东渭桥、便桥（西渭桥）、周至等冲要之地，唯中渭桥无军，而由代宗亲率六军屯于苑内，说明禁苑直抵中渭桥头⑤。因此，隋唐时期一般行旅往还已不便取中渭桥路，长安北出，视其所便，或取西渭桥，或取东渭桥。所以不仅高陵、奉先、美原、富平这些县份必经东渭桥出入长安，即使像同官（今铜川）、华原（今耀县）这样偏于长安正北的区域，一般也不能走中渭桥路，而必须经东渭桥。同官北面，即为著名的金锁关，是通往陕北的交通咽喉，同官与长安之间往来须经东渭桥，也就说明了金锁关路是通过东渭桥进入长安的。

四 东渭桥修建工程的主事人

开元九年东渭桥修建工程的主事者京兆尹"孟公"究竟是谁，未有考说。《册府元龟》卷一五九载孟温礼开元九年居职京兆尹，残《两京新记》卷三光德坊下则作"开元元年孟温礼为京兆尹"。唐制，府尹、刺史任期一般三至四年⑥，后来在实际执行中虽有出入，但只是缩短任期，"在任多者一二年，少者三五月"⑦，孟温礼决不可能从开元元年至九年一直任京兆尹，"元"、"九"或"六"均形近易讹，其中当有舛误。《旧唐书》卷一〇六《张昕传》载："……

---

① 《元和郡县志》卷一京兆府咸阳县。
② 见《全唐文》卷四五一。
③ 《史记》卷一〇二《张释之传·索隐》。
④ 《旧唐书》卷一〇《肃宗纪》。
⑤ 《旧唐书》卷一一《代宗纪》。
⑥ 胡宝华：《关于唐代前期刺史制度的若干问题》（1985年3月油印本）。
⑦ 《唐会要》卷六八《刺史上》卢怀慎疏。

及太平之败,……又加权兼雍州长史,……改元开元,以雍州为京兆府,长史为尹,昕首迁京兆尹。"《唐会要》卷六七《京兆尹》:"开元元年十二月三日,改为京兆府,称西京长史,以张昕为之。"又《新唐书》卷一二四《宋璟传》:"(璟)以国子祭酒留守东都,迁雍州长史,玄宗开元初,以雍州为京兆府,复为尹。"是则张昕、宋璟二人于开元之初先后任京兆尹,无孟温礼开元元年任京兆尹事。又《旧唐书》卷九八《源乾曜传》载:"(开元)四年冬,擢拜黄门侍郎、同紫微黄门平章事,与姚元之俱罢知政事。时行幸东都,以乾曜为京兆尹,仍京师留守。……在京兆三年,政令如一。"开元六年的京兆尹也不是孟温礼。《元龟》卷一五二载:"(开元)十一年,……时左金吾卫黄衣长上杨骆持刀入乌那升家,伤升妻女,仅而免死。……帝曰:……宜令京兆尹孟温即收骆,集众杖杀。"岑仲勉先生考证此孟温即孟温礼①,依此可以肯定《两京新记》作"开元元年"误,当从《元龟》作"开元九年"。因而可以确认,开元九年主持修建东渭桥的"孟公"即孟温礼。孟温礼事迹岑仲勉已有考订②,《东渭桥记》可补其阙,此不赘述。

五 《东渭桥记》与唐东渭桥遗址的关系

虽然《东渭桥记》碑的出土地点和唐东渭桥遗址十分接近,但并不能认为现所发掘的东渭桥遗址就是开元九年孟温礼主持修建的东渭桥,由开元九年迄唐末已届150余年,前已论及,孟温礼所修东渭桥主体为木构,很难持续使用这样长时间,而东渭桥却是一直存在到唐朝末年的,如黄巢入长安后曾遣朱温驻守东渭桥以抵御唐军③。《旧唐书》卷一六三《崔元略传》载元略任京兆尹,"为桥道使,造东渭桥时,被本典郑位、判官郑复虚长物价,抬估给用,不还人工价值,率敛工匠破用,计赃二万一千七百九贯",《崔元略传》载元略曾两任京兆尹,一在元和十三年,一在长庆四年敬宗即位之初,不出公元818—

---

① 岑仲勉:《元和姓纂四校记》卷九。
② 岑仲勉:《元和姓纂四校记》卷九。
③ 《旧五代史》卷一《梁书·太祖纪》。

824 六年之间，上距开元九年（721）约一百年左右，下至唐亡亦约一百年左右，现发掘的东渭桥遗址为崔元略在故桥基址上所主持修建的可能性很大，而不应当是开元九年孟温礼所为。

（原载《考古与文物》1987 年第 2 期，刊发时编者改易标题为"唐《东渭桥记》碑读后记"，今删去"记"字，恢复原题）

唐长安都亭驿考辨
——兼述今本《长安志》通化坊阙文

严耕望先生在《唐两京馆驿考》一文中，提出唐长安城里有两个地点设过都亭驿。一在朱雀门街西侧、皇城南面第二坊；一在城东南隅、曲江池北的敦化坊。前者所据为唐道宣《续高僧传》卷四《玄奘传》、南宋程大昌《雍录》卷三《唐都城内坊里古要迹图》、《通鉴》卷二六〇乾宁二年五月甲子王行瑜杀韦昭度、李谿于都亭驿条胡三省注；后者所据为北宋宋敏求《长安志》卷九、清徐松《唐两京城坊考》卷三。由于"此两说皆甚古"，严氏均信从之。至于是同时有两个都亭驿，抑只有一个而曾迁移地点，严氏未能作出判断[①]。其实，都亭驿在敦化坊之说并不古，更不可信。严氏据之而作长安城内有两都亭驿之说，实不能成立。

说都亭驿位于敦化坊，实仅见于今本宋敏求《长安志》。至于《唐两京城坊考》，其长安城坊部分系徐松移录今本《长安志》，除披检唐人诗文小说中零星记载作补苴外，别无其他有系统的旧史料作为依据。而今本《长安志》无论明成化本、嘉靖本、清毕沅刻本，在自朱雀门东第五街（即傍东郭墙一列坊）升道坊以下，至朱雀门西第一街丰乐坊以上，包括严氏所据有都亭驿记载的敦化坊部分，颠倒脱漏极为严重。如升道坊下误列修德坊。修德坊本为朱雀门西第三街北来第一坊，别见于今本《长安志》及唐韦述《两京新记》残存第三卷。又如朱雀门西第一街皇城南面第一、二坊悉已缺失，此第二坊即《通鉴》卷二六〇胡注所说唐都亭驿所在。至于严氏所据有都亭驿记载的敦化坊，列在

---

① 见严耕望：《唐史研究丛稿》，新亚研究所1969年版，第285—287页。

今本《长安志》朱雀街东第五街之末，其全文是：

> 敦化坊。〔原注：一作敦教坊。按《长安图》及（后？）分为长和坊，非是。〕东门之北，都亭驿。南街之北，净影寺。〔原注：隋文帝为沙门慧远立，寺额申州刺史殷仲容所题。〕东南隅，行台左仆射郧国公殷开山宅。〔原注：本隋蔡王智积宅。〕西门之北，秘书监颜师古宅。〔原注：贞观永徽间，太常少卿欧阳询、著作郎沈越宾亦住此坊。殷、颜即南朝旧族，欧阳与沈又江左士人，时人呼为吴儿坊。〕郑国夫人杨氏宅。〔原注：武惠妃之母。〕京兆韦武宅。〔原注：元和人。〕（毕刻本"殷颜"误作"毁颜"，今径改。）

但据元骆天骧《类编长安志》卷四，此殷开山以下诸人宅，乃不在敦化坊而是在通化坊：

> 行台左仆射郧国公殷开山宅，本隋蔡王智积宅。
> 秘书监颜师古宅。贞观永徽间，太常少卿欧阳询、著作郎沈越宾亦住此坊。殷、颜即南朝旧族，欧阳与沈又江左士人，时人呼此坊为吴儿坊。
> 郑国夫人杨氏宅。武惠妃之母。
> 京兆尹韦武宅。元和人。
> 右四宅在通化坊。

又《长安志》所源出的《两京新记》，也记殷开山等人宅在通化坊。《两京新记》原书已多缺失，这部分见《太平御览》卷一八〇所引：

> 韦述《两京新记》……曰：通化坊东南，郧公殷开山宅。西北，颜师古宅。时人谓之吴儿坊。

再据唐道宣《续高僧传》卷八《慧远传》所记，今本《长安志》敦化坊中的净影寺其实也不在敦化坊：

> [开皇]七年春往定州，……寻下玺书，殷勤重请。辞又不免，便达西京。……上大悦，敕住兴善。……又以兴善盛集，法会是繁，虽有扬化，终为事约。乃选天门之南、大街之右，东西冲要，游听不疲，因置寺焉，名为净影。

天门即朱雀门，依此，净影寺在朱雀门街之西、地当冲要，也不可能是僻处长安城东南角的敦化坊。

再进一步寻找通化坊的所在地，这在《类编长安志》里交待得很清楚，即此书卷二所列长安城内全部坊名中，朱雀街西第一坊是善和，第二坊即通化。这善和和通化两个坊正是今本《长安志》朱雀街西第一街皇城南面缺失坊名的第一、二坊。原来今本《长安志》在敦化坊这个标题之下的原文已脱失，又把敦化坊后曲江部分的原文混进前面的升道坊，把朱雀街西第一街第二坊通化坊的内容和敦化坊这个标题接连起来，把原来通化坊的内容变成了敦化坊的内容。现在据《类编长安志》把这个脱误校正过来，不仅殷开山等之实在通化而今本《长安志》误入敦化可以理解，即《续高僧传》所说在"天门之南、大街之右"的净影寺之实在通化坊也毫无疑问了。《类编长安志》自元以后仅抄本流传，当年徐松未能获读，致误推测此两坊为光禄、殖业[①]。今人多承徐说，迄未取《类编长安志》一校对，而严氏且由此作出长安有两都亭驿之说，则更为疏误。

弄清了今本《长安志》的问题，长安城里的都亭驿就很清楚只有一个。《续高僧传》卷四《玄奘传》：

> 从故城之西南至京师朱雀街之都亭驿，二十余里，列众礼谒。

很明显这就是原本《长安志》中所说在朱雀街西第一街第二坊通化坊的都亭

---

① 详黄永年师《类编长安志提要》（载《陕西地方通讯》1982年第2期）及业师点校《类编长安志》所撰校记。

驿。《通鉴》胡注所谓"都亭驿在朱雀门外西街、含光门北来第二坊"者,这第二坊也就是指的通化坊。此外,程大昌《雍录》所载《唐都城内坊里古要迹图》中列都亭驿在第四坊,则系程图在都亭驿所在坊前误增了两个坊的缘故。即使如此,程图也没有把都亭驿绘到城的东南角,其在朱雀街西仍与《续高僧传》、《长安志》等一致。

都亭驿之在朱雀街西通化坊而不在城东南角敦化坊,从唐长安城布局结构来看也完全合理。第一,都亭驿是出入长安的官使都要停留的地方,它与皇城、鸿胪寺、京兆府、长安县、万年县等衙署都有密切关联,而这些衙署均在城市中心地区,若将都亭驿远置于城的东南角,实欠方便。第二,都亭驿是唐代整个驿路交通网的中枢,其位置所在应当便于联结整个驿路网。唐长安城虽每面各有三门,但实际使用率是大不相同的。东西交通是通过长安的主要干线(唐长安城北为禁苑,故北方与长安的往来也要经东门或西门),一般行旅多东取通化门,春明门次之;西走开远门,金光门次之。至于敦化坊所临近的延兴门及延平门,则是极少有人经其来去的。可见都亭驿不可能设置在此,理应在城市中心的通化坊。

弄清了都亭驿的位置问题,对研究唐代交通制度和交通地理结构将不无裨益。

(原载《唐史论丛》第 1 辑,1988 年)

西汉至北周时期长安附近的陆路交通
——汉唐长安交通地理研究之一

长安是我国封建社会前期汉唐盛世的都城，汉唐之间尚有前赵、前秦、后秦、西魏、北周、隋以及为期极短的新莽、西晋愍帝等在此建都。"京邑所居，五方辐凑。"其前身秦都咸阳在秦始皇统一中国、兴修驰道之后，即为全国交通中心。长安在继承秦咸阳政治、经济地位的同时，也承袭了其交通地位。西汉以后，中国王朝与周围世界各地的交往日趋繁多，长安已成为国际性都会，汉唐长安也是世界交通中枢之一，著名的丝绸之路即起自长安。正如柳宗元所述："凡万国之会，四夷之来，天下之道毕出于邦畿之内。"[①]因此，探明长安附近的历史交通结构，在历史交通地理和古都研究中都有一定的意义，并可为历史研究提供有用的材料。

秦代形成以驰道、直道为主干的全国统一交通网，以国都咸阳为中心向四方辐射，为其基本特征之一。西汉所都长安与咸阳仅一水之隔，其交通中枢作用与秦咸阳并无二致。汉唐期间，长安城址变动不大，交通结构基本稳定。长安附近交通结构由水、陆两种运输方式构成。陆路方面，长安向东有三条干道，即滨渭河南岸而东的函谷道、沿丹灞谷地趋于东南的武关道和自蒲津东渡黄河的蒲关道。函谷道通达黄河下游和江淮之间的广大地区，进而可北出辽东，南下闽越；武关道去往荆襄及岭南地区；蒲关道则北向汾晋、雁代。这三条路沟通了东部半壁河山。南面、西南面有子午道和傥骆道贯穿秦岭，经汉中入蜀，并可转赴西南。西方有渭北道沿渭河北岸和汧河而出，至雍县（今凤

---

① 《柳宗元集》卷二六《馆驿使壁记》。

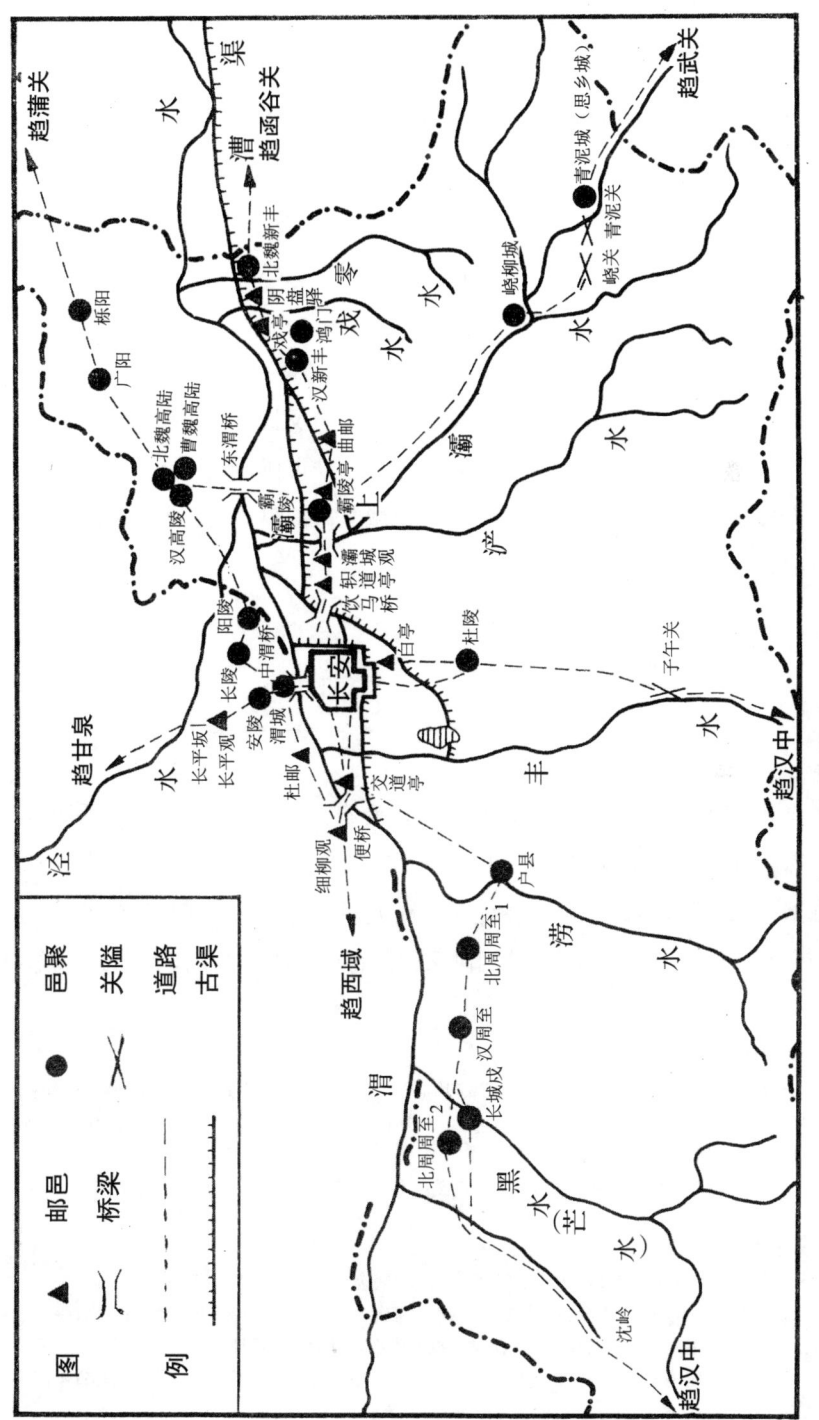

西汉至北周时期长安附近陆路交通示意图

翔县附近）向西北和西南分为两支。西北为回中道，越陇山，穿过河西走廊而至西域，也就是"丝绸之路"的基本路线；西南为陈仓道（或称故道），是关中入蜀诸路中最为平坦的一条。在陈仓道东面，从渭北道上还向南分出有褒斜道，也是入蜀要道之一。北方则有直道通往塞外，是联系北方游牧部族的重要路线。水路运输线主要有三条，即渭河、漕渠和成国渠（升原渠）。渭河通航河道主要为长安以下河段，漕渠、成国渠的起点或终点也在长安附近，与陆路交通网的辐射格局一致。

前辈学者们对长安历史交通地理有关问题已作大量研究，成就斐然。我谨期在此基础之上，对汉唐期间长安附近交通结构及长安城兴起与发展的交通基础，再作进一步探讨。论述的范围基本以今西安市所辖临潼、高陵、长安、蓝田、户县和周至六县境域为限，但也涉及咸阳市部分地区。本文为这一研究的第一部分。

一

汉长安城东面自北而南依次有宣平、清明、霸城三门[1]，其实际使用率相差甚殊。宣平门在今西安北郊青门口村西，直对东方大道，出入最为频繁，以至独擅有东城门之名[2]。而经由清明、霸城两门的记载，则甚为罕见。王莽时曾一度改宣平门为春王门[3]，北周时又称为青门[4]。考古工作者对长安城直城、

---

[1] 霸城门和长安城其他门名中的"城"字均应是为标明门的性质而附加于本名之中的。如霸城门，本名即为霸门（见永乐大典本《水经·渭水注》，详拙稿《〈水经·渭水注〉若干问题疏证》，已收入本书）。这里遵从一般习惯，仍沿称霸城门等。

[2] 永乐大典本《水经·渭水注》。《太平御览》卷一八二引《水经注》及朱、赵本均同，殿本"城"误作"都"。

[3] 《三辅黄图》卷一。

[4] 《后汉书》卷八三《逢萌传》李贤注引《汉宫殿名》。《周书》卷六《武帝纪》下、卷七《宣帝纪》。参阅王仲殊：《汉长安城考古收获续记》，载《考古通讯》1958 年第 4 期。然王氏谓宣平门改称青门始自后秦，则未敢苟同。理由为：（1）王文所据清洪亮吉《十六国疆域志》文与《晋书》、《通鉴》等有悖。（2）北魏末郦道元《水经注》未载称宣平门为青门事，青门仅为霸城门别称。故称宣平门为青门应在北魏以后。

霸城、西安、宣平诸门的发掘结果表明，东汉以后，其他三门都先后部分或全部废弃，唯宣平门虽也几遭焚毁，却不断重建，一直与长安城相始终，作为一座完整的城门被沿用[1]。足见其交通作用之重要。

考古发掘还发现宣平门南北两侧城墙各向外突出，形制略如后世瓮城[2]。因此，宣平门外应有一道瓮城城门。瓮城门外，有石桥跨城下水渠，与城中大街相对[3]。石桥之外，别有外郭门一道，人称东都门[4]。有人曾认为东都门即宣平门南北两侧外突之瓮城城门[5]，但后世之瓮城与外郭城有明显区别，二者并非一事。西汉昌邑王刘贺入长安为汉昭帝典丧，经东都门和宣平门时，先后两次以嗌痛辞不哭丧[6]；若二门相距如此之迩，何至于有再哭之礼？另有人以今长安城只存一道城墙为由，否认外郭门的存在，认为所谓外郭门是指城外大道上"亭"的门户[7]。亭门与郭门相去更远，无由厚诬古人含混不辨竟至如是。长安城东十三里有亭名"外郭亭"[8]，顾名思义，此即距城最近一亭。若依该说，东都门即当在此。但据《水经注》等记载，东都门外有夏侯婴冢，距长安城七至八里。因此，东都门距长安城最远不会超过八里[9]。而且也不能因未见遗迹残存就简单否定文献记载，故此说亦不可从。参据后代外郭门与城门间的距离（如清陕西省城最远的东郭郭门距城门亦未至三里[10]，可推测东都门距宣平门大致在 1—2 里左右。因外郭东都门与宣平门相辅为一，故又可以用东都门代指宣平门[11]。此外，东都门尚可径称为都门[12]。

宣平门外 7—8 里间，有桥跨昆明渠（该段渠道亦称七里渠），时称饮马

---

[1] 王仲殊：《汉长安城考古收获续记》。
[2] 王仲殊：《汉长安城考古收获续记》。
[3] 《三辅黄图》卷一。《三国志》卷六《魏书·董卓传》裴松之注引《汉献帝起居注》。
[4] 《汉书》卷九《元帝纪》如淳注及《史记》卷一一《孝景本纪·集解》引《三辅黄图》。《水经·渭水注》。
[5] 王仲殊：《汉长安城考古收获续记》。
[6] 《汉书》卷六三《昌邑王刘贺传》。
[7] 刘运勇：《西汉长安》，中华书局 1982 年版，第 17 页。
[8] 《三辅黄图》卷一。
[9] 《水经·渭水注》。《史记》卷九五《夏侯婴传·索隐》引《三辅故事》、《博物志》。《西京杂记》卷四。
[10] 光绪十九年舆图馆测绘《陕西省城图》。
[11] 《三辅黄图》卷一。
[12] 《汉书》卷九九《王莽传》下。

桥，为大道所经。西晋潘岳由洛阳赴职长安，曾经过此地①。十六国时称饮马桥为石桥。东晋刘裕、王镇恶进军长安，后秦姚泓在石桥屯兵拒守；后姚泓兵败城北，又出奔石桥，重为王镇恶所困，计穷出降②。胡三省注《通鉴》，谓石桥在长安城洛门东北（胡注据今本《三辅黄图》，以为洛门当为长安城北面东头第一门，实则洛门乃北面中间一门，别详拙稿《〈水经·渭水注〉若干问题疏证》，载《中国历史地理论丛》总第3辑），其下却又引述《水经注》骊山、郑城间石桥水上之石桥，说明他对石桥所在并不清楚③。洛门东北没有大道，不应有何重要桥梁。其地有桥，也不见于其他史籍。窃疑或为胡氏因王镇恶曾至长安城北，而臆测姚泓屯兵的石桥也在城北。当时的形势是晋军从函谷（刘裕）、武关（沈田子）和蒲关（王镇恶）三路进逼长安，姚泓初屯于三路所汇的霸上以待。但渭北王镇恶一军却又可能不经由东渭桥趋霸上，而从中渭桥直入长安。所以姚泓同时命姚难据泾河设防。继之，姚泓撤至霸上与宣平门间的石桥，以便根据王镇恶军动向，或东出，或北进。姚难兵败后，姚泓收缩防线，调回姚赞据守霸上，自己北进逍遥园，防守中渭桥。可王镇恶又突破其中渭桥防线，直入长安。姚泓所剩出路唯出奔城东，以期与姚赞会师。姚泓是被王镇恶军由城北赶入长安的，决不会再出奔城北。灞河以西、长安城东别无他桥，石桥非饮马桥莫属。

过饮马桥，去城13里有外郭亭，名轵道亭（轵又作枳）。秦末刘邦进军霸上，秦王子婴至此投降④。西汉吕后、西晋潘岳均曾由霸上过此地进入长安⑤。

轵道亭东四里、距灞水百步左右有霸城观⑥。灞桥附近又有霸馆，王莽曾更名为长存馆⑦。汉时观、馆互通（如《史记》长安有桂观⑧，《汉书》则作桂

---

① 《文选》卷一〇潘岳《西征赋》。《史记》卷九五《夏侯婴传·索隐》引《三辅故事》。《水经·渭水注》。
② 《晋书》卷一一九《姚泓载记》。
③ 《通鉴》卷一一八胡三省注。
④ 《三辅黄图》卷一。《水经·渭水注》。《史记》卷六《秦始皇本纪·集解》。
⑤ 《汉书》卷三七《五行志》中之上。《文选》卷一〇潘岳《西征赋》。
⑥ 《史记》卷八《高祖本纪·索隐》引《汉宫殿疏》。
⑦ 《汉书》卷九九《王莽传》下。
⑧ 《史记》卷一二《孝武本纪》。

馆①，霸馆与霸城观地望一致，当为一事②。

霸城观东、灞浐之交以下有灞桥横跨灞水③。今灞河东岸有上、下桥子口地名，西对宣平门遗址，或即得名于灞桥。汉时送往迎来常过此桥而至霸上，因而有灞桥折柳的故事广为流传④。灞桥应基本为木构，王莽地皇三年曾毁于大火。重修后一度更名为长存桥⑤。

灞桥东端的一块区域称之为霸上。霸上为长安东方交通要地，位置所在，说者不一⑥，多据《水经注》定之于灞浐之间的白鹿原上。其实《水经注》记霸上本身就有矛盾，又有云刘邦入关所至霸上在灞桥东端的霸城⑦，东晋桓温北伐前秦至霸上时，王猛称其"长安咫尺而不渡灞水"⑧，足证霸上应在灞水东岸。而霸上在白鹿原说并无他证，应有舛误。霸上的具体含义亦不同于霸城。汉代要在霸上举行祓禊⑨，霸上应含有灞涘。刘邦入关时先经芷阳（即霸城）再到霸上⑩，从鸿门逃归霸上时也曾经过芷阳⑪，说明霸上是指霸城以西的灞水东岸处。

灞桥为横绝灞水的唯一桥梁，函谷、武关和蒲关三路都要经由霸上过灞桥。西汉吴楚之乱时，周亚夫东征，初拟兵出函谷，但当其行至霸上时，却因顾虑在殽函谷道中遭吴王狙击，转而右出武关，说明函谷、武关两道是在霸上歧出⑫。后秦时有人从河东蒲坂送佛骨入长安，长安僧尼也到霸上随路迎观⑬，则说明蒲关道也是在霸上与函谷、武关两道相交。

霸上置有霸陵亭，馆宿函谷、武关、蒲关三路行人，是三路的具体交点。

---

① 《汉书》卷二五《郊祀志》下。
② 参阅刘运勇：《西汉长安》，第15页。
③ 《水经·渭水注》。
④ 《三辅黄图》卷六。
⑤ 《汉书》卷九九《王莽传》下。
⑥ 关于霸上的位置及其交通地位，别详拙文《论霸上的位置及其交通地位》和《再论霸上的位置》（均已收入本书）。
⑦ 《水经·渭水注》。
⑧ 《晋书》卷一一四《苻坚载记》下附《王猛载记》。
⑨ 《汉书》卷二七《五行志》中之上。《史记》卷四九《外戚世家》。
⑩ 《史记》卷九五《夏侯婴传》。
⑪ 《史记》卷七《项羽本纪》。
⑫ 《汉书》卷四〇《周亚夫传》。
⑬ 《弘明集》卷二宋宗炳《明佛论》。

西汉李广曾沿武关道从南山夜归长安，途经霸陵亭时为县尉所呵止①。

霸上东侧有汉霸陵城，本秦芷阳，文帝更名②。魏晋改称霸城③。今谢王庄一带有汉城遗址，当即其处④。函谷道侧城南而过⑤。

函谷道自霸陵亭而东，经曲邮。汉高祖十一年，东征黥布，张良送行至此⑥。曲邮的位置，迄不甚明了，仅略知在霸上以东、新丰之西。作为旅宿之所，邮可与亭互称⑦，如《史记》有汉武帝元光六年"南夷始置邮亭"语⑧。汉霸陵县有"曲亭"，成帝曾拟在其南侧营建昌陵⑨，当即曲邮。后世在邮后复加"亭"字，称为"曲邮亭"⑩。据《关中记》，昌陵在霸城东20里⑪。今西安市北郊与临潼县交界地带有一面积约3平方公里的大土丘，丘顶内凹，当地称"八角玻璃井"，当即昌陵遗迹⑫。曲亭或曲邮应在其北面的今陈村、温家寨一带。从灞桥东来的大道，至此遇骊山山麓洪积扇阻挡，折向东北，曲亭、曲邮或即得名于道路曲折之意。《三辅黄图》等又称昌陵在霸陵北步昌亭⑬，步昌亭应是曲亭本名，曲亭（曲邮）则如上所推测，是因位于道路转曲之处而后起的异名。步昌亭又称霸昌厩。厩指汉代所设厩置。为驿递之所⑭，可与邮、亭互称⑮。霸本读为魄⑯，在上古与步互为双声叠韵字，可以通转。前人谓霸昌厩

---

① 《史记》卷一〇九《李将军列传》。
② 《汉书》卷二八《地理志》上。
③ 《魏书》卷一〇六《地形志》下。《三国志》卷三《明帝纪》裴松之注引《魏略》。
④ 详李健超：《被遗忘了的古迹》，载《人文杂志》1981年第3期。
⑤ 《水经·渭水注》。
⑥ 《史记》卷五五《留侯世家》。
⑦ 参阅吕思勉：《秦汉史》，上海古籍出版社1983年版，第598—615页。
⑧ 《史记》卷二二《汉兴以来将相名臣年表》。
⑨ 《汉书》卷七〇《陈汤传》。
⑩ 《长安志》卷一一临潼县。此类地名甚多，如《水经·渭水注》之"杜邮亭"、后代之"都亭驿"等。
⑪ 《水经·渭水注》引。
⑫ 详李健超：《被遗忘了的古迹》。
⑬ 《三辅黄图》卷六。
⑭ 《史记》卷九四《田儋列传》、卷九五《夏侯婴传》。《晋书》卷三《刑法志》引《魏律·序》。《后汉书》卷六八《郭泰传》李贤注引《风俗通》。
⑮ 参阅吕思勉：《秦汉史》，第598—615页。
⑯ 《说文解字·月部》。

为长安城外霸昌观马厩①，实因未审霸昌厩乃厩置之厩而致误。而所谓霸昌观，与霸昌厩一样，同为步昌亭之别称②，因汉代观、馆相通，而馆又与邮、亭、厩有同义③。此外，又有云霸昌厩在长安城西，亦误④。汉景帝时田叔、吕季自梁国（今河南省商丘市一带）返长安，曾过此厩⑤；王莽时司徒王寻将兵往洛阳，初发长安，亦宿于此地⑥。均可证霸昌厩为长安城东函谷道上的驿所。《括地志》云汉霸昌厩在万年县东北38里⑦，与上文所定步昌亭位置相吻合。

由曲亭东北行，至今沙河（古阴盘水）西岸长鸾村东，经汉新丰城。汉高祖七年为太上皇筑⑧，原名骊邑，十年更名新丰⑨。东汉末徙安定郡阴盘县侨治于此⑩，晋分实地置阴盘县，北魏太平真君七年又并于新丰⑪。北魏太和九年，新丰东徙至30里外的零水东岸，同时在戏、零二水之间的司马村重置阴盘县⑫。阴盘约废于西魏北周之世⑬，新丰则在北周闵帝元年迁至今新丰镇东南7里，地近山麓，当已离开大道⑭。由汉新丰城东渡阴盘水5里，道南坂口有鸿门亭，南去始皇陵10里。鸿门亭之西有坂长1里，堑原通道，坂口有如门状，故名⑮。秦末项羽入函谷关，驻军于此，刘邦自霸上来会，演出了"鸿门宴"一幕⑯。《关中记》载秦始皇陵北十余里又有谢聚⑰；准其地望，当侧近鸿门。

---

① 《汉书》卷九九《王莽传》下颜师古注。《三辅黄图》卷六。
② 长安城外有霸昌观又见于《三辅黄图》卷五。
③ 《说文解字·食部》。
④ 《太平御览》卷一九一及《长安志》卷五引《郡国志》。《长安志》引作在城西30或35里，《御览》引作25里。
⑤ 《史记》卷五八《梁孝王世家》。
⑥ 《汉书》卷九九《王莽传》下。
⑦ 《史记》卷五八《梁孝王世家·正义》引。
⑧ 《汉书》卷二八《地理志》上。
⑨ 《史记》卷八《高祖本纪》。
⑩ 《太平寰宇记》卷二七雍州昭应县。
⑪ 《魏书》卷一○六《地形志》下。
⑫ 《太平寰宇记》卷二七雍州昭应县。
⑬ 参阅王仲荦：《北周地理志》卷一雍州新丰县。
⑭ 《太平寰宇记》卷二七雍州昭应县。
⑮ 《水经·渭水注》。《续汉书·郡国志》一。《史记》卷七《项羽本纪·集解》。
⑯ 《史记》卷七《项羽本纪》。
⑰ 《续汉书·郡国志》一刘昭注引。

经鸿门亭北又东北行,经戏水(今戏河)西岸戏亭[①]。苏林谓戏亭在汉新丰东南 40 里[②],实则汉新丰城至戏水亦不过 20 余里,《水经注》明言戏水经鸿门东后,又北经戏亭东,戏亭应在鸿门东北、戏水西岸。秦末项羽入函谷关,经此至鸿门[③]。

过戏亭东北,经北魏重置阴盘县城。北魏后期有阴盘驿,当在此地[④]。驿亭在岗上,北魏末郦道元经此被围,穿井不得水而遇害[⑤]。

由阴盘驿过零水东岸,经北魏重置新丰。向东一直遵渭河阶地出函谷关(东汉末改置潼关)。

二

武关道自霸陵亭南出后,沿霸河右岸至峣柳城。峣柳城即今蓝田县城,北周武帝建德二年自城西白鹿原上徙蓝田县治于此,始称蓝田[⑥]。峣柳地当蓝田谷口,为武关道所必经,久为军事重镇。东晋末,刘裕别将沈田子由武关道进军长安,后秦姚裕即驻此阻截[⑦]。

过峣柳后,大致沿今蓝田至蓝桥间公路南行,路经峣关。峣关秦时已设,迄止北魏,长期为武关道上要塞。唐宋以来,多谓峣关在蓝田县东南约 90 里处,与唐宋蓝田关为一地,即相当于今牧护关[⑧],今悉因循此说。据《水经注》,峣关位于灞水上游泥水南侧,峣柳城东南[⑨]。今有人以灞河支流蓝桥河

---

① 《水经·渭水注》。《史记》卷六《秦始皇本纪·集解》。
② 《续汉书·郡国志》一刘昭注引。又《史记》卷六《秦始皇本纪·集解》引作"新丰南三十里",略同。
③ 《史记》卷七《项羽本纪》。
④ 《魏书》卷五九《萧宝夤传》、卷八九《郦道元传》。
⑤ 《北史》卷二七《郦道元传》。
⑥ 《元和郡县志》卷一京兆府蓝田县。《太平寰宇记》卷二六雍州蓝田县。《长安志》卷一六蓝田县。
⑦ 《宋书》卷一〇〇《自序传》。《晋书》卷一一九《姚泓载记》。
⑧ 《史记》卷五四《曹相国世家·正义》引《括地志》。《通典》卷一七三《州郡》三京兆府蓝田县。其他如《元和郡县志》、《太平寰宇记》、《长安志》等均同。
⑨ 《水经·渭水注》。

当泥水，而将今丹灞分水岭作为《水经注》所记之泥水谷地蓝田谷①，实乃以浐水当《汉书·地理志》京兆南陵县下沂水所致误。沂水亦"出蓝田谷"，变蓝田谷为山脊、以蓝桥河为灞源，均为迁就这一误解而致②。泥、沂上古音近，可以旁转③，二水均出蓝田谷而为灞水，当即一水④。《水经注》泥水源流与今蓝田以上灞河流路一一相吻，今流峪河、峒峪河、清峪河等尚与《水经注》相应诸水音同，起码自西汉以来人们对灞水上源的认识就同今天基本一致了（唯隋唐以前以今流峪河为正源，隋唐始以今道沟河为正源，稍有更异）。《水经注》载泥水经峣关是在刘谷水（今流峪河）、铜谷水（今峒峪河）、轻谷水（今清峪河）、石门水（今道沟河）诸水相会之后⑤，峣关只能在这几水汇合处至蓝田间的灞河以南，今牧护关则失之过远。峣关的位置还与峣、黄两山相关。刘邦入武关后，秦王子婴遣兵拒于峣关，刘邦则绕峣关、越黄山，插到背后偷取峣关⑥。黄山在蓝田县东南25里⑦，峣山在县南20里⑧，二山东西一脉相连。今蓝田县东南仍有地名峣关，其至蓝田距离与黄山蓝田间里至相当，方位亦与《水经注》峣关相符，当即古峣关之地。蓝田县东南25里又有地名愁思堆（堆又作堌），东晋桓温北伐前秦时，秦将苻生、苻雄等曾在此防拒，后为桓温所破，故又名桓公堆⑨。约其里至，亦即峣关所在之处。

峣关之外，路经青泥城。北周明帝武成元年，移置峣关于青泥城侧，改名青泥关。武帝建德二年，又称蓝田关⑩。《水经注》谓峣柳城亦名青泥城，后世

---

① 谭其骧主编：《中国历史地图集》第2册。
② 别详拙稿《〈水经·渭水注〉若干问题疏证》。
③ 此点承陕西师大学中文系刘静学长赐教，谨志谢忱。
④ 参据赵一清：《水经注释》。
⑤ 今《水经注》诸本均脱刘谷、石门二水，此据《长安志》卷一六蓝田县下引《水经注》佚文。又轻谷水，殿本和赵本均径改为辋谷水（毕刻本《长安志》同）。辋谷水在蓝田县南，与刘谷等水无涉，别是一水。此据大典本及《类编长安志》、董祐诚《咸宁县志》引文改正（《长安志》蓝田东五十里有倾谷，当即轻谷）。
⑥ 《汉书》卷一《高帝纪》上。《史记》卷五五《留侯世家》。
⑦ 《元和郡县志》卷一京兆府蓝田县。
⑧ 《长安志》卷一六蓝田县。
⑨ 《晋书》卷九八《桓温传》、卷一一二《苻健载记》。《长安志》卷一六蓝田县。
⑩ 《太平寰宇记》卷二六雍州蓝田县。《长安志》卷一六蓝田县。改名蓝田关时间，《太平寰宇记》作建德二年，《长安志》作建德三年。参《长安志》蓝田县徙治峣柳时间与《太平寰宇记》同为建德二年。疑此三年为二年之讹。

论者多据此谓二者为一城①。然而桓温北伐，攻取青泥城后，苻生、苻雄等曾在愁思堆设阻②，东晋末沈田子进占青泥城后，后秦姚裕也曾至峣柳阻截③，说明青泥不唯在峣柳之南，更在峣关（愁思堆）之外，《水经注》之说实误。《长安志》又载青泥城在蓝田县南7里，后世亦有袭之者（如《读史方舆纪要》）。据上考，青泥城当在愁思堆之南，不会距峣柳城如此之近。且峣柳之南、蒉山之北地势坦畅，无险可恃，峣关不可能迁此。此说亦不可从。蓝田县东南33里、峣关之外别有一城，世传刘裕征关中，南人思乡，筑城于此，因名思乡城④。刘裕征关中指前述刘裕遣沈田子自武关道入关中事。沈田子可能驻此，却没有必要、也不可能中途在此山谷中筑城。除青泥城，亦未见沈田子中途在他处滞留的记载。所谓思乡城，当即青泥城。蓝田县东南33里即峣关外8里，《长安志》青泥城在蓝田南7里的说法，可能即峣关南7里之讹。今蓝桥至峣关10里余，其处为交通要津，思乡城或青泥城当在其附近。因此，北周后峣关当移至今蓝桥一带，以地势度之，青泥城在蓝桥河东岸、青泥关在西岸峡口的可能性较大。峣山及其前后多柳，其北有峣柳城由此得名，其南则思乡城（青泥城）亦缘此有柳城之别称⑤。《水经注》等将峣柳、青泥二城混而为一，或即因"峣柳城"与"柳城"相近所致。

过青泥城后，武关道沿蓝桥河谷东南行。经丹江支流七盘河谷入丹江谷地，南下荆襄。

三

蒲关道自霸陵亭向东北分出，经东渭桥过渭水。桥初建于汉景帝五年⑥，后代几经重建，沿用至唐。唐东渭桥遗址在今高陵县耿镇公社白家咀西南，汉

---

① 《元和郡县志》卷一京兆府蓝田县。《太平寰宇记》、《长安志》同。
② 《晋书》卷九八《桓温传》、卷一一二《苻健载记》。
③ 《宋书》卷一〇〇《自序传》。《晋书》卷一一九《姚泓载记》。
④ 《元和郡县志》卷一京兆府蓝田县。
⑤ 《长安志》卷一六蓝田县。
⑥ 《史记》卷一一《孝景本纪》。

渭河在这一段较唐偏南 4 里左右①，汉桥即当在唐桥南侧 4 里。

过东渭桥，北至今高陵县西大古城，为西汉高陵县城所在②。西汉并置左辅都尉③，东汉左冯翊自长安城徙治于此④。魏文帝黄初元年改称高陆，并将城址稍向东移，城的规模也缩小很多⑤。今大古城东有地名小古城，当即其地。北魏又徙至今高陵县城⑥，并置冯翊郡于此⑦。高陵为一重要路口，蒲关道西来至此，分两道入长安。一是南下东渭桥，走霸上、灞桥。两汉之际赤眉军至高陵，王匡等迎降于此，合兵自东都门攻入长安⑧，所取当即东渭桥、灞桥路。一是西走咸阳，取中渭桥。如汉文帝初入长安时即取道高陵、中渭桥⑨。

过高陵城东北行，经今栎阳镇（即唐栎阳县），其地北魏宣武帝景明元年分万年置广阳县⑩，乃蒲关道上重镇。西魏大统三年，东魏欲从蒲坂渡河西侵，宇文泰曾将兵驻此相拒⑪。

过北魏广阳县，至今武屯镇东关庄、新义、东西党家、南丁、华刘、汤家一带，为汉栎阳县城⑫。秦献公二年至秦孝公十二年间曾建都于此⑬。汉高祖十年，太上皇崩，葬于栎阳北原，于栎阳城内析置万年县，以为奉陵邑⑭。故栎阳城亦名万年城⑮。东汉省栎阳入万年，北周明帝二年又省万年入广阳、高陆二县⑯。栎阳城在蒲关道上的地位十分重要，秦献公徙都于此，即为据之东通

---

① 王仁波：《规模宏大的唐东渭桥遗址》，《光明日报》1983 年 3 月 30 日第 3 版。杨思植、杜甫亭：《西安地区河流及水系的历史变迁》，《陕西师大学报》1985 年第 3 期。
② 《史记》卷一〇《孝文本纪·正义》引《括地志》。
③ 《汉书》卷二八《地理志》上。
④ 《续汉书·郡国志》一刘昭注引《关中记》。
⑤ 《长安志》卷一七高陵县。
⑥ 《太平寰宇记》卷二六雍州高陵县。《长安志》卷一七高陵县。
⑦ 《魏书》卷一〇六《地形志》下。
⑧ 《后汉书》卷一一《刘玄、刘盆子传》。
⑨ 《史记》卷一〇《孝文本纪》。
⑩ 《魏书》卷一〇六《地形志》下。《通典》卷一七三《州郡》三。
⑪ 《周书》卷三《文帝纪》下。
⑫ 陕西省文物管理委员会：《秦都栎阳遗址初步勘探记》，《文物》1966 年第 1 期。
⑬ 《史记》卷五《秦本纪》。《汉书》卷二八《地理志》上。
⑭ 《汉书》卷一《高帝纪》下。《三辅黄图》卷六。
⑮ 《通典》卷一七三《州郡》三。
⑯ 《通典》卷一七三《州郡》三。高陆原作高陵。按魏文帝时高陵改称高陆，至隋大业二年始复名高陵（见《隋书》卷二九《地理志》上。《元和郡县志》卷二京府高陵县），故此当作高陆。

蒲关，与三晋争霸①。此外，还有大路自栎阳分出，北通塞外。由于地处两大要路之交，栎阳在秦汉时已为著名商业都会②。

四

子午道由南山子午谷越秦岭，为长安与汉中及四川盆地之间最捷近的道路。此道通行的最早记载，是汉高祖元年经此入汉中，当时称子午谷为"蚀中"③。刘邦入蚀中是自杜县而南④。秦杜县亦名下杜城，在唐长安县南50里沇水东岸、汉皇子陂北，与汉长安城南面东头第一门覆盎门相对⑤，今西安市南郊杜城当即其地。子午道名首见于《汉书·王莽传》，汉平帝元始五年，王莽以皇后有子孙瑞，通子午道，自杜陵直绝南山⑥。自《括地志》以来，一直认为杜陵城在汉宣帝杜陵北，为汉宣帝在杜县东原上营建杜陵时徙杜县所置，因而更名原杜县城为下杜城⑦。依此，子午道出长安城后，要先东南至杜陵城（汉宣帝杜陵在今西安市东南郊三兆镇南），再西南折入子午谷。这不仅与王莽以子午瑞应名道不符，也有悖于实际交通需要。据《汉书》和《水经注》，杜陵即杜县之更名，并无重置杜陵邑事⑧。且下杜城一名在宣帝营建杜陵之前即已有之，宣帝少时每至下杜游玩⑨，并非因在东原上徙置杜陵邑而得名。下杜之称当是相对于原周杜伯国旧京杜京而言。杜京在杜县城南、今长安县韦曲镇附近。秦灭杜伯国后，将杜民徙至今杜城置县⑩。因其地居杜京之下，故称下

---

① 详史念海师：《古代的关中》，载《河山集》初集，生活·读书·新知三联书店1963年版，第61页。
② 《史记》卷一二九《货殖列传》。
③ 《史记》卷八《高祖本纪》。《金石萃编》卷八《司隶校尉杨孟文颂》。
④ 《史记》卷八《高祖本纪》。
⑤ 《长安志》卷一一长安县。《水经·渭水注》。《三辅黄图》卷一。
⑥ 《汉书》卷九九《王莽传》上。
⑦ 《史记》卷八《高祖本纪·正义》引《括地志》。相沿者如《太平寰宇记》、《长安志》等。
⑧ 《汉书》卷八《宣帝纪》、卷二八《地理志》上。《水经·渭水注》。
⑨ 《汉书》卷八《宣帝纪》。
⑩ 《史记》卷五《秦本纪》。《水经·渭水注》。

杜①。应劭曾谓下杜城为杜陵之下聚落②,《括地志》诸书下杜得名于徙置杜陵之说,当由此衍生,徙置杜陵事亦属臆测,汉杜陵与秦杜县应为一地。所以,王莽所通子午道与刘邦入蚀中路线一样,均经今杜城入子午谷。

下杜城北对长安覆盎门,其间有大道直贯,故覆盎门又称杜门或下杜门。覆盎门北对长乐宫,又名端门,王莽时曾更名永清门。遗址在今西安北郊大小白杨村之间。门外有桥横跨漕渠,工巧绝世,有鲁班所造的传说③。

过鲁班桥趋杜陵,途中有白亭,汉武帝卫后及太子妃史良娣葬于其东桐柏园。桐柏园南临博望苑,宣帝为史良娣立为戾后园,并置倡优千人以为其乐,故其地亦名千人聚或千人乡④。戾后园在唐长安城内金城坊西北隅⑤,坊东南即为汉博望苑地⑥。金城坊大致在今西安城西任家庄一带,白亭应在其西北。长安城南、汉杜陵县境内又有亳亭⑦,颜师古注《汉书》引徐广语作薄亭⑧,是因亳、薄音通所异书。然而亳与白上古读音亦完全相同⑨,亳亭、薄亭与白亭应均为一地。

白亭而南,即下杜城。秦武公十一年置为杜县⑩,汉宣帝元康元年更名杜陵⑪,晋改称杜城,北魏又改名杜县⑫。北周建德二年省入万年⑬。

由下杜城向南微偏西,路入子午谷。子午谷谷道短浅,又称直谷⑭。子午谷尽,路入丰谷。今畏子坪南有子午关,唐宋时已传为王莽通子午道时所

---

① 因国族迁徙而随其地势高下命名一地为上某、下某,是秦汉时地名命名的普遍现象,如《汉书·地理志》中的上蔡与下蔡、上邽与下邽即是如此。
② 《水经·渭水注》引。
③ 《三辅黄图》卷一、卷二。《水经·渭水注》。
④ 《汉书》卷六三《戾太子传》、卷九七《外戚传》上。《续汉书·郡国志》一刘昭注引《皇览》。《水经·渭水注》。
⑤ 《汉书》卷九九《外戚传》上颜师古注。
⑥ 《太平寰宇记》卷二五雍州长安县。
⑦ 《史记》卷一五《六国年表·序·集解》。《说文解字·高部》。
⑧ 《汉书》卷二五《郊祀志》上颜师古注。
⑨ 唐作藩:《上古音手册》,江苏人民出版社1982年版。
⑩ 《史记》卷五《秦本纪》。
⑪ 《汉书》卷八《宣帝纪》。
⑫ 《魏书》卷一〇六《地形志》下。
⑬ 《长安志》卷一一万年县。
⑭ 《太平寰宇记》卷二五雍州万年县。

置①。出子午关后，道路南越秦岭主脊，转经洵河河谷南下。

虽然杜门大道十分重要，但杜门之内，道路为长乐宫所阻，一般交通不能不受影响。西头的西安门内对未央宫，亦有不便。唯正中的安门（亦名鼎路门），北对通衢，行旅无碍。其南有汉明堂、辟雍、圜丘等②，必有大道相通。正因其为常行之门，故又可径称为"长安城门"③。汉明堂遗址在今西安市西郊大土门村，其北正对安门遗址④。由明堂南入子午谷则可能也要经下杜城。

五

长安城地处滨渭大道绝渭渡口，对西方的交通，主要是渭北道。

汉武帝建元三年，在城西跨渭河架便门桥，连通渭北道⑤。便门桥又称便桥，因东与长安城便门相对得名⑥。便门，颜师古目为长安城南面西头第一门西安门⑦，或北面西头第一门横门⑧。但此二门均不与便桥相对，《水经注》及《三辅旧事》谓便门为长安城西出南头第一门章城门⑨，《三辅决录》等也说便门是指长安城西门⑩。长安城西渭水作西南东北流向，桥架水上，正与西门相对，便门当为章城门别称，颜师古说误。

便桥在沣渭之交以下的渭河上，其地有短阴山⑪。沣、渭河道古今变化很

---

① 《元和郡县志》卷一京兆府长安县。《太平寰宇记》卷二五雍州长安县。
② 《水经·渭水注》。《长安志》卷五《宫室》三引《关中记》。
③ 《史记》卷一二《孝武本纪·索隐》引《关中记》。《汉书》卷四三《叔孙通传》晋灼注引《三辅黄图》。
④ 刘致平：《西安西北郊古代建筑遗址勘查初记》；祁英涛：《西安的几处汉代建筑》，分别载《文物参考资料》1957年第3期、4期。
⑤ 《汉书》卷六《武帝纪》。《水经·渭水注》。
⑥ 《水经·渭水注》。又《三辅黄图》卷一引《三辅决录》作"桥北与（便）门对"，"北"当为"东"之误。
⑦ 《汉书》卷七一《薛广德传》颜师古注。今本《三辅黄图》及殿本、赵本、朱本《水经注》同。
⑧ 《汉书》卷六《武帝纪》颜师古注。
⑨ 永乐大典本《水经注》。《太平御览》卷一八三引《水经注》同。《三辅黄图》卷一引《三辅旧事》。
⑩ 《三辅黄图》卷一引《三辅决录》。《元和郡县志》卷一京兆府咸阳县。
⑪ 《水经·渭水注》。

大，今沣河在咸阳市东南入渭，汉至北朝期间却在咸阳西南。短阴山又称短阴原，在唐宋咸阳城西南 20 里，两寺渡南 5 里左右[①]。两寺渡今仍沿用其名，其南 5 里左右为今泥河入渭处，短阴原（短阴山）当在泥河口下、渭河右岸，古沣水亦当由今泥河下游河道入渭[②]。因此，便桥应在今泥河口下的渭河上，其地与长安城便门正东西相对。

便桥西端，地名细柳，汉置细柳仓。细柳仓在长安西面、渭河北岸，地近石徼[③]。《水经注》谓沣渭之会"无他高山异峦，惟原阜石激而已"。石激即石堤[④]，激、徼上古互为双声叠韵字，可以通转[⑤]，石徼亦即石激，故细柳仓当在便桥西端。《括地志》等谓细柳仓在咸阳西南 20 里[⑥]，与短阴原距咸阳里至一致，亦可为其证。细柳不仅是西方东通长安的要津，沿渭河北岸大路又可去往渭城（秦咸阳），是一重要路口。其地又名柳中，汉初刘邦还定三秦，自雍（今凤翔县南）遵渭而东，经此攻取咸阳[⑦]。汉文帝后六年冬，匈奴南下上郡、云中，威胁长安，文帝命周亚夫率军驻此设防[⑧]。汉代在细柳置有细柳观[⑨]，可能也是馆驿之所。此外，细柳尚置有市，称柳市[⑩]。

章城门虽直对便桥，出入捷径，但门内既为未央宫，交通不能不受影响，一般应多取北头第一门雍门。雍门内为平民居住区，出入最便，因而雍门又独擅有西城门之名[⑪]。

汉又有交道亭，在便桥东，并附亭置市，称交道亭市[⑫]。所谓"交道"者，当指雍门、便门两道相交处而言。

---

① 《长安志》卷一三咸阳县。
② 参阅黄盛璋：《水经·渭水注选释》，载侯仁之主编：《中国古代地理名著选读》第 1 辑，科学出版社 1950 年版。
③ 《史记》卷一一〇《匈奴列传》、卷一〇《孝文本纪·集解》。又《三辅黄图》卷六石徼误为古徼。
④ 《汉书》卷二九《沟洫志》颜师古注。
⑤ 郭锡良：《汉字古音手册》，北京大学出版社 1986 年版。
⑥ 《史记》卷五七《周勃世家·正义》引《括地志》。《元和郡县志》卷一京兆府咸阳县。
⑦ 《史记》卷九五《樊哙传》。
⑧ 《史记》卷一〇《孝文本纪》。
⑨ 《三辅黄图》卷六。
⑩ 《汉书》卷九二《游侠传》颜师古注引《汉宫阙疏》。
⑪ 《水经·渭水注》。《三辅黄图》卷一。
⑫ 《长安志》卷五《宫室》三。

六

　　长安西南有骆谷道（傥骆道），沿周至县西南骆谷越秦岭，南出傥河河谷入洋县。曹魏正始五年曹爽经此伐蜀①，骆谷道首见于史籍。但据黄盛璋先生研究，汉杨孟文《石门颂》所载秦岭围谷通道当指骆谷附近的韦谷，此即骆谷道前身，是则此道汉初已经开通②。隋唐以前如何由长安入骆谷，已无确事可证。但据后来情况看，沿渭河南岸应有大路（详拙搞《隋唐时期长安附近的陆路交通》，已收入本书）。北魏时莫折念生据陇西，遣莫折天生攻雍州，莫折天生攻取渭北的汧城、岐州后，南渡渭水，驻于今周至县城东的黑水之侧，显然拟由此东下雍州，说明骆谷与长安之间早有大道③。

　　由长安沿渭河南岸至骆谷，必经鄠县。汉鄠县在今户县城北2里处，迄隋大业十年未移④。

　　过鄠县西北行35里，当今大曲河东西地带，北周天和二年至建德三年曾徙置周至县城于此，并置恒州⑤。

　　过北周周至城，经今终南镇。其地为汉周至县城所在⑥，东汉至晋省⑦，北魏重置⑧，北周天和二年东徙。

　　过汉周至城，至今周至县城。北周建德三年，始徙周至及恒州于此，并置周南郡⑨。

　　魏晋时期骆谷道上虽不乏师旅往还，传世地名却仅长城戍、沈岭等几处。

---

① 《三国志》卷九《魏书·曹爽传》。
② 详黄盛璋：《川陕交通的历史发展》，载《历史地理论集》，人民出版社1982年版。
③ 《魏书》卷五九《萧宝夤传》。
④ 《太平寰宇记》卷二六雍州鄠县。
⑤ 《太平寰宇记》卷二六雍州鄠县。
⑥ 《太平寰宇记》卷二六雍州周至县。《水经·渭水注》。
⑦ 《续汉书·郡国志》一。《魏书》卷一〇六《地形志》下。《晋书》卷一四《地理志》上。
⑧ 《元和郡县志》等谓晋复立周至，然《魏书·地形志》明言后汉、晋罢周至，周至亦不见于《晋书·地理志》。此从《魏书·地形志》。
⑨ 《太平寰宇记》卷二六雍州周至县。

据《水经·渭水注》，长城在骆谷以东；后人或谓长城在周至县西南 30 里（亦即骆谷口处）[1]。长城和沈岭首见于蜀汉延熙二十年姜维过沈岭、出骆谷，傍芒水倚山为营，以逼长城。此役魏将司马望、邓艾傍渭坚守长城，姜维数下挑战，终无应而退[2]。据此，长城不在山前，而在芒水下游、渭水之滨。芒水，《水经注》谓在骆谷东、就水西，下游流经竹圃分为二水入渭。竹圃即唐宋司竹园，在今周至东南司竹镇一带[3]。汉时因芒水之曲多竹，径称其地为芒竹[4]。今周至东骆河与就峪河之间有黑河，出山分为二水北注，经司竹镇西，与《水经注》芒水流路契合[5]。《水经注》所叙周至南山诸水，除芒、黑二水之外，无一不与今溪名相印，而黑水却与今黑河无涉，乃是就水右岸支流，甚为殊异。今就峪河右侧虽有两条小谷，却甚为细微，不足以与《水经注》所列诸水相并论，且北魏萧宝寅、崔延伯曾率军隔黑水与莫折天生军相峙，黑水谅非涓滴细流[6]。《水经注》所述显然有误。清毛凤枝《南山谷口考》云"黑水谷一名芒水谷"，黑水与芒水应为同水异名，均指今黑河，后世芒水一名不显，唯以黑水见称。《长安志》载周至县东南 70 里有长城乡，其地已入山甚远，深山里人口稀疏，无缘置乡其间，70 里当为 7 里之讹，长城乡显系袭长城戍而得名。周至东南 7 里约当今上、下高村一带，与《水经注》长城戍地望一致，当即其地。姜维结营处则当在今黑河谷口地带。长城戍为魏晋时期骆谷口外第一重镇，在南北军事争执中首当其冲。如东晋穆帝永和五年，晋将司马勋出骆谷攻石赵，即首拔长城戍[7]。

文献记载沈岭在周至县南 50 里，因姜维经此，又名姜维岭[8]。如前所述，姜维乃出骆谷东进至芒水谷口（今黑河口）驻营，沈岭理当在骆谷道上。今有

---

① 《读史方舆纪要》卷五三西安府周至县。
② 《三国志》卷四四《蜀书·姜维传》。
③ 《长安志》卷一八周至县。
④ 《汉书》卷八四《翟义传》。
⑤ 因近代修渠引水，黑河出山后河道已基本干涸，但河床遗迹仍宛然在目。黑河下游残余河道现亦非直接入渭，而是东转与田峪河等汇流后东北入渭，这是渭河河道北徙所致。
⑥ 《魏书》卷七三《崔延伯传》。
⑦ 《晋书》卷八《穆帝纪》。
⑧ 《元和郡县志》卷二京兆府周至县。

将其置于芒水（今黑河）之侧者①，则未详何据。揆诸地势，沈岭似指今骆峪河与黑河支流大蟒河之间的分水岭。此地东北距周至城60余里，与文献所记里至相去不远，为骆谷道必经之地。

七

秦始皇三十五年，从长安北云阳甘泉山（今淳化县北40里）起修直道直通塞上九原②，成为长安与北方游牧区域间最主要的交通线。汉宣帝甘露三年春，北幸甘泉，匈奴呼韩邪单于来朝，呼韩邪与宣帝先后南入长安，途经池阳宫、长平坂、渭桥等地③。这一行程可代表甘泉至长安间路线。

长安、甘泉间的渭桥习称中渭桥，秦始皇始建，本名横桥④。因桥北端水中垒有石柱，汉别称石柱桥。除此石柱外，应基本为木构。桥长380步（合1里余），宽6丈。东汉末被董卓焚毁，曹操重修后桥宽减为3丈6尺。东晋末刘裕入关，再遭毁劫，北魏复之⑤。横桥南对汉长安城北面西头第一门横门⑥。由北面出入长安城，此门最便。如汉武帝曾出横门、过横桥而至长陵⑦。上古横、光同音，故横门又曰光门。此外，横门还别称突门⑧。王莽一度更为朔都门⑨。今横门遗址至渭河在10里以上，可汉长安城北距渭河不过1—2里⑩，魏

---

① 谭其骧主编：《中国历史地图集》第3册。
② 《史记》卷六《秦始皇本纪》、卷一五《六国年表》。
③ 《汉书》卷八《宣帝纪》、卷九四《匈奴传》下。
④ 《水经·渭水注》。《汉书》卷六三《戾太子传》。《史记》卷四九《外戚世家·正义》引《括地志》。
⑤ 《水经·渭水注》。《元和郡县志》卷一京兆府咸阳县。《三辅黄图》卷六引《三辅旧事》。
⑥ 《三辅黄图》卷一。
⑦ 《史记》卷四九《外戚世家》。
⑧ 《水经·渭水注》谓雍门"又曰光门，亦曰突门"，但据《汉书·成帝纪》如淳注，横音光，《水经注》横门下亦另引如淳语，故此二句应属横门下，今本《水经注》为错简。《三辅黄图》卷二引《庙记》云"致九州之人在突门，夹横桥大道，市楼皆重屋"，可为其证。
⑨ 今诸本《水经注》均作"霸都门"，此据《三辅黄图》卷一、陈直《三辅黄图校证》按语及《太平御览》卷一八二引《水经注》。
⑩ 杨思植、杜甫亭：《西安地区河流及水系的历史变迁》。

晋时期横门至渭桥亦仅2—3里①。横桥南端，地名虒上②。

横桥北端为秦都咸阳。汉高祖元年设县，更名新城；七年罢。武帝元鼎三年复置，更名渭城③。东汉省④，前赵石勒重置石安县⑤。咸阳城原南濒渭河，北达咸阳原上，后渭水北移，旧址大部分沦于渭河，现仅在原上尚可见若干宫殿遗迹⑥。

渭水北岸，与横门相对，有棘门一地，本为秦时宫门⑦。秦孝公十二年，筑咸阳、冀阙，徙都于此⑧。冀、棘音同，棘门当即秦都咸阳冀阙。棘门在渭北十余里⑨。汉渭河在长安城北1里余，河宽1里余，与今仿佛。自汉渭河北岸向北10余里，今有地名纪家道（又作姬家道），附近发现夯土墙和两个东西相距300余米的夯土堆⑩，当为所谓冀阙，亦即棘门。纪家道本当为"冀道"，即通冀阙之道。秦末咸阳付之一炬，冀阙遂讹为棘门，日久年深，冀道竟衍为纪家道⑪。棘门是控制横桥大道的交通要冲，汉文帝后六年匈奴企图自上郡、云中南下长安，文帝分遣三军，防守要路，其中之一即屯于棘门，以控扼横桥⑫。

过棘门西北行，经汉惠帝所置奉陵邑安陵县。东汉沿之⑬。安陵县故城址今仍有残存遗迹，在今白庙村⑭，由渭城往泾河渡口必经此地。

---

① 《史记》卷一〇《孝文本纪·集解》引苏林语。《文选》卷一〇潘岳《西征赋》李善注引《雍州图》。
② 《汉书》卷一〇《成帝纪》载"虒上小女陈持弓闻大水至，走入横城门"，应劭注："虒上，地名，在渭水边。"虒为"似虎有角，能行水中（《广韵·支部》）"的怪兽，《水经·渭水注》载横桥桥首水中有忖留神象，其貌惊人（赵释本），虒上者，应由此而得名。
③ 《汉书》卷二八《地理志》下。
④ 《续汉书·郡国志》一。
⑤ 《魏书》卷一〇六《地形志》下。《长安志》卷一三咸阳县。
⑥ 秦都咸阳考古工作站：《秦都咸阳第一号宫殿建筑遗址简报》；刘庆柱：《秦都咸阳几个问题的初探》；载《文物》1976年第11期。
⑦ 《史记》卷一〇《孝文本纪·集解》。《水经·渭水注》。
⑧ 《史记》卷五《秦本纪》、卷六八《商君列传》。
⑨ 《史记》卷五七《绛侯周勃世家·正义》引《括地志》。
⑩ 陕西省社科院考古所渭水队：《秦都咸阳故城遗址的调查和试掘》，《考古》1962年第6期。
⑪ 上文关于棘门的叙述，主要参据张鸿杰：《细柳、棘门考》，《陕西地名》（内刊）1983年第2期。
⑫ 《史记》卷一〇《孝文本纪》。
⑬ 《汉书》卷二八《地理志》上。《水经·渭水注》。《续汉书·郡国志》一。
⑭ 刘庆柱、李毓芳：《西汉诸陵调查与研究》，《文物资料丛刊》第6辑。

过安陵至今顺陵村东北，经秦望夷宫旧址①。望夷宫北临泾水，西侧大道，道西有汉长平观，因地处北方游牧部族南下要道，故名望夷。汉代在此置亭②。汉宣帝甘露三年呼韩邪自甘泉入长安途中，止宿于长平观③。东汉末马腾等在此屯兵，谋南下长安袭击李傕未成④。长平观西北行约3里，有坂道下原趋泾水，名长平坂⑤，为大路必经之地⑥。长平坂在唐宋以后称为眭城坂⑦，今顺陵村西北有眭村，可村中并无眭姓居民⑧，其西北即为下原坂道，睦村当由眭城讹转而来。

下长平坂，在今店上村东渡口过泾河后，道路沿泾河东岸北上甘泉。需要指出的是，《长安志》引《益部耆旧传》称汉武帝祀甘泉曾经过泾桥⑨，但《华阳国志》等载同事，并云过渭桥⑩，《长安志》引文不确，不能据此推断当时泾水上已架有桥梁。

八

自渭城向东西两方，有大道分别通往高陵和细柳。如东汉末董卓出长安横门，过横桥西去郿坞（今郿县北）⑪。在东、西渭桥修建前，渭北道和蒲关道多经中渭桥入长安。如前举汉文帝初入长安，取道高陵、中渭桥。

渭城至高陵间有汉长陵、阳陵二县城，当为道路所经。长陵故址在今咸阳

---

① 陈直：《三辅黄图校证》卷一。
② 《史记》卷六《秦始皇本纪·集解》。《三辅黄图》卷一。
③ 《汉书》卷九四《匈奴传》下。
④ 《三国志》卷六《魏书·董卓传》、卷三六《蜀书·马超传》裴松之注引《典略》。
⑤ 《元和郡县志》卷二京兆府泾阳县：长平坂在县西南五里。《太平寰宇记》、《长安志》均作五十里，"十"字当衍。
⑥ 《汉书》卷八《宣帝纪》。《艺文类聚》卷七三引《东方朔别传》。
⑦ 《汉书》卷八《宣帝纪》颜师古注等。
⑧ 承傅伯杰先生见告。谨志谢忱。
⑨ 《长安志》卷一七礼泉县。
⑩ 《华阳国志》卷一〇上。《独异志》卷中。《太平广记》卷一六一引《汉武故事》。《搜神记》卷四。
⑪ 《三国志》卷六《魏书·董卓传》。

市韩家湾怡魏村[①]，为汉高祖所置奉陵邑[②]。晋省，前秦苻坚置咸阳郡，北魏太和二十年郡移治泾阳。阳陵城址今已湮没，本为汉景帝阳陵之奉陵邑，在阳陵西2里[③]。阳陵在今咸阳市张家湾西北[④]，其西2里为今穆家村、九张村一带。阳陵本秦弋阳县，景帝五年增筑，更名阳陵[⑤]，曹魏省[⑥]。

渭城至细柳间有杜邮，战国末已见称，后亦衍称杜邮亭[⑦]。杜邮东距咸阳西门10里[⑧]，距咸阳城中心则有17里左右[⑨]。汉于此置孝里，并设孝里市，杜邮改称孝里亭[⑩]。

（原载《中国历史地理论丛》1988年第3辑）

---

① 刘庆柱、李毓芳：《西汉诸陵调查与研究》。
② 《汉书》卷二八《地理志》上。
③ 《太平寰宇记》卷二六雍州咸阳县。
④ 刘庆柱、李毓芳：《西汉诸陵调查与研究》。
⑤ 《汉书》卷二八《地理志》上、卷五《景帝纪》。《史记》卷二二《汉兴以来将相名臣年表》。
⑥ 《太平寰宇记》卷二六雍州咸阳县。
⑦ 《水经·渭水注》。《魏书》卷一〇六《地形志》下（《地形志》作杜鄠亭，鄠当为邮之讹）。
⑧ 《史记》卷七三《白起王翦列传》。
⑨ 《水经·渭水注》谓杜邮亭去咸阳十七里，时咸阳旧貌已毁，此当据渭城县治或咸阳城中心地点而言，故与《史记》不同。
⑩ 《文选》卷一〇潘岳《西征赋》。《水经·渭水注》。《长安志》卷五《宫室》三。

隋唐时期长安附近的陆路交通
——汉唐长安交通地理研究之二

隋开皇三年，汉长安城废，迁入新筑大兴城[1]。长安城开始了新的发展阶段，交通结构也有若干变迁。隋祚短促，没有留下很多关于交通路线的记述；唐代则有丰富资料，可资复原。严耕望、王文楚、李之勤等学者已从一些角度对唐代关中地区交通路线作过专门研究，但若作为一个整体来认识长安附近地区的交通结构，则仍可在此基础上进一步探讨。

唐长安城内设有都亭驿，为全国中心驿站。据《通鉴》胡注，都亭驿在朱雀西街含光门北来第二坊[2]。今本《长安志》文多舛漏，缺载该坊，清徐松《唐两京城坊考》臆补为殖业坊，今多沿承其说。此坊实名通化，见于元骆天骧《类编长安志》[3]。严耕望、王文楚二位先生对此坊名称均缺而未论，而据今本《长安志》提出长安城东南角、曲江池北的敦化坊内别有一都亭驿[4]。实则今本《长安志》敦化坊下内容，如净影寺、唐殷开山等人宅等，本属通化坊[5]，此都亭驿与《通鉴》胡注所指都亭驿当为一事[6]。以都亭驿为中心的驿路网构成了隋唐长安陆路交通基本格局（见附图）。

---

[1]《隋书》卷一《高祖纪》上。
[2]《通鉴》卷二六〇乾宁二年五月甲子王行瑜杀韦昭度等于都亭驿条胡三省注。
[3]《类编长安志》卷二。说详黄永年师《述〈类编长安志〉》，载《中国古都研究》第1辑，浙江人民出版社1985年版及黄永年师点校《类编长安志》所撰校记（点校本将由中华书局付印）。
[4] 严耕望：《唐两京馆驿考》，载《唐史研究丛稿》。王文楚：《唐两京驿路考》，《历史研究》1983年第6期。
[5]《续高僧传》卷八《慧远传》。《太平御览》卷一八〇引《两京新记》佚文。《类编长安志》卷四。
[6] 关于长安都亭驿的位置，请详拙撰另稿《唐长安都亭驿考辨——兼述今本〈长安志〉通化坊阙文》（已收入本书）。

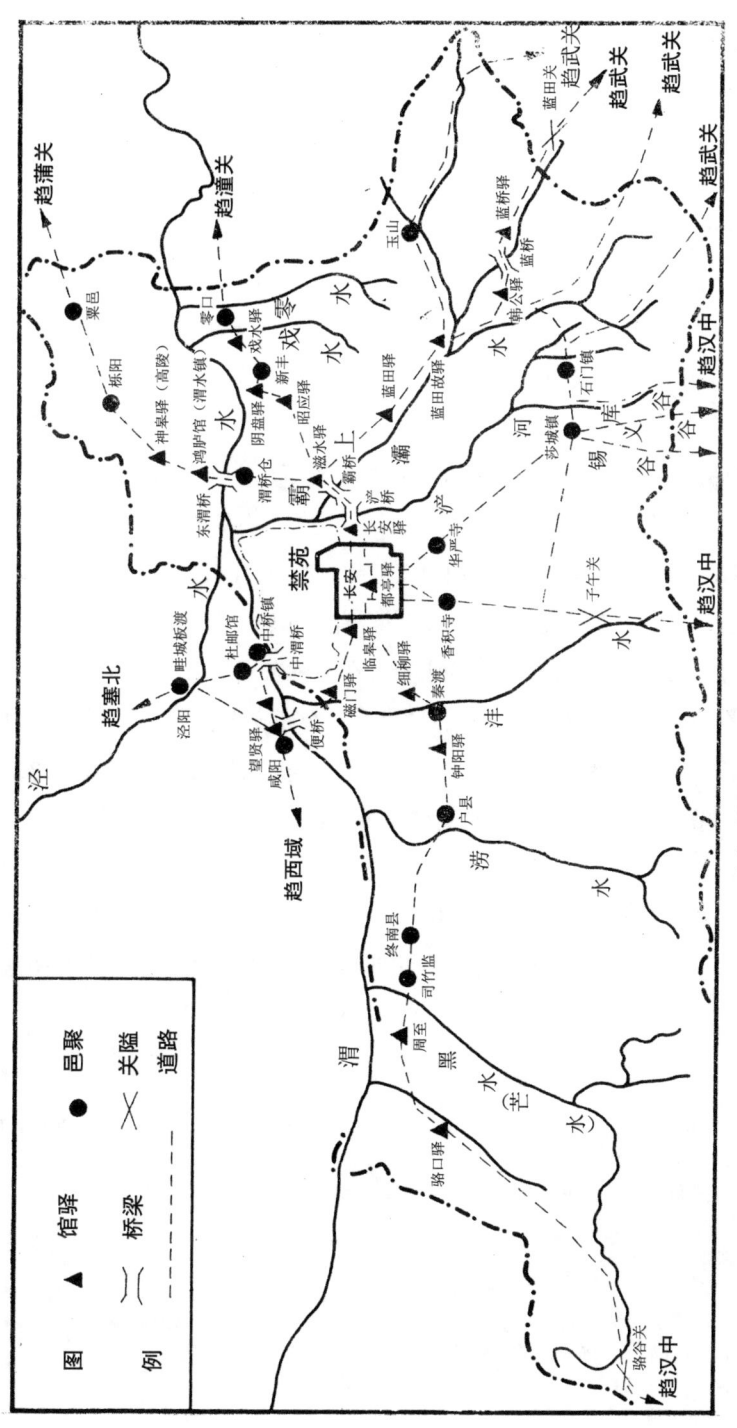

隋唐时期长安附近陆路交通示意图

一

严耕望先生提出，长安东出有南、北两道。北道由都亭驿出通化门、经长乐驿至滋水驿、昭应驿；南道出延兴门或春明门，经秦川驿、太宁驿至滋水驿、昭应驿。严先生认为：秦川驿在城南偏东处，太宁驿在其东4里①。其实秦川驿并非唐驿，而是五代或宋驿，在韩建改筑后的长安城西北角②。太宁驿首见于《长安志》，在"城东草市"，"西至秦川驿四里"，正当韩建新城东郭之下，却属唐城城垣之内，唐长安城内外并无草市之置，城中除都亭驿外也别无他驿，太宁驿为宋驿无疑。严先生所谓"南道"并不存在。

隋唐长安东面三门中，通化门出入最频，春明门次之，延兴门则殊少行及。

出通化门，下长乐坡，抵浐水西岸，有长乐驿。长乐坡旧名浐坂，隋文帝更名③，唐武则天圣历元年，因滋水驿（在灞桥东）去都亭驿路远，马多死损，中间增置长乐驿④。长乐驿距通化门7里⑤，今西安市长乐坡，距通化门故址约7里，当即其地。因东临浐水，长乐驿又称长乐水馆⑥。此外，唐长安城东尚有城东驿见称，严耕望、王文楚两位学者均谓与太宁驿同是一地，王文楚先生且认为在长安城东4里，都亭、长乐二驿之间⑦。如前所论，太宁驿实为宋驿，地属唐长安城垣之内，唐城东驿不可能在此。据唐人所撰《两京道里记》，长乐驿为东出长安首驿⑧，所谓城东驿应即指此。此外，浐水西岸尚有民家店舍，

---

① 严耕望：《唐两京馆驿考》，又《唐代长安洛阳道驿程考》，载《香港中文大学中国文化研究所学报》3卷1期，1970年9月。
② 详李之勤：《唐关内道驿馆考略》，《西北历史资料》1982年第1期。秦川驿位置，除李文所引《长安志图》外尚可证之于《类编长安志》卷七。
③ 《通典》卷一七三《州郡》三。
④ 《长安志》卷一一万年县引《两京道里记》。
⑤ 《长安志》卷七唐城。
⑥ 《李义山诗集》（四部丛刊本）卷六《雨中长乐水馆送赵十五滂不及》。
⑦ 严耕望：《唐两京馆驿考》。王文楚：《唐两京驿路考》。
⑧ 《长安志》卷一一万年县引。

当在长乐驿旁①。

春明门外亦有旅舍②。春明门路东北趋与通化门大路相合，二路合处有石桥③。长安城东水道唯龙首渠，渠北流至长乐坡西折入城④，故此石桥当在长乐坡附近的龙首渠上。

自长乐驿经浐水桥过浐水⑤，桥东亦有民家店舍⑥。道路在此向东北陡折，近乎南北走向趋于灞桥⑦。在隋开皇三年迁居大兴城的同时，灞桥也被南移到霸浐之交以上重建。唐唐隆元年，又建为双桥，南北相并⑧。桥石柱红栏⑨，长安送往迎来，每至于此，故又名销魂桥⑩。

灞桥东端为滋水驿，隋开皇十六年置⑪。滋水为灞水古名，秦穆公始更名灞水⑫，隋开皇五年还曾一度复名滋水⑬。驿临灞水，故名。又因驿在桥首，别称灞桥驿。滋水、灞桥二驿为一，严耕望先生本已指明⑭，但王文楚先生又析而为二，谓灞桥驿在今灞桥村，滋水驿在其东侧的灞桥镇⑮。二者孰是，也就不能不辨。武则天圣历元年前，滋水、都亭二驿之间别无他驿，圣历元年增置长乐驿后，滋水、长乐驿间亦不过15里之距，根本没有必要重再置驿⑯。北宋钱易《南部新书》称滋水驿在长乐驿东，可以说明终唐一代滋水、长乐二驿间并无他驿⑰。

---

① 《太平广记》卷二二一《张囧藏》条。
② 《唐阙史》卷上《秦中子得先人书》条。
③ 《太平广记》卷二八二《郑昌图》条。
④ 《云麓漫钞》卷八。
⑤ 圆仁：《入唐求法巡礼行记》卷三。
⑥ 《岑嘉州集》卷三《浐水东店送唐子归嵩阳》。
⑦ 圆仁：《入唐求法巡礼行记》卷三。
⑧ 《元和郡县志》卷一京兆府万年县作唐隆二年，改建灞桥。唐隆为殇帝李重茂年号，所用不过月余，睿宗旋即帝位，改元景云，唐隆二年当为唐隆元年之误。
⑨ 《唐六典》卷七水部郎中条。《文苑英华》卷四六杜颜《灞桥赋》。
⑩ 《开元天宝遗事》卷下《销魂桥》条。
⑪ 《长安志》卷一一万年县引《两京道里记》。
⑫ 《汉书》卷二八《地理志》上。
⑬ 《隋书》卷一《高祖纪》。
⑭ 严耕望：《唐两京馆驿考》。
⑮ 王文楚：《唐两京驿路考》。
⑯ 《长安志》卷一一万年县引《两京道里记》。
⑰ 《南部新书》戊。

灞桥驿不仅不可能在滋水驿西，也不会邻滋水驿东，因为滋水驿至骊山昭应驿间也别无他驿①。灞桥驿在灞水东岸，近灞桥，距长乐驿15里左右②，与滋水驿距长乐驿里至相当③，二者定为一驿。唐代文人墨客往往附庸汉代故事，称滋水驿为灞亭④。

隋代灞桥南移后，函谷、武关和蒲关三路自然移至新桥东端相交，霸上一名也随之迁徙⑤，旧日的霸上则湮没无闻了。函谷道经霸上者，如黄巢入关，唐将张直方等出迎至此⑥；武关道经霸上者，如朱温自南阳归长安，黄巢在此迎接⑦；蒲关道经霸上者，则如隋末李渊自河东经此而入长安⑧。滋水驿（灞桥驿）就是设在这个三路枢纽上的驿馆。如唐昭宗流配宋道弼、景务修于岭南，二人赴武关道，至灞桥驿赐死⑨；日僧圆仁由蒲关道赴长安，亦途经灞桥驿⑩；往来函谷道经此，则更不待言。

由滋水驿东北行，至今临潼县城，唐为会昌县城。天宝二年，分新丰、万年两县置，七年十二月，改称昭应⑪。会昌置后，自县东北汉阴盘城徙阴盘驿于此，改称会昌驿（详下阴盘驿）⑫，后又随县改称昭应驿⑬，别名昌亭驿，或为其本名⑭。

由昭应城东北至汉阴盘（新丰）故城后，又循汉代旧路⑮。唐初有阴盘驿，应在此⑯。会昌县置后，会昌驿出而不见有称阴盘驿者，昭应县境亦唯有

---

① 《唐阙史》卷上《丁约剑解》条。
② 《通鉴》卷二六二光化三年六月胡三省注。圆仁：《入唐求法巡礼行记》卷三。
③ 《长安志》卷一一万年县。
④ 如《柳宗元集》卷四二《诏追赴都二月至灞亭上》、《储光羲诗集》卷三《秋次灞亭寄申大》等。
⑤ 《续玄怪录》卷一《辛公平上仙》条。
⑥ 《旧唐书》卷二〇〇下《黄巢传》。
⑦ 《旧五代史》卷一《梁书·太祖纪》一。《旧唐书》卷一八四《杨复光传》。
⑧ 《大唐创业起居注》卷三。
⑨ 《通鉴》卷二六二光化三年六月。
⑩ 圆仁：《入唐求法巡礼行记》卷三。
⑪ 《旧唐书》卷三八《地理志》一。
⑫ 《旧唐书》卷一〇五《杨慎矜传》。
⑬ 《长安志》卷一一万年县。
⑭ 《长安志》卷一五临潼县作昌驿亭，据《类编长安志》卷七，当为昌亭驿之误。
⑮ 《长安志》卷一五临潼县。
⑯ 李白：《阴盘驿送贺监归越》，见《唐人选唐诗·唐写本唐人选唐诗》。《旧唐书》卷一九〇中《贺知章传》。详严耕望：《唐代长安洛阳道驿程考》。

二驿①，所辖戏水驿通唐世未废，故会昌驿置后，阴盘驿当废。唐初新丰县在阴盘城东，即今新丰镇，东距戏水驿不过十余里②，在此置驿，二驿间距过密，西去滋水驿亦过远。阴盘城以西，道路折向西南，偏离旧路，置驿受新路沿线条件限制。故权在阴盘故城置驿，设置会昌县后，就又将驿址西移，使其至滋水、戏水二驿距离大体相当。

过汉阴盘城，至隋新丰县城，其地今仍名新丰。大业六年自其东南7里北周故城徙置，唐武则天垂拱二年改称庆山，神龙元年复为新丰，天宝七年省入昭应③。严耕望、王文楚二位学者均提出新丰城有"新丰驿"（或"新丰馆"）④，实可商榷。王文楚先生所据为《旧唐书·姚崇传》载"玄宗讲武在新丰驿"（今中华书局标点本如此），此严先生已指出当读为"玄宗讲武在新丰，驿召元之代郭元振……"，不足为凭⑤。《旧唐书·玄宗纪上》载此事为"（玄宗）幸新丰之温汤，癸卯，讲武于骊山"，可证玄宗讲武实在新丰骊山，而非新丰县城，认为玄宗在新丰县城之新丰驿讲武是错误的。严先生所据许浑《寄房千里博士诗》本注，注中已言明本传有二说，何者为真，尚难判别。严先生亦因之未遽以新丰驿之有作为定论，乃姑提出存疑。实则昭应、戏水二驿间尚不及30里，不当别有一驿。许浑诗之新丰馆即或为真，亦当是以之代指昭应驿。新丰虽未设驿，但地当大道，自然不会没有旅舍，唐初马周西游长安，即宿于新丰逆旅⑥。

过新丰城，至古戏亭，隋大业六年置戏水⑦，又称戏口驿⑧。王文楚先生据唐李匡乂《资暇集》和《旧唐书·韩皋传》谓戏水驿又称戏源驿⑨。戏水驿近戏水入渭口，称为戏源驿，殊不可解，严耕望先生已就此质疑⑩。《资暇集》所

---

① 《白居易集》卷九《权摄昭应早秋书事，寄元拾遗，兼呈李司录》。
② 《史记》卷六《秦始皇本纪·正义》。
③ 《旧唐书》卷三八《地理志》一。《长安志》卷一五临潼县。
④ 严耕望：《唐代长安洛阳道驿程考》。王文楚：《唐两京驿路考》。
⑤ 严耕望：《唐代长安洛阳道驿程考》。
⑥ 《旧唐书》卷七四《马周传》。
⑦ 《汉书》卷一《高帝纪上》颜师古注。《长安志》卷一五临潼县引《两京道里记》。
⑧ 《太平广记》卷二七九《召皎》条。
⑨ 王文楚：《唐两京驿路考》。
⑩ 严耕望：《唐代长安洛阳道驿程考》。

谓戏源驿实乃误引颜师古《汉书》注,颜注原作戏水驿①。《韩皋传》之"戏源驿"当同为戏水驿之误。自戏水驿东渡戏水,岸边亦有旅舍②。

过戏水东店至零水西岸,今有零口镇,乃唐零口,屡见行旅往返。武则天天授二年置鸿州,并附郭设鸿门县。久视元年,州县并废③。

二

武关道自霸上滋水驿分出,沿灞河东岸趋向东南。严耕望先生论该道路,疏误有二④。其一,严先生提出由长安往蓝田有南北两道。北道即出通化门,经长乐驿至滋水驿而南;南道出延兴门或春明门,经太宁驿(城东驿)、故驿、五松驿至蓝田。太宁驿为宋驿、城东驿乃指长乐驿,辨已见前。故驿当在蓝田县城,辨详下。五松驿严先生定在长安东南灞水东岸、蓝田县北。其据有二。一为清冯浩注李商隐《五松驿》诗引清朱鹤龄语:"此驿在长安东"⑤;二是据白居易《自望秦赴五松驿,马上偶睡,睡觉成吟》诗,五松驿在望秦岭南,而白诗《初贬官过望秦岭》本注云:"自此后诗,江州路上作。"相继之篇为《蓝桥驿见元九诗》、《韩公堆寄元九》、《发商州》等,从而推定望秦岭为蓝田县北之横岭(今名同),五松驿在横岭之南、蓝桥驿和韩公堆之北。朱鹤龄语含糊不清,本不足凭。白居易江州路上组诗则显非依行程次第编秩,韩公堆驿诗列在蓝桥驿诗之后,即为明证。所以也不能为据。而长安、蓝田间驿道乃沿灞河谷地而行,无需经由横岭,则已有人指出⑥。白居易《自望秦赴五松驿》诗为其自武关道出守杭州时所作,路途前后一组诗作除第一首《长庆二年七月自中

---

① 《汉书》卷一《高帝纪上》颜师古注。
② 《长安志》卷一五临潼县引《两京道里记》。
③ 《太平寰宇记》卷二七雍州昭应县。《旧唐书》卷三八《地理志》一。
④ 严耕望:《唐蓝田武关道驿程考》,载台湾《"中央研究院"历史语言研究所集刊》第39本;又《唐两京馆驿考》。
⑤ 冯浩:《玉溪生诗集笺注》卷一。
⑥ 李之勤:《柳宗元的〈馆驿使壁记〉与唐代长安城附近的驿道和驿馆》,《中国古都研究》第1辑,浙江人民出版社1985年版。

书舍人出守杭州，路次蓝溪作》为标明该组诗题而排为首篇外，其余皆依行程次第而编。这首《自望秦赴五松驿》诗在《宿蓝桥对月》篇后。据《路次蓝溪作》诗内容，该篇应继《宿蓝桥对月》而作，因而《自望秦赴五松驿》篇应作于《路次蓝溪作》篇之后。蓝溪即今蓝桥河，武关道遵河而南，水尽越秦岭主脊，望秦岭应即指此。元稹《望云骓马歌》提到骆谷道上的秦岭主脊处亦称望秦岭①，说明望秦岭是唐人对秦岭主脊的普遍称呼。五松驿当在秦岭主脊之南。

其二，严先生谓由长安至灞桥驿（滋水驿）亦有南北两道。北道出通化门，经长乐驿后，"折东南至灞桥驿"；南道由长安东南行，经横灞官渡及南北两灞桥至灞桥驿。此说甚令人困惑。灞桥及灞桥驿均在长乐驿东北方，前已述及。横灞官渡在长安东南25里，不可能与灞桥在同一路上。且唐代出武关道均经灞桥，横灞官渡首见于《长安志》，应设于唐代以后。即使唐已有之，也绝不会在驿路上。

由滋水驿东南行第一驿为蓝田驿，在蓝田县城西北25里②，约当今蓝田县华胥镇前后，唐代屡见载有出武关道经"故驿"者，严耕望先生臆测故驿在其所定之"南道"，太宁、五松二驿之间，约当长安东南灞浐之间地带③，实不可信。李商隐《故驿迎吊故桂府常侍有感》诗云："二纪征南恩与旧，此时丹旐玉山西。"④玉山在今蓝田县城东，故驿在玉山之西、武关道上，其地正为蓝田县城所在，不会在长安城附近。《旧唐书》卷一〇六《李林甫传》载"太子妃兄驸马都尉薛锈长流巂州，死于故驿"，《旧唐书》卷九《玄宗纪下》则作"至蓝田驿赐死"，可知故驿又称蓝田驿。又《旧唐书》卷一一《代宗纪》载"襄州刺史裴茂长流费州，赐死蓝田驿"，同书卷一一四《来瑱传》则作"赐死蓝田故驿"，可见故驿实即蓝田故驿之省称，当在蓝田县城。县城西北的蓝田驿当置于此驿之后，故称故驿以别之。蓝田县城别称青泥城，所以蓝田故驿又名青泥驿⑤。

---

① 《元稹集》卷二四。
② 《长安志》卷一六蓝田县。
③ 严耕望：《唐两京馆驿考》。《唐代长安洛阳道驿程考·附图》。
④ 《李义山诗集》（四部丛刊本）卷六。
⑤ 《长安志》卷一六蓝田县。

出蓝田县东南行25里，至桓公堆，即古峣关所在，唐置韩公堆驿①，省称韩公驿②。韩公堆者，显系桓公堆之讹转，故或称桓公驿③。桓公堆上坂路，称为韩公坂④。顾祖禹《读史方舆纪要》曾误置韩公堆于横岭之北，严耕望先生信从其说，率将桓公堆与韩公堆析而为二，谓蓝田县南者本名桓公堆，后讹为韩公堆；县北者则本名韩公堆，又名韩公坂⑤。由于此说先入之囿，严先生对文献所作的解释也难免偏颇。举其要者有二。一是认定白居易《初出蓝田路作》诗所提到的韩公坂"当在县北二三十里处，正当《纪要》所记横岭北之韩公堆"。核诸白诗，既题为《初出蓝田路作》，首句又云"停骖问前路，路在秋云里。苍苍县南道，去途从此始"，是则下面所云"朝经韩公坂，夕次蓝桥水"之韩公坂定在蓝田县南无疑。而"浔阳仅四千，始行七十里"句中"七十里"之数并不能视为信语，且滋水驿去长安30里，蓝田驿去蓝田城25里，去滋水驿如之，长安至蓝田计80里左右，"七十里"虽未及蓝田，亦不合严先生所谓"县北二三十里"之数，此不过概言行及蓝田仅千里旅程之始而已。二是据《通鉴》卷二二三，代宗广德元年，郭子仪自商州遣长孙全绪至韩公堆，燃火疑惑吐蕃，殷仲卿复又自蓝田率骑直渡浐水，从而认为韩公堆近浐水，去长安不远，故当在蓝田县北。实则长孙全绪至韩公堆燃火疑惑吐蕃时，并不知殷仲卿在蓝田聚众相守，韩公堆若在蓝田县北，长孙全绪自商州赴之，必经蓝田县城，焉能不知殷仲卿之事⑥？可见，韩公堆定在蓝田县南。

韩公坂道路曲折，故其所在之山又称七盘山或七盘岭⑦。严耕望先生据《汉书·王莽传》颜师古注及《通典》、《太平寰宇记》等，谓七盘岭本在蓝田关南、商州上洛县地，唐后期始亦名韩公坂为七盘，则似有欠妥切。七盘岭为韩公坂所在，不唯《长安志》里至明确，唐人诗篇及于七盘岭之可考者，亦皆

---

① 《长安志》卷一六蓝田县作驿在县南35里，则距下驿蓝桥驿不及20里，《类编长安志》卷七作驿在县南25里，与《长安志》桓公堆在县南25里语合，今本《长安志》当误。
② 《太平广记》卷一五三《崔朴》条。
③ 《长安志》卷一六蓝田县本注谓："作桓公驿者，非。"当失考。
④ 《白居易集》卷一〇《初出蓝田路作》。
⑤ 严耕望：《唐蓝田武关道驿程考》。
⑥ 《旧唐书》卷一六九《吐蕃传》上。
⑦ 《长安志》卷一六蓝田县。

指此①。严先生所引证之吴融《登七盘岭》诗，实无以说明七盘岭究竟在武关道上哪一处②。而《汉书》颜注云"绕霤者，其处即今商州界七盘十二绕也"，则应有误。绕霤与峣柳在上古和中古音近③，绕霤当即峣柳。如前所考，秦汉峣关即在桓公堆上、峣柳城之南，故王莽有云"绕霤之固，南当荆楚"。颜注谓七盘岭近绕霤当是，而云在商州界则非。至于《通典》等则显系承自颜注，以致同误④。唯宋敏求得纠其谬，严先生却疑其误读《通典》。七盘十二绕，《通典》作"十二挣"⑤，又称挣坂⑥。张籍《使至蓝溪驿寄太常王丞》诗中所云"独上七盘去"，"雨里下筝头"，盖即指此。

下七盘岭，经蓝桥过蓝谷水（今蓝桥河）。蓝桥附近置有蓝桥驿⑦。以地势度之，蓝桥驿当在蓝谷水东岸、今蓝桥河村至蓝桥镇一带，与古青泥城同在一地。

过蓝桥后，道路循蓝谷水右岸东南行，次于蓝桥驿之后有蓝溪驿⑧，蓝溪驿的具体位置不详，但蓝田至蓝溪驿40里⑨，至蓝田关90余里⑩，中间近50里别无他驿，蓝溪驿当在二地之间⑪。

蓝田关为唐代前期六上关之一⑫，隋炀帝大业元年自青泥城侧徙至今牧护关处⑬。南出蓝田关，即为秦岭主脊，唐亦称秦岭或望秦岭⑭。过秦岭后，武关

---

① 《张司业集》卷二《使至蓝溪驿寄太常王丞》等。张诗云："独上七盘去，峰峦转转稠，云中迷象鼻，雨里下筝头，水没荒桥路，鸦啼古驿楼。"从中可知七盘岭应在未过蓝溪、蓝桥（"荒桥"）之前。

② 《唐英歌诗》卷中《南迁途中七首·登七盘岭二首》："才非贾傅亦迁官，五月驱羸上七盘，从此自知身计定，不能回首望长安。""七盘岭上一长号，将谓青天鉴郁陶，近日青天都不鉴，七盘应是未为高。"

③ 郭锡良：《汉字古音手册》，北京大学出版社1986年版。

④ 《通典》卷一七五《州郡》五。《太平寰宇记》卷一四一商州上洛县。

⑤ 据《通典》万有文库影印殿本。参《通鉴》卷二二三胡三省注及《长安志》卷一六蓝田县引《通典》。

⑥ 《长安志》卷一六蓝田县。

⑦ 《长安志》卷一六蓝田县。

⑧ 《张司业集》卷三《使至蓝溪驿寄太常王丞》。

⑨ 《长安志》卷一六蓝田县。

⑩ 《史记》卷五四《曹相国世家·正义》引《括地志》。

⑪ 详严耕望：《唐蓝田武关道驿程考》。

⑫ 《唐六典》卷六司门郎中条。

⑬ 《长安志》卷一六蓝田县。

⑭ 《通典》卷一七三《州郡》三京兆府蓝田县下："有关，秦峣关也，秦岭在此界。"望秦岭见前述。

道转入七盘河、丹江谷地南下。

此外，在这条驿路两侧还各有一条山路，可由蓝田东南出丹水，至商州。西侧为辋谷道，东侧为石门道。

辋谷水为灞河左岸支流，在蓝田县南入灞河，今名网峪河。辋谷道即由蓝田沿辋谷东南趋商州①。蓝谷道为山间小路，史传殊少言及，过秦岭前后路径如何，已难得其详。唯据今地形分析，似当由今网峪河上游东采河谷东南过秦岭主脊，沿丹江右岸二级支流上秦川或丹江右岸支流泥峪河南下。

以往的研究均以为石门道是经蓝田西南的石门谷，即今汤峪河，实误②。石门道乃"自商镬山出石门，抵北（按当为"北抵"之讹）蓝田"③，而蓝田西南的石门谷水却北流入浐水，与灞水东岸的蓝田毫不相及，何以得云"北抵蓝田"？今蓝田县东南道沟峪，亦即唐宋所谓倒回谷，本称石门谷④。其南与丹江隔岭相对，谷内本有路东通洛南⑤，自商州上洛凿山筑路，连通两河，远较西通汤峪河为便。唐时已以倒回谷为灞河正源⑥，北出倒回谷即为宽阔的灞河谷地，所谓"北抵蓝田"，盖指北出倒回谷循灞河西至蓝田。石门道由襄州刺史崔湜主持开凿⑦。崔湜流守襄州，时为中宗景龙三年五月，同年十一月大赦天下，流人一律放还，崔湜重归长安⑧。故石门道之开应在景龙三年五至十一月间。石门道开通后，封锢旧道，强令行旅取新途。但"新路每经夏潦，摧压踣陷，行旅艰辛，僵仆相继"，甚而至于"数摧压不通"⑨，实际远比旧路艰难，纯粹是崔湜为邀功而胡为。因而到玄宗先天二年七月，崔湜因谋乱配流岭表时，商州就又奏请复依旧路而行⑩。石门道从开凿到废弃总计不过四年，其间

---

① 《长安志》卷一六蓝田县。
② 严耕望：《唐蓝田武关道驿程考》。黄盛璋：《历史上的渭河水运》、《历史上黄渭与江汉间水陆联系的沟通及其贡献》，黄文并载所著《历史地理论集》。
③ 《新唐书》卷九九《崔湜传》。
④ 《长安志》卷一六蓝田县引《水经注》佚文。
⑤ 《长安志》卷一六蓝田县。
⑥ 《长安志》卷一六蓝田县。
⑦ 《册府元龟》卷六九七《酷虐》。
⑧ 《旧唐书》卷七《中宗纪》。《通鉴》卷二〇九景龙三年。
⑨ 《册府元龟》卷六九七《酷虐》。《新唐书》卷九九《崔湜传》。
⑩ 《旧唐书》卷八《玄宗纪上》。《册府元龟》卷六九七《酷虐》。

又"数摧压不通",并未发挥多大效益。唐代宗广德元年,郭子仪取倒回谷入商州,并未由倒回谷越岭直接南下商州上洛,而是东趋洛河而至洛南,然后再折向商州上洛,回绕颇远[1],说明直通商州的石门道确已废置不用,而经石门谷至洛南一路却一直通行。

唐武德三年,在倒回谷口外置玉山县,贞观元年并入蓝田[2]。唐玉山城在蓝田县东南43里[3],今蓝田县东之玉山镇原名许庙镇,与玉山城无涉,但其西南不远有地名玉山,当即唐玉山城所在。玉山为入倒回谷所必经,故通过倒回谷的道路又称"玉山路"[4]。唐玄宗时张九龄曾取道玉山,奉使南行,当与郭子仪一样是由倒回谷出经洛南[5]。

三

蒲关道自霸上滋水驿经东渭桥过渭水。未及渭水5里,路旁有小客店名三家店[6]。唐东渭桥遗址在今高陵县耿镇公社白家咀西南,桥长400余米,宽10米左右,据实地发掘情况与《唐六典》卷七水部郎中条记载,唐代三渭桥均为木构。唐代至今,该段渭河河道北徙很多,东渭桥北端距今河床已达5里[7]。据出土的唐达奚珣撰《东渭桥记》碑残石及《旧唐书》记载,东渭桥在唐开元九年和元和、长庆间曾先后两次分别由京兆尹孟温礼和崔元略主持重新修建[8]。东渭桥不仅是蒲关道上的咽喉之处,其旁也是重要水运码头。唐高宗咸亨三年,在东渭桥南端置渭桥仓,以存储河渭租粟,转输京师支用[9]。后特置河运

---

[1] 《旧唐书》卷一九六《吐蕃传》上。
[2] 《旧唐书》卷三八《地理志》一。
[3] 《长安志》卷一六蓝田县。
[4] 《旧唐书》卷一九六《吐蕃传》上。
[5] 《曲江集》卷四《奉使至蓝田玉山南行》。
[6] 圆仁:《入唐求法巡礼行记》卷三。
[7] 王仁波:《规模宏大的唐东渭桥遗址》,《光明日报》1983年3月30日第3版。罗宏才:《唐东渭桥》,《西安晚报》1983年4月16日第4版。
[8] 说详拙稿《唐〈东渭桥记〉碑读后》(已收入本书)。
[9] 《旧唐书》卷四九《食货志》下。《唐会要》卷八七《转运盐铁总叙》及《漕运》条。

院，经营租粟水陆转运①，由于东渭桥是一个"车者如户，舟者如缎"的水陆交通枢纽②，故桥边客舍相连③，河运院官署也专设有"可叙百榻"的客厅④。

东渭桥北，临渭水有渭桥镇⑤。严耕望先生据《元和郡县志》载高陵县与京兆间相距80里，而推断高陵至东渭桥为30里，所以在高陵县南18里的渭桥镇⑥，应距东渭桥很远，"在渭桥至高陵途中"⑦。其实滋水驿去长安30里，距东渭桥遗址亦30里左右，高陵至渭桥镇18里，加上渭河宽度，正合80里之数。严先生所论应误，渭桥镇就在桥北。镇内置有鸿胪馆⑧，应为与滋水驿相邻的驿馆。储光羲有诗《渭桥北亭作》，当即指此⑨。

自渭桥镇北行18里，至北魏高陆县城。隋大业二年复名高陵，唐沿之⑩。即今高陵县城。唐置神皋驿⑪。因高陵为东渭桥北重镇，唐人亦称此路为高陵道⑫。

过高陵县东北行，经北魏广阳县，隋更名万年，唐武德元年又更名栎阳⑬。栎阳西去高陵已达25里左右，又为蒲关道上重镇，公私往来，略无虚日，以至县丞应接不暇⑭，城中理当有驿。

过栎阳县，路经今临潼县武屯镇东北、石川河东岸的粟邑庙，唐武德元年分栎阳县在此置平陵县，二年，更名粟邑。贞观八年废入栎阳⑮。粟邑县距栎阳34里⑯，城中亦应置驿。

---

① 《宝刻类编》卷五有韩瑗书《东渭桥河运院记》可证。
② 《李元宾文集》卷一《东渭桥铭》。
③ 《文苑英华》卷三七三林简言《纪鸦鸣》。
④ 《沈下贤文集》卷六《东渭桥给纳使新厅记》。
⑤ 圆仁：《入唐求法巡礼行记》卷三。《长安志》卷一七高陵县。
⑥ 《长安志》卷一七高陵县。
⑦ 严耕望：《唐长安太原道驿程考》，香港《新亚学报》10卷1期（上），1971年9月。
⑧ 《长安志》卷一七高陵县。
⑨ 《储光羲诗集》卷一。
⑩ 《元和郡县志》卷二京兆府高陵县。
⑪ 《长安志》卷一七高陵县。
⑫ 《史记》卷一〇二《张释之传·索隐》。
⑬ 《元和郡县志》卷二京兆府栎阳县。《旧唐书》卷三八《地理志》一。
⑭ 《沈下贤文集》卷六《栎阳县丞小厅记》。
⑮ 《旧唐书》卷三八《地理志》一。
⑯ 《长安志》卷一七栎阳县。

四

　　隋大兴城不仅在汉长安城之南,也较汉长安城偏东。隋唐长安城南面正门明德门遗址在今杨家村,位于秦汉下杜城东北方。由明德门南出子午谷,取道下杜城亦不为迂远。而西侧安化门则直对下杜城,必有道路经下杜入谷,长安城至子午谷口间的道路已不易推知,唯下杜城南、子午口北唐建有香积寺,肃宗至德二年郭子仪收复长安,列阵香积寺北而大破安守忠等军①,这恐怕与香积寺地当城南大道不无关系。隋时已确实置有子午关,唐代相承未移②。

　　隋唐时期由长安城南过秦岭的交通大为发展,除子午道外,又新辟有锡谷道、库谷道、采谷道等路。

　　锡谷即今小峪谷,义谷为今大峪谷。锡谷道和义谷道分别沿二谷越秦岭后,并为一路,沿乾佑河南下至唐安业县(即宋乾佑县),再赴金州(今安康)、兴元府(今汉中)等地③。锡谷路始于何时,已难稽考,不过北周武帝时释静蔼以为佛法当灭,曾于此谷潜遁,当时或已通行④。义谷路北周保定二年七月始加拓凿,其目的主要是运送终南山上的木材⑤。严耕望先生据清毛凤枝《南山谷口考》等,谓由长安入谷路乃经鲍陂、引驾回(今引镇)等地⑥。其实这是后代的路线,唐代情况并非如此。唐乾宁二年,昭宗受李茂贞、王行瑜等逼,曾出奔南山莎城镇。莎城之所在,宋敏求《长安志》已不能详指,殊为奇怪。昭宗幸莎城镇,"京师士庶从幸者数十万,比至南山谷口,暍死者三之一"⑦。据此,莎城镇与谷口当为一地。宋时义谷口有义谷镇,俗名谷口镇⑧,唐昭宗朝户部侍郎吴融即曾寓居谷口⑨,昭宗所至"谷口"当即指此,莎城镇应

---

① 《旧唐书》卷一二〇《郭子仪传》。
② 《隋书》卷二九《地理志》上。《元和郡县志》卷一京兆府长安县。
③ 《长安志》卷一一万年县。《太平寰宇记》卷二七雍州乾佑县。
④ 《续高僧传》卷二三《静蔼传》。
⑤ 《庾子山集注》卷一二《终南山义谷铭》。
⑥ 严耕望:《唐子午道考——附库、义、锡三谷道》,载《唐史研究丛稿》。
⑦ 《旧唐书》卷二〇上《昭宗纪》。
⑧ 《长安志》卷一一万年县。
⑨ 《唐英歌诗》卷上《谷口寓居》。

即义谷镇本名。昭宗出启夏门赴莎城镇途中曾憩于华严寺[①]，华严寺在今长安县韦曲镇东南朱坡村，所以入义谷路当先至朱坡，再沿今潏河转向东南入谷，锡谷路当在大小峪河交汇处转而入谷。

库谷即今浐河支流库峪河。库谷道是长安通金州（今安康）要道之一，唐代置关戍守[②]。库谷道以东，有石门谷，谷有温泉，即今汤峪河。谷口有石门镇，乾宁二年唐昭宗宿莎城镇后，曾移跸于此[③]。石门谷未见记载有路南过秦岭，这应当是因为其位置居中，南去金州或东南去商州均有不便之故。石门谷东为采谷。隋唐时期的采谷水与今灞河支流网峪河上源采峪并非一事，采谷水与石门谷水、库谷水合而为浐，应为今汤峪河东的岱峪河[④]。采谷有细路通商州上洛县[⑤]，从地形上看，采谷道应由岱峪河转而沿网峪河上源西采峪越秦岭，再沿丹江支流乳河至商州。严耕望先生以今推古，谓库谷道亦经引驾回，这与所谓义谷道经引驾回同样不足为信。唐昭宗由莎城镇东移石门，说明有道傍山东行。唐代宗广德元年，吐蕃寇长安，"郭子仪引三十骑自御宿川循山而东"，至于牛心谷（今蓝田县焦岱镇东南牛心峪），并东经蓝田、玉山入倒回谷，至商州[⑥]。御宿川为今潏河，郭子仪所行路线与唐昭宗南出路线完全一致，可见锡谷以东诸道均由山前大道东西相贯，沿潏河北通长安。终南山前的东西大道甚至一直东延至蓝田以东，庾信所云义谷路"东出蓝田"，"西连子午"，信非虚语[⑦]。

五

隋唐长安西北出道路较之前代重要性有所增强，长安北出一般也要途经西渭桥。严耕望先生谓长安北出泾阳或西出咸阳均须经中渭桥或中桥渡，实

---

① 《旧唐书》卷二〇上《昭宗纪》。
② 《元和郡县志》卷一京兆府序。《唐六典》卷六司门郎中条。
③ 《长安志》卷一六蓝田县。《旧唐书》卷二五《昭宗纪》。
④ 《长安志》卷一一万年县、卷一六蓝田县。
⑤ 《长安志》卷一六蓝田县。
⑥ 《通鉴》卷二二三广德元年。《旧唐书》卷一九六《吐蕃传》上。
⑦ 《庾子山集注》卷一二《终南山义谷铭》。

误①。隋唐长安城北筑有东西 27 里的禁苑，西连长安故城，北枕渭水，中渭桥以南为苑地，绝非普通行旅可经行②。唐肃宗至德二年，唐将王伯伦破安禄山军于渭桥，追击入苑中，说明中渭桥直通禁苑③；唐代宗永泰元年，仆固怀恩诱吐蕃入寇京畿，代宗分遣诸军屯驻于长安周围的泾阳、东渭桥、便桥（西渭桥）、周至等冲要之地，唯中渭桥无军，而由代宗亲率六军屯于苑内，这也可以说明禁苑直抵中渭桥头④。但另一方面，这两件事例又反映出中渭桥虽不能用于一般行旅，却仍然是攻守长安的必争要津。此外，禁苑对皇亲国戚自然相应驰禁，皇帝本人更得随意驱驰，如唐建德四年泾原兵变时德宗出苑北门逃奔咸阳，即当由中渭桥过渭水⑤。因此，中渭桥仍有其交通意义。中桥渡在咸阳县东 25 里⑥、中渭桥以东，即或唐已有之，亦南对禁苑无疑，同样不会成为常途。且唐宪宗元和八年，渭水暴涨，三渭桥皆毁，南北绝济竟达一月之久⑦，说明隋唐长安附近并未设置过渭渡船，中桥渡之设当在唐亡之后。至于西出咸阳，通常必取西渭桥，唐人即称西渭桥路为"咸阳路"⑧。

长安西出咸阳，多取开远门。所以"平时开远门外立候，云西去安西九千九百里，以示成人不为万里之行"⑨。天宝八年，又于开远门外作振旅亭，足见此门独重于当时⑩。

开远门外首驿为临皋驿。据李健超先生研究，临皋驿当在今玉祥门外、枣园村东南⑪。临皋驿距唐长安县 10 里⑫，由长安县治长寿坊至开远门已有 8～9

---

① 严耕望：《唐长安太原道驿程考》；又《唐长安西通凉州两道驿程考》。
② 《旧唐书》卷三八《地理志》一。《全唐文》卷四五一乔潭《中渭桥记》。据《元和郡县志》卷一京兆府咸阳县，唐贞观十年曾移建中渭桥，在咸阳东南 22 里，其地虽不可指，但唐司马贞云"中渭桥在古城之北"（《史记》卷一〇二《张释之传·索隐》，乔潭亦云中渭桥"连横门，抵禁苑"（《中渭桥记》），可知在汉代中渭桥址上移动不大，仍当南对禁苑。
③ 《旧唐书》卷一〇《肃宗纪》。
④ 《旧唐书》卷一二《德宗纪》上。
⑤ 《旧唐书》卷一《代宗纪》。
⑥ 《长安志》卷一三咸阳县。
⑦ 《旧唐书》卷三七《五行志》。
⑧ 《史记》卷一〇二《张释之传·索隐》。
⑨ 《南部新书》己。
⑩ 《旧唐书》卷九《玄宗纪》下。
⑪ 详李健超：《唐长安临皋驿》，《考古与文物》1984 年第 3 期。
⑫ 《长安志》卷一二长安县。

里，临皋驿诚如其名，侧临开远门下。严耕望先生称临皋驿之名首见于隋文帝仁寿元年，应有疏漏①。临皋驿之设实北周即已有之。北周建德二年，武帝曾集诸军讲武于临皋②。不过当时的临皋驿当在长安故城西，驿址移至开远门外自是隋开皇三年城迁之后。

临皋驿之西，未至咸阳，途中有三桥③。如唐兴元元年德宗由兴元回京，过咸阳而至三桥④；唐昭宗景福二年，李茂贞经兴平进屯三桥，继之陈兵临皋驿⑤。今西安市西北三桥街当即其地。漕渠渠首段经此（别详拙稿《汉唐时期长安附近的水路交通》，已收入本书），三桥当架于漕渠之上。其旁有民家店舍，呼为漕店⑥，临皋驿西有磁门驿，乾元元年唐肃宗送其女宁国公主出嫁回纥，曾至此驿⑦。磁石门传为阿房宫北阙⑧，但实际与阿房宫殿基有相当距离。《水经注》载阿房宫在昆明池北泄水道之东，而磁石门却在滈水之东⑨。唐肃宗送女乃西向咸阳，磁门驿应在长安至咸阳途中。三桥正当阿房宫北，磁石门和磁门驿应在其附近。《元和郡县志》谓临皋驿在咸阳县东南20里⑩，李之勤先生据近年考古资料已辨正其误，所论甚是。唯李先生推测20里或为30里之误，则尚可斟酌⑪。临皋驿既近在开远门侧，不当隶属于咸阳，今三桥街西北去咸阳恰为20里左右，《元和郡县志》临皋驿云云，应是磁门驿之误。

由三桥磁门驿过西渭桥（便桥）至咸阳。严耕望先生据《元和郡县志》等以为便桥在咸阳西南，从而断定长安、咸阳间路由中渭桥⑫。实则《元和郡县志》及新、旧《唐书·地理志》叙咸阳建置沿革均有脱漏，仅止于唐武德二年

---

① 严耕望：《唐两京馆驿考》。
② 《周书》卷五《武帝纪》上。《周书》及《北史》卷一〇《周本纪》下，俱作临皋泽，"泽"当为"驿"之误。
③ 《通鉴》卷二三一兴元元年胡三省注。
④ 《奉天录》卷四。
⑤ 《旧唐书》卷二〇上《昭宗纪》。
⑥ 《太平广记》卷三二八《漕店人》条。
⑦ 《旧唐书》卷一九五《回纥传》。
⑧ 《三辅黄图》卷一。
⑨ 《水经·渭水注》。
⑩ 《元和郡县志》卷一京兆府咸阳县。
⑪ 李之勤：《柳宗元的〈馆驿使壁记〉与唐代长安城附近的驿道和馆驿》。
⑫ 严耕望：《唐长安西通凉州两道驿程考》。又谭其骧主编：《中国历史地图集》第5册亦绘便桥于今咸阳西南，且置唐咸阳于今咸阳东，同误。

徙置咸阳于白起堡（今咸阳市东），但咸阳治此，不过四年，武德六年又徙于便桥西北（今咸阳市），后迄无移徙①。安史之乱时唐玄宗奔蜀，渡便桥而至咸阳，即为其证②。显然，唐便桥已较汉便桥向下游移动很多。

便桥西北端置有望贤驿，邻驿有行宫，亦名望贤。天宝十五载唐玄宗自蜀还京，肃宗至此奉迎③。《长安志》谓望贤宫在咸阳县东数里④，与《太平寰宇记》记咸阳在"便桥西北百步"语似乎有所出入⑤，然而《太平寰宇记》所言为宋时情况，唐代渭河距咸阳尚有3里之遥⑥，《长安志》关于望贤宫的说法应当是不错的⑦。

渭河北岸、咸阳至中渭桥之间的秦杜邮处，唐武德元年置白起堡，翌年咸阳县自鲍桥移治于此⑧。但为时未久，至武德六年复西徙便桥西北。白起堡东侧有杜邮馆，似乎是唐代的设置⑨。《长安志》载咸阳县东25里有中桥镇⑩，似较中渭桥微偏东，亦无以辨知是否唐已有之。不过唐代宗广德二年至永泰元年间曾于中渭桥筑城屯兵⑪，中桥镇可能由此发展而来。

隋唐时期泾阳至长安之间一般已不能走中渭桥，须途经西渭桥、咸阳，故泾阳至咸阳间应有直达大路。但中渭桥至泾阳间的道路亦未应毁弃。隋开皇十一年自泾阳移置咸阳于秦咸阳城西北3里处，大业二年省⑫。秦咸阳西北3里，约当汉安陵城处。今白庙安陵故城周约8里⑬，与隋咸阳城规模相当⑭，二者可能为同一城址。隋咸阳城位于中渭桥至泾阳的大路上。

无论经西渭桥或中渭桥趋泾阳，均须经睦城坂。睦城坂下泾河渡口唐名睦

---

① 《通典》卷一七三《州郡》三。《太平寰宇记》卷二六雍州咸阳县。
② 《旧唐书》卷九《玄宗纪》下。
③ 《旧唐书》卷九《玄宗纪》下。《通鉴》卷二一八至德元载《考异》引《唐历》。
④ 《长安志》卷一三咸阳县。
⑤ 《太平寰宇记》卷二六雍州咸阳县。
⑥ 《元和郡县志》卷一京兆府咸阳县。
⑦ 唐郑嵎《津阳门诗·注》亦同谓"望贤宫在咸阳之东数里"，见《唐诗纪事》卷六二。
⑧ 《元和郡县志》卷一京兆府咸阳县。《旧唐书》卷三八《地理志》一。
⑨ 《长安志》卷一三咸阳县。
⑩ 《长安志》卷一三咸阳县。
⑪ 《旧唐书》卷一九六《吐蕃传》上。《新唐书》卷二一六《吐蕃传》上。
⑫ 《太平寰宇记》卷二六雍州咸阳县，《长安志》卷一三咸阳县。
⑬ 刘庆柱、李毓芳：《西汉诸陵调查与研究》。
⑭ 《长安志》卷一三咸阳县。

城坂渡，官给渡船一艘、驿夫三人①。

六

由长安入骆谷的道路，一般经鄠县、周至，沿渭河南岸而行，隋唐时期有明确记载②。该道始自金光门，如唐广明元年僖宗由骆谷道入蜀，即出自此门③。《太平广记》载贞元中有进士独孤遐叔自蜀归里，途经鄠县，其家在长安崇贤里，南临延平门街，却自金光门进城，可见此门与骆谷道的密切关系④。

大道出金光门，趋昆明池南侧⑤。唐文宗大和九年，李训在周至被擒，械送京师，即途经昆明池⑥。白居易在任周至县尉时曾数度往返于此路，于诗中径呼为"昆明路"⑦。唐代有细柳驿⑧，李之勤先生认为当在唐长安县西南30余里唐细柳原附近，所见甚是⑨。其地正当昆明池南岸，今有细柳镇。唐人送客西行，每至于此⑩。

《长安志》载细柳驿西南、沣水西岸去鄠县40里，有秦社镇，为大道所经⑪。同书又载鄠县东有秦渡镇，距鄠县方位、里至与秦社镇皆同⑫。清董祐诚《长安县志》认为"社"、"杜"形近"秦社即秦杜，今作秦渡，属鄠县。《长安志》于鄠县亦作秦渡，以在二县之界，故并著之"⑬。所见甚是。长安送人西

---

① 《唐六典》卷七水部郎中条。
② 《太平寰宇记》卷三〇凤翔府周至县。按：据严耕望先生考证，《寰宇记》叙骆谷道文当抄自《括地志》，见严氏《唐骆谷道考》。
③ 《旧唐书》卷一九下《僖宗纪》。《通鉴》卷二五四广明元年。
④ 《太平广记》卷二八一《独孤遐叔》条。
⑤ 《长安志》卷七《唐京城》一。
⑥ 《旧唐书》卷一六九《李训传》。
⑦ 《白居易集》卷一三《醉中归周至》。
⑧ 《权载之文集》卷六《细柳驿》。
⑨ 李之勤：《柳宗元的〈馆驿使壁记〉与唐代长安城附近的驿道和驿馆》。
⑩ 《黎岳集·送薛能少府任周至》。
⑪ 《长安志》卷一二长安县。
⑫ 《长安志》卷一五鄠县。
⑬ 《长安县志》卷一二《土地志》下。

行，亦有至沣水岸边者①。

卢照邻有诗《奉使益州至长安发钟阳驿》②，鄠县东北 25 里有钟官城，一名灌钟城③，严耕望先生推测钟阳驿在此④；李之勤先生则认为诗中所叙不似长安近郊平原风光而类长江流域山地景观⑤。该诗既题为"至长安发钟阳驿"，钟阳驿就不该远在秦岭之外，诗句内容似不可拘泥，在无其他证据之前，宜姑从严说。不过秦渡与鄠县正东西相对，而钟官城则在鄠县东北方向，此地平衍，道路无由迂折，所谓"钟阳"者，当指钟官城之南，钟阳驿应与鄠县、秦渡东西一线相贯，大致在今牛东镇一带。

隋大业十年，鄠县南徙至今县城，唐亦因之置县⑥。城中置有驿馆⑦。

鄠县至周至约 70 里，其间应有 1—2 驿，然而史文缺载，今已无法考知。唯鄠县至周至间有终南县和司竹监，当为大道所经。终南县为唐武德二年置于汉周至故城，贞观八年废⑧，后称终南城⑨，即今终南镇。隋唐俱在周至境内设司竹园⑩，置监丞掌之⑪，监治周至县东 15 里⑫，当即今司竹镇。

《长安志》载周至县城有驿⑬，虽未见到唐人经宿的记载，但周至缢穀骆谷道，东通长安不唯可由渭南，亦可渡渭遵北岸而行，置驿于此，实理所当然。北周在周至所置周南郡及恒州至隋并废⑭。天宝元年周至更名宜寿，至德二年三月，又复名为周至⑮。

周至以南骆谷道中的驿馆，《长安志》虽有所著录，但均不能在隋唐历史

---

① 《唐五十家集·皇甫冉集》卷上《沣水送郑丰之鄠县读书》。
② 《卢照邻集》卷一。
③ 《元和郡县志》卷二京兆府鄠县。
④ 严耕望：《唐两京馆驿考》。
⑤ 李之勤：《柳宗元的〈馆驿使壁记〉与唐代长安城附近的驿道和驿馆》。
⑥ 《太平寰宇记》卷二六雍州鄠县。
⑦ 《长安志》卷一五鄠县。《新唐书》一三二《刘赞传》。
⑧ 《旧唐书》卷三八《地理志》一。
⑨ 《太平寰宇记》卷三〇凤翔府周至县。
⑩ 《隋书》卷二九《地理志》上。《新唐书》卷三七《地理志》一。
⑪ 《太平寰宇记》卷三〇司竹监。
⑫ 《元和郡县志》卷二京兆府周至县。
⑬ 《长安志》卷一八周至县。
⑭ 《隋书》卷二九《地理志》上。
⑮ 《旧唐书》卷三八《地理志》一。

活动中得到印证。从其他方面来看，却颇有破绽。如《长安志》樱桃驿在周至县西南45里[①]，但唐有骆口驿，在周至县西南30里[②]，二驿仅距15里，失之过近。因此，若无其他材料印证，《长安志》所录骆谷道上诸驿似视为宋制为妥。

唐武德七年在骆谷道上置骆谷关[③]，然而隋代周至设有关官，骆谷关当时应已有之[④]，唐为重置。至唐贞观四年，关又南移9里，距周至120里[⑤]。其地约在今周至西南界秦岭梁一带。

（原载《中国历史地理论丛》1988年第4辑）

[①] 《长安志》卷一八周至县。
[②] 详李之勤：《唐关内道驿馆考略——陈源远〈唐代馆驿名录〉校补》，《西北历史资料》1982年第1期。
[③] 《新唐书》卷三七《地理志》一。
[④] 《隋书》卷二九《地理志》上。
[⑤] 《元和郡县志》卷二京兆府周至县。

汉唐期间长安附近的水路交通
——汉唐长安交通地理研究之三

一

汉唐时期渭河通航河段为其中下游，尤以长安以东的下游河段为常。虽然渭河中下游河道平面形态在历史时期有所推移变化，但基本流路古今相类。唯长安附近河道较今远为偏南，汉初长安城距渭河不过1里左右，利用渭运，殊为便捷。其后河道不断北徙，魏晋时期已移至长安城2—3里之外，日久年深，方至今日位置（详拙稿《西汉至北周时期长安附近的陆路交通》）。

渭河航运主要用于向长安运送物资，尤其是租粟。粮食下卸，要有固定码头。唐以前码头的位置已不易推定。唯汉便桥西北滨渭处有细柳仓，而该仓效用如何，亦难得其详。曹魏时在横门置邸阁屯粮，渭运码头当在其北[1]。唐长安渭运码头为东渭桥南端的东渭桥仓，高宗咸亨三年置[2]。码头附近有时舟楫弥望，时人有"千樯渭曲头"之叹[3]。这里正当灞、泾两大支流入渭口下，渭河至此水量方始大增，其上已不便大船航行，北魏时就有长安城北渭水浅不通船的记载[4]。唐太仓的位置说者不一。宋敏求《长安志》云在中渭桥南、禁苑

---

[1] 《三国志》卷四〇《蜀书·魏延传》裴松之注引《魏略》。
[2] 详拙稿《隋唐时期长安附近的陆路交通》（已收入本书）。《新唐书》卷五三《食货志》三有贞元初诏韩滉、杜亚等运米至"东西渭桥仓"语，似西渭桥亦置有粮仓，同为码头。然据《册府元龟》卷四九八《漕运》条，韩滉、杜亚等乃运米至东渭桥，《新唐书》"西"字当衍。
[3] 《黎岳集·东渭桥晚眺》。
[4] 《魏书》卷六六《崔亮传》。

西北角①；吕大防《长安图》则置于宫城内掖庭宫北②。元李好文亲履唐掖庭宫地，"见其处止可容置一宫，而（长安）图乃以太仓杂处其中，大非所宜"③。唐开元二十一年，关中久雨害稼，一次即出太仓米200万石以给之④；唐文宗时太仓有粟250万石；文宗竟以所蓄寡于常岁而追究州县⑤，可证太仓确非仅掖庭宫北侧的狭促处所可容纳。唐《水部式》残卷载禁苑内有"北太仓"，说明太仓有南、北两处。掖庭宫北侧的应是"南太仓"，其规模较小；而禁苑西北角上的则是"北太仓"，规模较大。东渭桥地当水陆枢纽，漕粮既可在此改装小船，西输太仓，也可由陆路转运长安。

二

漕渠初开于汉武帝元光六年春⑥，在长安附近引渭水东入黄河，历时三载，于元朔二至三年前后完工⑦。元狩三年，又开昆明池，蓄水入漕渠，补充其水量。后世往往仅以昆明池为漕渠水源，而忽略了其"引渭穿渠"的真实情况。马正林先生撰文澄清这一事实，实为可喜⑧。但因史文简疏，漕渠渠首段已不易考究。马正林根据今地形，将渠首定在今西安市西北鱼王村附近。漕渠在此分渭水后缘汉长安城北今新民村、西营等地北侧而行，在今张家堡附近与昆明渠相会，东过灞河。新民村和西营距汉长安城均在2里以上，而据卫星照片分析，汉初的渭河距长安约1里左右，最多不过2里⑨，漕渠不当反在渭河之外。

---

① 《长安志》卷六《宫室》四。又《通鉴》卷二二九唐德宗建中四年胡三省注。
② 见《考古学报》1958年3期《唐长安城地基初步探测》一文所附残图。
③ 《长安志图》卷中。
④ 《旧唐书》卷八《玄宗纪》上。
⑤ 《新唐书》卷五二《食货志》二。
⑥ 《汉书》卷六《武帝纪》。
⑦ 《史记》卷二九《河渠书》。
⑧ 马正林：《渭河水运和关中漕渠》，《陕西师大学报》1983年第4期。
⑨ 杨思植、杜甫亭：《西安地区河流及水系的历史变迁》。又据王翰章《唐东渭桥遗址的发现与秦汉以来的渭河三桥》一文（中国考古学会编：《中国考古学会第三次年会论文集》，文物出版社1984年版）介绍，解放后曾在相家巷北1公里许的田地里发现木桩和大石块，据分析可能是汉魏时的渭桥遗址。

渭河在鱼王村附近河身宽浅，为游荡分汊性河道，难以筑堰引水；且洪枯水期河宽比值为 1∶5，河身变化较大，在渭河至汉长安城之间的狭窄地带开渠，也有水漫之虞。因此，漕渠不应在长安城北引水。

开凿漕渠主要为向长安输送关东租粟。汉太仓在长安城东南[①]，为昆明渠所经。但昆明渠水量有限，不足以负载粮舟，直达仓下。昆明池迄唐一直保持相当规模，而漕渠却屡遭废弃，即因漕渠的主要水源是渭河而不是昆明池。所以，只有源于渭水的漕渠主干经由太仓，才能将粮食运入。传汉长安城南覆盎门外有一工巧绝世的桥梁[②]，却未见有记载专叙城南河渠。班固描述长安城"呀周池而成渊"[③]，《三辅黄图》亦云汉长安"城下有池周绕"[④]，实际上汉长安城东、北、西三面都是利用其他自然水道或水渠，并未专修护城池，城南可能采取同样措施，在长安城西引渭水濒南垣而东，与昆明渠相合。绕汉长安城南墙和东南角，今残存明显的古渠遗迹（城东南角一部分已被拓凿利用为污水池），清董祐诚《长安县志》对此有明确记述，谓"汉城南有渠道自西南入壕，折而北至青门外"[⑤]。日本学者足立喜六在 1906—1910 年间，也对该渠道遗迹作过勘查，其所见渠道尚深 3 米，宽 6 米[⑥]。隋永通渠缘大兴城北（亦即汉长安城南）东行[⑦]，唐韩辽复开漕渠时称"旧漕在咸阳县西十八里，……自秦汉以来疏凿，其后堙废"[⑧]。可知汉、隋、唐漕渠渠首段基本一致，具体引水地点在咸阳西 18 里，唐名兴城堰[⑨]，当今咸阳钓鱼台附近。其地河道狭束，便于筑堰引水。漕渠东行经滈池北、磁石门南[⑩]，又在汉长安城西南角外由三桥下穿过唐开远门至咸阳间大道（汉时则当通过揭水陂）[⑪]，缘汉长安城南垣东行。

---

① 《三辅黄图》卷六。
② 《三辅黄图》卷一引《庙记》。
③ 《文选》卷一班固《西都赋》。
④ 《三辅黄图》卷一。
⑤ 《长安县志》卷一四《土地志》下。
⑥ 〔日〕足立喜六：《长安史迹の研究·汉の长安城》。
⑦ 《隋书》卷六一《郭衍传》。《册府元龟》卷四九七《河渠》上。
⑧ 《旧唐书》卷一七二《李石传》。
⑨ 《旧唐书》卷一〇五《韦坚传》、卷一七二《李石传》。
⑩ 《史记》卷五《秦始皇本纪·正义》及《长安志》卷一二长安县引《括地志》。
⑪ 《大唐慈恩寺三藏法师传》卷五。《续高僧传》卷四《玄奘传》。

昆明渠的流路经黄盛璋先生悉心复原基本已经辨明。唯个别地段尚可进一步讨论。据《水经注》，昆明渠应流经白亭、博望苑南，再折而北去与沇水枝渠合①。黄先生1958年所复原的昆明渠渠道在汉明堂南直趋东北，汉博望苑所在的唐金城坊（今任家庄一带）显然在其南岸，与《水经注》相悖②。其后，黄先生进而又把昆明渠北推至长安城墙下，还与《水经注》昆明渠经汉明堂语相违，置昆明渠于汉明堂之北③。在这段渠道的复原中，黄先生完全脱离文献记载，单纯依据野外考察。其原则是"文献如与地理勘查不符则依后者"。在漫长的社会活动和自然营力作用下，地面上的古遗迹、特别是上古遗迹，必然要发生很大变化，采用野外考察方法进行历史地理研究时不应忽视这一因素。黄先生自述："大土门附近之汉代遗址，至少可认为汉明堂区，……自明堂区往东、往北，唐城之外都有古渠遗迹，如何联系，未能查出。"据此也不能排除昆明渠在汉明堂区经汉博望苑南东流的可能。汉博望苑在唐城区之内、今市区之中，渠道遗迹自然难以残留至今。黄先生勘查汉长安城南渠道遗迹，称"覆盎门外古渠，……往西则仅至汉城凸出处，以下今虽无渠道，但察其遗迹趋向，显是南折，绝非西折，而安门、西安门外绝无此等古渠遗迹，可以断定，渠系南下至明堂区与漕渠接"，但在1959—1961年测制的五万分之一地图上，覆盎门外古渠至汉城凸出处后与城墙相并转而西折的痕迹是明显的，至今亦然。再向西在西安门外和汉城西南角处缘城墙均有相贯连的低槽，则在黄先生绘制的《汉长安城建章宫区遗址及渠道复原图》上也显而易见④。前引述足立喜六在本世纪初的考察结果，同样表明东西贯通汉城南侧的渠道确曾存在。如前所论，此乃漕渠主干。至于黄先生所述古渠在汉城凸出处东侧南下之趋向，则并不明显。倘或有之，唐时在此正有南山漕河北流，也不是非汉莫属。因此，尚不足以否定《水经注》的记载，昆明渠应经汉明堂（今大土门附近）、白亭、博望苑（今任家庄一带）南，再北屈经青门外与沇水枝渠及漕渠相会。

---

① 《水经·渭水注》。
② 见侯仁之主编：《中国古代地理名著选读》之《水经·渭水注》部分，科学出版社1959年版。
③ 黄盛璋：《关于〈水经注〉长安城附近复原的若干问题》，载《历史地理论集》。
④ 见《中国古代地理名著选读》之《水经·渭水注》部分。

昆明渠与漕渠相会后在灞桥下游过灞，并渭而东直入黄河，这在汉人著述中有清楚记载，本来不成问题①。然而马正林先生谓今三河口附近有一330米以上高地，其西侧在330米以下，漕渠无法入河，只能在三河口以西入渭②。据1975年重新测制的五万分之一地图，从华阴县西北到三河口一带，地势由西向东倾斜，三河口附近并无特出高地，漕渠足以通过三河口，至今潼关县北吊桥街附近。潼关以北一段黄河河道历史上东西摆动频繁，西徙时往往夺洛、渭下游河道，洛水从而直接入河。《汉书·地理志》并存洛水入河、入渭两说，正如马正林先生所指出的，这说明汉时该段黄河正处于东西摆动过程中。但马正林先生以为其趋势是逐渐东移，却有嫌模糊③。汉武帝时河东太守番系在汾阴、蒲坂开河壖弃地五千顷，引河水灌溉，说明当时黄河河道正向西移徙，其后数岁，"河移徙，渠不利，则田者不能偿种。久之，河东渠田废"④。河徙而致渠道引水不利、渠田废弃，说明黄河又有西徙（若东徙就要淹没冲毁河东田地，而不是引水不利的问题了）。番系开田在漕渠开凿之后，元朔初年漕渠始成，五年，番系升任御史大夫⑤，这次河徙正当漕渠开凿前后，从得地五千余顷之数来看，黄河西徙幅度很大，漕渠入河合乎情理。1927年时黄河河道曾徙至三河口村以西，1967—1968年时洛河也曾西徙至今仓西村（在三河口村西5里左右）附近入渭⑥，历史时期黄河夺洛也可西行至此。所以，即使漕渠仅止于三河口以西，也并非不可入河。

此外，《水经注》记载漕渠还有一条支渠，从灞浐之交以下、灞桥之上引灞水，东北至新丰附近合漕渠⑦。该渠可能主要用于引水灌溉，但也可起到调节水量作用。

漕渠以渭水为主要水源，不仅引水工程难以维持久远，渠道也易为泥沙所淤，以致不能长期使用，须不断重新疏浚。

---

① 《史记》卷二九《河渠书》。《文选》卷一班固《西都赋》。
② 马正林：《渭河水运和关中漕渠》（下引述马正林先生观点均见此）。
③ 洛水入河、入渭的变迁情况，别详拙稿《河洛渭汇流关系变迁概述》（已收入本书）。
④ 《史记》卷二九《河渠书》。
⑤ 《汉书》卷一九《百官公卿表》下。
⑥ 中国科学院地理研究所渭河研究组：《渭河下游河流地貌》，科学出版社1983年版。
⑦ 《水经·渭水注》。

漕渠首次重开在隋开皇四年①，初名广通渠，又名富民渠②。《长安志》称仁寿四年更名永通渠③。隋炀帝讳广，登基后曾普遍更改犯讳地名。如更广乐为长乐、广平为永年④。其登基在仁寿四年七月。永通渠亦当为避讳而更。永通渠六月动工，同年九月告成，历时仅三个月，不会对汉代渠线有何更徙。功成后隋文帝幸灞水观渠；亦反映隋渠如同汉渠一样，只是绝灞而过，未涉浐水⑤。《隋书》有关记载均谓永通渠入河⑥，马正林先生依然认为三河口附近高地限其只能入渭。地形之误，前已证之。既然汉渠入河已从黄河河道徙移上得到证明，隋渠入河的记载也就恰可说明当时黄河河道也曾西徙。北周武帝保定二年，于蒲州初开河渠溉田⑦，这可能同西汉一样，是在河徙后的河壖弃地上开田。漕渠入河的记载不应有错。

唐天宝元年，又重开漕渠。历时二载，于天宝二年完成⑧，名兴成渠⑨。唐渠在过灞前后与前代稍有差异，它不在灞浐之交以下过灞河，而是横截灞、浐二水⑩。唐代还在苑中开凿广运潭，漕渠横贯其间，以为漕舟止泊之所⑪。唐禁苑东接浐水，内有南、北望春宫（又作望春楼、望春亭），南望春宫临浐水西岸，广运潭在北望春宫东⑫。今西安市北溥沱寨西北有一洼地，长约1200米，宽约300米，西为汉漕渠所经，东距浐河不远，当即广运潭旧地。以今地势度之，唐渠应在溥沱寨西的白花村一带离开汉渠路线，东入广运潭，由今溥沱寨

---

① 《隋书》卷一《高祖纪》上。马正林先生据《隋书》卷六一《郭衍传》，认为开皇元年即已准备开渠，当有疏误。《郭衍传》曰："开皇元年……以衍为行军总管，领兵屯于平凉。数岁，虏不入。征为开漕渠大监。"开皇元年后数岁与《高祖纪》开皇四年语合。
② 《隋书》卷二四《食货志》、卷六一《郭衍传》。《册府元龟》卷四九七《河渠》二。
③ 《长安志》卷一二长安县。
④ （宋）周密：《齐东野语》卷四。《通鉴》卷五周赧王四十五年胡三省注引宋白《续通典》。
⑤ 《隋书》卷一《高帝纪》上。
⑥ 《隋书》卷一《高帝纪》上、卷六八《宇文恺传》。
⑦ 《周书》卷一《武帝纪》上。
⑧ 《旧唐书》卷九《玄宗纪》下。《唐会要》卷八七《漕运》。《通典》等谓渠成于天宝三年，今有从之者，当误。
⑨ 《旧唐书》卷一七二《李石传》。
⑩ 《旧唐书》卷一〇五《韦坚传》。
⑪ 《新唐书》卷三七《地理志》一华州华阴县。《册府元龟》卷四九八《漕运》。
⑫ 《长安志》卷六《宫室》四。《新唐书》卷三七《地理志》一京兆府万年县。今标点本《新唐书》读作"（万年县）有南望春宫，临浐水，西岸有北望春宫，宫东有广运潭"，不通，"西岸"当属上联读。

北的低地，经今赵围附近东过浐河，过灞地点则在原郊区农业大学西侧。渠道过灞后趋向东北，复循汉渠东去。在 1975 年拍摄的卫星照片上，还可以大致看出这条渠道的影像①。唐代洛水入渭②，黄河已较隋东徙，故漕渠东端终止于渭河③。

文宗开成元年，唐再度开疏漕渠④。今人多据《新唐书·食货志》谓渠开于文宗大和元年，并径云《旧唐书·李石传》有误⑤。这次修浚漕渠，宰相李固言曾上言作阻，据《新唐书·宰相表》，李固言为相在开成元年，修渠不会早在大和之初，史念海师对此早有明辨⑥。又据《旧唐书·李石传》载，李石奏请开渠之日曾与文宗议论治国之道，《旧唐书·文宗纪》载此事在开成元年五月乙卯，时日确凿，无庸置疑。

三

成国渠是汉武帝时为灌溉农田而开，其时未闻有舟楫之利。渠在郿县引水，东至灞、泾两河口间入渭⑦。三国时期重又疏浚此渠，并将渠道引长，上承汧水于陈仓东。三国修成国渠，史载有两次。一在魏明帝太和二年，为卫臻征蜀时所开，见于《水经·渭水注》；一在明帝青龙元年，乃司马懿所开，见于《晋书·宣帝纪》及《晋书·食货志》。今论者多从前说⑧，或两从之⑨，虽然也有人主张依从后说，但仅止于推测，未经辨证⑩。太和元年至青龙元年期间只有 7 年，成国渠不应旋开即堙，以致重浚。卫臻征蜀是指太和二年诸葛亮

---

① 承杜甫亭先生惠示卫片并协助判读，谨致谢意。
② 《史记》卷四《周本纪·正义》。
③ 《旧唐书》卷一〇五《韦坚传》。
④ 《旧唐书》卷一七二《李石传》。
⑤ 黄盛璋：《历史上的渭河水运》。马正林：《渭河水运和关中漕渠》。
⑥ 史念海师：《开皇天宝之间黄河流域及其附近地区农业的发展》，载《河山集》初集。
⑦ 《汉书》卷二九《沟洫志》、卷二八《地理志》上。《水经·渭水注》。
⑧ 李健超：《成国渠及沿线历史地理初探》，《西北大学学报》1977 年第 1 期。《辞海》，上海辞书出版社 1979 年版。
⑨ 黄盛璋：《关中农田水利的发展及其成就》，载《历史地理论集》。
⑩ 武汉水利电力学院等：《中国水利史稿》上册，水利电力出版社 1979 年版，第 133 页。

伐魏，魏遣军入关中拒战事。蜀军初来，朝臣莫知计之所出，明帝乃遣大将军曹真及张郃率军拒战①。卫臻参与此役，乃因其奏策"宜遣奇兵入散关，绝其粮道"，而被明帝委为征蜀将军②。既然蜀军初入，诸臣无策，此计之出，自当在曹真等兵发之后。故卫臻至长安时蜀军已被曹真、张郃击退，卫臻计无所施，便东还洛阳，官复旧职③。他又何以会为征蜀而开渠呢？蜀军出兵，在正月之后，至二月丁未明帝西镇长安时，诸葛亮已经败走④，前后最多不过一个多月时间，即或曹真，亦无暇临战掘渠。引水溉田，更不可想象。《水经注》之说，实不可信，当以《晋书》为是。据《晋书》，此次开渠，用于溉田。西魏大统十三年，又在渠上置六门堰以节水⑤。

魏晋南北朝时期天下离乱，虽有地方政权割据长安，但其经济需求远不足以与统一王朝的国都相比，所以成国渠的交通作用一直未闻称道。及于唐代，方使其交通潜力得到发挥。唐武德八年，水部郎中姜行本筑五节堰，复浚引汧水以通漕运，名为升原渠，基本即成国渠旧路⑥。五节堰位于汧源县（今陇县），较魏晋时在陈仓（今宝鸡市）东的渠口向汧水上游有所移动，当与汧水下切有关。咸亨三年，又在陈仓县东南引渭水入升原渠，船筏通行更便⑦。垂拱初曾由升原渠运岐陇材木入京城⑧。

四

唐代还开过两条与运输有关的渠道。一是天宝元年京兆尹韩朝宗分渭水入

---

① 《三国志》卷三《魏书·明帝纪》并裴松之注引《魏书》、卷九《曹真传》。
② 《三国志》卷二二《魏书·卫臻传》。
③ 同上。
④ 《三国志》卷三《魏书·明帝纪》。陈垣：《二十史朔闰表》。
⑤ 《长安志》卷一四武功县引《十道志》。
⑥ 《唐会要》卷八七《漕运》。《新唐书》卷三七《地理志》一陇州汧源县、凤翔府宝鸡县。
⑦ 《通典》卷一〇《食货》十。
⑧ 《新唐书》卷三七《地理志》一凤翔府宝鸡县。原作"运岐陇水入京城"，据《玉海》卷二二《河渠》"水"当为"木"之讹。

金光门，在西市西街置潭，以贮材木①。一是光泰二年京兆尹黎干奏请自南山谷口引水穿长安城入苑，以漕南山薪炭。但黎干的方案实际并未实现，没有讨论意义②。

韩朝宗所开运渠各书均记作引水于渭河③。但自清徐松《唐两京城坊考》以来，多认为渭水系漓水之误。徐松未云所据，黄盛璋先生则据黎渠所经京兆府与韩渠终点西市相近，推测黎渠乃继韩渠所开，"韩渠终点就是黎渠起点"，而黎渠是自南山引水，韩渠水源理当同一④。

各种有关韩渠的记载同为一误，实难以令人信服。早在垂拱初即曾通过升原渠运岐陇材木入京，开元天宝年间长安附近因缺乏巨木，甚至须远至岚、胜二州采市⑤，而"陇坻之松"却以良材著称⑥，当时所撰《唐六典》载"京兆岐陇州募丁七千人，每年各输作木橦八十根，春秋二时送纳"，已成定制⑦。至宋神宗元丰年间尚由渭河向开封运送岐陇材木⑧，宋太宗时渭运入京之木材甚至堆积如山⑨，唐代自可由渭河东运木材。韩渠当为将木材直接运入长安而开。从地势分析，该渠应在今周至县终南镇北一带引水，经昆明池南侧转入金光门。此渠未见后代著录，实际效用可能甚微。

（原载《中国历史地理论丛》1989年第1辑）

---

① 或从《唐会要》卷八七《漕运》等作渠开于天宝二年。此从《旧唐书·玄宗纪》下。但《玄宗纪》作"置潭于西市两衙"，"两衙"则当从《唐会要》作"西街"为是（《册府元龟》卷四九七《河渠》二同作西街）。

② 《册府元龟》卷四九七《河渠》二。《新唐书》卷一四五《黎干传》。

③ 《旧唐书》卷九《玄宗纪》下。《唐会要》卷八七《漕运》。《册府元龟》卷四九七《河渠》二。《新唐书》卷一一八《韩朝宗传》、卷三七《地理志》一。《通鉴》卷二一五天宝二年。《长安志》卷一二长安县。

④ 《唐两京城坊考》卷四。黄盛璋：《西安城市发展中的给水问题以及今后水源的利用与开发》，载《历史地理论集》。

⑤ 《旧唐书》卷一三五《裴延龄传》。

⑥ 《张说集》卷一三《蒲津桥赞》。

⑦ 《唐六典》卷一九钩盾署监事条。

⑧ 《宋会要辑稿》漕运二。

⑨ 《宋史》卷二七六《张平传》。

长安城兴起与发展的交通基础
——汉唐长安交通地理研究之四

一

史念海师早已指出，地处交通枢纽是长安城发展的主要地理条件之一。在基本相同的地理条件下，相继兴起了丰镐、咸阳和长安①。长安附近交通结构已另文论述②，但并非每一交通路线对城址确立都具有等同作用。有的道路受自然条件限制很小，随着政治、经济、军事等人文因素的变化而变化，可称之为随机性道路；有的则严格受制于自然条件，稳定性甚强，对人文地理布局起着控制作用，可称之为控制性道路。长安附近交通网络中主要道路有四条，即函谷道、武关道、蒲关道和渭北道。

函谷道和渭北道东西相贯，遵渭而行，古今同为殽函陇蜀间所必经。渭河在长安附近呈一西南东北向转折，其东函谷道由黄河南岸延伸而来，其西渭河南岸已迫近秦岭山麓，地势起伏，有碍行旅，渭河北岸则较为平坦，大道由此渡渭最为便捷。渭河沿岸的新石器时代遗址在西安以东多分布在南岸，以西又多在北岸，已经现出此种端倪③。大道渡口正是建立城邑的有利场所。秦孝公由栎阳迁都咸阳，首先即为控制这一渡口，东出函谷以争天下④。

---

① 史念海师：《古代的关中》，载《河山集》初集。
② 见拙作《西汉至北周时期长安附近的陆路交通》、《隋唐时期长安附近的陆路交通》和《汉唐期间长安附近的水路交通》三篇文章（均已收入本书）。
③ 史念海师：《古代的关中》。
④ 史念海师：《古代的关中》。

但秦迁都咸阳，其意不仅在此。控制武关道，东南制楚，也是其原因之一。丹灞谷地是穿越秦岭沟通关中与荆楚地区最理想的孔道。受地形控制，武关道只能在长安附近与函谷道相交。渭河渡口上的咸阳同时也控制着这条道路。秦人势力伸及关中东部以后，首先接触的两大强国是东方的晋国和南方的楚国。秦晋接壤，首先发生冲突。秦楚之间则有秦岭阻隔，矛盾一时尚未激化。秦在国力未强的情况下，为与晋抗衡，曾与楚"绊以婚姻，衽以斋盟"，相盟"叶万子孙，毋相为不利"①，两国保持了十数代联合关系。其间秦自雍迁都栎阳，专力攻魏。商鞅变法后，秦国力日渐强盛，在和魏国的争执中已居上风。魏由安邑迁都大梁，更减轻了对秦国的威胁。秦国渐思逐鹿中原，对荆楚更不无觊觎之心，而栎阳已有鞭长莫及之势。迁都咸阳，则东出南下，两皆便利。秦徙都咸阳时为孝公十二年②，此前一年，在武关道上的商地筑塞，预作攻楚准备，拉开秦楚争战序幕③。徙都咸阳后十年，秦封其相卫鞅于商，始攻伐楚国④，从此两国连年交战，而秦终于灭楚。可见，函谷、武关两道交点是确立长安城址的又一交通条件。随着东南地区经济逐步开发，武关道对长安城的重要性也日益增强，唐长安数度赖之转运东南粮赋即为其证。

从发生的角度来看，上述两点是促使长安城得以高度发展并凌越于其他中小聚邑之上的基本交通条件，函谷道、渭北道和武关道是确立长安城城址的控制性道路。而蒲关道则不然，它在长安附近与其他几条道路相交，并非受制于自然地理条件，而是受函谷、渭北两道渡口和函谷、武关两道交点所吸引，为建立在这一位置上的城邑——长安所规定。因此，对于长安城来说，它属于随机性道路。

长安城濒临渭水不唯因渡口之故，渭河水路交通对其城址选定也起着一定控制性作用。渭河水运，由来已久，秦穆公时即有所谓"泛舟之役"，自秦都雍城泛渭入河，输粟于晋⑤。西汉之初，刘邦左右大臣多欲定都洛阳，唯刘敬、

---

① 《诅楚文》，见《郭沫若全集》考古编九《诅楚文考释》。
② 《史记》卷五《秦本纪》。
③ 《史记》卷一五《六国年表》。
④ 《史记》卷四〇《楚世家》。
⑤ 《左传》僖公十三年。

张良力主都于关中。张良在论述长安交通条件时说："诸侯安定，河渭漕挽天下，西给京师；诸侯有变，顺流而下，足以委输。"①这段话清楚地说明了长安城与渭河水运的关系。今咸阳附近是渭河中、下游的分界，下游比降平缓，河道宽阔，因沣、灞、泾、洛等大的支流加入，水量大增，航运条件明显优于中游，故渭河水运实际基本限于下游，中游主要用于运送木筏。在渭河中、下游的分界处建城，可以充分发挥渭河的运输效益。

丰镐、咸阳和长安的交通地理条件虽大致相同，但咸阳地处渭北，与长安仍然有所差异。秦始皇时咸阳即已明显向渭南发展，而西汉营建长安后虽亦略有移徙，却始终居于渭南，其间缘由，不唯在于南岸平衍肥沃的土地，在交通方面，长安也略胜咸阳一筹。虽然秦自栎阳迁都咸阳主要为控制武关道和函谷道，但当时魏国在黄河西岸仍据有上郡，依然为秦"东向以制诸侯"的"腹心之疾"②。在渭北筑咸阳，即为兼顾制魏，是当时政治、军事形势所致。秦统一之后，已无须特别眷顾河东一隅，函谷道为东方第一要道，武关道之重要性起码堪与蒲关道相颉颃，城址设在渭南，更为便宜。其次，在古代城市建设中，军事防御条件也是确定城址的重要因素。而防御条件一般体现为自然地形对交通的阻限。正是这种"塞"与"通"的矛盾统一，构成了城市兴起和发展的交通基础。关中虽有四塞之固、百二之险，但四面关塞之内却地势坦畅，所恃唯一、二河流。长安城址的最后确立，就在于它西、北以渭河、东以灞河为屏障，完满地实现了这种统一。汉文帝后六年，匈奴进扰，长安震动，文帝分遣三军驻防于灞桥东端的霸上、横桥北端的棘门和便桥西北的细柳③，即是控制渡口，以河为防之意。唐永泰元年，吐蕃、党项羌等攻入渭北，京师戒严，代宗布防情形亦相仿佛④。集拢东方三路的霸上更为历代攻守长安者视为必争之门户。灞河和渭河这种"护城河"作用，到唐长安滨两河设立禁苑时，体现得更为充分。

---

① 《史记》卷五五《留侯世家》。
② 《史记》卷六八《商君列传》。
③ 《史记》卷一〇《孝文本纪》。
④ 《旧唐书》卷一一《代宗纪》。

二

如张良所言，渭河系长安所依恃之重要交通线。但因其流浅沙深，水力无常，加之下游河道迂曲，航行甚受阻滞，渭口至长安间竟每次耗数月之程，汉时即"时有难处"①。后来屡开漕渠，成效也是有限。所以一般交通运输多取陆路。

交通运输包括人员交通和物资运输两项内容。据黄盛璋先生研究，由渭河出入长安者仅见于隋唐以前个别帝王巡幸和军事上偶发奇兵②。而在物资运输方面，渭运初兴，即用于输粟，见于记载的渭运物资，亦无不为粮食，漕渠更是专为运粮而开。长安既为汉、隋、唐等朝国都，耗粮甚多，关中所出，不足以给，须从关东等地大量输入。而粮食质重，陆运艰难，费用高昂，以至有"斗钱换斗米"之说③，且陆运要与民争牛，妨害农稼。如唐景云年间仅为避三门峡之险而在河阴、太原两仓间所置的一段陆运即雇用民家牛车1800乘④，辇牛死耗，有时竟达十之八九⑤。两相权衡，还是尽可能利用水运为宜。因而也就难怪张良要以渭河为依恃了。

粮食之外的另一重要生活物资是布帛。布帛远较粮食为轻，无须徒耗时日，济以舟运。隋开皇年间，诸州调物均自潼、蒲两关入京，每岁连续数月，昼夜相属于路。调物即以布帛为主⑥。唐开元初张说领幽州时，"每岁入关，辄长辕轪辐车，輂河间、蓟州庸调缯布，驾轵连轩，坌入关门"⑦。其他调物如麻等也是陆运入京⑧。商人贩运货物同样取陆路。前秦苻坚曾在长安至诸州的大

---

① 《隋书》卷二四《食货志》。《史记》卷二九《河渠书》。
② 黄盛璋：《历史上的渭河水运》，载《历史地理论集》，人民出版社1982年版。
③ 《新唐书》卷五三《食货志》三。
④ 《新唐书》卷五三《食货志》三。
⑤ 《通鉴》卷二〇九景龙三年。《新唐书》卷五三《食货志》三。
⑥ 《隋书》卷二四《食货志》。
⑦ 《太平广记》卷四八五《东城老父传》。
⑧ 《朝野佥载》卷六《王无旱》条。

路上树槐置驿，以令"工商贸贩于途"①。唐太宗亦曾因关禁"使商旅寝废，行李稽留"，而下诏"其潼关以东，缘河诸关，悉宜停废。其金、银、绫等新物，依格不得出关者，并不须禁"②。唐时有人运载价值七八千钱的瓦瓮而塞滞于渑池道中，少顷即拥阻数千客旅不得而前，有客当即取缣偿其瓮值，推瓮于山崖之下，以通道路③。载瓮携缣如许之多，均当为商贩。

至于长安以西，除利用升原渠有过漕运外，泛舟之役为绝无仅有之一例，汉唐期间并未闻有舟运物资者。据传唐时有人曾在凤翔寄柴数车与京内友人④，薪柴尚以车运，其他轻物可推而知之。

进而析之，由于渭运艰难，粮食亦常常不得已而从陆运。以唐而论，唐初虽不乏上言兴漕之人，然始终未能通济，时至建唐50余年后的高宗咸亨三年，渭运始兴⑤。其后也未能成为定制，特别是关中遭遇饥馑时，渭运迟缓，无济于急，更非陆运不可。如中宗景龙三年，关中饥馑，米斗百钱；德宗景云、贞元初，关辅宿兵，米斗千钱，天子之膳不及十日，当时均曾不惜损牛殆尽之耗，车輓谷米入京⑥。为克服渭运困难，贞元二年李泌曾专门制造入渭船。其形制今已无从考核，唯知船"方五板"，可能是针对渭河流浅沙深的特点，以五板并为平底漕船⑦。但这种新船的效益并不显著，未几，又有车运租粟入京者⑧。其后可能长期持续陆运粮食，到文宗开成元年李石奏请开凿漕渠时，称渠成则"三百里内无车輓之劳，辕下牛尽得归耕"⑨，说明当时陆运已成定制。

不仅李泌改进运舟结构未能解决渭运困难，历代开凿漕渠所起的作用也是有限的。由于漕渠取源于渭水，流量不足、泥沙过盛的问题依然未能解决，初

---

① 《晋书》卷一一三《苻坚载记》上。
② 《册府元龟》卷五〇四《关市》。
③ 《唐国史补》卷上《刘颇偿瓮值》条。
④ 《太平广记》卷二六二《谢柴书》条。
⑤ 《唐会要》卷八七《转运盐铁总叙》并《漕运》。
⑥ 《通鉴》卷二〇九景龙三年。《新唐书》卷五三《食货志》三。
⑦ 《新唐书》卷五三《食货志》三。《册府元龟》卷四九八《漕运》。
⑧ 《唐国史补》卷中《李实荐肖祐》条，载李为司农卿时，有官租以车载入京。据《旧唐书》卷一三五《李实传》，其任司农卿乃在李皋卒后。李皋卒于贞元八年（见《旧唐书》卷一三一《李皋传》），贞元十九年，李实改授京兆尹，仍兼司农卿，直至顺宗时贬出。
⑨ 《旧唐书》卷一七二《李石传》。

开时渠道的束水作用尚可济用于一时,然而很快就又淤废。漕渠每次废毁的确切时间已不易稽核,今人之推测则互有参差。

汉渠废于何时,记载犹乏。或据漕渠开后不久西汉入京漕粮即由 100 万石增至 400 万石,元封年间更高达 600 万石,从而推断漕额之增为漕渠所致,而岁漕 400 万石之数一直维持到宣帝时,故漕渠航运亦当延至此时,持续通航达七八十年之久①。汉代中叶关中漕粮较其初期剧增的首要原因,实乃经国初休养生息之后,统治者奢侈浪费而多方聚敛,此早有确论②。西汉漕额增至 400 万石,就是因为施行告缗、令吏得入谷补官等财政措施后,大大增加了粮食来源。尽管如此,因"诸官益杂置多,徒奴婢众",尚需"官自粜乃足"③。元封年间漕粮增至 600 万石,也是桑弘羊置均输、令民得入粟补吏及赎罪等所致,此均史有明文④。番系在河东引河水开田,距漕渠初开不过五年,当时番系"度可得谷二百万石以上,谷从渭上,与关中无异,而砥柱之东可无复漕"⑤。虽然由此推论当时漕渠已废,尚有唐突之嫌,但总可以断言 400 万漕粮的运路并不是非漕渠莫属。如据隋唐漕渠的使用期限推论,汉漕渠畅行时间不会超过 30 年更多。

隋漕渠之废,说者以为在隋末唐初⑥。此说所据未详,但大业二年以后,炀帝迁都洛阳,没有必要再西漕关中,唐高宗咸亨三年以前,唐亦未兴漕运⑦,隋渠在大业二年当已弃置不用,其使用期限不会超过 22 年。

唐韦坚所开漕渠的废弃时间,有天宝十五年和广德二年两说⑧。天宝十四年安禄山起兵后,年底即进据东都洛阳、兵叩潼关,漕粮已无法西上,漕渠自然停止使用。次年,安禄山入长安,肃宗即位灵武,第五琦以江淮租庸市轻

---

① 黄盛璋:《历史上的渭河水运》。马正林:《渭水水运和关中漕渠》,《陕西师大学报》1983 年第 4 期。
② 史念海师:《三门峡与古代漕运》,载《河山集》初集。
③ 《史记》卷三〇《平准书》。
④ 《汉书》卷二四《食货志》下。
⑤ 《史记》卷二九《河渠书》。
⑥ 黄盛璋:《历史上的渭河水运》。马正林:《渭水水运和关中漕渠》。
⑦ 《唐会要》卷八七《转运盐铁总叙》。
⑧ 黄盛璋先生主天宝十五年说,见《历史上的渭河水运》。马正林先生主广德二年说,见《渭河水运和关中漕渠》。

货，溯江汉而至洋州，再陆运扶风，以资军需①。其后战事连年，至代宗初年淮运依然受阻，盐铁租赋一直溯汉江、越商於以输京师②。至代宗广德二年整顿运道，重新恢复汴、河漕路时，则已明确规定"河船之运积渭口，渭口之运入太仓"，不复利用漕渠③。可见，起码自天宝十五年始，韦坚所开漕渠即已废弃，该渠使用期限在13年以内。

黄盛璋、马正林两位学者据《新唐书·裴休传》载裴休大中年间改革漕运，"由江抵渭"一语，推证此时李石、韩辽所开漕渠已废④，所见甚是。然黄先生疏忽，误作裴休事为开成元成；马正林先生亦仅浑言"大中时"。今据较早较详的《旧唐书·食货志》，裴休任盐铁转运使在大中五年，六年八月，以本官平章事，奏改漕运，故李、韩漕渠的使用下限在大中六年之前，前后亦不过16年。

隋唐两代历300余年，漕渠发挥作用的时间尚不及其1/5，西汉的情况不会好得更多。若再考虑汉隋之间尚有450余年根本未曾开浚过漕渠，则漕渠对长安城市发展产生有效作用的时间将更加短暂。由此看来，以往对漕渠作用的论述似有过誉之嫌。

论者多以为漕渠开凿后增大了输入长安的漕额，其实就是在漕渠初开时期，其作用也主要在于取直航路以缩短航程；束狭航道以提高水位，减轻流沙之阻；渭运不通时则可省却陆运之牛，以利农耕。历代开渠始终未以增加运量为其目的⑤。汉代中叶漕额之增并非赖于漕渠，前已述及。再以韦坚所开漕渠而论，渠开当年，"漕山东粟四百万石"⑥，的确有所成效。然而这样的高额运量不过仅此一年而已，天宝年间的常额却是250万石⑦，较之开元年间裴耀卿三岁漕700万石之数，谈不上有何增长⑧。而开元初年洛阳西运米数额即已达

---

① 《通鉴》卷二一九至德元载。
② 《新唐书》卷五三《食货志》三。《旧唐书》卷四九《食货志》下。
③ 《新唐书》卷五三《食货志》三。《通典》卷一〇《食货》十称漕渠"大历以后，渐不通舟"，大历元年在广德二年后两年，漕渠应一直停用。
④ 黄盛璋：《历史上的渭河水运》。马正林：《渭河水运和关中漕渠》。
⑤ 《史记》卷二九《河渠书》。《隋书》卷二四《食货志》。《旧唐书》卷一七二《李石传》。
⑥ 《新唐书》卷五三《食货志》三。
⑦ 《元和郡县志》卷二华州华阴县。
⑧ 《旧唐书》卷四九《食货志》下。

250万石，与天宝年间所运相当[①]。且天宝年间250万石运额，并非均输自漕渠，实乃水陆运米总和[②]。说明漕渠开凿未久即有困难，须以陆运相辅。可见，漕渠不仅未能提高多少运额，连缓解渭运困难的效果也并不十分理想。

长安水运之微弱，还可以从关中人生疏舟楫上看出。东晋末王镇恶随刘裕伐秦，率水军溯渭而进，人皆匿于舰内，秦军由于"北土素无舟楫，莫不惊惋，咸谓为神"，王镇恶竟以此出奇制胜[③]。尽管秦地并非绝无舟楫，但其舟航固亦不可言盛。唐韦坚开广运潭成，取山东小舟三百，聚于潭中，时亦因"关中不识连樯挟橹，观者骇异"[④]。可见长安水运始终不够兴盛。韦坚所为，不过是有意粉饰自己开渠之功而已。

如上所述，关中的自然条件本不宜于水运，利用渭河和开凿漕渠进行水运，基本上是在封建社会的陆路交通条件实在难以满足封建王朝国都粮食需求的情况下，不得已而为之。而且渭河和漕渠就连长安城的粮食供应也未能保障，始终须以陆运相辅。因此，依据历史上渭河和漕渠的水运成就而倡行渭河水运和恢复关中漕渠，似非所宜。

（原载《中国历史地理论丛》1989年第2辑）

[①] 《新唐书》卷五三《食货志》三。
[②] 《元和郡县志》卷二华州华阴县。
[③] 《宋书》卷四五《王镇恶传》。
[④] 《新唐书》卷一三四《韦坚传》。

汉《杨孟文石门颂》堂光道新解
——兼析傥骆道的开通时间

东汉桓帝建和二年冬在汉中石门镌刻的《汉司隶校尉杨君（孟文）石门颂》（下简称《杨孟文石门颂》）①，是研究川陕间秦岭通道历史发展的一项重要依据。川陕之间穿过秦岭的通道虽然在历史时期曾有一定变化，但总的来说变化不是很大，基本上一直是散关道（又称陈仓道、故道、嘉陵道）、褒斜道、傥骆道和子午道这四条道路。《杨孟文石门颂》中，明确讲述了褒斜道、子午道和散关道的情况，另外铭文中还提到有"围谷"和"堂光"两处与道路有关的地名，对此迄今尚无通解。铭文有关部分如下（铭文据《褒谷古迹辑略》所著原碑摹本过录，又据《褒谷古迹辑略》及《金石萃编》卷八所辑诸家考释，将汉隶改定为今体通行字）：

  惟坤灵定位，川泽股躬，泽有所注，川有所通。斜谷之川，其泽南隆，八方所达，益域为冲。高祖受命，兴于汉中，道由子午。出散入秦，建定帝位，以汉氏焉。后以子午，途路涩难，更随围谷，复通堂光。凡此四道，阂隔尤艰。至于永平，其有四年，诏书开斜，凿通石门。

对于上文中"围谷"和"堂光"的理解，是与对铭文中"凡此四道，阂隔尤艰"的"四道"的理解联系在一起的。陈明达先生将铭文理解为："汉高帝时

---

① 杨孟文名涣，孟文为字，石刻中原只载涣字而未著其名。杨涣事迹见《华阳国志》卷一〇，宋洪适《隶释》卷四已有考证。

又曾因子午道难走，开辟了围、谷、堂、光四道。"①在散关、褒斜、子午等道路之外另辟四条通道穿越险峻的秦岭，这是没有任何必要、也是根本不可能的。黄盛璋先生则以为所谓"凡此四道"不包括铭文开头提到的褒斜道，是指子午、散关、围谷和堂光四条道路②，"围谷即韦谷，在骆谷附近，最初大概是出韦谷，所以此道即傥骆道；'堂光'不详所在，以后来道路推之，当是汉中与略阳间联系道路"③。黄盛璋先生认为围谷（按即今泥河）通道就是当时的傥骆道的北段，这是十分正确的；但是他推测"堂光"是汉中与略阳之间的道路，却既无任何依据，又与《杨孟文石门颂》的文意相悖。因为《杨孟文石门颂》是为纪念杨涣修治褒斜道沟通秦蜀而作，为此所作的铺陈叙述讲的都是和褒斜道同样的跨越秦岭的秦蜀通道的情况，无由旁及汉中、略阳间的路线。因此，"堂光道"何在，仍是一个悬而未决的问题。

仔细审核《杨孟文石门颂》的内容，我认为铭文中的"凡此四道"是应该包括褒斜道在内的。《杨孟文石门颂》中讲到，东汉明帝永平四年修治褒斜道石门，是由于散关、子午等四道"阂隔尤艰"。那么，褒斜道是否是因为其他道路通行困难而新辟的一条通道呢？这显然不是。因为不仅大量文献记载可以证明褒斜道先秦即已有之（说详黄盛璋《褒斜道与石门石刻》），而且《杨孟文石门颂》也开篇就说道"斜谷之川，其泽南隆，八方所达，益域为冲"，可见褒斜道本是秦蜀间往来频繁的一条大道。这样看来永平四年诏开褒斜石门时这条道路也应在"阂隔尤艰"者之列了，不然又何须重施功力去"开"呢？石门石刻中别有明帝永平九年《汉中太守巨鹿鄐君开通褒斜道碑》（下简称《鄐君开道碑》）④，记永平六年至九年三月间汉中太守鄐君某奉诏修治褒斜道事。此役上距永平四年诏修褒斜石门，时仅两年，疑二者本为一事而《杨孟文石门颂》误"六年"为"四年"。据《鄐君开道碑》所记，永平六年修路时，前后共"作桥阁六百三十三间，大桥五，为道二百五十八里，邮、亭、

---

① 陈明达：《褒斜道石门及其石刻》，《文物》1961年第4、5期合刊。
② 黄盛璋：《川陕交通的历史发展》，收入作者文集《历史地理论集》，人民出版社1982年版。
③ 黄盛璋：《褒斜道与石门石刻》，收入作者文集《历史地理论集》。
④ 见《褒谷古迹辑略》及《金石萃编》卷五。

驿、置、徒司空褒中县官寺并六十四所①，凡用功七十六万六千八百余人，瓦三十六万九千八百四，器用钱百四十九万九千四百余斛粟"，至此，"益州东至京师"始"去就安稳"。不管这次施工与《杨孟文石门颂》所记永平四年事是否为一事，其工程量之大，足以说明在此之前褒斜道也是颇有"阂隔"的。如果是永平四年刚刚修治过就又接着大动土木，那就更可以说明永平四年之前褒斜道的"阂隔"状况是十分严重的了。

褒斜道既然已属《杨孟文石门颂》之秦岭"四道"之内，那么散关、褒斜、围谷（即傥骆）、子午四者已足其数，"堂光"一道又当何属呢？审读《杨孟文石门颂》的文辞，可以看出，"堂光"与"围谷"应是指的同一条道路。"更随围谷，复通堂光"，意即"又沿着围谷，重开了堂光通道"。傥骆道在秦岭主脊南侧沿傥河谷地北行；在秦岭北侧，如《杨孟文石门颂》所述，最初是取道骆（洛）谷附近的韦谷，大致在汉魏之际才改走骆（洛）谷②。傥字从水党声，而党与堂声符相同，均从尚声③，古今音都很接近④，因此"堂光"中的"堂"应当就是"党（傥）"的同音假借字（另外，党字在碑刻中有作"堂"者⑤，与"堂"字形也已十分相近）。古代文献中"堂"、"党"相通假的其他例证虽然目前我还没有检得，但《诗·秦风·终南》篇云"终南何有，有纪有堂"，清王引之考证认为"纪"为"杞"的假借字、"堂"为"棠"的假借字⑥。"堂"、"棠"亦均从尚声，与"堂"、"党"情形相同，《杨孟文石门颂》借"堂"代"党"正与此相类。事实上《杨孟文石门颂》中这类假借情况比比

---

① 此句黄盛璋先生在《川陕交通的历史发展》一文中引述时读作："邮亭驿置徒司空、褒中县官寺并六十四所。"文义不够明畅。今按邮、亭、驿、置均为官方所设驿递止宿之所，功用基本相同。徒司空应为官名，虽未见称于《汉书·百官公卿表》及《续汉书·百官志》，但《百官公卿表》上宗正寺属官都司空令丞下如淳注云："律，司空主水及罪人。贾谊曰'输之司空，编之徒官'。"如淳所云"司空"当为专主水利或罪徒人的官职。《汉书·地理志》京兆尹下有船司空县，颜师古注云："本主船之官，遂以为县。"此船司空当即主水之"司空"，而《鄐君开道碑》之"徒司空"则当为主罪徒之"司空"，即贾谊所谓"徒官"。在这里为徒司空设立官寺是为了管理修治道路的罪徒（据《鄐君开道碑》，这次开道共征发"广汉、蜀郡、巴郡徒二千六百九十人"）。
② 骆谷作为通道见称史籍，始于曹魏正始五年曹爽由骆谷伐蜀，事见《三国志》卷九《魏书·曹爽传》。
③ 《说文解字》黑部、土部。
④ 郭锡良：《汉字古音手册》，北京大学出版社1986年版。
⑤ 参见秦公辑：《碑别字新编》，文物出版社1985年版。
⑥ 《经义述闻》卷五。

皆是,如以"辽"为"僚"、以"充"为"冲"等①。其他汉碑中这种情况也是十分普遍的。据《水经·沔水注》,浐河(《水经注》误为洛河)入汉江处有"浐城"。《杨孟文石门颂》可能是以"堂"字代指浐河,也可能是代指浐城。在浐骆道的北口围谷口外稍西的渭河南岸,有西汉武功县城②,《汉书》卷九九《王莽传》上载元始五年十二月,王莽以安汉公居摄践祚,"以武功县为安汉公采地,名曰汉光邑",《汉书·地理志》又载武功县"莽曰新光",谭其骧先生以为"盖新室既建,复更此名"③。王莽将武功改名新光,至东汉立国,撤省此县,以后直到鄐君修治褒斜道期间,才在明帝永平八年复设武功④。"堂光"中的"光",应该就是指这个"汉光"或"新光"。就在王莽改武功为汉光的同一年稍前几个月,王莽曾"以皇后有子孙瑞,通子午道"⑤。子午道实早已有之,《杨孟文石门颂》云"高祖受命,兴于汉中,道由子午",讲的就是秦末汉初刘邦由子午道入汉中的事。不过当时子午道本来称作"蚀中"⑥,王莽改名子午,不过是取其名义吉祥。同样王莽将通过其采地的围谷通道命名为堂光道也是十分合乎情理的。

其次,据《杨孟文石门颂》,可以肯定通围谷和整治行用堂光道是由于子午道"途路涩难"。在散关、褒斜、浐骆、子午四条道路中,散关道最为平易,同时也最为迂远;褒斜道的平易、迂远程度均次于散关道;浐骆、子午两条路相对来说是比较捷近的,但同时路途却也都比较艰涩。《杨孟文石门颂》云因子午道路途涩难而"更随围谷,复通堂光",这显然已经揭示出这次修路是要重新修治一条与子午道同样捷近的道路,不然何不取途本来就比较坦易的散关道或褒斜道?因此,堂光道应当是一条比褒斜道要近捷一些的道路,而围谷通道与此正相吻合。以后代情况和秦岭的自然地理情况而论,在浐骆道与子午道之间的地段内,也不可能再辟其他路线穿越秦岭。从这一点上而言,堂光道与围谷通道也只能是同一条道路。如果像黄盛璋先生那样把堂光道定在汉中与略

---

① 《隶释》卷四《司隶校尉杨孟文石门颂》释文。
② 《水经·渭水注》。
③ 谭其骧:《新莽职方考》,收入作者文集《长水集》,人民出版社1987年版。
④ 《续汉书·郡国志》一。
⑤ 《汉书》卷九九《王莽传》上。
⑥ 《史记》卷八《高祖纪》。

阳之间，那么它就与子午道涩难与否没有丝毫关系了，《杨孟文石门颂》何必要将其与沟通围谷事联系在一起？

因此，堂光道应该就是傥骆道的前身。除名称有所差别外，堂光道与傥骆道的取线也略有不同（见附图），即堂光道在秦岭北坡走围谷（韦谷，即今泥河），傥骆道走骆（洛）谷（即今西骆峪）。

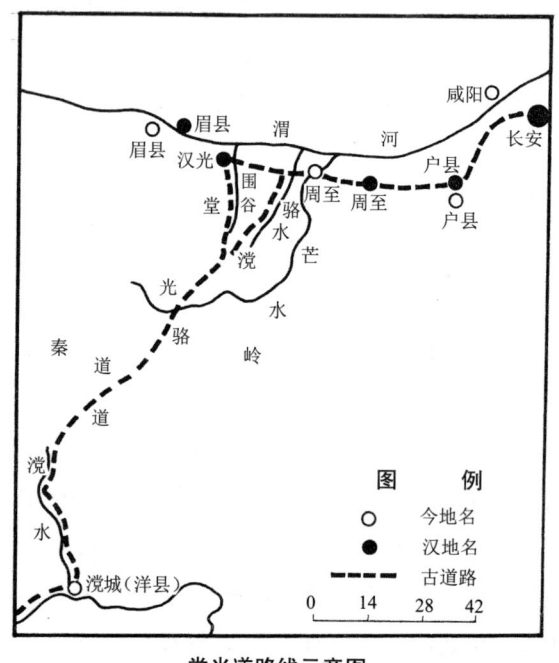

堂光道路线示意图

关于傥骆道（包括其前身堂光道）的开通时间，黄盛璋先生曾以为"围谷开辟或在汉初"①，其说所据未详。推敲起来，或即由《杨孟文石门颂》将围谷通道与高祖出入汉中的散关、子午等道放在一起论述臆断而来。据前文所论，可知围谷"堂光道"之得名，最早不能超过元始五年十二月改武功为汉光时，而铭文中"后以子午，途路涩难，更随围谷，复通堂光"讲的很可能就是堂光道初得名时的整治情况。当然，初得名未必就是初开，"复通堂光"也可能含

---

① 黄盛璋：《褒斜道与石门石刻》。按拙稿《西汉至北周时期长安附近的陆路交通》（已收入本书），也曾援依黄盛璋先生此说。

有"重新开通旧路"的意思。但根据《杨孟文石门颂》,现在最早只能把傥骆道有据可依的开通时间上限定在西汉平帝元始五年十二月以后,下限则至迟也要在东汉明帝永平八年复设武功县以前(永平八年以后就无论如何也不应沿用新莽"新光"旧名命名道路了),一般说来应在新莽覆亡之前仍行设汉光县或新光县这一期间内。

根据上面所推论的堂光道的命名原因和开辟时间,还可以解释清楚为什么要在围谷开辟通道而不是像后来那样走骆谷?这是因为尽管走骆谷去长安比围谷要便捷一些,但开辟堂光道与王莽具有密切关系,从道路的命名来看,开辟这条道路首先考虑的是汉光或新光与汉中的联系问题,汉光或新光就在围谷口外,显然沿着围谷出入南山是最为便捷的。

《杨孟文石门颂》"用字简省,复多舛谬"(《集古录》语),宋人即以通解为难,而"堂光"一词尤为隐晦。窥前人所作诠释,于铭文原意似均有抵牾,故试为新说,求正于方家。

(原载《中国历史地理论丛》1990 年第 1 辑)

史万岁南征路线重析

一 问题的提出

  云南地处我国西南边陲，它以洱海—滇池区域为中心，形成了一个具有独自发展特征的地理单元。历史时期，这一区域与中原王朝间的交通联系有川、黔、桂几个方面，在唐以前，最主要的是川滇之间的联系，即洱海—滇池区域与四川盆地的联系。二者之间阻有大江峻岭，开辟路径十分艰难，历史上川滇之间基本只有两条大道。一条出宜宾而抵滇池，文献中所记载的最初沟通者是秦时的常頞，因道路险狭，时称五尺道[①]，西汉武帝时由唐蒙上言重开。另一条经川西之西昌，南渡金沙江而入洱海，正式辟为通路，始于西汉武帝时司马相如通西夷，因途经汉所设灵关道（县级行政单位），时称灵关道[②]。两条道路的名称并不固定，因时而异，唐代称五尺道为"北路"，灵关道为"南路"[③]。南、北两路在历史时期所起的作用有所差异，顾祖禹曾谓："吾以为云南所以可为者，不在黔而在蜀；亦不在蜀之东南，而在蜀之西北。"[④] 所谓蜀之西北重于东南，即为南路重于北路之意。然而顾祖禹语焉不详，未作具体说明，近代亦无人对川滇交通的历史状况有所阐释，唯 1962 年向达先生《蛮书校注》一书问世后，就史万岁南征路线问题展开了一些讨论。但各家所议，都仅仅是孤立地考订史万岁行军路线。史万岁之南征，不仅反映了隋代川滇交通的状况，也是

[①] 《史记》卷一一六《西南夷列传》。
[②] 《史记》卷一一七《司马相如列传》。
[③] 《蛮书》卷一《云南界内途程》（向达校本，下同）。
[④] 《读史方舆纪要》云南序。

整个川滇交通历史发展的一部分。因此，必须结合川滇交通历史发展过程，才能对史万岁南征路线问题作出比较合理的说明，这也是重新提出这一问题的意义所在。

二 史万岁南征路线

关于史万岁南征路线的讨论，由向达先生《蛮书校注》引起，其分歧也是因《蛮书》而生。据《蛮书》卷一《云南界内途程》，史万岁南征出于北路，曾途经唐贞元十年袁滋出使南诏时摩崖题名的石门（今四川高县）；但《隋书》和《北史》之史万岁本传，却详细记有史万岁由南路经蜻蛉川进入洱海的经过（《通鉴》卷一七八有内容大体相同的记载，应系删节《隋书》而成）。关于史万岁南征路线的几种不同说法，即出自对上述矛盾记载的不同解释。

向达先生认为《蛮书》记载有误，史万岁所经之石门当在南路。由《隋书》所记史万岁渡泸而返事，可证其南征路线是往返均经由南路①。周维衍先生认为二者所记均无舛误，史万岁系先后两次分别经两道入云南，《隋书》、《北史》、《通鉴》则将二事混为一谈②。方国瑜先生等人则认为二者所记都是有根据的，唯《蛮书》所记题有隋初刊记。方国瑜先生并云史万岁南征所经之石门当在今云南华沙桥与祥云棚之间的英武关处，史万岁系由南路入云南而经北路返回③。

几种意见的分歧很大，但也有其共同之处，即三位先生都认为《隋书》、《北史》和《通鉴》的记载是可信的。周维衍先生的"二次入滇"说，向达、方国瑜两位先生均已论证其难以成立，在此不予赘述④。唯方国瑜先生所倡之"南入北出"说，似仍不如向达先生之"南路"说更为令人信服。

---

① 向达：《蛮书校注·序言》，第 8 页；卷一《云南界内途程》注，第 19—21 页。
② 周维衍：《蛮书校注读后》，《历史研究》1965 年第 6 期，第 93—100 页。
③ 方国瑜：《史万岁南征之石门关》，《思想战线》1980 年第 3 期，第 15—18 页。木芹：《云南志校补序》，《思想战线》1980 年第 10 期，第 68—74 页。
④ 方文见上注③。向达：《蛮书校注读后识语》，《历史研究》1965 年第 6 期，第 101—104 页。

首先，方国瑜先生未曾论及史万岁渡泸而还问题，然而这是向达先生确认史万岁由南路返回的主要依据。《隋书》与《北史》之《史万岁传》俱载史万岁自云"还至泸水"，与同传所载史万岁"入自蜻蛉川"同样重要，方国瑜先生既肯定了后者的重要史料价值，似不当忽略前者。泸水可以指今雅砻江及其与金沙江相会后至岷江口的一段江道，而言渡泸时，则尤特指西昌以南一段江道。《后汉书》卷八六《西南夷列传》李贤注：

> 泸水一名若水，出旄牛徼外，经朱提至僰道入江，在今嶲州南，特有瘴气，三月、四月经之必死，五月以后，行者得无害，故诸葛亮表云"五月渡泸"，言其艰苦也。

历史上所谓渡泸之处，均在今会理以南处（个别亦有在今云南巧家以西处者①，后述），而绝无称在僰道"渡泸"者。僰道以南长江河道（今宜宾市南江段）虽然也兼有泸水一名，但其自另有马湖江之称，一般并不称为"泸水"②。所以，若史万岁果然从北路而返，并不能有"还至泸水"一语。

其次，方国瑜先生引证史万岁所作《征南宁夷过石门山》诗，作为其归程途经北路石门的论据，对此诗似可再加斟酌。依方国瑜先生所见，《蛮书》中史万岁所经之石门在今英武关处，因而，史万岁是否经北路石门（今四川高县），在《蛮书》中并无确切记载。而史万岁石门诗，不管是方国瑜先生、还是周维衍先生所引，都出自明清以后所辑录③，其原诗所指，实无以径认为北路石门。《蛮书》误载石门既已影响《新唐书》随之致误（说见后文），自然也有可能影响明清方志因之牵强附会。如方国瑜先生所言，西南山道上多以石门为地名，因此，史万岁石门诗究竟何指，亦不该只考虑北路石门和英武关石门两处。依古诗行文体例，石门诗若如方国瑜先生所言，为史万岁归程途经北路石门时而作，似应题为"征南宁夷还过石门山"，而题作"征南宁夷过石门山"

---

① 《华阳国志》卷三《蜀志》越嶲郡下。
② 同上。《水经·若水注》。《蛮书》卷二《山川江源》。
③ 方国瑜先生所引出自明谢肇淛《滇略》卷八，丁福保辑《全隋诗》。周维衍先生所引出自《读史方舆纪要》卷七〇叙州府宜宾县下，《明一统志》卷六九叙州府山川下。

者，则当为入滇经石门时所作。向达先生以宁远府东五十里之石门关当史万岁所经之石门关，方国瑜先生认为其有失妥当，这是正确的。然而，南路上尚别有其他地方以石门为名。《元和郡县志》卷三三剑南道雅州荥经县下：

邛来山在县西五十里……，石门戍在县西南三十五里。

唐人所称邛来山指今大相岭，故此石门应在今四川荥经县南、大相岭下。至于后来方志中关于石门的记载就更多了，如光绪《越嶲厅志》卷二山川下：

石门山，治西北二百一十里，诸峰交耸，挺拔雄健，隋史万岁开石门以通南诏，即此。

所以从行文和情理推之，石门诗完全可能为史万岁取南路入云南时所作。再者，从石门诗的内容来看，此诗更应是史万岁经南路石门时所作。石门诗后两句为"盖天白岭胜金汤，镇压西南天半壁"。1983年夏，我随业师史念海先生赴西南考察，自石绵乘汽车赴西昌，途经小相岭时，从栗子坪到冕宁县城，沿途可见高耸的雪峰连绵不断。历史文献中关于其处多雪也有记载，如明余承勋《修复越嶲东路记》云：

相公岭亦号自孔明，鸟道盘空，雪霏昼暝。①

舍此，恐怕于他处无以求得"盖天白岭"之景观。

总结以上分析，我认为方国瑜先生的观点在某些方面证据似乎还不够充分。方国瑜先生之所以忽略了史万岁渡泸而还问题并认定石门诗所述石门为北路石门，大概是由于方国瑜先生有一个出发前提，即认为史万岁南征到了滇池，而既到滇池，必然要经北路而返。史万岁到滇池后所经行的路线，除前述其自称"还至泸水"和方国瑜、周维衍两位先生所引石门诗外，别无他证。因

---

① 《四川通志》卷二八《舆地》关隘条宁远府越嶲厅下引。

此，方国瑜先生之出发点是否正确，只能验之于川滇交通历史发展的事实了。

三　史万岁南征路线的历史背景

在川滇交通联系中，北路主要联系滇池区域，南路主要联系洱海区域——这不仅是方国瑜先生的见解，也是向达、周维衍两位先生的共同看法。史万岁由南路而入进击以滇池为中心的爨翫，与此看法显然是大相径庭的。因此，周维衍先生对《隋书》等记载不能不大惑不解：

> 南路主要是通向洱海地区的，北路则主要是通向滇池地区的。……史万岁进兵的目标既然是"即与戎州接界"、活动中心在滇池的爨翫，为什么不从戎州出发走北道石门路，而要绕道洱海走南路？

亦即由此出发，才导出了其"二次入滇"之说，得出史万岁一次经南路入洱海，一次经北路入滇池的结论。向达先生虽然尊重文献记载，承认史万岁经南路而往返，但其对于川滇之间历史交通状况的基本认识，是与方国瑜先生一致的：即走南路入滇池是反常的，而走北路才是常途。所以向达先生谓史万岁南征"走清溪关路（即南路），取的是大迂回战"，"直攻爨部后路，所以诸夷大惧，遣使请降"[1]。这种认识，似乎有悖于历史实际。

虽然中原政权开辟川滇交通，北路略早于南路，但秦祚短促，实际并未产生多大作用。西汉时两路又同时开辟，而其交通作用则有所轻重，并非如诸位先生所见，是平分东西。西汉唐蒙请开后代所谓北路时，向武帝上书说："诚以汉之强，巴蜀之饶，通夜郎道，为置吏，易甚。"武帝许后，即"发巴蜀卒治道，自僰道指牂柯江"[2]。可见，唐蒙所开路主要是通往夜郎。《史记·西南夷列传》谓"平南夷为牂柯郡"，"上使王然于以越破及诛南夷兵威风喻滇王

---

[1] 向达：《蛮书校注读后识语》。
[2] 《史记》卷一一六《西南夷列传》。

入朝",《史记索隐》引晋灼语谓:"南夷谓犍为、牂柯也,西夷谓越巂、益州。"①可见当时滇池区域不属南夷,而属西夷。唐蒙所通,应为南夷。与滇池区域有密切联系的并非唐蒙所开"南夷道",而是司马相如所开、通"西夷"的灵关道。《史记·司马相如列传》载:

> 司马长卿便略定西夷,……南至牂柯为徼,通灵关道。

灵关道开后,西汉于西南置益州郡,郡治即设在滇池旁。当时由四川赴益州,即多取灵关道,而并非经由唐蒙所开之"南夷道"②。取道南路入于滇池这一走法为后世所沿袭,直到唐初尚且如此。《晋书》卷一二一《李雄载记》载:

> 遣李骧征越巂,太守李钊降,骧进军,由小会攻宁州刺史王逊,逊使其将姚岳悉众距战,骧军不利,又遇霖雨,骧引军还,争济泸水,士众多死。

"小会"地名未见他书,唯《华阳国志》卷三《蜀志》越巂郡下载:"三缝县,一曰小会无,音三播,道通宁州,渡泸得蜻蛉县。"小会当与小会无为一地,宁州与汉益州同地,故李骧所循即史万岁入南中之路③。唐武德四年,巂州治中吉弘出使南宁一事则更能说明南路在联系滇池区域中的作用。唐南宁州在今云南曲靖,已过滇池,吉弘由巂州入滇后先至洱海地区宣谕昆弥入朝朝贡,再东趋滇池,折而北上④,与史万岁行军路线何其相似!

如上,在史万岁南征前后相当长历史时期中,由南路入滇池一直是一条常行的道路,南路并非仅限于通向洱海地区,史万岁南征出于此路也谈不上是什么"大迂回"战术,而是当时通行的一般走法。因此,史万岁再从原路返回四

---

① 《史记》卷一一七《司马相如列传》。
② 《史记》卷七六《王尊传》、卷七二《王吉传》载二人任益州刺史时,均由灵关道赴任。
③ 又据《水经·若水注》、《晋书》卷六《明帝纪》及卷五一《王逊传》,姚岳拒战李骧于堂狼(今云南巧家),或据此谓李骧由堂狼渡泸(方国瑜:《诸葛亮南征路线考说》,《思想战线》1980年第2期,第40—46页)。但无论如何,总是走的南路,而没有走北路。
④ 《太平御览》卷一九七引《唐书》。

川也就毫不足怪了。

在川滇之间的南北两路当中，南路的作用长期大于北路，一是表现在南路对联系滇池区域有重要作用，二是官方驿路设在南路。唐朝时南诏依附吐蕃后，吐蕃势力东侵，阻隔南路，促使两路地位发生了改变。"贞元十年，南诏立功，发使册命，而邛部旧路（即南路）方有兆（当为北）吐蕃侵钞隔关（当为阁）。其年七月，西川节度使韦皋乃遣巡官监察御史马益开石门路（指北路），置行馆。"① 这是川滇交通发展史上的一个重要转折，其具体影响如何，则尚待日后深入探讨。

（此文写成于1984年，未曾公开发表）

---

① 《蛮书》卷一《云南界内途程》。

有关唐末至明初西安城的几个基本问题

从城市的位置和范围来划分，西安城的历史发展大致可分为西周丰镐、秦咸阳、西汉至北周的长安城、隋大兴城与唐长安城、唐末至明初的新城、明清西安城这样六个阶段。其中唐末至明初这一阶段，由于资料有限，研究往往很难深入开展下去，有许多基本问题，迄今尚未弄清。但同时也不能不承认，目前对现有资料的研究和利用也是很不够的。本文试图利用现有基本文献资料和考古发掘材料，澄清有关这一时期西安城市发展的几个基本问题。

一 韩建改建新城时的职位与西安在唐末五代初的行政建置

唐昭宗天祐元年，朱全忠胁迫昭宗东徙洛阳，唐长安城的宫室百司及民居庐舍，大多被拆毁。隋唐两代帝都，二百年繁华，一旦化为丘墟。昭宗东迁后，韩建随即主持放弃原外郭城和宫城，重新改修皇城，作为新的城邑。韩建改修后的城垣，史称新城。除元代在原范围和规模的基础上又略有改修外，直到明初，城垣的范围没有发生任何变化。因此，韩建在西安城市发展史上是一位具有很大影响的人物。但是他在主持改建长安城时所居的职位，今人却往往语焉不详。如马正林先生《丰镐—长安—西安》一书在正文中称韩建为"匡国节度使"，自注称此据"《长安志图》卷上。《旧五代史·韩建传》记载的韩建的官衔是佑国军节度使，《资治通鉴·天祐三年》条记载的是佑国节度使，均与《长安志图》的记载不同"；而在他为《中国六大古都》一书所撰"西安"一章中，又称韩建为"佑国军节度使"，自注云："韩建的官衔亦称匡国、匡国军、佑国、镇国军节度使。"其他一些有关著述，基本上也都是这样含混不清。韩建的职位，与西安在唐末五代初期的行政建置密切相关，因而更有必要加以考辨。

在韩建的上述一些官衔里，佑国军节度使与佑国节度使，匡国军节度使与匡国节度使，本来都是一回事，后者是前者的简称，无需分辨。这里首先需要弄清的是韩建任镇国、匡国和佑国三节度使的地点和时间。镇国节度使，据吴廷燮《唐方镇年表》，驻华州，唐肃宗上元二年始置，以后有过废省，韩建领镇国军是在僖宗光启三年至昭宗天复元年之间。匡国节度使，韩建曾先后两任其职。《唐方镇年表》载第一次是在唐昭宗乾宁四年至天复元年之间，当时匡国军治同州，韩建是以镇国节度使兼领匡国；又据《旧五代史》本传，第二次是在后梁太祖开平四年三月至乾化二年六月韩建遇害身故这一段时期，《新五代史·职方考》载当时的匡国军治许州。佑国军，据《通鉴》卷二六四唐昭宗天祐元年三月条及《考异》、胡注、《旧五代史》本传，唐僖宗光启三年始置于洛阳，至天祐元年三月，因都城已迁到洛阳，便移佑国军于长安，同时命韩建为节度使并兼任京兆尹，直至天祐三年改任青州节度使为止。从地点上看，韩建所任镇国、匡国、佑国三职中，只有佑国军节度使与长安城有关。

其次，要进一步明确韩建改修新城的时间。元李好文《长安志图》卷上记韩建改城事在唐昭宗天祐元年，但却记韩建的身份为"匡国节度使"，与上文所考韩建的仕历有悖。那么，是不是《长安志图》所记年代有误呢？检《金石萃编》卷一二三北宋建隆三年王彦超撰《重修文宣王庙记》，载"天祐甲子岁，太尉许国囗公时为居守，才务葺修"。"天祐甲子"即天祐元年；韩建仕唐，曾历官检校太尉、平章事，受封许国公，事见《旧五代史》本传。因此，碑文所记在天祐元年"葺修"长安城的许国公，应当就是韩建。又《金石萃编》卷一三九北宋元祐五年黎持撰《京兆府学新移石经记》，也记载"天祐中韩建筑新城"，可以确证《长安志图》记载韩建天祐元年改筑新城准确无误，而这正是韩建初任佑国军节度使的时候。

由此可以明确，韩建改修新城，是他在天祐元年任佑国军节度使时进行的，《长安志图》作"匡国节度使"误。

其实只要对唐末五代初佑国军的设置有充分的了解，就不会把韩建的身份搞得扑朔迷离。长安设置佑国军的时间很短,后梁初改为永平军。今人论其设置时间,或于其始设,或于其改名,往往都有讹误。据上文所论,佑国军始设于唐昭宗天祐元年三月。北宋宋敏求《长安志》卷一云后梁太祖开平二年"改军曰永平",清董祐诚《咸宁县志》等因之;而元初人为宋张礼《游城南记》所作的续注则称佑国军改永平军事在开平三年。二者略有抵牾,而《长安志》颇负盛名,影响很大,其间正讹,当为一辨。检《新五代史》卷二《梁太祖本纪》下,开平三年五月,杀佑国军节度使王重师;六月刘知俊执佑国军节度使刘捍;《通鉴》卷二六七后梁太祖开平三年六月庚申条载,刘鄩继刘捍之后,又"权佑国留后";可知迄至此时,佑国军仍未改名,《长安志》当讹。又据《通鉴》卷二六七,"改佑国军曰永平",事在开平三年七月庚午,《游城南记·续注》的记载是正确的。佑国军只存在了五年零四个月(公元904年3月—909年7月)。

二 释韩建新城的内外二重之制

《长安志图》卷上载韩建改建的新城:"城之制,内外二重。"这是韩建新城的一个重要布局特征,可是现今关于西安城市发展或城市历史地理演变的著述却几乎对此不着一笔,唯马正林先生《丰镐—长安—西安》有云韩建"只留皇城,不留宫城,是由于皇城面积稍大,废弃以后,宫城与外郭城还可以作为皇城的外围,使皇城成为城中之城,更为安全"。今按审读《长安志图》文意,可知新城内外二重之制,是就唐皇城城垣之内而言,与唐宫城或外郭城都毫不相涉。《长安志》卷一一、卷一二,数次提到"府西南"、"府东街"、"府西街"、"府城西北街"、"府城北街",这个府指北宋京兆府,"府东"、"府西"、"府西南"等都应当是就京兆府衙署而言,"府城西北街"和"府城北街"当同此。由此可以推测,北宋京兆府在新城中央置有一小城,作为府衙。而究其原委,即可溯及韩建的"内外二重"之制。韩建最初把新城修为内外二重,应当就是以内城作为京兆府或佑国军的衙署,这一布局形式经五代为宋人所承袭,后又沿至元代,成为奉元路的衙署。

这一解释虽然缺乏直接证据，但揆诸事理，却不当有何巨谬。元李好文《长安志图》述韩建新城，对新城四面三重城门在元代的变化，尚有具体交代，而对城郭"内外二重"之制却未做任何说明，这可以从侧面说明元代仍在沿用韩建二重城垣之旧制，没有什么变化。但是在李好文所绘《奉元城图》上却见不到二重城垣的痕迹，只有一"奉元路门"，这可以说明内城的规模很小，因此才没有明显标识。然而不管其规模多大，这个城中之城显然只能是当地最高行政衙署的所在地。

在城中构筑衙城，这起码可以说是唐代后期城市建设中的普遍现象。例如同在关中的华州，《旧唐书》卷二〇上《昭宗纪》载乾宁三年七月，"驻跸华州，以衙城为行宫"；又如江南的越州，《通鉴》卷二六〇唐昭宗乾宁三年五月甲午条载："夜，顾全武急攻越州，乙未旦，克其外郭，董昌犹据牙城拒之。"又如河淮之间的徐州，《通鉴》卷二五一唐懿宗咸通九年下载："（庞勋）克（徐州）罗城，（崔）彦曾退保子城。"有些城市甚至有内外三重城垣，如蔡州①。上述这些城市的规模都和昭宗东迁之后的京兆府不相上下，有史可证的年代也和韩建修建新城的时间相近，特别是华州本是韩建驻守过的旧地，韩建如果仿效其形制也是十分自然的。总之，府州一级城市筑为内外两重或三重，以内城作为府州行政衙署的居地，这起码可以说是唐代后期的一种普遍作法，韩建的新城也应当是这样。

三　含光门全部封闭的时间

韩建新城在南面保留了唐皇城的安上门和含光门作为城门，根据考古发掘，可知韩建当时把含光门原来的三个门道堵住了两个，只留下东面一个门道供行人出入。东面这个门道后来也被封死，这是唐末至明初期间韩建新城发生的最重要的变化。但是含光门最后被全部封闭的时间，今人所论却往往过于宽泛。如马正林先生承袭清董祐诚《咸宁县志》的说法，以北宋元祐元年张礼

---

① 见《通鉴》卷二四〇唐宪宗元和十二年。

出游城南尚经由此门为据，云"含光门的封闭当在北宋以后"①；主持含光门发掘工作的马得志先生在继续沿袭这一说法的同时，又根据"李好文《长安志图》中的奉元城已无含光门，而只有安上一门。发掘证明，元代已将含光门封闭，其封闭的时间当在仁宗皇庆元年（1312）改安西路为奉元路，城名'奉元城'之前"②，把含光门的封闭时间，定在了北宋元祐元年（1086）至元皇庆元年（1312）之间长达二百多年的时期内（马得志文中虽然提到含光门是在元代封闭的，但没有说明具体的考古依据，其文献依据仍然是把上限定在北宋元祐元年），这一推论不仅有嫌粗疏，而且也还有错误。

马正林、马得志等把封闭含光门时间的上限定在元祐元年，依据的都是北宋张礼的《游城南记》。《游城南记》除张礼撰正文及其自注外，还间有"续注"，为金末元初人所作（详《四库提要》）。对于张礼的记载，"续注"多注明后来的变化。如连荐福寺塔"缠腰"的改变都详明注入，可是在张礼游踪所止的含光门处却未着一笔。如果当时含光门已经封闭，"续注"是不应该在此如此吝惜笔墨的，显然含光门在元初还没有什么变化。后元骆天骧在元贞二年编成的《类编长安志》中述及韩建改建的新城时说："南闭朱雀门，又闭北（按"北"当衍）延喜门、安福门，北开真（玄）武门。为今之安西府也。"骆天骧是安西府当地人，曾任当地儒学教授。他说韩建改建后南面封闭朱雀门，留有原安上、含光两门的新城，"为今之安西府也"，也就可以说明到元成宗元贞二年（1296）时，含光门依然如故，没有发生任何变化。

马得志先生根据《长安志图》中的奉元城已没有含光门来推断含光门封闭时间的下限是非常可取的，但他把这个时间定在仁宗皇庆元年（1312）却是毫无道理的。皇庆元年改安西路为奉元路，并不等于李好文《长安志图》中的《奉元城图》反映的就一定是改名初年的状况，而一般在这种情况下，只能依据《长安志图》的成书时间来认定《奉元城图》图中内容的时间下限。《四库提要》称《长安志图》作于李好文至正四年再任陕西行台治书侍御史时，其说实误。据李好文自序，其书当成于至正二年李好文初任陕西行台治书侍御史时

---

① 《丰镐—长安—西安》，陕西人民出版社1978年版，第90页。
② 《唐长安皇城含光门发掘简报》，《考古》1987年第5期。

（别详拙稿《古地理书辨证三题》，已收入本书）。据此，含光门封闭时间的下限应当定在元顺帝至正二年（1342）。

从1296年到1342年，其间共四十六年。从现有文献资料可以初步推断，含光门就是在这一期间内全部封闭不用的。据马得志先生所云："元代除封闭了含光门外，还重修了城垣和改建了四角的墩台，目前已知西北角和西南角为元代改建成圆形向外突出的角台。"清刘继庄《广阳杂记》卷二记有人言"长安故城，汉唐之所都，皆在高阜；今省城，元至正中建也，移于洼下矣"，云清陕西省城为元人所建，自然不够十分准确，但所谓元至正中建城事，应当就是指元人整修城垣、墩台等事，这一时间恰与上面所推论的含光门封闭时间相符。由此可以进一步推定封闭含光门与整修城垣是同时进行的。那么，含光门的封闭时间只能是在至正元年至二年（1341—1342）这两年时间内。尽管这一推论可能还需要通过考古发掘来进一步检验，但它也会对今后的考古发掘工作起到相应的助益。

（原载《陕西师大学报》1990年第1期）

宋金元时期西安城街巷名称考录 *

唐末朱全忠毁弃长安城，胁迫唐室东迁后，佑国军节度使韩建利用唐皇城改建"新城"，经历宋、金、元三朝，一直沿用到明初，这是西安城市发展史上的一个重要阶段。纵观自清代乾嘉时期以来的中外研究成果，对这一时期城市建置布局的研究目前还是十分薄弱的。现今论及宋金元时期西安城市建置的人，几乎无一例外，都是以元李好文《长安志图》中的《奉元城图》作为这一时期的实态而一笔带过。其实不仅不能简单地用李好文的《奉元城图》来反映宋、金时期的城市布局形态，而且即使是元代的情况，也需要加以订正和补充。在以往研究西安城历史地理的人当中，有关宋金元时期的研究，值得一提的是清嘉庆时期陆耀遹、董祐诚在《咸宁县志》中绘有《宋京兆府城图》和《金京兆府城图》，并对宋、金、元三朝的城市街巷布局也都略有考订，特别是他们利用金章宗明昌五年（1194）上石的《京兆府提学所帖碑》来考证金代的城市布局，为复原宋金元时期的城市面貌做出了极为有益的探索。然而令人遗憾的是，他们所做的研究都还十分粗糙，不仅资料搜集颇有缺漏，而且某些已有材料如《京兆府提学所帖碑》中一些很有价值的内容也没有得到充分利用。尽管如此，迄今为止仍未有人能够超出他们当年的水平，甚至还很少有人利用他们已有的成果。有鉴于此，本文试图在陆耀遹、董祐诚研究的基础上，考述宋金元时期西安的城市街巷名称及相关建置，以此作为进一步研究的基础。

对此需要说明三点。第一，本文所列各街道走向，有些有明确的文献依

---

* 今西安城在宋金元时期名称屡有变化，有永兴军、京兆府、安西路和奉元路等几个名称，为行文方便，本文一般以今名即西安城作为统称。

据，有些是根据金《京兆府提学所帖碑》的通例推导出来的。这就是在《京兆府提学所帖碑》中，凡是记录街道两旁地基，云其东西或南北阔若干，必是在与街道平行方向上量算；而云其东西或南北长若干，则必是在与街道垂直方向上量算。借此可以推导出帖中所有街道的走向。陆耀遹、董祐诚就是因为没有看出这一规律，以致搞错了一些街道的位置。第二，据《京兆府提学所帖碑》，金京兆府城分为左第一厢、左第二厢、右第一厢和子城厢四个厢，今亦据之一并附注于各街之下。而未见于《京兆府提学所帖碑》的街道，其从属于哪一厢，则只能暂付阙如，留待进一步复原时考订。第三，李好文《长安志图》中的《奉元城图》，由于有许多问题还有待深入考证，而且此图检阅方便，所以除了街巷名称之外，其他凡仅见于此图的建置，本文一概不再转录。另外，明清文献中所载宋元间建置，凡是在宋元以前文献中目前还不能得到证实的，为了准确起见，暂亦不予收录。除了街巷以外，具体位置不明确的建置如寺观宅邸之类，即使宋元间文献有过著录，也一律不予收录，以醒眉目。最后还要说明，为行文方便，下文中将使用较多的北宋宋敏求《长安志》省称为"宋志"；金《京兆府提学所帖碑》省称"金帖"①；元骆天骧《类编长安志》省称"骆志"；元李好文《长安志图》省称"李图"。

安上街　　南北街。左第一厢。见李图、骆志、金帖。

　　乾明尼寺 —— 元②。在街东。见骆志卷五。

　　竹林大王祠 —— 宋、金、元。祀寇莱公（寇准）。见骆志卷五。

　　杜岐公庙 —— 宋、金、元。在安上门内街西。唐昭宗天祐元年韩建改建新城时由唐长安城启夏门外徙来。元人俗称嵇康庙。按杜岐公之"岐"字，骆志卷五、李图并作"祁"，据骆志卷一〇，此庙为唐赠岐国公杜佑家庙，故"祁"字当讹。见骆志卷五、卷一〇、李图。

含光街　　南北街。右第一厢。见李图、骆志、金帖。

　　开福寺 —— 宋、金、元。在街西。宋建。见骆志卷五。

---

① 见《八琼室金石补正》卷一二六。
② 各项建置后所附存在时代，有些不够准确，尚需进一步研究。

景风街　　东西街。左第二厢。见李图、骆志、金帖。

　　开元寺 —— 宋、金、元。在街南。后周已有寺。寺有山亭、青龙、兴国、定光、隆兴、寿圣、泗州、官塔、慈恩、释迦等房廊院。其中兴国院金元改名资圣院，又称资圣寺；山亭院元人亦改称山亭寺。见骆志卷五、卷一〇、李图、金帖、后周显德二年《永兴军牒》[1]、北宋开宝七年《佗罗尼经幢》[2]、淳化四年《佗罗尼经幢》[3]。

　　仁王院 —— 元。在街北。乃荐福寺下院。见骆志卷五、卷一〇。

　　玄都宫 —— 金、元。在街北。又名玄都万寿宫、玄都观。其地本金军营，金哀宗正大八年兵后创建为玄都观。见骆志卷五、卷一〇。

广济街　　南北街。见李图、骆志。

　　永昌观 —— 宋、金、元。本神农皇帝祠，金敕赐永昌庙观。见骆志卷五。

　　真武庙 —— 宋、金、元。一云在本街流泉坊，一云在本街蓬莱坊。按当在二坊地之间。金改为玉虚观。见骆志卷五。

银行街　　南北街。左第一厢。见金帖。按李图有"银巷街"，陆耀遹、董祐诚以为即银行街，当是。

　　渠 —— 金。在街东，见金帖。

药市街　　南北街。见李图。

马　巷　　南北街。见李图。

草场街　　东西街。左第一厢。见骆志、金帖。

　　府学 —— 宋、金、元。在街南。北有南北向"府学道"通草场街。府学北通草场街，南临东南城巷。参见东南城巷条。见金帖。

　　利用仓 —— 宋、金。本张中孚宅，后为钱监，金为利用仓。见骆志卷四。

　　开元寺 —— 宋、金、元。在街北。寺南临草场街，北临景风街。参见景风街条。见骆志卷五。

　　福昌宝塔院 —— 金、元。在街北。西邻开元寺。按疑为开元寺房廊院之一，即骆志卷一〇所谓"开元寺官塔院"。见骆志卷五。

---

[1] 见《金石萃编》卷一二一。
[2] 见《金石萃编》卷一二三。
[3] 见《金石萃编》卷一二三。

香城寺 ——宋、金、元。五代广慈禅院，宋善感禅院。五代及宋亦同时并称香城禅院，另有香城广慈禅院之称。按香城寺至清代仍存，在府学西侧，见于光绪《陕西省城图》。见骆志卷五、卷一〇、后周广顺二年《广慈院残牒》①、北宋雍熙二年《京兆府广慈禅院新修瑞像记》②、淳化三年《广慈禅院庄地碑》③、熙宁七年《京兆府□□善感禅院新井记》④、元丰元年《有宋永兴军香城善感禅院主广慈大师海公寿塔记》⑤。

卧龙寺 ——宋、金、元。本宋龙泉院。按寺清代仍存，在柏树林街东，见嘉庆《咸宁县志》之《县治东路图》。见骆志卷五。

宣圣庙 ——宋、金、元。在街南。东邻三皇庙。按即文庙。见骆志卷五、李图。

三皇庙 ——元。在街南。西邻文庙。元成宗大德四年建。见骆志卷五、卷一〇、李图。按元成宗元贞元年，初命各地郡县通祀三皇，见《元史·祭祀志》。

九耀街　东西街。左第二厢。见骆志、金帖。

太平兴国寺 ——宋、金、元。宋建，元俗称九耀寺。见骆志卷五。

郑余庆庙 ——宋、金、元。元成宗元贞二年移至北坡子街。见骆志卷五。

武安王庙 ——宋、金、元。庙前有试官石，元成宗大德四年自鄠县辇来。见骆志卷七、李图。按北宋大观二年谥封关羽为武安王，事见《宋会要辑稿》礼二〇之二九。

掖庭街　南北街。右第一厢。见骆志、金帖。

安众禅院 ——宋、金、元。俗称西禅院。本寇莱公（寇准）花园，后舍为寺。内有莱公祠堂。

玉清宫 ——宋、金、元。本宋祐德观，元成宗大德四年重修，改为玉清宫。见骆志卷五、李图。

---

① 见《金石萃编》卷一二一。
② 见《八琼室金石补正》卷八五。
③ 见《金石续编》卷一三。
④ 见《金石萃编》卷一三七。
⑤ 见《金石萃编》卷一三七。

水池街　　东西街。右第一厢。见骆志、金帖。

  香严禅院 —— 宋、金、元。宋建。见骆志卷五。

  崇圣禅院 —— 宋、金、元。俗称经塔寺。见骆志卷五。

  水坑 —— 金。在街南。见金帖。

指挥街　　东西街。右第一厢。分为指挥东街、指挥西街。见骆志、金帖。

  天宁寺 —— 宋、金、元。在指挥东街街北。元人称为大寺。见骆志卷五。

  广教禅寺 —— 宋、金、元。在指挥西街。宋建。见骆志卷五。

  朝元观 —— 宋、金、元。本隋安平公宇文恺祠堂，金敕赐朝元观。见骆志卷五。

蓬莱坊街　　南北街。见骆志。

  庆寿寺 —— 金、元。在街西。见骆志卷五。

市北街　　东西街。右第一厢。见骆志、金帖。

  灵应观 —— 宋、金、元。宋迎祥观，元世祖前至元十三年改为灵应观，又作灵应宫。见骆志卷五、卷一〇。

北坡子街　　东西街。右第一厢。见骆志、金帖。

  郑余庆庙 —— 元。元成宗元贞二年自九耀街移来。见骆志卷五。

东柴市街　　南北街。左第一厢。见金帖。

  寺 —— 金。在街东。见金帖。

旧市曹官巷　　东西街。左第一厢。见金帖。

枣行街　　东西街。左第一厢，见金帖。

□院街　　东西街。左第一厢，见金帖。

  白云寺 —— 金。在街南。寺东侧临街。见金帖。

  兵营 —— 金。在街南。营东邻白云寺。金帖。

□酒务街　　东西街。左第一厢。见金帖。

东南城巷　　"⌐"形街。跨左第一厢、左第二厢两厢。见金帖。

  府学 —— 宋、金、元。在东西街段北侧。北宋仁宗景祐元年建，当时在城区中部。哲宗元祐二年迁至城西南隅。徽宗崇宁二年府帅虞策改建于此街。府学西临官道，南有南北向"府学道"通东南城巷。见金帖、北宋景祐元年《永兴军牒》①、金正隆二年《京兆府重修府学记》②。

东城墙 —— 宋、金、元。在南北街段道东九十尺外。有些地段傍墙下有小巷。

渠 —— 在南北街段道东。

章台街　南北街。左第二厢。见金帖。

渠河街　南北街。南通九耀街。见金帖。

太仓巷　南北街。左第二厢。见金帖。

牛羊巷　南北街。左第二厢。见金帖。

北城巷　南北街。左第二厢。街北通官道。见金帖。

东城墙 —— 宋、金、元。在街东六十尺外。

南　巷　东西街。右第一厢。见金帖。

南坡子街　东西街。右第一厢。见金帖。

录务街　南北街。右第一厢。见金帖。

□子院街　东西街。右第一厢。见金帖。

西城巷　东西街。右第一厢。见金帖。

漆器市街　南北街。右第一厢。见金帖。

台院街　东西街。右第一厢。见金帖。

南城墙 —— 宋、金、元。在街南一百九十五尺外。见金帖。

铁炉巷街　南北街。右第一厢。见金帖。

正　街　东西街。子城厢。见金帖。

京兆府衙 —— 宋、金、元。在街北。衙内有莲池。见金帖、骆志卷三。

颁春厅 —— 金。在街北衙墙外。见金帖。

通政坊街　南北街。子城厢。见金帖。

光华门街　南北街。子城厢。见金帖。

官药局 —— 金。在街西。见金帖。

---

① 见《金石萃编》卷一三二。

② 见《金石萃编》卷一五四。

观 —— 金。在街西。见金帖。

府东街　　南北街。见宋志。

  太平兴国寺 —— 宋、金、元。见宋志卷一一。

府城西北街　　东西街。见宋志。

  开元观 —— 宋。见宋志卷一二。

府城北街　　东西街。见宋志。

  雍侯庙 —— 宋。见宋志卷一二。

府西街　　南北街。见宋志。

  安平公庙 —— 宋。见宋志卷一二。

菜市街　　东西街。见后周广顺二年《广慈禅院残牒》附后晋天福四年买地券。

  草场 —— 五代。在街南。北临菜市街，南临通城巷。见天福四年买地券。

  太庙院 —— 五代。在街南。北临菜市街，南临通城巷。见天福四年买地券。

通城巷　　东西街。见天福四年买地券。

除上录街巷及相关建置外，见于宋元间人记载而又有较明确位置可考的重要建置还有下列几处，

  秦川驿 —— 宋、金、元。在城西北角内。见骆志卷七、宋志卷一一、李图。

  妙果尼寺 —— 宋。在府西南。旧称西台尼院、西台寺，因位于唐御史台故地而得名。北宋开宝中改称妙果尼寺。见宋志卷一二、后周显德二年《永兴军牒》。

  延祥观 —— 宋、金、元。在城东南隅。本太白观圣侯庙，唐末韩建自唐长安城春明门外移此地重建。金敕赐延祥观，元人仍称太白庙。见骆志卷五、李图。

  嘉祥观 —— 宋、金、元。在城东北隅。本城隍庙，金敕赐嘉祥观。元人仍称城隍庙。见骆志卷五、李图。

  樗里子庙 —— 宋、金、元。在府衙西畔。有墓在庙后。见骆志卷一〇、

卷五、李图。

宋太尉种师道宅 ——宋。在府衙后街。见骆志卷四、卷三。

综合上录街巷建置，再参考李好文《奉元城图》及其他有关文献和考古发现，就可以比较清楚地复原出宋、金、元时期西安城市布局的基本轮廓。

（此文写成于1991年初，未曾公开发表）

西安碑林迁置时间新说

西安碑林荟萃中国古代著名石刻，是蜚声海内外的中华民族历史文化遗产宝库，也是宾客云集的旅游胜地。然而关于碑林迁建于今址的时间和经过，古今学者所作研究却尚未中其肯綮。因撰此文，聊事考证，以求其故实，庶不负碑林之盛名，并作为研治宋元时期西安城市布局的基础。

西安碑林是从存置唐代石台孝经和开成石经而发展起来的。这两种石刻经书原来都存放在唐代的国子监，而唐国子监则设在皇城东南角外务本坊的西半部，监中建有孔子庙。唐昭宗天祐元年（904），朱温胁迫昭宗东迁洛阳，长安城宫室庐舍拆毁殆尽。同年韩建任佑国军节度使，来长安主政，弃置原来的外郭城和宫城不用，只是改建原来的皇城留作"新城"。韩建在改建新城时，把原来设在皇城外务本坊的国子监孔庙和一部分石经移到了皇城内唐朝"尚书省之西隅"，即今西安鼓楼以西、北广济街以东。稍后几年，至后梁初，刘鄩出守长安，又把韩建遗留在城外的另一部分石经也移到城里放在一起。根据《旧五代史》本传，刘鄩出守长安是在开平三年至乾化四年之间（909—914）。这是今西安碑林的第一次迁移。关于这一次迁移的经过，是没有什么异议的。

石经迁置到新城以后，陆续又在这里汇集了其他一些著名石刻，也对孔庙做过几次维修。北宋哲宗元祐二年（1087）初，吕大忠领陕西转运副使，因旧址与民居间杂，而且地势低洼，石碑往往为"霖潦冲注，随立辄仆"，于是他主张重新移置于"府学之北墉"，同年迁建完工。事见宋元祐五年黎持撰《京兆府学新移石经记》[①]。这是碑林的第二次迁移。今人凡论述碑林之发展经过，

[①] 见《金石萃编》卷一三九。

都据之认为元祐二年或五年碑林已迁至今址。如原陕西省博物馆（即碑林）馆长武伯纶所撰《西安历史述略》、陕西省文物管理委员会编《陕西名胜古迹》，以及新近刚刚出版的《长安史话》（由武伯纶任编委会主任，碑林一节由碑林工作人员撰写），都持这一观点。前此我在撰写《中国七大古都》中的"西安"一章时，也依同此说，犯了同样的错误。

这种说法的疏误，在于没有认真核查碑林所迁至的府学究竟设在哪里。元代府学设在今西安碑林，见于元李好文《长安志图》。论者殆皆以为元人承用宋朝旧址，未能深事探究。

元代的府学固然是沿袭宋金的旧址，可是宋时府学的位置却前后有过变动。宋代在西安设永兴军。在永兴军设置府学，始于仁宗景祐元年（1034），学中同时建有孔庙。据金人李槃在金海陵王正隆二年（1157）所撰《京兆府重修府学记》记载，"京兆旧学"设在"府城之坤维"①。"坤维"是指西南部，而元代府学亦即今西安碑林是在宋元长安城的东南部，方位相差悬殊，显然不在一处。因而元祐二年吕大忠所迁石碑当即安置在城西南部，而不在碑林现址。

至徽宗崇宁二年（1103），枢密直学士知永兴军虞策也是因为"地非亢爽"，还是有些低洼，才又在今碑林处重建府学和孔庙。李槃《京兆府重修府学记》云新学设在"府城之东南隅"，其地"水易就下"。这显然就是今西安碑林所在的位置。金章宗明昌五年（1194）《京兆府提学所帖碑》所记位置未变②，都与元李好文《长安志图》所绘相同。尽管石碑是否与府学同时迁至今址，史无明文；然而揆诸事理，自当一并迁移过来。这是碑林的最后一次迁移。

总之，碑林迁置于今址应在宋徽宗崇宁二年，亦即西元1103年，而不是以往所说的元祐二年（1087）。

（原载台湾《历史》月刊1993年第1期，题为《西安碑林的迁置时间》）

---

① 见《金石萃编》卷一五四。
② 见《八琼室金石补正》卷一二六。

唐骊山华清宫长生殿新解

"长生殿"熟为人知,乃因白居易《长恨歌》脍炙人口,其中"七月七日长生殿,夜半无人私语时,在天愿作比翼鸟,在地愿为连理枝"等数句,作为点睛传神之笔,不拘雅俗,大抵皆朗朗诵之于口。但"长生殿"本义何在,千百年来却一直没有做出十分圆满的解释。

一 旧有的解释

《长恨歌》写的是骊山华清宫的长生殿,除此之外,唐代长安和洛阳城中也有"长生殿"。历来关于《长恨歌》中长生殿的解释包括两个方面的内容:(一)《长恨歌》是把"长生殿"作为什么性质的处所来描写的?(二)华清宫长生殿实际上是一种什么性质的处所?综合起来,可以分为三种不同看法。(一)《长恨歌》想写的是寝殿,但实际上华清宫长生殿却是斋殿或祀神之殿,当时"乐天未入翰林,犹不谙国家典故,习于世俗,未及详察,遂致失言"。这种看法以唐人郑嵎和今人陈寅恪先生为代表①。(二)《长恨歌》写的是寝殿,华清宫长生殿实际也是寝殿,"盖唐寝殿皆谓之长生殿"。这种看法以元胡三省和清阎若璩为代表②。(三)《长恨歌》写的是斋殿或祀神之殿,华清宫长生

---

① 《唐诗纪事》卷六二郑嵎《津阳门诗注》。陈寅恪:《元白诗笺证稿》。
② 《通鉴》卷二〇七长安四年十二月"太后寝居长生院"条胡注。阎若璩:《潜丘札记》卷二。按在胡三省之前,南宋程大昌在《雍录》卷四"长生殿"条已指出:"长生者,必寝殿也。……骊山别有寝殿,亦名长生。"但在同卷"温泉"条复又移录《长安志》亦即《津阳门诗注》之说云:"长生殿,斋殿也。"自相矛盾,首尾横决,可见程氏尚无明确认识。

殿实际上也是斋殿或祀神之殿。这种看法以清人冯浩为代表①。近年业师黄永年先生经过翔实考证，论证了胡三省的观点是基本正确的，其余诸说皆有谬误②，从而基本澄清了关于华清宫长生殿纷纭不一的看法，这对唐代华清宫和《长恨歌》的研究都是颇为重要的。

胡三省等人认为长生殿即寝殿的通称，却没有注意到并考辨长生殿为斋殿或祀神之殿的材料和看法。因此，他们的论证是很不充分的。冯浩、陈寅恪诸人之所以摒弃其说，就在于这一点上。所以要想重新确认这一看法，就必须圆满地解释清楚各项有关的记载。对此，黄永年师指出：其一，长生殿为斋殿说所源出之郑嵎《津阳门诗注》"无非采摭当时流传的野语逸闻"，不可尽信。其二，长生殿为祀神之殿说源出于《旧唐书·玄宗纪》载"天宝元年十月丁酉，幸温泉宫。辛丑，……新成长生殿，名曰集灵台，以祀天神"，意即"新成寝殿，名曰集灵台"，云"以祀天神"，乃是说明长生殿之所以命名为集灵台，是由于它兼作祀神之用。这实际上形成了关于华清宫长生殿的第四种说法，即长生殿正名集灵台，是寝殿兼用于祀神。

二　长生殿与集灵台新说

从《旧唐书·玄宗纪》的行文来看，把集灵台解作专用于祀神似乎更为贴切。黄永年师对长生殿与集灵台关系的解释，仍略嫌不够圆满。

唐杜宝《大业杂记》（《续谈助》摘录本）载隋大业元年五月筑洛阳西苑，其中有方丈、蓬莱、瀛洲诸山，"上有通真观、集灵台、总仙宫，分在诸山"。显然，这个集灵台也是与神、道有关的建筑。唐玄宗大肆遵崇道教，天宝年间频称老君显圣，兴置玄元庙，后又升为太清宫、太微宫，又改骊山朝元阁为降圣阁，等等。建"集灵台以祀天神"，也完全符合唐玄宗的崇道行为，是毫不奇怪的。《文苑英华》卷五载有唐张良器《集灵台赋》，其中写道：

---

① 冯浩：《玉溪生诗集笺注》卷三《骊山有感》注。
② 黄永年师：《〈长恨歌〉新解》附《说长生殿》，载史念海师主编《文史集林》第 1 辑。

希夷乎人皇,居明堂,辟阴开阳。冠通天兮荫华盖,发大号兮流耿光。将乐瑶池之宴集,由喜玉京于寿昌。降清问于宣室,讨真经于柏梁。乃因高为台,顺时谋筑。

又云:

登夫集灵之台,谓天帝而为会。

《玉海》卷一六二云此赋乃"天宝二年进士试",正值集灵台初成,可证唐骊山集灵台与隋洛阳集灵台用途完全相同。

建宫观敬祀天神而以"集灵"为名,盖本自汉武帝建集灵宫。《汉书》卷二八《地理志》上京兆尹华阴县下载,有"集灵宫,汉武帝起"。又《隶释》卷二《西岳华山庙碑》云:

孝武皇帝修封禅之礼,思登遐之道,巡省五岳,禋祀丰备,故立宫其下,宫曰集灵。

唐李商隐《汉宫词》曰:

青雀西飞竟未回,君王长在集灵台。侍臣最有相如渴,不赐金茎露一杯。[①]

这首诗通篇不过君王"不问苍生问鬼神"之意,俱用汉武帝典以喻唐事。"君王长在集灵台"句,清人程梦星解作"以武宗筑望仙台比事属词"[②]。但据《三辅黄图》卷五,汉武帝在甘泉建有通天台,又曰望仙台,其上又有承露盘(即《汉宫词》"金茎露"所据典)。李商隐博学有"獭祭鱼"之雅号,何不以此

[①] 《李义山诗集》(四部丛刊本)卷五。
[②] 见冯浩:《玉溪生诗集笺注》卷一。

"望仙台"来"比事属词",既更切合于武宗之事,又与末句"不赐金茎露一杯"相互呼应更为密切。程说欠明。今叶葱奇先生又解作:"汉武帝所建台,并无名集灵的,这是合集灵宫、望仙台而言。"① 其说更属牵强。李商隐云集灵台而不云集灵宫,当然是为了协韵,但同时也说明隋唐之世所谓集灵台与汉武帝集灵宫本为同一类建筑,所以用集灵台来明刺明皇,暗讽武宗。

那么究竟应当怎样来解释长生殿与集灵台的关系呢?原来《旧唐书·玄宗纪》前述一段内容,其文字本身是有舛讹的②。《旧唐书》卷二四《礼仪志》载同事云:

> 天宝元年十月,改新丰为会昌山,仍于秦坑儒之所立祠,新作长生殿改为集灵台。

依此校改《旧唐书·玄宗纪》就可以明白,原来是天宝元年十月华清宫(当时称温泉宫)新寝殿建成后,改作祀神之宫,名为集灵台。如此则文义通顺,一切疑问都可以涣然冰释了。

结 论

总括以上论述,可以得出结论:集灵台是骊山华清宫中专门祀神的场所,与长生殿无关;换言之,即华清宫长生殿只是寝殿的别称,和长安、洛阳城中寝殿称长生殿一样,与祀神活动无关。因此,《长恨歌》中李三郎与杨玉环夜半曲叙儿女私情本自在其内寝之中,白乐天并未像陈寅恪先生所指责的那样以"儿女猥琐"阑入清严神道③。

(原载台湾《历史》月刊 1994 年第 3 期)

---

① 叶葱奇:《李商隐诗集疏注》卷上。
② 《唐会要》卷三〇华清宫条、《长安志》卷一五引《实录》略同。
③ 《元白诗笺证稿》语。

河洛渭汇流关系变迁概述

黄河自龙门出山陕峡谷后，河谷骤然展宽，临猗县吴王渡至潼关一段河道，左右分别为涑河和洛河、渭河下游谷地，地势更为开阔。历史上黄河在此经常左右摆动，往往造成"鬼无墓，人无庐，百万田产了无余"的悲惨景象[1]，沿岸居民饱受其灾。近代水文资料表明，黄河西徙，时或夺洛水下游与渭水相会，洛水即直接东入黄河；黄河东偏之后，洛水则将复归渭水。因而，探明河、洛、渭汇流关系的历史变迁过程，就可以揭示该段黄河河道徙移变化的基本情况，为沿岸经济建设提供参据，以免罹水患。这对于研究河、洛、渭汇流地段三河现代河流状况及其发展也不无意义。同时，复原历史河道也是历史地理研究的一项基础工作。

洛水并非名川巨浸，史籍所载甚为简疏，今已难得尽详其原委。本文所论，乃仅据所见，勾勒其大略情形。

洛水在春秋战国时代始见著录，此前无可依据，暂付阙如。战国时期的地理名著《禹贡》未载洛水之名，而有漆沮水在泾水之东入于渭河。《尚书》伪孔传谓漆沮即洛水异名，后人多承之。但亦有人因今石川河亦名漆沮水，而以为《禹贡》漆沮或即谓此。其实以沮名水，当本自水旁多沮洳之地[2]。先秦关中开发未久，自然植被尚丰，自多沮洳之地，故漆沮之名往往有之。周人初居的岐山之下，就别有漆沮之水[3]；洛水下游萦回曲折，沮洳之生，在所难免，

---

① 康熙《朝邑县后志》卷八《艺文》载明王钺《黄河民谣》。
② 辛树帜：《禹贡新解》，农业出版社1964年版，第143—152页。
③ 《诗·大雅·绵》。《诗·周颂·潜》。

其上游亦有支流名沮水①。《禹贡》所述漆沮并非今石川河莫属,伪孔传的解释似应可信。与《禹贡》成书时代相近的《山海经·西山经》篇,更明确记述洛水注于渭水②,已无可置疑③。

《山海经》和《禹贡》之后,至于西汉,未见有关洛水终闻的记载,可能变化不大。《汉书·地理志》并存洛水入河、入渭两说④,今多从入渭之说而未有详辨。汉武帝元光六年开凿漕渠之后,河东太守番系在汾阴、蒲坂开河壖弃地五千顷,引河水灌溉,说明当时黄河河道正向西移徙,故有河壖弃地可耕。番系开渠作田数岁后,"河移徙,渠不利,则田者不能偿种。久之,河东渠田废"⑤。河徙而致渠道引水不利,渠田废弃,说明黄河又有西徙(若东徙就要冲溃河东田地,而不是引水不利的问题了)。番系在元朔五年已升任御史大夫⑥,所以这次河徙就在漕渠开凿前后。从得地五千余顷之数看,黄河西徙的幅度应当很大。漕渠当时直接入于黄河⑦。今黄河在潼关县东北港口向东转折,其处地势高亢,漕渠已无法通过,只能延至潼关县西北吊桥街一带,黄河当时也就应在今吊桥街以西转折,《汉书·地理志》洛水入河之说,反映的正是这一时期的情况。河徙的发生时间,可能在番系垦田前不久,若是时间已长,就应早被耕植了。从《汉书·地理志》行文来看,入河之说系于洛源,可能是抄袭汉初资料而未经留意考订;入渭之说系于洛口,则不大容易疏忽,说明西汉中后期大部分时间洛水入渭。

东汉至南北朝期间,洛水以入渭为主。魏晋之际成书的《尚书》伪孔传,释入渭之漆沮为洛水,至北魏郦道元注《水经》时仍述洛水入渭,并云"(洛水)阚骃以为漆沮之水也"⑧。阚骃乃东晋人,漆沮即《禹贡》入渭之漆沮,阚骃既释漆沮为洛水,也就说明当时洛水是入渭的。

---

① 《汉书》卷二八《地理志》下北地郡直路县。
② 关于《五藏山经》的成书年代,诸家看法不一,但不出春秋末期至战国后期之间,与《禹贡》成书时间均相去不远。
③ 谭其骧先生主编《中国历史地图集》第一册战国图绘黄河西偏,洛水入河,与此有异,未详据何以定。此外,该图集第六册南宋图、第七册元图,亦与本文所论不同,谨志此存疑。
④ 入渭说见于左冯翊怀德县下,入河说见于北地郡归德县下。
⑤ 《史记》卷二九《河渠书》。
⑥ 《汉书》卷一九《百官公卿表》下。
⑦ 《史记》卷二九《河渠书》。《文选》卷一班固《西征赋》。
⑧ 《水经·渭水注》。

隋初洛水可能一度入河。文帝开皇四年，重又开浚漕渠，和汉代漕渠一样，其终端也在黄河①，说明黄河又有大幅度西徙，应已袭夺洛水下游。北周武帝保定二年（562）初于蒲州开河渠溉田②，或许和西汉一样，是在河壖弃地上开田。如果此推论不误，那么此时黄河已经西徙。但黄河西行未久，隋末李渊自太原进军长安途中所见到的洛水，已复归于渭③。

唐初颜师古注《汉书》，谓"漆沮即冯翊之洛水也"④，李泰等所撰《括地志》也称漆沮即洛水，"至华阴北南流入渭"⑤。至开元年间张守节作《史记正义》时，仍云"洛水一名漆沮，在雍州东北，南流入渭"⑥，可知唐代洛水始终入渭。

据北宋熙宁年间成书的《长安志》记载，北宋时洛水初亦入渭⑦。但在仁宗庆历以前，黄河就已数度西溢，侵浸朝邑，赖岁岁缮修黄河西堤，方勉强维持旧道⑧。北宋后期，黄河终于冲溃河堤，西徙夺洛会渭。现存几幅宋代石刻地图，反映了这一变迁的大致时间。几幅地图中绘洛水入渭的只有刊于元符三年（1100）的镇江《禹迹图》（图1）。该图题记云依长安旧本而刊，据研究，它成图于元丰元年至元祐四年（1078—1089）之间⑨。因此，起码在元祐四年以前洛水应该是入渭的。饶有兴味的是，在宣和三年（1121）重立的四川荣县文庙《九域守令图》（图2）上，洛水下游有一重一浅两条河道。粗重的一条，刻划清晰，入于黄河；细浅的一条，痕迹模糊，入于渭水。似原图洛水本入于渭，而由后人改刻所致。据研究，该图是宣和三年利用绍圣元年至元符三年间的一幅地图为底图而绘制的，水道主要因袭前图，而政区建置有所增改⑩。这样，《九域守令图》上入于渭水那条洛河水道，就应该绘于绍圣元年至元符三年之间，但宣和三年图碑为新刻重立，入河一条洛河水道若为此时所改，就不会在碑上留下入

---

① 《隋书》卷一《高祖纪》上，卷六八《宇文恺传》。
② 《周书》卷五《武帝纪》上。
③ 《大唐创业起居注》卷二。
④ 《汉书》卷二八《地理志》上颜师古注。
⑤ 《诗地理考》卷三引《括地志》。
⑥ 《史记》卷四《周本纪·正义》。
⑦ 《禹贡指南》卷一引《长安志》佚文。
⑧ 《能改斋漫录》卷一三《记事·河中府浮桥》。
⑨ 刘建国：《镇江宋代〈禹迹图〉石刻及其所附拓片》，《文物》1983年第7期。
⑩ 郑锡煌：《北宋石刻"九域守令图"及其所附拓片》，《自然科学史研究》1卷2期，1982年。

渭的洛河水道的残痕，改刻洛水新道的时间，只能在宣和三年之后。《九域守令图》用于地理教学，改刻洛河水道是为适应教学需要，根据实际地理变化修正地图。所以，洛水入河要在宣和三年以后。十五年后（1136）上石的西安《禹迹图》（图3）和《华夷图》均已绘洛水入河。虽然二图初绘年代较早，但洛河水道变动涉及地域很小，容易改动，而且其地近洛水①，刊石者熟知实际情形，因而在上石时都作了相应订正②。南宋学者朱熹、王应麟等明确称述南宋时洛水已改入黄河，证明这些地图上洛河终间的变化是基于地理事实的③。

图1 镇江《禹迹图》上的洛河

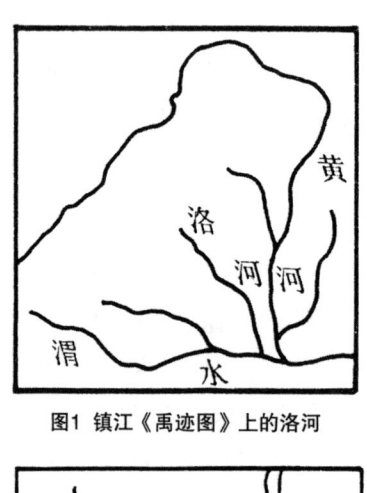

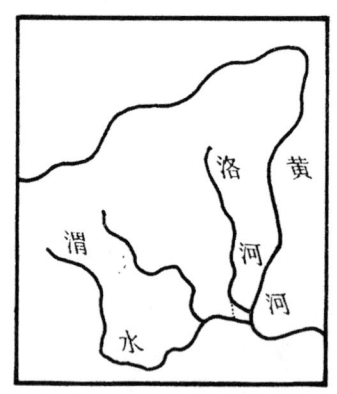

图2 《九域守令图》上的洛河

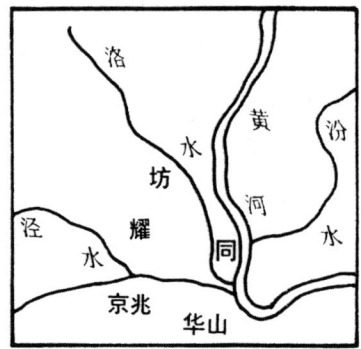

图3 西安《禹迹图》上的洛河

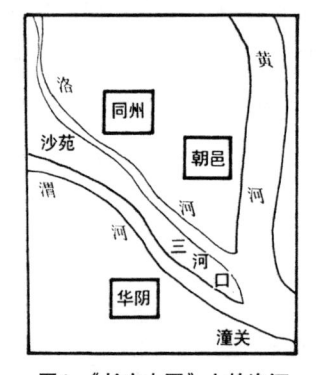

图4 《长安志图》上的洛河

---

① 《禹迹图》和《华夷图》为伪齐阜昌七年同刻于一石，据《华夷图》题记，该石立于岐学，岐当指凤翔府。有人认为该石刻于汴京（《王成祖：《中国地理学史》上册，第80页），恐有疏误。
② 现存宋代石刻地图尚有淳祐七年（1247）苏州府学石刻《地理图》。图中河、洛、渭交于一点，这可能是绘图粗疏所致，也可能是河道变化过程中某一时期即处于这样一种状态。
③ 朱熹：《诗集传》卷一〇《小雅·吉日篇传》。王应麟《诗地理考》卷三。

南宋洛水入河的状况至元代后期似未有变更。元前期骆天骧所撰《类编长安志》和元后期李好文所撰《长安志图》（图4）所绘洛水，均与西安《禹迹图》等一样归于黄河①。

李好文《长安志图》之后，洛水何归，未见记载。然明正德《朝邑县志》云洛水入渭"盖数千岁"，"成化中，乃崩入黄河"②，说明成化（1465—1487）以前，洛水曾长期入渭。据《长安志图》卷下《泾渠图说·序》，《长安志图》当成于至正元年李好文首次出任陕西时，故明成化前洛水入渭状况的形成，当在至正二年（1342）以后、元明之际一段时期内。从正德《朝邑县志》洛水"崩入河"的话来看，这次洛水入河，是在黄河西徙尚未达到洛水时，由于二水相距甚近，致使洛水溃岸东入黄河的。洛水入河后，黄河仍继续西徙。隆庆三年河水西溢，竟浸及朝邑东门；万历六年又自大庆关溃决，进一步西移；万历十二年，终于侵及整个洛水故道，经三河口而下③。

图5 康熙《朝邑县后志·疆域图》上的洛河

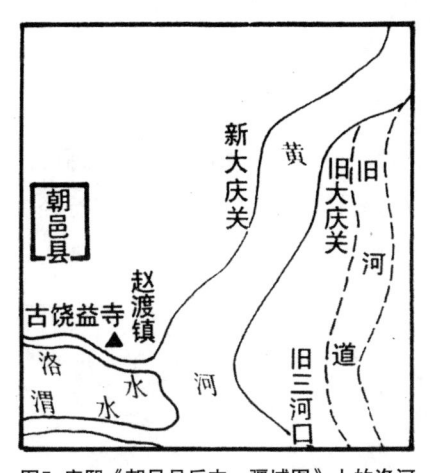

图6 光绪《陕西全省舆地图》上的洛河

清代大部分时期洛水都是入河（图5）④，至光绪二年（1876）洛水方西南

---

① 《类编长安志·安西路州县图》。《长安志图》卷上《奉元州县之图》。
② 正德《朝邑县志》卷一《总志》及韩邦靖《自序》。
③ 万历《续朝邑县志》卷一《地形志》。
④ 康熙《朝邑县后志·疆域图》。乾隆《朝邑县志·地形志》。道光《陕西志辑要》卷三同州府朝邑县山川。

决入渭河。但洛水转折之处距黄河仅数十丈，其间唯赖黄河永安堤壅阻河水[1]，而黄河又"日见西徙"[2]，显然不可能维持久远。光绪十九年《朝邑县幅员地粮总说》总说部分和光绪二十五年（1899）《陕西全省舆地图·同州府朝邑县图》（图6）上所载洛水虽然还是入渭，但在光绪三十二年（1906）《朝邑县乡土志》的《朝邑县境全图》（图7）上，洛水已经又改流入河。这次黄河西摆虽已挟洛入河，但尚未涌入洛水河口段河道，遗弃的洛河故道至民国初年尚清晰可辨[3]。

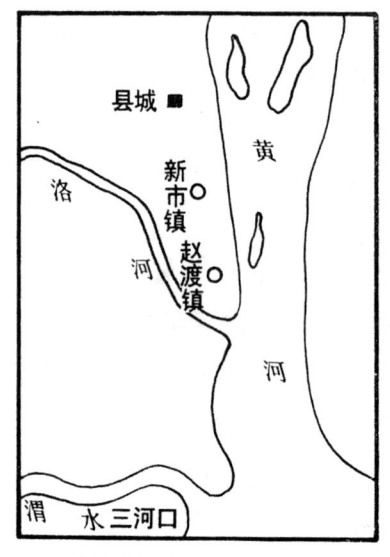

图7 光绪《朝邑县乡土志·朝邑县境全图》上洛河

民国以来，实测地图和水文资料日臻完备，洛水终闾变化，已无庸征考。1933年，黄河重又东移，洛水经过一段入渭、入河不定的时期后，自1947年始大致沿今河道入渭。

纵观春秋战国以来河洛渭汇流关系的变迁，可见洛水入渭时间较入河时间约长一倍，因此，维持目前洛水入渭状况较为适宜。在三河汇流地区进行经济规划时必须考虑黄河河道西徙的潜在可能性。

（原载《人文杂志》1985年第5期）

---

[1] 光绪《陕西全省舆地图·同州府朝邑县图》水道部分说明。
[2] 光绪《同州府续志·凡例》。
[3] 何簑庵：《北洛水变迁问题解答》，《地学杂志》1916年第1期，邮筒栏。

说青州枣

红枣是今山东省特产，溯其渊源，则远在隋唐时期即已驰誉国中。当时今山东益都、潍坊一带属青州，是全国最著名的枣产区。

枣很早就普遍栽培于我国华北各地，但山东之枣初时尚不为人们所称道。西汉司马迁在《史记·货殖列传》中备举战国秦汉各地特产，指出燕国北部（今河北北部和辽宁南部地区）和涑水流域的安邑（今山西西南部）是全国两大著名枣产区。当时这两个地区有很多人以枣为业，"民虽不由田作，枣栗之实，足食于民"[1]，其富者竟与千户侯相侔。三国时曹操的儿子曹丕有一次对群臣说，南方龙眼荔枝的味道，还不如我们北方普通的枣呢，更不用说安邑的御枣了。南朝梁简文帝萧纲在一首咏枣诗中写道，他远在江南，也"已闻安邑美"。可知秦汉以后整个魏晋南北朝期间，枣的盛产地区未有变动，山东之枣仍不豫上乘。但当时位于今山东东北部益都一带的北魏青州，枣树栽培已相当兴盛。《魏书·灵征志》上作为重大灾异，多次记载了青州枣花遭受步屈虫（今称枣步曲或枣尺蠖）害的事，说明枣已成为当地重要农产品，栽培面积当为不小。

北魏在青州大面积栽培枣树之后，青州枣的品质也迅速得到改良提高。据《续高僧传·法藏传》记载，当时身为北周丞相的杨广，曾把一石青州枣作为珍肴赐给高僧法藏。到了唐代，青州枣与安邑枣相并被列为献给朝廷的贡物[2]，而燕北地区的枣已不入名品。杨广赐枣给法藏，是在都城长安，当时舍

---

[1] 《战国策·燕策》。
[2] 《新唐书》卷三八《地理志》河南道青州、卷三九《地理志》河东道河中府。

安邑枣不取，却宁可远自海滨输入青州枣，反映出青州枣的品质要在安邑枣之上。《太平广记》收录有一则故事，说是隋时信都（今河北冀县一带）有人进献四百枚"仲思枣"，传说这种枣是北齐时一个名叫仲思的仙人传来，枣长核细，肉肥味甘，所以又称"仙枣"。当时人们品评说仙枣的味道要"贤于青州枣"，这说明青州枣本居全国之首位，后来培育出的"仲思枣"虽然味道胜之，可当时"海内唯有数树"，还无法大面积移栽培植，所以就是皇亲国戚、高官贵勋恐怕也难得有幸吃上一枚①。而青州枣则不然，由于至迟从北魏起就已大面积栽培，不仅皇帝可以成石送人，民间商贾还远贩各地。《宋高僧传·思公传》记载，唐代有个法号昙真的和尚，出家前本是青州商人子弟，其父即以贩枣为业，少小时曾随父运枣去彭城（今江苏徐州）贩卖，不幸父亲病故于彭城，昙真无所依怙，只好投身寺院。青州枣远销各地，人们美食之余，自然会想到自行种植这一优良品种。《续高僧传·慧觉传》记载唐初并州（今山西太原）僧人慧觉，为来世往生西方净土，施造功德，曾"不远千里，青州取枣，于并城开义寺种之，行列千株"。慧觉舍近求远，不种安邑枣而种青州枣，大概就是因为安邑枣不如青州枣，害怕弥勒佛爷因此嫌其功德未足，不让他往生净土。

北宋王安石在一首咏枣诗中歌吟："缅怀青齐间，万树荫平陆。"隋唐以后，青州成为全国最著名的产枣区，不仅甘枣美味溢于国中，而且因人杰地灵之惠，良种绝技也绵延至今。今日山东著名的乐陵金丝小枣、庆云无核枣，虽然地域不属隋唐青州之境，但却都在其周边不远，溯其渊源，应该说是青州的流风余韵了。

（原载《中国历史地理论丛》1987年第2辑）

---

① 《太平广记》卷四一〇仲思枣条。

唐高僧籍贯及驻锡地分布

两汉之际佛教传入中国后，最初只传布于洛阳、丹阳、下邳、彭城、广陵、武昌、建业等地，历两晋南北朝三百余年，逐渐延播至全国大部分地区。迄于唐代，佛教在中国臻于全盛，其弘布地域亦更为广泛。其间高僧大德，辈出不穷，由这些人的出身及活动地点，略可窥知一代佛教的地理分布特征。严耕望先生曾就唐代高僧驻锡地点，论述唐代佛教地理分布状态，识雅思精。唯惜其所论略嫌简疏，且高僧籍贯分布亦为佛教地理重要特征之一，而严文未尝及之。故今试缘其宏旨，从而广之，据《续高僧传》、《宋高僧传》及《大唐西域求法高僧传》三书所载，进一步探究唐代高僧籍贯及驻锡地之地理分布。

一 唐代高僧籍贯分布及其变迁

统计《续高僧传》、《宋高僧传》及《大唐西域求法高僧传》三书，共得具有比较确切籍贯的唐代高僧555人，由图中可以看出，唐代高僧籍贯地理分布具有极大的不平衡性。这555人中约有四分之一出自江南东道，河东道和京畿道次之，占唐代高僧总数10%左右；黔中道居二十一道之末，无出一人，关内道稍强，仅有2人，继之者为山南西道，共出6人，只占总数1%。随着唐代社会发展，这种不平衡性体现出不同的地域特征。唐玄宗天宝十四年爆发的"安史之乱"，是唐代历史的转折点，唐代社会由此分为前后两期，各个方面都呈现出显著变化，佛教地理分布亦无出其外。下面即大致以"安史之乱"为界，分为前后两期，对比分析唐代高僧籍贯的地理分布及其变化。

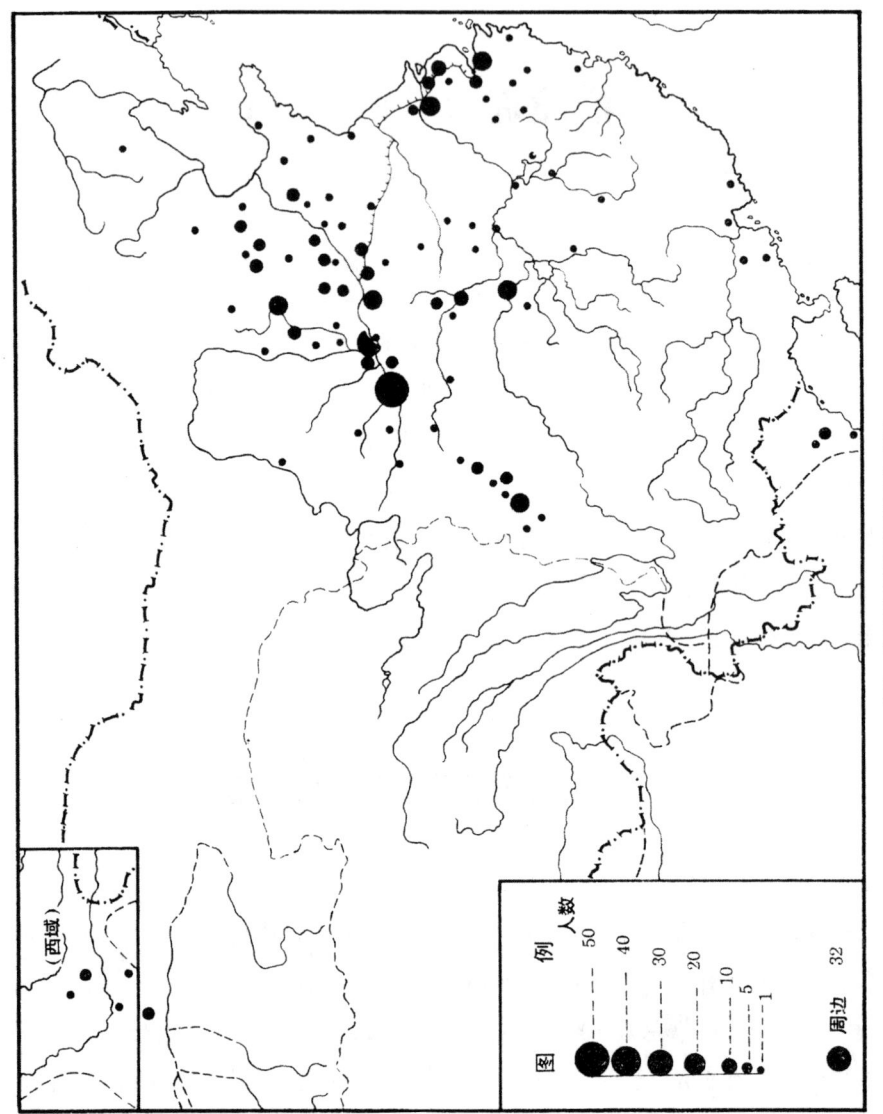

206　古代交通与地理文献研究

图1　唐代前期高僧籍贯分布图

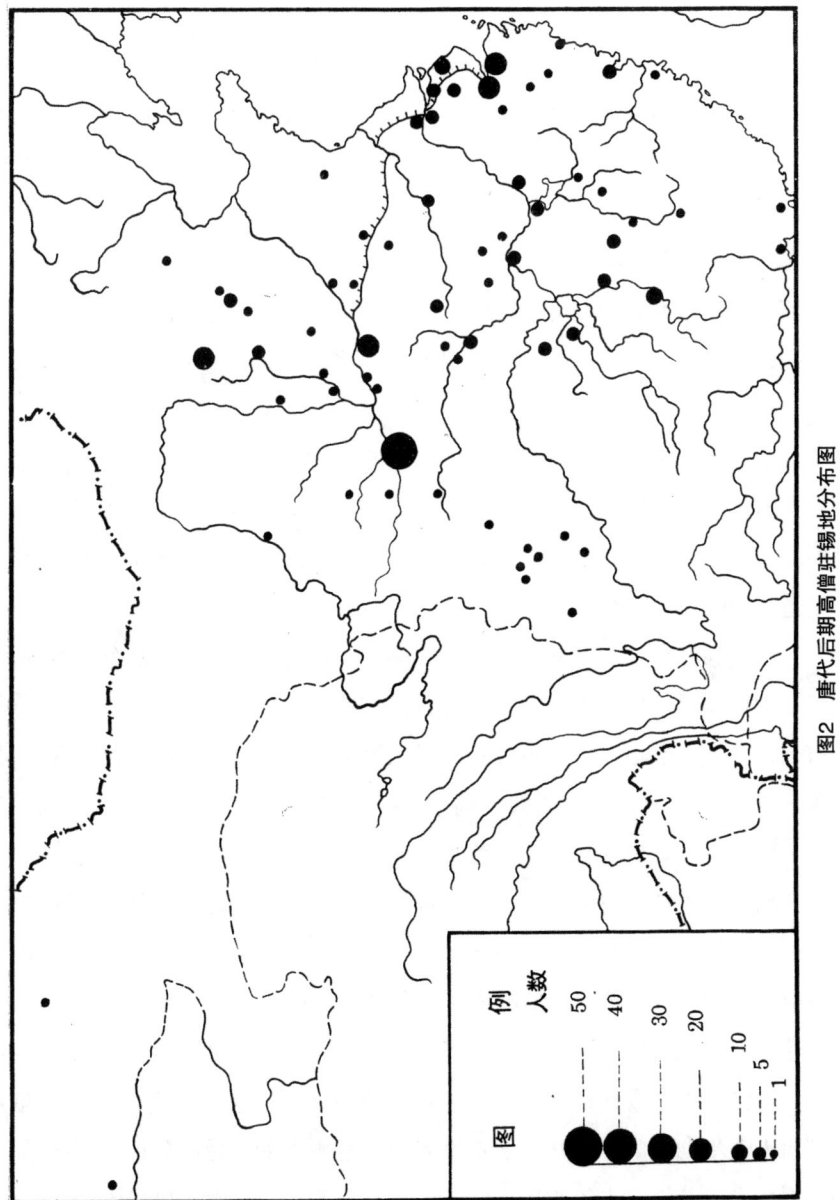

唐高僧籍贯及驻锡地分布 207

图2 唐代后期高僧驻锡地分布图

江南东道所出高僧在唐代前后期始终居于全国之首。唐代前期共得有确切籍贯的高僧353人，江南东道为57人，占总数16%左右。这57人又集中分布在江南东道的北部，即今浙江、皖南、苏南地区，其中尤以太湖、杭州湾周围的润州、苏州、越州、常州、杭州五州为最，集中了江南东道75%以上的高僧。而江南东道南部的福州、建州、泉州、汀州、漳州五州（相当于今福建省统辖区域）除智晞一人籍称闽越，不能排除其有可能出于此区域外，籍贯明确属于这里的竟绝无一人。江南东道内部高僧籍贯分布的严重不平衡性，更反映出全国高僧籍贯分布不平衡的严重程度。

河东道在唐代前期计出高僧49人，仅次于江南东道，居全国第二位，占前期高僧总数13%左右。河东道内部高僧籍贯的分布也很不平衡，其北部今山西内长城以外地区，即唐云州、蔚州、朔州三州，无出一人；南部则以汾、涑谷地分布最为集中，特别是汾河谷地北端的太原府和涑水下游谷地的蒲州，合计占有河东道所出高僧的65%左右。河东道所出高僧数目次于蒲州和太原府的是约略相当于今晋东南地区的潞、泽二州，其中潞州5人，泽州4人，合计占河东道高僧的20%左右。

京畿道和都畿道是开元二十一年分别由关内道和河南道中划分出来的，是十五道中面积最小的两个道。京畿道包括京兆府、同州、华州、邠州、岐州五个府州，面积虽然很小，却占有关内最为繁荣富庶的渭河平原全部地区，又是京师所在。唐代前期京畿道共出高僧45人，略逊于河东道，位居全国第三。实际上就是在京畿道这样狭小的范围之内，高僧籍贯分布也很不均匀，73%左右的高僧是集中在京兆府界内，而以都城所在的长安、万年两县最为密集。若以单位面积所出高僧数目而论，无论是以京畿道比之于江南东道北部，还是以京兆府比之于太湖、杭州湾周围地区，京畿道和京兆府都不会在于其下。

唐代佛教兴盛，西方天竺（印度）僧人多有来华传经布道者，东方高丽、新罗、百济（均在今朝鲜半岛）、日本又多有入华求法者。无论传经抑或取经，异域僧人在华期间颇有一些声名卓著者。印度僧人多以译经著称，如波颇、那提、无极高、菩提流志等均为一时名师。东方来华求法者，以日本为众，然而在诸僧传中却几乎见不到记载，见于传记者多为新罗、高丽、百济的僧侣。如玄奘弟子圆测、元晓、顺憬于法相之学，义湘于华严之学，无相于禅宗，皆负誉一时，或者弘法东海，流风后世。由于华竺僧侣间的往返取经传法和海上贸易活动影响，地处海上通路的南洋诸岛国也多有人入华为僧。在本文统计资料范围内，唐代前期共得天竺僧14人，新罗、高丽、百济僧17人，另有诃凌国（今印度尼西亚爪哇、苏门答腊岛一带）僧智贤1人，计32人，占前期高僧总数9%强，比例是很大的。这样的计算，尚未包括唐代极盛时期羁縻于唐王朝的罽宾、吐火罗、贵霜、康居（今阿富汗、巴基斯坦、苏联所辖中亚地区）等地，若统计在内，比数更大。

河南道据有河淮之间的整个平原地区。开元二十一年虽然从河南道中单独划分出都畿道，但都畿道西侧还有统属于河南道的虢州，在地域上实际仍处于河南道的包围之中。在高僧籍贯地理分布上，也与河南道具有地域共同性。河南、都畿两道高僧籍贯分布的总特点是各地的均匀性。河南道在前期出有高僧29人，居全国第五位，都畿道有16人，居全国第十位。若通计二道，则其所出高僧在全国所占比数可与京畿道相当。由都畿、河南二道总面积与京畿道面积大小差别之悬殊，更可见京畿道高僧籍贯分布的高度密集性。当然，河南、都畿两道内的分布均匀性也只是相对而言，虢州、河南府、郑州、汴州四府州就是河南、都畿两道内的一个分布相对密集带，两道内约60%的高僧，分布在这条沿着黄河的东西线状地带内。

唐代前期所出高僧数目居全国第六位的是山南东道。山南东道所辖十六个州据有今湖北省大部及川东、陕南、豫南部分地区，但所出27名高僧全部集中在汉水和淯水（今汉水支流白河）谷地的邓州、均州、襄州、荆州四州之内，呈一明显的分布密集带，与其相应的，则是其他十二州的分布空白区。汉水分布带内又以南部荆、襄二州为密集，山南东道80%以上的高僧出自于此，而以襄州尤甚，其一州所占比例就高达50%。

河北道位居全国第七，出有高僧24人，籍贯分布特点是比河南道更为均匀。唐代河北道包括今东北及苏联远东地区，燕山以北多为羁縻区域，除营州柳城（今辽宁朝阳市）外，未出高僧。燕山以南，除个别州未出名僧外，名僧散出于各州之内，没有形成区域内的分布密集带或密集区。唯一显得稍微密集一些的是瀛州（今河北河间县一带），出僧6人，占全道25%左右。

剑南道稍次于河北道，出有高僧22人，全部集中分布在益州、梓州、绵州、眉州、汉州、剑州、蜀州七州之内，即四川盆地西部边缘的成都平原及其邻近地区，而以益州为区域内分布中心，占有本道所出高僧32%左右。

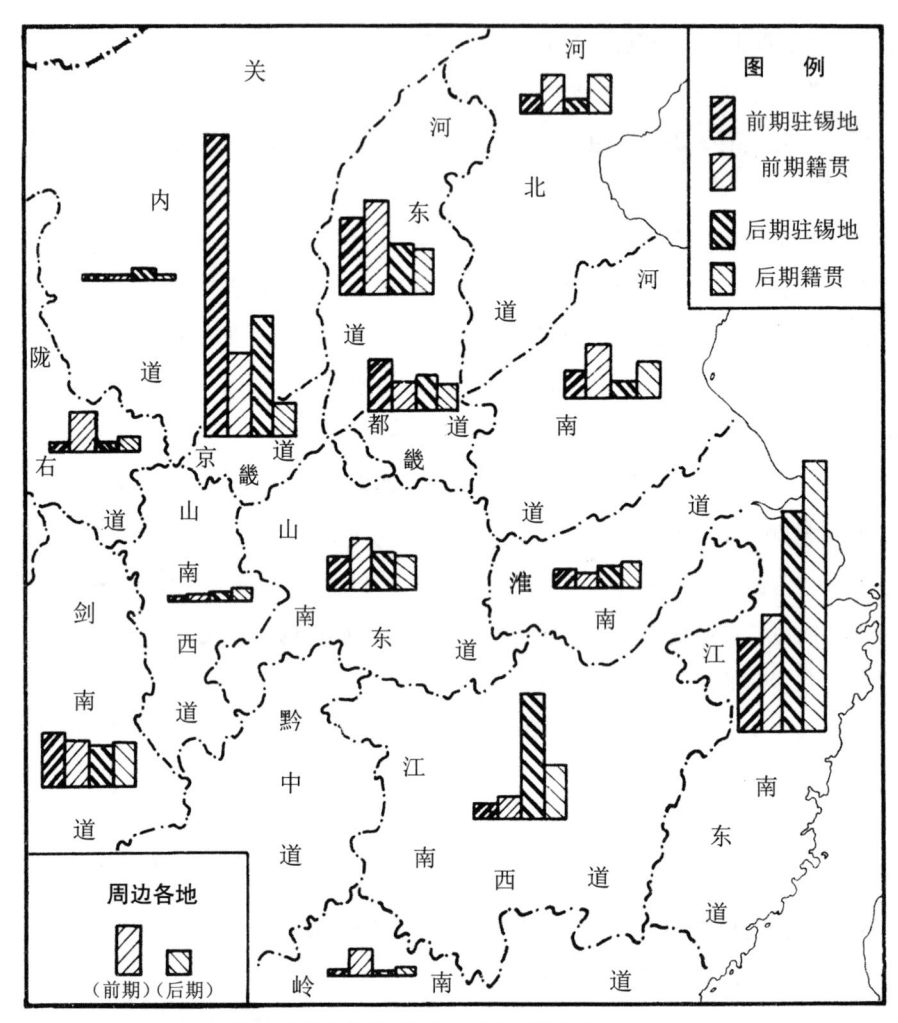

图3 唐代高僧籍贯及驻锡地道别发布统计图

图例：
- 前期驻锡地
- 前期籍贯
- 后期驻锡地
- 后期籍贯

唐朝极盛时陇右道范围至广，东起陇山，西抵咸海，包括今苏联、阿富汗、巴基斯坦很大一部分地区。唐代前期陇右道共出高僧19人，占总数5%以上，居全国第九位。虽然所出高僧数额并不能说十分稀少，但这些人是散出于整个陇右道全境之内，所以陇右道全道和道内各地的分布都是很稀疏的。大致看来，陇右道东部出高僧少于西部，两关（玉门关、阳关）以内，唯秦州（今甘肃天水市一带）出僧2人，而秦州东接京畿道，实与京畿道分布密集区连为一体，绵长的河西走廊，是一片空白区域。两关以外，点状散在，总体分布形态比较均匀，从东侧的西州高昌（今新疆吐鲁番附近）到西侧的贵霜、康居（今苏联撒马尔罕附近）、吐火罗（今阿富汗北部）都有零星分布。

岭南道次于都畿道，为全国第十一位，出僧11人，集中分布在两个区域内。一是珠江三角洲附近的广州、循州、新州、恩州四州；一是红河三角洲附近的峰州、交州、爱州三州。云贵高原、南岭以南直至今越南中部广大地区内的其他州则均为分布空白区，其集中程度是诸道中较高的。

淮南道和江南西道出僧数目相当，均为9人，同列全国第十二位，但淮南道仅有江淮之间一带之地，江南西道据有今湘赣两省，面积约为其三倍，所以淮南道的道平均密度是要大大高于江南西道的。淮南道的分布特点是一半以上高僧集中出于扬州，其他人零散分布在光州、安州、黄州（今鄂、豫、皖接界地带）三州内，没有明显分布规律。江南西道是在其北部鄱阳、洞庭两湖周围地区大体呈均匀分布，南部为空白区。

除黔中道无出一人外，关内道仅有1人，为十四道之末。山南西道稍强，出有3人。关内道1人出于灵武（今宁夏灵武县附近），山南西道的3人出于金、利、梁三州。金州治今陕西安康，梁州治今陕西汉中，都在汉水谷地，这两个州实际上是与其下游山南东道的汉水分布带一脉相连的。利州治今四川广元，南连剑州，也与剑南道的川西分布带贯通在一起。

通观唐代前期高僧籍贯地理分布状况，可将其归纳为下述类型。

（一）集中分布区、带。为相对于邻近地区的集中、密集分布地域，包括两种情况，一是空白区内的集中连续分布地区；一是周围地区虽有高僧分布，甚至密度较高，但集中分布区、带内的分布密度仍明显高于周围地区。总之，这种划分是根据相对密度对比得出的，而不是基于绝对密度。主要的集中分布区、带有：

1. 河渭分布带——西起陇右道秦州，沿渭河、黄河而东，止于河南道汴州，包括秦州、整个京畿道、河东道的蒲州、都畿道的河南府、郑州及河南道的虢州、汴州。秦州和京畿道周围为分布空白区，蒲州及虢州至汴州沿河四府州的分布密度则明显高于周围地区。此带内分布着唐代前期高僧总数的26%左右，而以东、西两京和蒲州为核心。

2. 太湖—钱塘分布带——北起淮南道扬州，贯连江南东道的润州、常州、苏州、杭州，南止越州。唐代前期14%左右的高僧出于此带。

3. 汉水分布带——西起山南西道的梁州、金州，东连山南东道的均州、邓州、襄州、荆州，明显沿汉水谷地延伸分布，两侧为分布空白区，以汉水下游的荆、襄二州为分布核心。汉水分布带除东端的荆、襄二州外，绝对密度并不高，其带状密集性是体现为相对于两侧空白区域的集中性，所以此带所有高僧尚不足全国高僧总数的10%。

4. 川西分布带——北起山南西道的利州，南接剑南道的剑州、绵州、梓州、汉州、益州、蜀州、眉州，四周亦为分布空白区，所占全国前期高僧总额比数更低，仅有6.5%左右，其分布核心为益州。

5. 太原盆地分布区——太原盆地北部为唐太原府所在，南部为汾州所在。太原府共出高僧13人，有明确属县者，均处于盆地内部；汾州出高僧3人，分别为介休、平遥两县，亦居盆地之中，构成了一个明显高于周围的分布密集区。盆地内所出高僧占唐代前期高僧的4.5%左右。

6. 珠江三角洲分布区——由广州、循州、新州和恩州四州构成。四州虽只各出高僧1人，甚为稀少，但其周围为分布空白区，故相对集中性很强。

7. 红河三角洲分布区——由峰州、交州和爱州三州构成，而以交州出高僧最多（4人）。同珠江三角洲分布区一样，其集中性是相对于周围空白区而言。

（二）均匀分布区。为较大范围内没有分布密度突变线的连续性相对均匀区域。在唐代前期，有两大均匀分布区。一是东部分布区，其北界为努鲁儿虎山、燕山—山西内长城一线，西界为黄河—伏牛山—桐柏山—大洪山—沿江西上至三峡出口—湘西山地，南界为衡州南部的阳明山、吉州南部的万洋山、云山及今浙、闽两省分界线。包括有黄淮平原、长江中下游平原及山西山地中南部地区。区内除个别府外，大多都出有高僧。二是西域分布区，东起玉门关、阳关两关，西届咸海，包括天山南北、帕米尔东西的广大区域。西域分布区与东部分布区相比，高僧分布显得很零散，总数更无法与东部分布区相侔。

（三）孤立分布点。仅关内道灵州灵武县一处。这里出僧 1 人，尚未形成集中区域，与周围分布区也不相连属。

从南北方分布对比来看，唐代前期秦岭—淮河线以北诸道所出高僧占总数 51% 强，其中除陇右道外的黄河流域各地占 46% 左右，而秦岭—淮河线以南诸道尚不足总数的 40%，如果除去岭南道的 3%，长江流域各地所占比例则只有 36%，比黄河流域少 10 个百分点。

唐代后期共得高僧 202 人，较之前期数量已大幅度减少。全国除江南东、西两道上升，关内道、山南西道持平外，诸道所出高僧绝对数额都低于前期。除江南东道、江南西道、淮南道、山南西道及关内道有所增长，黔中道仍未出一人外，其他九道在全国总数中所占比例也都不同程度地有所下降。京畿道下降幅度最大，由前期占全国 12.7% 降至 4.9%，减少幅度为 61%。都畿道下降幅度最小，由 4.53% 降至 4.46%，减少幅度为 1.5%。九道各自所占比例平均减少幅度为 29%。

唐代后期高僧籍贯地理分布的另一重大变化是南、北方分布对比的转变。唐代后期在全国总数中所占比例上升的五道中有四道在秦岭—淮河线以南，北方只有关内一道。但关内道实际只出僧 1 人，同于前期，虽然由于后期全国总僧数少于前期，使关内道在全国总数中所占比例由 0.28% 上升至 0.50%，提升近一倍，但其绝对数额毕竟仅此一人，实际变化是微乎其微的，并且具有一定偶然性，尚不足以说明关内道具有明显增长趋势。南方四道山南西道和淮南道的绝对数额也没有增加，山南西道与前期相等，亦出僧 3 人，淮南道出僧 8 人，比前期减少 1 人，但两道在全国总数中所占比例却分别提升了 75% 和 55%。山南西道绝对数量较小，实际变化不大，仍具有一定偶然性，淮南道则与其南侧的江南东、西两道连为一片，构成了一个明显的增值区域。唐代后期，江南东道所出高僧激增，在全国总数比前期减少 150 余人的情况下，江南东道增加了 19 人，由占全国总数 16% 左右，猛增到了 38% 左右，比例数提高幅度为 133%。与比例数居全国第二位的江南西道相比，江南东道所出高僧在全国总数中所占比例约为其五倍半，比前期更遥领诸道之先。江南东道虽然在绝对数量和相对比例方面都一直雄踞诸道之首，但其比例增长幅度却稍逊于江南西道。唐代后期，江南西道出僧由 9 人增至 14 人，在全国总数中所占比例由 2.55% 增至 6.93%，上升幅度为 172%，比江南东道多提升 39%。另一方面，除黔中道仍无出一人和江南东道一直位居魁首外，唐代后期南方诸道所出高僧在全国总数中各自所占比例的排列次序（包括周边地域）普遍向前跃动。江南西道和淮南道由并列第十二位分别跃居第二位和第八位；山南东道由第六位晋至第五位，山南西道由第十三位升至第九位，与岭南道并列；剑南道由第八位跃至第四位；岭南道由第十一位跃至第九位。可见，唐代后期南方各地在高僧籍贯地理分布中的地位普遍有所提高。唐代后期南北方高僧籍贯地理分布对比变化的转折性标志是南方诸道所出高僧已大大超过北方，202 人中有 127 人出自南方，占后期高僧总数的 62% 强，而北方所占比例却由 51% 降至 32% 左右。若分别除去岭南、陇右两道，则长江、黄河两大流域的对比则为 61%：28%，长江流域比黄河流域多 33 个百分点。

与前期相比，唐代后期高僧籍贯地理分布的另一重要变化是集中分布区、带的消散和均匀分布区的扩张。这种变化不包括陇右道在内，陇右道的分布特点和前期一样，仍然是玉门、阳关两关之内仅有秦州出有高僧，两关之外，呈散状分布。集中分布区、带的消散表现为区、带内所出高僧数额的下降和周围区域、特别是空白区域出僧数量的生长两个方面。如在渭河分布带的核心，东西两京在后期仅各出僧 4 人，蒲州也仅出 3 人，京畿道西北相邻的原分布空白区内，后期也在宁州出有高僧，这样就使得前期的高度集中性淡化下去，从而与相邻的均匀分布区趋同。江南东道所出高僧的增加在道内各地分布比较均匀，由于周围区域的普遍增长，太湖—钱塘分布带也趋于消散。前面已经指出，在前期，润、苏、越、杭、常五州集中了江南东道 75% 以上的高僧，但在后期，这五州所出高僧却降至江南东道总数的 46%。与这五州紧邻的湖州在后期出僧较多，但即使统入湖州计之，亦不过占全道总数的 60% 左右，而前期若也包括湖州在内，则可达 77% 左右，这一集中分布带的消散趋势是很明显的。太原盆地分布区的情况与河渭分布带和太湖—钱塘分布带一样，趋于与周围均匀分布区同化。红河三角洲分布区则消失为空白分布区。川西分布带、汉水分布带和珠江三角洲分布区三个区、带，主要表现为向周围空白区的转移、扩散。川西分布带沿两条路线向川东扩散，一是沿中江（今沱江）谷地的简、资二州（并属剑南道）；一是沿嘉陵江谷地的阆州（属山南西道）。汉水分布带是向两侧扩散，汉水北岸离河谷较远的商州、唐州、隋州和汉水南岸、长江峡口的峡州都改变了前期的空白状况。在珠江三角洲分布区，广州北侧的空白区韶州也被填补，而前期出僧的广州、循州、恩州、新州竟均未出一人，只是在广州与恩州、新州之间的端州出了希迁1人。均匀分布区的扩张也是普遍的。在北方，河东道将均匀分布区推出了今内长城线，达到云州；在南方，江南西道的均匀分布区界线已推上或越过南岭，伸至连州（今广东连县一带）、虔州（今江西赣州市一带）；江南东道则越过今浙、闽两省分界线，达到闽江、晋江流域。其中福州出僧7人，与后期的润州相等，建州和泉州分别出僧4人或3人，也与后期的常州（2人）、杭州（5人）不相上下。一方面是集中分布区趋同于均匀分布区，另一方面，集中分布区、带向空白分布区的扩散和均匀分布区界线向空白分布区的扩展，也使扩散后的原集中分布区、带与均匀分布区连属起来。从而在唐代后期形成了一个北届燕山，西至川西山地、湘西山地，南至珠江三角洲的大片连续分布区。在这片连续分布区内，已没有前期那种局部区带性密集地区，即使是在所出高僧占全国总数38%的江南东道，其道内分布也比前期要显得均匀得多。此外，唐代前期关内道灵州的孤立分布点到后期也消失了。这样，唐代后期高僧籍贯地理分布的最大特征，就成为扩大了的东部分布区与西域分布区的并峙。

唐代后期高僧籍贯地理分布还有一个重要变化，这就是国际色彩的淡化。后期的外国僧人仍来自天竺、新罗等国，但数量已大大减少。从占全国高僧总数的比例来看，已由前期的9%降至4%，比例下降幅度为51%，由居全国第四位降至第七位。

二 唐代高僧驻锡地分布及其变迁

僧侣住地，多有徙转，高僧名德更是常常游徙于各地名山胜寺之间。因此，高僧驻锡地分布是一个比较复杂、需要细致分析的问题。本文仅以《续高僧传》、《宋高僧传》及《大唐西域求法高僧传》三书所著录的诸高僧驻锡地作为其主要驻锡地，试依此勾勒出唐代高僧驻锡地分布的基本轮廓。

统计上述三书，共得主要驻锡地明确的高僧699人，其中包括主要活动于国外的高僧11人，由于本文旨在研究唐王朝内部佛教地理状况，此11人已逸出本题范围之外，故对其不予论述。这11人以外的688人，散布于除黔中道外的十四道内。高僧驻锡地分布同样具有极大的不平衡性。京畿道最为集中，共住222人，占总数32%以上；江南东道次之，住有140人，占总数20%左右，二者合之，已超过全国之半。其次为河东道，共有66人，约占总数10%。黔中道既未出过高僧，也未曾住有高僧，两方面都是空白。除此之外，山南西道高僧最少，共有3人，关内道较其多有1人，岭南道又多1人，合计三道尚不足总数的2%。下面仍分为前后两期分析其分布及变化。

唐代前期驻锡地点明确的高僧共得408人，其中40%以上居于京畿道，为诸道之首。京畿道的高僧实际上高度集中于西京长安及其附近的终南山上。仅长安城内即有149人，将近京畿道高僧总数的90%，约占全国高僧总数的37%。京畿道分布于长安城之外的高僧，也多集中于邻近长安城的终南山谷中。其次是江南东道，有僧54人，占全国总数13%左右。道内大部分州都住有高僧，而以润州、苏州、杭州、越州、台州以及福州几个沿海地区为密集，道内80%以上的高僧分布在这几州内，其中越、台二州分别居有10人、11人，尤为集中。河东道居全国第三位。45人中有15人居于蒲州、14人在太原府、8人在代州，三府州合计占道内总数的80%以上，但道内其他州也大多住有高僧。都畿道和剑南道同居全国第四位，各有高僧29人。其中都畿道至少有22人（即75%以上）集中在东京洛阳城中，其他人则居于侧近洛阳的嵩山。剑南道有一半以上集中于益州（成都府），其他人散居于梓州、绵州、汉州、剑州、简州和资州几州内。山南东道居全国第五位，22名高僧中有11人居于荆州，恰值其半；其次为襄州6人，二州合计，已近道内总数80%。其余是在邓、均、隋、郢四州零星出一二位高僧。居于全国第七位的河南道高僧比较均匀地散布在道内各州之间，没有比较明显的密集分布中心。次于河南道的淮南道除扬州有高僧4人，占道内总数三分之一，显得稍微密集之外，其他人散布在光州、黄州、安州、蕲州、舒州几州内，分布还是比较均匀的。河北道为11人，较淮南道少1人。这11人分布在两个区域，一是西南隅邻近河南、河东两道的卫、相、魏三州，有高僧9人；一是北部的幽州，有高僧2人。江南西道居全国第九位，其所有 7 名高僧散布于洞庭、鄱阳两湖平原的江州、袁州、吉州、岳州和衡州，其中衡州有僧 3 人，稍显集中。关内道仅无漏 1 人，居于灵州；山南西道仅慧序 1 人，居于百牢关。若不计空无一僧的黔中道，二道则居全国之末。稍强一些的是陇右道和岭南道，各有高僧 3 人。陇右道 3 人中 1 人在秦州，2 人在西域。岭南道 3 人集中在珠江三角洲附近的广州、循州、韶州三州。

通观唐代前期高僧驻锡地分布状况，可归结出如下几个特点。

（一）总体分布区域与高僧籍贯分布区域大致吻合，但在一些地区略有出入。如河东道北部的蔚州、江南东道南部的福州均有高僧驻足，超出了唐代前期高僧籍贯分布区界线。河北道北侧和江南西道西侧则又较籍贯分布区界线向内有所缩减。岭南道的红河三角洲附近区域虽然是唐代前期高僧籍贯的一个相对集中分布区，却无一人驻锡于此。另一方面，相对于唐代前期籍贯分布的汉水分布带和川西分布带，其驻锡地分布也有一定的扩散性。如山南东道的隋、郢二州，剑南道的简、资二州，都溢出了籍贯分布带范围之外。值得注意的是，其扩散方向与唐代后期籍贯分布的扩散方向是完全一致的，二者之间当不无联系。

（二）与唐代前期高僧籍贯集中分布区域多呈条带状或团块状区域形态不同，高僧集中驻锡地往往以中心城市或著名山岳为集中地，呈点式分布，在高僧较多的道内，一般有一至几个点。如京畿道为西京长安，都畿道为东京洛阳，河东道为蒲州、太原府和代州五台山。在那些高僧较少的道内，则没有形成集中分布点。

（三）在南北方分布对比上，北方超过南方。秦岭—淮河线以北诸道所居高僧约占总数 69%，而秦岭—淮河线以南诸道只占总数 31%。陇右道和岭南道有僧相等，均占总数 0.74%，南北方各自除去这两道后，黄河流域同样高踞于长江流域之上。

（四）各地高僧荟萃于东西两京。僧侣游居他乡是经常的和大量的，其游徒方向虽因人、因时、因地而异，但在其总体上仍有一定规律可寻。由诸道所出、所居高僧比例对比，可以看出，在唐代前期除黔中道既未出有高僧，又未居有高僧，淮南道和剑南道所出高僧占全国总数比略低于本道所居高僧占全国总数比之外，只有京畿、都畿两道所居高僧比例明显大于所出高僧比例，说明由各地向两京聚居是唐代前期高僧移徙的基本规律。西京长安与东京洛阳相比，西京长安所居高僧比例更高于本道所出高僧比例。京畿道所出高僧占前期总数13%左右，所居高僧却高达43%；而都畿道出有5%左右高僧，居有7%左右高僧，显然，洛阳以一个陪都的地位，其吸引力是无法与西京长安相比的。

唐代后期，共得驻锡地明确的高僧280人，同高僧籍贯数额一样，已较前期大幅度减少。各道也只有江南东、西两道高僧绝对数额有明显上升，此外，仅关内道和山南西道微有上升，陇右道持平，其余各道均不同程度地有所下降。但各道在全国总数中所占比例却不如籍贯分布下降那样普遍，而是升降各居其半。上升者为江南东道、江南西道、淮南道、山南东道、山南西道、陇右道和关内道；下降者为京畿道、都畿道、河东道、河南道、河北道、剑南道和岭南道。但山南西道以下三道有僧最多不过3人，剑南、岭南两道下降幅度也很微小，若忽略不计这几道的变化，则可明显看出这样一种分布状态，即长江中下游地区的普遍上升和黄河中下游地区的普遍下降。事实上不仅仅是两大流域中下游地区，从两大流域平均对比及南北方平均对比来看，南升北降、南方超过北方，正是唐代高僧驻锡地前后期变化的转折性标志。唐代后期秦岭—淮河线以北各地高僧共占全国36%左右，秦岭—淮河线以南则占64%左右。其中陇右道占1%稍强，岭南道不足1%，除去两道所占份额，长江流域仍大大高于黄河流域。若将江南东道与京畿道作一对比，则可以更明显地反映这种变化。唐代前期京畿道居全国首位，江南东道居第二位，两道高僧数目比值为3.22，即京畿道高出江南东道三倍多。到了后期，情况完全倒转过来，江南东道居首，京畿道次之，京畿道与江南东道的高僧数目比值变为0.56，即京畿道仅及江南东道之半。

唐代后期高僧驻锡地分布状况的另一变化是一些著名山岳及其附近所居住的高僧有所增加。如在河东道，前期的分布集中点蒲州至后期已空无一人，太原府也仅余3人，而代州五台山却由10人增至14人，由占道内高僧总数18%增至67%。河北道后期有高僧6人，除1人在幽州外，其余5人均集中在恒山附近的赵州、恒州、定州三州之内。江南西道衡州前期仅有高僧3人，后期则

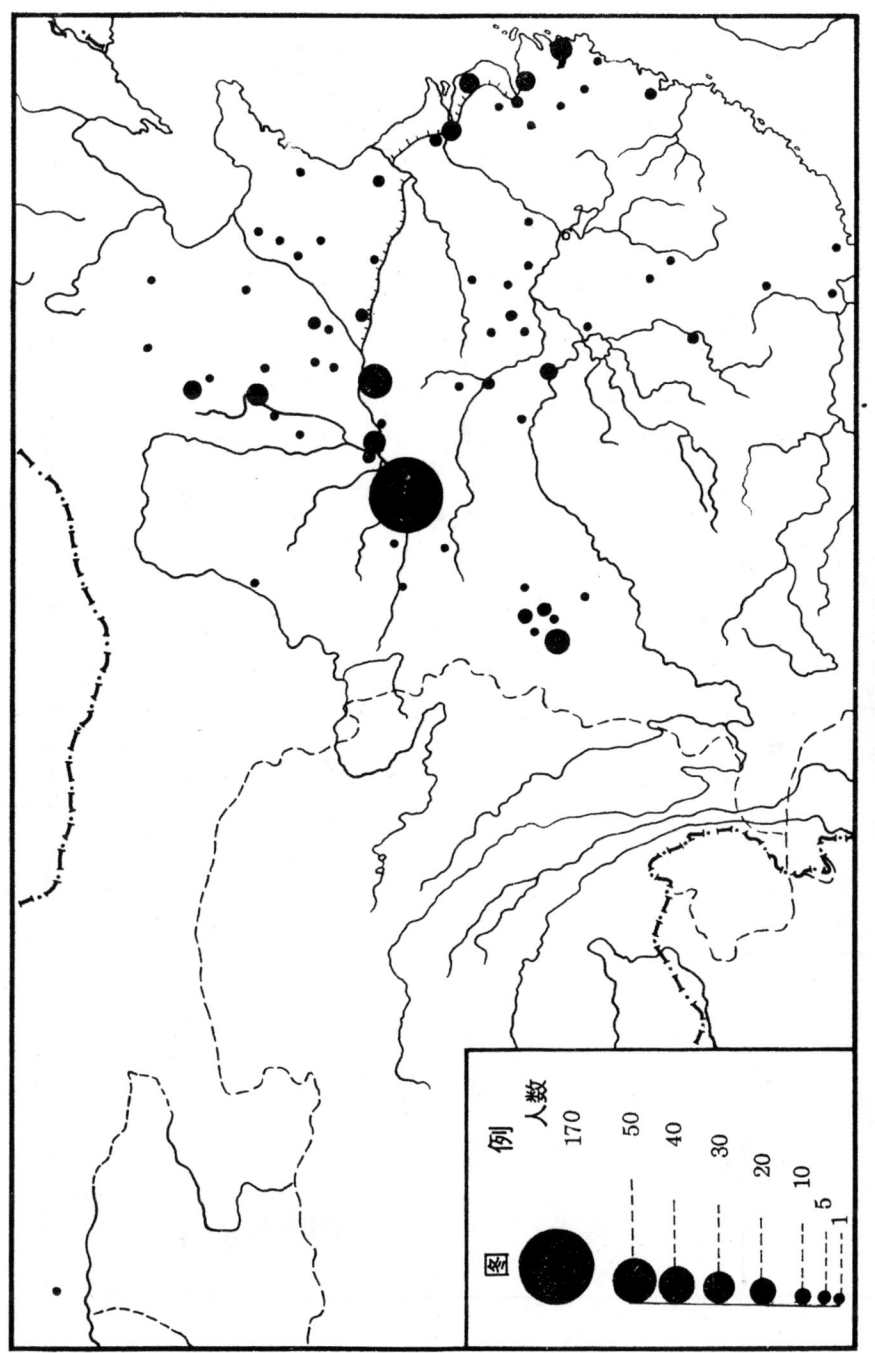

唐高僧籍贯及驻锡地分布 219

图4 唐代前期高僧驻锡地分布图

220 古代交通与地理文献研究

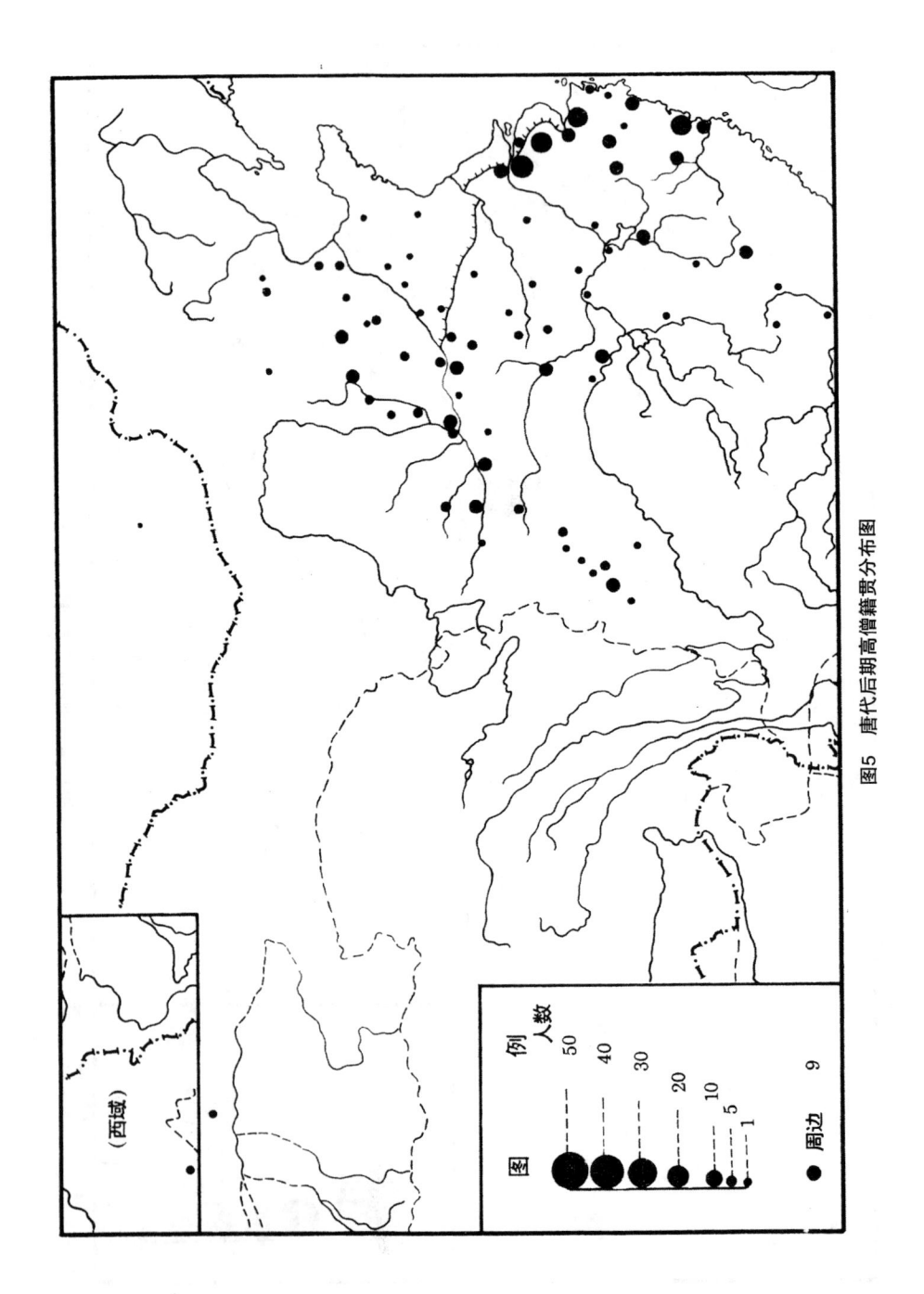

图5 唐代后期高僧籍贯分布图

图例
人数
50
40
30
20
10
5
1
● 周边

增至 10 人，明显高于邻近地区，且均居于南岳山中。但这种变化并不是全国普遍的，如在江南东道，台州天台山的高僧数量前后期就变化不大，在京畿道和都畿道，终南山、嵩山到后期还有明显下降（包括道内相对比例）。

唐代后期，高僧移徙主流方向有所改变，即由前期荟萃两京，改为流向京畿道、山南西道、江南西道三道。唐代后期，上述三道所居高僧占全国总数比明显高于本道所出高僧占全国总数比。其他诸道除都畿、河东、关内三道所居高僧比略高于所出高僧比及黔中道外，均呈相反状态。

从上面分析中可以看出，唐代高僧籍贯与驻锡地分布及其变化，在很多方面都具有一致性，这种一致性以及其间的差异性是由其共同或不同的限制性条件所决定的。影响佛教地理分布的因素主要有自然地理条件（主要是地形，如平原、河谷、盆地、平原当中或平原边缘的山峰、绿洲）、经济条件（如经济发达区）、人口条件（如人口稠密区）、交通条件（如交通要道或枢纽）、政治条件（如政治中心）、一般文化基础、宗教观念、宗教及社会活动历史背景等，唐代高僧籍贯及驻锡地分布形态，是在上述诸因素综合作用下形成的，限于篇幅，本文对此暂不作详细分析，拟于另文进一步深入探讨唐代佛教地理及其成因。

（原载《唐史论丛》第 4 辑，1988 年）

《水经·渭水注》若干问题疏证

郦道元《水经注》一书问世后，研治者前后相继。有清一代学者校勘注疏《水经注》，刊误发微，为功甚巨。然而学与时进，时代和科学的发展，又提出了更进一步编纂能够代表现代水平的《水经注》新版本的课题。陈桥驿先生近年奔走于海内外学者之间，积极倡行这一宏伟规划，指出广泛吸取历史地理等学科的研究成果，重新作出科学的注疏，应当是《水经注》新版本的特点之一[①]。我在利用《水经·渭水注》研究历史地理问题时，偶有一些心得，或可为疏证一二问题有所助益，不揣浅陋，抄札于次，以备刍荛。本文主要针对实质内容提出并解释问题，故除以王氏合校本为基本依据外，主要参据杨守敬、熊会贞合撰《水经注疏》（北京本）、赵一清《水经注释》、《水经注笺刊误》、永乐大典本《水经注》等，其他版本只作一般参考。本文未加疏证的经、注原文，尽量省略不录。

卷十六　浐水

〔经〕

浐水出京兆蓝田谷，北入于灞。

〔注〕

《地理志》曰浐水出南陵县之蓝田谷，西北流与一水合。水出西南莽

---

① 陈桥驿：《编纂〈水经注〉新版本刍议》，载《社会科学战线》编辑部编：《古籍论丛》。

谷，东北流注浐水。浐水又北历蓝田川，北流注于灞水。《地理志》曰浐水北至霸陵入灞水。

〔疏证〕

按：此篇应隶《渭水注》下，不当别立一篇，杨守敬谓"是亦一间"，何以如此，已不可考究。今并渭水释之。

注疏家对此篇历来有所争议，究其实质，可归结为两点：(1)《浐水篇》实际记叙的是哪一条河流？(2)《浐水篇》所记叙的水道是否实为汉魏浐水？前者有三说。(1) 孙星衍说。浐水指今蓝桥河（蓝水），莽谷指今辋川。(2) 赵一清说。浐水为沂水之误，沂水即泥水，大致指今蓝田以东灞河干流河段。(3) 杨守敬说。"出蓝田县西南秦岭，今名对家河者是也。"对家河所在未详，但杨守敬在《水经注图》中将浐水绘为发源于秦岭下，纵贯白鹿原，在今蓝田以下、灞浐之交以上注入灞水，而在实地并不存在与其相应的水道。这样的绘法，也与《渭水篇》灞水注下"霸水又左合浐水，历白鹿原东"语相悖，故误。赵一清谓《水经注》引《汉志》误沂为浐，沂、泥为一水异书，诚为灼见；但《浐水篇》所叙却并非泥水，《渭水篇》云："泥水又西北流入霸，霸水又北历蓝田川，径蓝田县东，霸水又左合浐水，历白鹿原东。" "浐水"在蓝田县东汇入泥水—灞水，二水的干支流关系是清楚的。根据这种交汇关系及其位置，应如孙星衍所云，《浐水篇》所叙实为蓝水，即今蓝桥河。其支流"莽谷水"则为辋川，即今辋峪河。辋、莽上古声韵完全相同[①]，同音通假为地名用字所常见，可证孙说无误。熊会贞驳难孙星衍云："今之蓝水即霸水，辋川即辋谷水，并见《渭水注》，安得又以之当此二水？"《渭水注》实谓灞水上源为泥水，泥水由刘谷、石门谷、铜谷、轻谷四水合流而成，即今蓝田县东灞河上源之流峪河、道沟峪、峒峪河、清峪河四水（详下《渭水篇》），并非蓝水；而辋谷水则未见于《渭水注》，熊氏所指为辋谷水者，当为轻谷水之讹（详下《渭水篇》）。故熊氏所云并无道理。关于第二点，赵一清据今本《汉志》认为，《浐水篇》引述《汉志》浐水出蓝田谷，北至霸陵入灞水，这里所谓浐水，《汉志》原作沂水，"本字不误"而"道元引《汉志》则以浐水当之"。推敲其

[①] 见唐作藩：《上古音手册》。

意，当以为《浐水篇》所叙并非汉魏浐水，而是沂水，亦即泥水。杨守敬则云《说文》等均同《水经注》，作浐水出京兆蓝田谷入灞，且郦道元"专门治《水经》之学，其引《汉志》最审，宁复有可疑哉？"认为《浐水篇》所叙当即汉魏浐水。浐水屡见于《史记》、《汉书》，叙其源流者则首推东汉许慎的《说文解字》。《说文》谓"浐水出京兆蓝田谷入灞"，《水经》同有此语，而郦道元注《水经》则径引《汉志》释之。据今本《汉志》，此浐水当作沂水，如赵一清所云："《汉志》京兆南陵县沂水出蓝田谷，北至霸陵入灞水，而是注（按指《水经注》）泥水源流正与班固所称沂水合，沂、泥音同。"由水道源流和字音相证，当从今本《汉志》，作沂水为是。由其源流证之，《说文》、《水经》等所叙浐水，实亦《汉志》之沂水。所以致误者，当系因"玄灞素浐"并称，久为人知，而沂水则不为常人所道，读《汉志》者便想当然地以浐水当之了。《水经注》引《汉志》，一则一仍《说文》等，误作沂水为浐水，同时又未以真正的沂水（泥水）作为其所谓浐水，而是如上所述，认为今蓝桥河为汉魏浐水。至于杨守敬以所谓"对家河"当汉魏浐水，又乖离郦注，违失更远。其实在郦道元作《水经注》的北魏时期，"浐水"就是指今浐河。《魏书·地形志》下："山北县有苦谷，浐水出焉。"《水经·渭水注》云："（狗枷川水）水有二源，西川上承魂山研粲谷，次东有苦谷，二水合而东北流，……其水又北注荆溪，……荆溪水乱流注于霸，俗谓之浐水，非也。"郦道元未云其何以指斥当地所称水名有误，但这只能是基于他对《汉志》沂水的误解，因为他认为《汉志》沂水实为浐水，而今浐河，亦即《水经注》中"狗枷川—荆溪水"的流路是与此有违的。郦道元所指浐水（今蓝桥河）与北魏当地居民所称浐水（今浐河）相距甚迩，同为灞河支流，当地居民何以会误此为彼？郦道元已误，杨守敬竟以其"必别有所据"，虚设一纵贯白鹿原的水道以当汉魏浐水，更误。要之，《浐水篇》所叙并非汉魏浐水，浐水从来都是指今浐河。《水经注》中之"狗枷川—荆溪水"当即浐水异称。附带指出，今谭其骧先生主编《中国历史地图集》第二册，虽然正确地把浐水绘为今浐河，但却将蓝田谷绘为秦岭主脊，显然，此仍因袭郦说，以浐水当《汉志》沂水，为解决由此带来的灞、浐二水出自同一蓝田谷的矛盾，只好变河谷为山岭。

卷十八 渭水（中）

〔经〕

（渭水）又东过武功县北。

〔注〕

渭水又东，洛谷水出其南山洛谷，北流径长城西〔魏甘露三年（按：据熊会贞考订，此三年为二年之误），蜀遣姜维出洛谷，围长城，即斯地也〕。

〔经〕

又东，芒水从南来注之。

〔注〕

芒水出南山芒谷，……又北径盩厔县之竹圃中分为二水。……一水北流注于渭也。

〔疏证〕

长城即长城戍，为魏晋时期骆（洛）谷口外重镇，在南北军事争执中首当其冲。如东晋穆帝永和五年晋将司马勋出骆谷攻石赵，即首拔长城戍[①]。据上文，长城在骆（洛）谷水东。顾祖禹《读史方舆纪要》谓长城在盩厔县西南三十里（亦即骆谷口处），杨守敬《水经注图》、谭其骧先生《中国历史地图集》第三册，所绘长城位置亦大略如此。长城首见于《三国志》卷四四《蜀书·姜维传》："（延熙）二十年，……维欲乘虚向秦川，复率数万人出骆谷，径至沈岭。时长城积谷甚多而守兵乃少，……魏大将军司马望拒之，邓艾亦自陇右，皆军于长城。维前住芒水，皆倚山为营。望、艾傍渭坚围，维数下挑战，望、艾不应，……乃还成都。"据此，长城不在山前，而在芒水下游、渭水之滨。芒水，《水经注》谓在骆谷东、就水西，下游经竹圃分为二水入渭。

[①] 《晋书》卷八《穆帝纪》。

竹圃即唐宋司竹园，在今周至东南司竹镇一带①。今周至东骆河与崾峪河之间有黑河，出山分为二水北注，经司竹镇西，与《水经注》芒水流路契合（因近代修渠引水，黑河出山后河道已基本干涸，但河床遗迹仍宛然在目。黑河下游残余河道现亦非直接入渭，而是东转与田峪河等河汇流后东北入渭，这是渭河河道北徙所致）。《水经注》所叙周至南山诸水，除芒、黑二水之外，无一不与今溪名相同，而黑水则与今黑河无涉，却是就水右岸支流，今崾峪河（即古就水）右侧虽有两条溪谷，皆甚为细微，不足以与《水经注》所列诸水相并，且北魏萧宝夤、崔延伯曾率军隔黑水与莫折天生军相峙，黑水谅非涓滴细流②，《水经注》显然有误。清毛凤枝《南山谷口考》云："黑水谷一名芒谷。"黑水与芒水应为同水异名，均指今黑河。《长安志》载周至县东南七十里有长城乡，其地已入山甚远，人口稀疏，无缘置乡其间，七十里当为七里之误。周至东南七里约当今上、下高村一带，与《水经注》长城戍地望一致，长城乡显系因长城戍而得名。

卷十九　渭水（下）

〔经〕

（渭水）又东过长安县北。

〔注〕

渭水又东经长安城北〔汉惠帝元年筑，六年成，……十二门。东出北头第一门本名宣平门，……一曰东都门，其郭门亦曰东都门。……第二门本名清明门。……第三门本名霸城门，……南出东头第一门本名覆盎门，……其南有下杜城，……故曰下杜门。……第二门本名安门。……第三门本名平门，又曰便门。……西出南头第一门本名章门。……第二门本名直门。……第三门本名西城门，亦曰雍门，……其水北入有函里，民

---

① 《长安志》卷一八盩厔县。
② 《魏书》卷七三《崔延伯传》。

曰函里门，亦曰突门。……北出西头第一门本名横门，王莽更名霸都门左幽亭，如淳曰（横）音光，故曰光门，其外郭有都门，有棘门。……又有通门、亥门也。第二门本名厨门，又曰朝门，王莽更名建子门广世亭。一曰高门，苏林曰：高门，长安城北门也，其内有长安厨官在东，故名曰厨门也。……第三门本名杜门，亦曰利城门，……民曰客舍门。又曰洛门也）。

〔疏证〕

"宣平门一曰东都门"，朱、赵并大典本俱作"亦曰东城门"，《太平御览》卷一八二引《水经注》作"民曰东城门"。熊会贞以为"郭门无与城门同名之理"，否定殿本宣平门城门、郭门俱称东都门之说，所见甚是。然而熊氏谓"城门曰都门，而郭门在东，因有东都门之称"，依此径改《水经注》文为"宣平门……民曰都门"，则尚可斟酌。汉长安城东面三门的实际使用率相差甚殊，宣平门直对东方大道，出入最为频繁。考古工作者对长安城直城、霸城、西安、宣平诸门的发掘结果表明，东汉以后，其他三门都先后部分或全部废弃，唯宣平门虽也几遭焚毁，却旋即重建，一直与长安城相始终，完整地被沿用[1]，足见其交通作用之重要。民间将当时东面最经常出入的城门径称为"东城门"是顺理成章的。且城西侧与宣平门相对的雍门也同样有"西城门"之称，可为其旁证。故当从较早的大典本等，作"民曰东城门"。至于熊会贞所云"《汉书·王莽传》'汉兵从宣平城门入，民间所谓都门也'，此城门称都门之铁据"，似乎不可为信。所谓都门，应为东都门之省称，因长安城唯宣平门有外郭门（即所谓"都门"。横门下"其外郭有都门"之"有都门"三字当衍，见杨守敬疏），故省称东都门为都门，亦不至于与其他门相混。东都门（都门）与宣平门内外相辅，实为一门，故亦可用东都门代指宣平门。东都门本指宣平门之外郭门。考古发掘发现宣平门南北两侧城墙各向外突出，形制略如后世瓮城[2]，因此，宣平门外可能还有一道瓮城城门。有人曾认为东都门即当指此（见上举王仲殊文），但后世之瓮城与外郭城有明显区别，二者并非一事。

---

[1] 王仲殊：《汉长安城考古收获续记》，《考古通讯》1958年第5期。
[2] 王仲殊：《汉长安城考古收获续记》，《考古通讯》1958年第5期。

西汉昌邑王刘贺入长安为汉昭帝典丧，经东都门和宣平门时，先后两次以嗌痛辞不哭丧①，若二门相距如此之近，何至于有再哭之礼？另有人以今长安城只存一道城墙为由，否认外郭门的存在，认为外郭门是指城外大道上"亭"的门户②。亭门与郭门相去更远，古人含混不辨，何至如是。《三辅黄图》卷一载"东都门至外郭亭十三里"，此处"东都门"应实指宣平门，顾名思义，外郭亭为距城最近一亭。若依其说，东都门即当在此。但《水经注》等载，东都门外有夏侯婴冢，距长安城七八里。因此，东都门距长安城最远不会超过八里③。况且也不能因未见遗迹残存而简单否定文献记载，故此说亦不足信。参据后代外郭门与城门间的距离（如清陕西省城最远的东郭门距城门亦未至三里④），可推测东都门距宣平门大致在一二里左右。

上文长安十二城门正名中，惟霸城门和西城门带一"城"字，其他门均无。但其他诸门名中亦均可插入一"城"字。如章门、直门、洛门、厨门，《三辅黄图》分别作章城门、直城门、洛城门、厨城门，宣平门在《三辅黄图》和《汉书·王莽传》中亦作宣平城门。陈直谓其旧藏有"章门观监"封泥⑤，可知诸门本名均无"城"字，"城"字应为附加。《三辅黄图》等应据俗称为说，而《水经注》叙十二城门，既均明确称其本名某某，就不应附此"城"字。霸城门，大典本作霸门，《太平御览》卷一八二引《水经注》同，应据之改正。至于西城门则属另一种情况，尽管诸书同谓其为该门本名，但长安城西侧亦开三门，何以此门竟独以"西城门"为正名？它应与宣平门又称"东城门"一样，并非城门本名，而是因其在西面三门中实际作用最大而起的俗称（西侧南头两门内对宫殿，平民多居其北，出入西城门最便）。《三辅黄图》叙长安十二门，其他诸门均列本名于首，独此门云："长安西出北头第一门曰雍门，本名西城门。"说明其不为旧说所囿，实际上是把雍门列为本名。由于"西城门"是一俗称，一产生也就自然带有"城"字，与其他城门正名中后附

---

① 《汉书》卷六三《昌邑王刘贺传》。
② 刘运勇：《西汉长安》，第17页。
③ 《水经·渭水注》。《史记》卷九五《夏侯婴传·索隐》引《三辅故事》、《博物志》。《西京杂记》卷四。
④ 见清光绪十九年舆图馆测绘《陕西省城图》。
⑤ 陈直：《三辅黄图校证》，第25页。

的"城"字不同。

南出东头第三门，《太平御览》卷一八二引《水经注》作"第三西安门，北对未央宫，本名平门，王莽更名信平门城正亭"，而"又曰便门"四字则系于西出南头第一门章门之下（大典本同）。熊会贞据之订正"又曰便门"四字当属章门，殿本误，所见甚是。然而熊氏又云："《黄图》于此门称'一曰便门'，于下章门称'又曰便门'，则两门均有便门之号。"则似非所宜。今本《三辅黄图》西安门又曰便门云云，实乃抄自颜师古《汉书》注①。颜师古注《汉书》，不唯将西安门视为便门②，亦称便门为北出西头第一门横门之别名③，长安城何得处处皆有便门？颜师古以横门当便门，乃为释《武帝纪》建元三年"初作便门桥"一语而发。便门桥又称便桥，因东与长安城便门相对得名④，而横门则在城北，不与便桥相对。除《太平御览》引文及大典本《水经注》外，《三辅旧事》亦云便门为章门⑤，《三辅决录》等也说便门是指长安城西门⑥。长安城西渭水作西南—东北流向，桥架在水上，正与西门相对，便门当为章门别称，颜师古此注显然有误。颜师古致误之由，因其据平、便古音相同，臆测便门与平门为通假异书。地名用字同音通假，诚多有之，但却没有任何佐证能说明平、便二门有此关系，因而所说是难以成立的。颜师古注《薛广德传》以西安门为便门，虽然未云所据，但由《武帝纪》注推断，亦当根据平、便同音通假这一假想。不同的是，《薛广德传》注还没有把平门搞错，而《武帝纪》注又混淆方位，把平门错置为城北横门，一误再误，以致无端生出南北两个便门。

西城门当为后起之俗称，应以雍门为本名，说见前。"其水北入有函里"句，熊会贞以为有误，"据下文'其外有客舍，故名曰客舍门'，水与外形近，则'其水'盖'其外'之误，'北入'二字亦疑有误"。此句《太平御览》卷

---

① 参阅陈直：《三辅黄图校证·序言》。
② 《汉书》卷七一《薛广德传》注。
③ 《汉书》卷六《武帝纪》注。
④ 《水经·渭水注》。又《三辅黄图》卷一引《三辅决录》作"桥北与（便）门对"，"北"当为"东"之误。
⑤ 《三辅黄图》卷一引。
⑥ 《三辅黄图》卷一引《三辅决录》，《元和郡县志》卷一京兆府咸阳县。

一八二引《水经注》作"其水北有函里"，依熊说，"水"为"外"之形讹，则为"其外北有函里"，与《水经注》下文"（厨门）其内有长安厨官在东"句式相类，即云函里在雍门外、大道之北。语义通豁，可释熊氏之疑。诸本"入"字均当由"外"讹为"水"后所衍，应据《太平御览》删除。"民曰函里门"句下，大典本及《太平御览》卷一八二引《水经注》等原有"又曰光门"四字，在"亦曰突门"句前，殿本以为衍文，径删。赵一清虽由下文横门亦曰光门而怀疑二门不应同称光门，但却以"今去古远，不敢以何为定"。杨守敬亦未更作考析，仅据《太平御览》引文，恢复殿本所删"又曰光门"四字。据《汉书》卷一〇《成帝纪》如淳注，横音光，《水经注》横门下亦引此语："如淳曰（横）音光，故曰光门。""又曰光门"四字正当在此句之上，作："又曰光门，如淳曰（横）音光，故曰光门。"契若合璧，无可置疑。且"又曰光门"句下"亦曰突门"四字本亦当属横门。今本《三辅黄图》卷二引《庙记》云"致九州之人在突门，夹横桥大道，市楼重屋"。横桥大道亦即横门大道，"九州之人"所在之突门只有是横门，才会"夹横桥大道"，故"亦曰突门"四字当移置"故曰光门"句下。

横门"王莽更名霸都门左幽亭"句，《太平御览》卷一八二引《水经注》作"朔都门左幽亭"，《三辅黄图》卷一作"朔都门左㘽亭"，陈直《三辅黄图校证》云："《水经注》朔都门误作霸都门，因王莽所改十二城门名与亭名，或取四字联文，如宣平门改为春王门正月亭是也；或取义对举，如安门改为光礼门显乐亭是也。本文'朔'、'㘽'二字皆地名，义亦相联。又余旧藏有'朔'字瓦，正面绳文，背面用陶范打印'朔'字十方，疑为王莽朔都门所用之瓦。"当从《太平御览》、《三辅黄图》改正为"朔都门左㘽亭"。又横门外"又有通门、亥门也"，《太平御览》卷一八二作"又有通亥门也"，杨守敬疏误引《太平御览》为"通玄门"，又避清讳，作"通元门"，当有疏失。

《水经注》诸本关于北出西头第二、三门的叙述都很紊乱，各家对此提出了不同看法。主要有：（1）第二门为厨门，洛门为第三门别称。全祖望、戴震主此。（2）第二门为洛门，厨门为洛门别称。赵一清、杨守敬主此。今本《三辅黄图》以第二门为厨门、第三门为洛门，似颇同全、戴之说。然而今本《三辅黄图》为中唐以后人所作，已不可尽信。据古本《三辅黄图》佚文及《水经注》较早的版本，可作下述推论。(1)《汉书》卷六八《霍光传》如淳注云"《黄图》北出中门有长安厨，故谓之厨城门"，可知长安城北出西头第二门确有厨城门之称。(2)《后汉书》卷一一《刘玄传》李贤注云"《三辅黄图》曰洛城门王莽改曰建子门，其内有长安厨官，俗名之为厨城门，今长安故城北面之中门是也"，可知厨门乃洛门之俗称，本名以洛门为正，亦即王莽所谓建子门。(3)据《太平御览》卷一八二引《水经注》，洛门（建子门）为第二门，又大典本、朱本俱作厨门为第二门洛门（建子门）之别称，故当从赵一清、杨守敬说为是。今论汉长安城门者，多从全、戴说或今本《三辅黄图》，当误。除洛、厨门的名称问题之外，这段文字还有一些问题。《太平御览》卷一八二引《水经注》长安十二门文，洛门以下脱佚较多，其仅存部分为："第二门洛门，又曰朝门，王莽更名建子门广世亭，一名高门。"明大典本及朱谋㙔笺注本基本同于《太平御览》所引，至高门处断止，其下厨门及第三门"杜门"云云，皆错置于他处。朱笺本乃从他处抄出厨门以下文，直接续于高门之下，作："一曰高门。苏林曰：高门，长安城北门也。一曰厨门，其内有长安厨官在东，故城（按"城"当作"名"）曰厨门也。如淳曰：今名广门也。第三门本名杜门。……故民曰客舍门。"却未加考订，其他各本亦大率如此。汉长安城中有高祖庙，又称高庙。《汉书》卷四三《叔孙通传》晋灼注曰："《黄图》高庙在长安城门街东。"据《史记》卷一二《孝武本纪》"欲议立明堂城南"条《索隐》引《关中记》云："明堂在长安城门外、杜门之西也。"此所谓"长安城门"乃指长安城南面中间门安门，故"长安城门街"亦即安门大街，今汉长安城北出西头第三门遗址内有地名"高庙街"，正当"安门大街"之东，应即高庙旧址。《水经注》之高门当隶于北出西头第三门下，以高庙在内得名。陈直曾藏有汉长安城出土之"高市"陶瓶[①]，所谓高市，亦当以近高庙为名，二者可互为旁证。因此，可以认为，自"一曰厨门"至"民曰客舍门"一段，本在"王莽更名建子门广世亭"句下，而"民曰客舍门"句后"又曰洛门也"一句，当为"一曰高门"之误。此外，"第三门本名杜门，亦曰利城门"一句亦有问题，覆盎门别称下杜门，又可省称为杜门。如《三辅黄图》卷一"覆盎门

[①] 《三辅黄图校证》，第31页。

一号杜门",又前举《史记·孝武本纪·索隐》引《关中记》亦称覆盎门为杜门。《汉书》卷六六《刘屈氂传》:"(戾)太子军败,南奔覆盎城门,得出。"《水经·渭水注》作"太子巫蛊事发,斫杜门东出"。此可为杜门即下杜门之确证。覆盎门为长安城南出西头第三门,《水经注》长安城北出西头"第三门本名杜门"云云,当因混淆南北两侧方位所致错讹。此门本名为何虽不易遽断,但未见有云利城门为俗称者,可姑以之为其本名。如上述推论不谬,《水经注》这段文字便可大致整理如下:

> 第二门本名洛门,又曰朝门,王莽更名建子门广世亭。一曰厨门,其内有长安厨官在东,故名曰厨门也。如淳曰:今名广门也。第三门本名利城门(按据前文关于门名中"城"字的论述,利城门当本名利门),王莽更名进和门临水亭,其外有客舍,故民曰客舍门。一曰高门,苏林曰:高门,长安城北门也。

〔注〕

> 渭水东合昆明故渠,渠……又东径长安县南,东径明堂南〔旧引水为辟雍处,在鼎路门东南七里,……渠南有汉故圜丘,……故渠之北有白亭、博望苑,汉武帝为太子立,使通宾客,……史良娣死葬于苑北,宣帝以为戾园,以倡优千人乐思后园庙,故亦曰千(人)乡)。

〔疏证〕

据《汉书》卷六三《戾太子传》:"卫后、史良娣葬长安城南,……史良娣冢在博望苑北,以湖阌乡邪里聚为戾园,长安白亭东为戾后园。"上文"宣帝以为戾园",当作"宣帝以为戾后园",脱"后"字。

又《汉书》卷九七《外戚传上》:"卫后……自杀,……瘗之城南桐柏,……宣帝立,……置园邑三百家。"颜注云:"桐柏,亭名也。"然而《续汉书·郡国志》刘昭注引《皇览》曰:"卫思后葬城南桐柏园,今千人聚是。"则桐柏非亭名,实即戾后园地本名。《史记》卷一五《六国年表·集解》及《说文解字》高部载,长安城南、汉杜陵县境内又有亳亭,《汉书》卷二五《郊祀志》颜注引韦昭曰:"亳音薄,故徐广径作薄亭。"亳与白在上古同为铎韵、并纽、入声，读音亦完全相同，亳亭、薄亭、白亭应均为一地。

据《水经注》和《戾太子传》，戾后园在博望苑北、白亭之东。《汉书》卷九七《外戚传上》颜注云戾后园在唐长安金城坊西北隅，《太平寰宇记》且云坊东南即汉博望苑地。金城坊大致在今西安城西任家庄一带，白亭、博望苑即在其附近。

关于昆明渠在明堂、白亭、博望苑附近的流路，黄盛璋先生曾先后两次作过复原，影响很大。1958年他首次复原的渠道，在汉明堂南直趋东北，汉博望苑显然在其南岸，与《水经注》文相悖戾①。其后，他进而又把该段渠道北推至长安城墙下，还与《水经注》昆明渠径汉明堂南语相违，置昆明渠于汉明堂之北②。在这段渠道的复原中，黄盛璋先生完全脱离文献记载，单纯依据野外考察。其原则是"文献如与地理勘查不符则依后者"。在漫长的社会活动和自然营力作用下，地面上的古遗迹，特别是上古遗迹，必然要发生很大变化，采用野外考察方法进行历史地理研究时不应忽视这一因素。黄盛璋先生自述："大土门附近之汉代遗址，至少可认为汉明堂区，……自明堂区往东、往北，唐城之外都有古渠遗迹，如何联系，未能查出。"据此也不能排除昆明渠在汉明堂区经汉博望苑南东流的可能。汉博望苑在唐城区之内、今市区之中，渠道遗迹自然难以残留至今。黄盛璋勘查汉长安城南渠道遗迹，称"覆盎门内古渠，……往西则仅至汉城凸出处，以下今虽无渠道，但察其遗迹趋向，显是南折，绝非西折，而安门、西安门外绝无此等古渠遗迹，可以断定，此古渠系南下至明堂区与漕渠接"，但在1959—1961年测制的五万分之一地图上，覆盎门外古渠至汉城凸出处后与城墙相并西折的痕迹是明显的，至今亦然。再向西在西安门外和汉城西南角处缘城墙均有相贯连的低槽，则在黄盛璋绘制的《汉长安城建章宫区遗址及渠道复原图》上也显而易见③，日本学者足立喜六在本世纪初考察汉长安城时，见绕长安城南墙和东南角尚残存有深三米、宽六米的古渠遗迹④，同样表明东西贯通汉城南侧的渠道确曾存在。这条渠道，应是汉漕

---

① 见侯仁之主编：《中国古代地理名著选读》。
② 黄盛璋：《关于〈水经注〉长安城附近复原的若干问题》，收入作者文集《历史地理论集》。
③ 见《中国古代地理名著选读》。
④ 〔日〕足立喜六：《长安史迹の研究·汉の长安城》。

渠引渭主干渠道，因《水经注》未曾叙及，故在此不予详论。至于黄盛璋先生所述古渠在汉城凸出处东侧南下之趋向，则并不明显。倘或有之，唐时在此正有南山漕河北流，也不是非汉莫属。因此，尚不足以否定《水经注》的记载。昆明渠应经汉明堂（今大土门附近）、白亭、博望苑（今任家庄一带）南，再北屈经青门外与沇水枝渠及漕渠交汇。

〔注〕

（昆明）故渠东北径汉太尉夏侯婴冢西〔……冢在城东八里、饮马桥南四里，故时人谓之马冢〕。

〔疏证〕

《三辅黄图》卷六云："饮马桥，在宣平城门外。"《史记》卷九五《夏侯婴传·索隐》引《三辅故事》曰："滕文公冢在饮马桥东大路南，俗谓之马冢。"又引《博物志》曰："公卿送婴葬，至东都门外，马不行，……乃葬之。"《文选》卷一〇潘岳《西征赋》有"戾饮马之阳桥，践宣平之清阆"句，李善注引《长安图》曰："汉时七里渠有饮马桥，夏侯婴冢在桥南三里。"据此，饮马桥在东都门外、宣平门东出灞桥大路上，距城约七八里，东西横亘所谓"七里渠"。东都门至灞桥一线上，除昆明渠外，别无其他水道，昆明渠在此作西南一东北走向，此"七里渠"当即指昆明渠而言。

〔经〕

（渭水）又东过霸陵县北，霸水从县西北流注之。

〔注〕

霸者，水上地名也。古曰滋水矣，秦穆公霸世，更名滋水为霸水，以显霸功。

〔疏证〕

赵一清谓"霸者，水上地名也"一句"本应劭语，道元袭用之耳"。《史记·秦本纪》沛公入武关，"遂至霸上"，《集解》引应劭语曰："霸水上地名，在长安东三十里。古名滋水，秦穆公更名霸水。"显然，此语前半是释霸上，后半方由霸上而释及灞水，郦道元袭用前半释霸上者释灞水，当为疏误。《汉书·高帝纪上》颜注引应劭此语作："霸上，地名，在长安东三十里。古曰滋水，秦穆公更名霸水。师古曰：霸水上，故曰霸上。"可为其证。

〔注〕

（霸水）出蓝田县蓝田谷，所谓多玉者也。西北有铜谷水，次东有辋谷水，二水合而西注，又西流入泥水。泥水又西径峣关北，历峣柳城，泥水又西北流入霸。

〔疏证〕

蓝田谷，杨守敬《水经注图》绘为今蓝桥河源头所在之山谷，显然，系以今蓝桥河为灞水正源。谭其骧先生主编《中国历史地图集》第二册同样以今蓝桥河为灞水正源，且将蓝田谷绘为与"秦岭山"、"冢岭山"等东西一脉相连的秦岭主脊，即丹、灞分水岭。顾名思义，蓝田谷只能是一条山谷，将其绘为山脊，实缘于对《汉书·地理志》南陵县下沂水的误解。《汉志》载："沂水出蓝田谷，北至霸陵入霸水；霸水亦出蓝田谷，北入渭。"后人释《汉志》，多以沂水当浐水。若如郦道元以今蓝桥河为汉魏浐水（见前论），则或许尚可勉强解释霸水与"浐水"同出蓝田谷一事；但若如杨守敬以所谓"对家河"当之，或《中国历史地图集》以今浐水当之，就难以解释蓝田谷何以会为东西二水所并出。定要勉强为之，就只好把蓝田谷处理成一条横亘于灞浐二水上源的山脊了。《水经注》叙灞水出蓝田谷后，下即接以泥水，至泥水入灞，又继以灞水，泥水应即灞水上源之别称。赵一清渭沂、泥音同（沂为微纽、疑母、平声，读作ŋγəi，泥为脂纽、泥母、平声，读作niei，二字在上古均为阴声韵，主要元音和声母发音部位均相近，可以旁转），《汉志》云沂水出蓝田谷，北至霸陵入灞水，二水源流一致，沂水当即泥水。灞水上源称泥水，二者之间分界不十分严格，《汉志》称沂水至霸陵入灞水，与《水经注》谓泥水在蓝田县东南入灞也并不矛盾。沂、泥、灞既同为一水，就不至于再把蓝田谷曲解为山脊了。《水经注》云蓝田谷乃"所谓多玉者也"，蓝田县东南近三十里处有蓝田山，因产名玉，又名玉山①，地当今蓝桥河与流峪河之间，蓝田谷当在其下。今本《水经注》叙泥、灞水文多脱佚。《长安志》卷一六蓝田县载："刘谷水，一名泥水，出县东南刘谷。《水经注》曰：（泥）水出蓝田山之东谷，俗谓之刘谷，西北与石门水合。"此"蓝田山之东谷"，应即所谓"蓝田谷"，泥（沂）水出

---

① 《元和郡县志》卷一京兆府蓝田县。《长安志》卷一六蓝田县。

此而为灞水，故灞水亦可云出自蓝田谷。

《长安志》（文渊阁四库抄本）蓝田县下尚引有一条灞水上源的佚文："铜谷水，出县东铜谷。《水经注》曰：石门谷东有铜谷水，合轻谷水，西注泥水。"合今本《水经注》与此二条佚文观之，泥水乃由刘谷水（即泥水正源）、石门谷水、铜谷水、轻谷水四条溪谷汇流而成。刘谷水在蓝田山之东，当即今灞河支流流峪河。轻谷水，朱本、大典本作此，殿本、赵本、杨守敬注疏本轻俱改作辋，赵一清且引《读史方舆纪要》蓝田县南之辋谷（辋川）为证。据《长安志》，辋谷在蓝田县南二十里，其水北流入灞，当即今网峪河，不会成为蓝田山东之泥水的上源。《长安志》卷一六蓝田县："倾谷在县东五十里。""倾谷水自秦岭出，南流入灞。""黄崖神庙在县东五十里倾谷口。"今灞河上源有支流名清峪河，自北南流入灞河，清峪口有"清峪庙"，清峪河当即倾谷水。清、倾乃同音之转，倾谷亦当为轻谷之音转。虽然清毕沅刻本《长安志》引《水经注》作辋谷水，但四库抄本《长安志》及赵一清《水经注释》所引《长安志》则作"轻谷水"，元骆天骧《类编长安志》及清董祐诚《咸宁县志》、《嘉庆重修一统志》等俱同，董祐诚等且曰倾谷即为轻谷音讹，故当从大典本等作轻谷水。《长安志》蓝田县又载："同谷在倾谷之西。"今清峪河上游河段之西有峒峪河，西出谷与清峪河同汇于灞河，同谷、峒峪当即铜谷。石门水不见于《长安志》（《长安志》在蓝田县西南别有石门谷，与此无涉），《长安志》载蓝田县有倒回谷，"在县东南五十里，霸水上源出此谷"，谷口有"济众侯庙"，"其神名石门将军"。董祐诚《咸宁县志》谓"石门水今名倒沟峪水"，今灞河正源名道沟河，当由倒回谷讹转而来。道沟河西出谷口后，北有清峪河、峒峪河，南有流峪河一同汇入，与《水经注》石门谷水地望一致，当为一水。《长安志》以倒回谷为灞河正源，曾引《图经》，谓灞水出蓝田入万年县界。此《图经》年代未详，但万年县设于北周明帝二年[①]，故只能成于此后。是则大致在隋唐以前，灞河以今流峪河为正源；自隋唐始与今同，以道沟河为正源，而从未以蓝桥河为正源。据如上考述，试将《长安志》所引《水经注》佚文剪辑补入今《水经注》如下（补文以〔　〕别之）：

---

① 《周书》卷四《明帝纪》。

（霸）水出蓝田县蓝田谷，所谓多玉者也。〔（泥）水出蓝田山之东谷，俗谓之刘谷，〕西北〔与石门水合，石门谷东〕有铜谷水，次东有轻谷水，二水合而西注，又西流入泥水。

在"所谓多玉者也"句下，应当还有缺文，说明灞水上源为泥水。

《水经注》谓泥水经峣关北，最早记载了峣关的具体位置。唐宋以来则多谓峣关在蓝田县东南约九十里处，与唐宋蓝田关同在一地，即相当于今牧护关[①]，今悉从之。《水经注》下文又引《土地记》，谓"蓝田县有峣关，地名峣柳"，今本《水经注》文叙峣柳与峣关之间关系亦甚含糊，因此给人以峣柳城即峣关的印象。《长安志》蓝田县引《水经注》曰："泥水历峣柳城南。"由此可知今本《水经注》"泥水又西径峣关北，历峣柳城"下，当脱一"南"字。从而可以明确峣柳城在泥水北，而峣关在泥水南，亦即峣柳城东南。《水经注》载泥水经峣关是在刘谷水、铜谷水、轻谷水、石门水诸水相汇之后，峣关只能在几水汇合处至蓝田（峣柳城）间的灞河以西，今牧护关则失之过远。峣关的位置还与峣、蒉两山相关。刘邦入武关后，秦王子婴遣兵拒于峣关，刘邦则越蒉山，由背后偷取峣关[②]。《元和郡县志》载蒉山在蓝田县东南二十五里，《长安志》载峣山在蓝田县南二十里，二山东西连属，实为一条山脉。今蓝田县东南仍有地名峣关，其至蓝田距离与蒉山蓝田间里至相当，方位亦与《水经注》峣关相符，当即古峣关之地。

〔注〕

霸水又左合浐水，历白鹿原东〔即霸川之西故芷阳矣，《史记》秦襄王葬芷阳者是也，谓之霸上。汉文帝葬其上，谓之霸陵。……〕。

〔疏证〕

霸上为长安东方交通要地，今多据上文定其位置于灞浐之间的白鹿原上。霸上与芷阳位置密切相关，《水经注》谓芷阳在霸水西岸，实袭用《三秦记》

[①] 《史记》卷五四《曹相国世家·正义》引《括地志》。《通典》卷一七三《州郡》三京兆府蓝田县。其他如《元和郡县志》、《太平寰宇记》、《长安志》等均同。

[②] 《汉书》卷一《高帝纪》上。《史记》卷五五《留侯世家》。

文。《史记》卷五《秦本纪·正义》引《三秦记》云："白鹿原东有霸川之西阪，故芷阳也。"但《汉志》却云："霸陵，故芷阳，文帝更名。"阚骃《十三州志》亦云："霸陵，秦襄王所葬芷阳也，汉文帝更名霸陵。"①《史记·秦本纪·集解》引徐广语也称芷阳即霸陵。《汉志》等所称霸陵显然是指汉霸陵县，而非汉文帝所葬霸陵。《三秦记》应是混淆了汉霸陵县与汉文帝霸陵，以致误将芷阳置于汉文帝霸陵所在的白鹿原。据《魏书·地形志》下，汉霸陵县亦即魏晋霸城县，《水经注》下文有云："自新丰故城西至霸城五十里，霸城西十里则霸水，西二十里则长安城。应劭曰：霸水上地名，在长安东二十里（按熊会贞据《汉书》应劭注改作三十里，当是），即霸城是也，高祖旧停军处。"如前所述，应劭云云乃为释霸上而发，所谓"高祖旧停军处"，即指刘邦入武关驻军霸上事，故霸上"即霸城是也"。而"渭之霸上"的芷阳既与霸城为一地。这"两个"霸上也就合而为一了。杨守敬未能详审上述情形，乃谓"霸水东西通得霸上之名"，疏矣。东晋桓温北伐前秦至霸上时，王猛称其"长安咫尺而不渡灞水"②，足证霸上应在灞水东岸的霸城。但霸上的具体含意亦不同于霸城，汉代要在霸上举行祓禊③，霸上应含有灞涘。刘邦入关时先经芷阳，再到霸上④，从鸿门逃归霸上时也曾经过芷阳⑤，说明霸上是指霸城以西的灞水东岸处。

〔注〕

渭水又东，会成国故渠。渠魏尚书左仆射卫臻征蜀所开也，号成国渠，引以浇田。

〔疏证〕

上文谓三国时期疏浚成国渠为卫臻征蜀时所为，而《晋书·宣帝纪》及《晋书·食货志》又云魏明帝青龙元年司马懿开以溉田。今论者多从《水经注》，或两从之。虽然也有人主张依从《晋书》，但止于推测，未经辨证。熊

---

① 《长安志》卷一一万年县引。
② 《晋书》卷一一四《苻坚载记》下《附王猛载记》。
③ 《汉书》卷二七《五行志》中之上。《史记》卷四九《外戚世家》。
④ 《史记》卷九五《夏侯婴传》。
⑤ 《史记》卷七《项羽本纪》。

会贞谓《晋书》即指卫臻事，但卫臻征蜀在魏明帝太和二年，司马臻开渠则在明帝青龙元年，中隔七年，为何能混为一事？此七年之间成国渠亦不应旋开即堙，以致重浚。卫臻征蜀是指太和二年诸葛亮伐魏，魏遣军入关中拒战一事。蜀军初来，朝臣莫知计之所出，明帝乃遣大将军曹真及张郃等迎敌[①]。卫臻参与此役，因其奏策"宜遣奇兵入散关，绝其粮道"而被委为征蜀将军[②]。既然蜀军初入，诸臣无策，此计之出，自当在曹真等兵发之后。故卫臻至长安时蜀军已被曹真、张郃击退，卫臻便东还洛阳，官复旧职[③]。他又何以会为征蜀而开渠呢？蜀军出兵，在正月之后，至二月丁未明帝西镇长安时，诸葛亮已经败走[④]，前后最多不过一个多月时间，即或曹真，亦无暇临战掘渠，引水溉田，更不可想象。所以当以《晋书》为是。

（原载《中国历史地理论丛》总第 3 辑，1988 年）

---

① 《三国志》卷三《魏书·明帝纪》并裴松之注引《魏略》，卷九《魏书·曹真传》。
② 《三国志》卷二二《魏书·卫臻传》。
③ 《三国志》卷二二《魏书·卫臻传》。
④ 《三国志》卷三《魏书·明帝纪》。陈垣：《二十史朔闰表》。

古地理书辨证三题

一 孔晔《会稽记》与孔灵符《会稽记》

唐宋类书、地志多有征引孔晔（又作华，或讹作跸、皋、睅等）《会稽记》和孔灵符《会稽记》者，《隋书》经籍志、两《唐书》经籍志、艺文志皆未著录。清章宗源《隋书经籍志考证》则认为二者可能是一书，"疑晔乃灵符名，而以字行，故《宋书》本传只称灵符"[①]。其后周树人、王庸、张国淦、陈桥驿、洪焕椿诸先生遵从章说[②]，径合二《记》为一。其实都是错误的。

李善《文选注》、《艺文类聚》、《太平御览》和《太平寰宇记》诸书引用时分别标明"孔晔《会稽记》"、"孔灵符《会稽记》"，并未合二而一。章宗源疑二《记》为一的理由，不过是"《寰宇记》江南东道引'射的白，斛一百；射的玄，斛一千'之语，称孔晔《记》，《御览·地部》同引之，则称孔灵符"这一点，此外别无其他根据。今通观诸书所引二《记》佚文，便知章宗源这条孤证难于成立：

其一，《艺文类聚》在同一条目下先后分别引有晔《记》和灵符《记》，如卷八山部下"太平山"条："孔皋（晔）《会稽记》曰：'余姚县南百里，有太平山，山形似伞，四角各生一种木，木不杂糅，三阳之辰，华卉代发。'孔灵符《会稽记》曰：'余姚江源出太平山，东至浃江口入海。'"又同卷"会稽诸山"条："孔皋（晔）《会稽记》：'永兴县东北九十里，有余山。……'又：

[①] 按《宋书》卷五四《孔季恭传附灵符传》。
[②] 周树人：《会稽郡故事杂集》，见《鲁迅全集》第八卷（1948年版）。王庸：《中国地理学史》。张国淦：《中国古方志考》。陈桥驿：《绍兴地方文献考录》。洪焕椿：《浙江方志考》。

'县东南八十里，有射的山。……'又曰：'县东北六十里，有土城山。……'又曰：'东有秦望山。……'孔灵符《会稽山（山当衍）记》曰：'会稽山南，有宛委山。……'又曰：'射的山西南水中有白鹤。……'"按照《艺文类聚》的体例，同一条目下引同一书籍，均以"又曰……"连贯排列，绝不重复列举书名，上面引用《会稽记》分明是作为两种不同书籍处理的。如果说其他书籍在不同条目下征引二书时或称晔《记》，或称灵符《记》，还可说是名、字混称，在这里就决不能如此解说。此外，《太平御览》卷首"经史图书纲目"分别开列"孔晔《会稽记》"和"孔灵符《会稽记》"，也说明《太平御览》引述《会稽记》或称晔《记》或称灵符《记》绝非随意混用，而是本自两种不同的书籍。

其二，如果晔《记》与灵符《记》确为一书，那么，各书在摘引时，必然要出现许多同一内容此书称晔《记》而彼书称灵符《记》的情况，但实际上除章宗源所举"射的"谚语一条外，均未出现此种情况。如"赤城山土色皆赤"云云，《文选》卷一一孙兴公《游天台山赋》李善注、《太平御览》卷四一地部六"天台山"条、《太平寰宇记》卷九八"台州天台县赤城山"条所引皆作灵符《记》；如"土城山西施浣纱石"云云，《艺文类聚》卷八山部下"会稽诸山"条、《太平御览》卷四七地部一二"会稽东越诸山·土城山"条所引皆作晔《记》，类似此者尚多，说明二《记》本非一书，故内容不尽相同。

再看章宗源所举"射的"谚语这条孤证。《太平寰宇记》卷九六"越州会稽县射的山"条引晔《记》："孔晔《会稽记》云：'射的山中有石室，是仙人射堂。东高岩有射的石，远望的的如射侯，形圆如镜。土人常以占谷食贵贱，射的明，米贱；暗则米贵。谚云：射的白，斛一百；射的玄，斛一千。'"《太平御览》卷四一地部六"会稽山"条引灵符《记》云："孔灵符《会稽记》又曰：'山有石室，云是仙人射堂。东高岩有射的石，远望的的如射侯，形圆，视之如镜。土人常以占谷食贵贱，射的明则米贱，暗则米贵。谚云：射的白，斛一百；射的玄，斛一千。'"如果单独来看这两条文字，所谓晔《记》与灵符《记》确实很像是同一种书，但若二者袭用同一旧籍，或二者转相因袭，也自然会出现上列文字近似的情况。唐郑常《洽闻记》同时引用晔《记》和灵符《记》关于射的山的记述，正可说明二者文字之有相同处只是同袭旧籍或转相因袭："孔晔《会稽记》云：'射的山，远望的的，有如射侯，故曰射的。南有石室，可方丈，谓之射室，传云羽人所游憩。土人常以此占谷食贵贱，谚云：射的白，米斛一百；射的玄，米斛一千。'孔灵符《会稽记》云：'射的石水数十丈，其清见底。其西有山，上参云霞。半岭石室，曰仙人射堂。水东高岩临潭，有石的，形甚圆明，视之如镜。'"① 可见晔《记》与灵符《记》关于射的山的记述本不尽相同，只是《太平寰宇记》和《太平御览》恰好摘录了其间相同的一部分，而《洽闻记》并引二书，自然要舍去相同的文字。此外，《艺文类聚》卷八山部下"会稽诸山"条先引晔《记》"射的"谚语，又引灵符《记》"射的山西南水中有白鹤，常为仙人取箭，曾刮壤寻索，遂成此山"，也是同样的道理。

章氏"疑晔乃灵符名"，本毫无根据。雍正《浙江通志》卷二五三作"《会稽郡记》，晋孔晔撰"，把孔晔定为晋人，也出自臆度。宋赵明诚《金石录》卷二五有《周孔昌寓碑跋》，谓："右《周孔昌寓碑》，载其世系甚详，云：宣尼父三十六世孙也，十四世祖潜，吴侍中，生晋豫章太守竺，竺生大尚书冲，冲生大司农侃，侃生秘书监滔，滔生江夏太守俟，俟生宋尚书左丞幼，幼生尚书右丞遥之，遥之生中书侍郎晔，晔生齐散骑常侍佩，……"此孔晔与灵符同族。《宋书》卷五四《孔季恭传》谓灵符父季恭，季恭"祖愉，晋车骑将军；父訚，散骑常侍"，又《晋书》卷七八《孔愉传》谓"曾祖潜，太子少傅，汉末避地会稽，因家焉；祖竺，吴豫章太守；父恬，湘东太守；从兄侃，大司农。俱有名江左"。是则孔竺为晔七世祖、灵符五世祖，试列世系表如下：

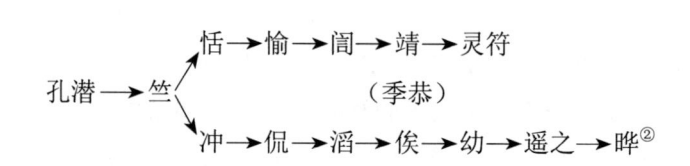

```
         ┌ 恬 → 愉 → 訚 → 靖 → 灵符
孔潜 → 竺 ┤           （季恭）
         └ 冲 → 侃 → 滔 → 俟 → 幼 → 遥之 → 晔②
```

按孔氏自潜避地江左，为会稽山阴望族，自当熟悉当地山川风土，具备记述乡里旧事遗闻的条件。孔灵符，据《宋书·孔季恭传附灵符传》，仕宋官至会稽太守，孔晔虽为灵符族孙，但据《孔昌寓碑》也是宋中书侍郎，时代相

---

① 《太平广记》卷三九七"射的山"条所引。
② 宋汪藻《世说叙录》卷下"会稽山阴孔氏谱"间有错误。

同，二《会稽记》撰写之先后殊不易断定。

二　陆羽《吴兴图经》与《杼山记》

张国淦先生撰《中国古方志考》著录唐陆羽《吴兴志》十卷，并从辑自《永乐大典》的嘉泰《吴兴志》中辑出陆羽《吴兴志》佚文。据《中国古方志考》所说，嘉泰《吴兴志》中的陆《志》佚文有："一、建置沿革，引《吴兴图经》一条；又四、山（乌程县杼山），引陆羽《旧记》一条；又十三、亭（浮玉亭），引陆羽《图记》一条；又祠庙（西楚霸王庙），引陆羽《图经》一条。是陆羽《吴兴志》亦曰《图经》，亦曰《旧记》，亦曰《图记》。"然张先生所说似尚有问题。

（一）嘉泰《吴兴志》建置沿革下所引《吴兴图经》据中华书局影印残本《永乐大典》卷二二七五引嘉泰《吴兴志》，是在此志湖州安吉县建置沿革条末，云"已上参考《吴兴图经》、《续图经》并《统记》所载"。此《吴兴图经》在嘉泰《吴兴志》中征引最多，曰"图经"，亦曰"旧图经"，均不著陆羽字样，与陆羽初无干涉。

（二）嘉泰《吴兴志》乌程县杼山条所引陆羽《旧记》见中华本《大典》卷二二七九："《吴兴志》：杼山在县西南三十里。陆羽《旧记》云：山高三百尺，周一千二百步，昔夏后杼巡狩之所。今山下有夏王村，西北有夏驾山。颜真卿《杼山碑》又载《山墟名》云'旧名东张'，游者忘归，号稽留山。有黄蘗涧、黄浦桥、黄浦亭、何楷钓台、避它城、招隐院、草堂、温阁。"检《四部丛刊》影印明安国刻本《颜鲁公文集》，卷四有《湖州乌程县杼山妙喜寺碑铭》，即嘉泰《吴兴志》所云《杼山碑》，其文曰："（杼山）山高三百尺，周回一千二百步，盖昔夏杼南巡之所。今山有夏王村，山西北有夏驾山，皆后杼所幸之地也。晋吴兴太守张玄之《吴兴疏》云：'乌程有墟名东张，地形高爽，山阜四周。'即此山也。其山胜绝，游者忘归，前代亦名稽留山。寺前二十步，跨涧有黄浦桥；桥南五十步，又有黄浦亭，并宋鲍昭送盛侍郎及庾中郎赋诗之所。其水自杼山西南五里黄蘗山出，故号黄浦，俗亦名黄蘗涧，即梁光禄卿江淹赋诗之所。寺东偏有招隐院，其前堂西厦谓之温阁。从草堂东南，屈曲有悬岩，径行百步，至吴兴太守何楷钓台。西北五十步，至避它城。按《说文》云：'它，蛇也。'上古患蛇，而相问：'得无它乎？'盖往古之人筑城以避它也。有处士竟陵子陆羽《杼山记》所载如此。其台殿廊庑，建立年代，并具于《记》中。"对照这两段文字，显而易见，《吴兴志》所引陆羽《旧记》实际上是自颜真卿碑文转录的陆羽《杼山记》，非其所撰《吴兴志》。

（三）嘉泰《吴兴志》浮玉亭条见中华本《大典》卷二二八一引《吴兴志》浮玉亭条，云："《旧编》按：《颜鲁公集》有《柳恽西亭记》云：'湖州乌程县南水亭，即柳恽西亭也。'又引吴均《入东记》云：'恽为郡起西亭、毗山二亭，悉有诗。'又引陈（陆）羽《图记》云：西亭在城西南二里，乌程县南六十步，跨苕溪为之。天监十六年所建，以其在郡治西，故名。"这是真的陆羽《图记》了，但仍旧是从颜真卿的文章转引，并非直接引用陆羽原记。

（四）西楚霸王庙条实非出于嘉泰《吴兴志》，而是出于其续作《吴兴续志》，见中华本《大典》卷二二八一引《续志》作："西楚霸王庙……唐颜真卿于碑阴述王与叔父梁避仇吴中，盖今湖州也。灵应事迹颇多，陆羽《图经》亦具载。"《四部丛刊》本《颜鲁公文集》补遗《项王碑阴述》云："（项王）其神灵事迹具见竟陵子陆羽所载《图经》。"可见这又是从颜真卿的文章转引。

从这三条真的陆羽文字来看：（1）均自颜真卿引述之陆羽文字转引；（2）颜文引陆文详，《吴兴志》或《吴兴续志》引即详；颜文引略，《吴兴志》或《吴兴续志》引亦略；（3）《吴兴志》或《吴兴续志》引陆羽文，未有出于颜真卿引文之外者。结论只能是《吴兴志》或《吴兴续志》并未见到陆羽原书。《大典》辑本《吴兴志》卷一八"事物杂志"云："《吴兴志》，陆羽作，见《陆羽集》。"也正说明撰嘉泰《吴兴志》时确未见到陆羽原书，否则，何必说"陆羽集"？因此，今天当据《颜鲁公文集》重新辑定陆羽所撰地理书。

颜真卿称引陆书，惟称《图经》或《图记》，不作《吴兴志》。张国淦先生定名《吴兴志》，乃据嘉泰《吴兴志》及《舆地纪胜》。今对比《大典》辑本嘉泰《吴兴志》卷一八"事物杂志"与《舆地纪胜》卷四"安吉州"碑记所引吴兴诸地理书，可以看出，《舆地纪胜》乃因袭嘉泰《吴兴志》。又如上考证，知撰写嘉泰《吴兴志》时并未见到陆羽原书，而颜真卿则在大历年间出刺杭州时与陆羽过从甚密，颜真卿的讲法应该远比嘉泰《吴兴志》可信。嘉泰《吴兴志》"见《陆羽集》"云云，可能和其"陆羽《图经》亦具载"等语一样辗转抄袭而来。即或《陆羽集》果有此语，恐怕也是后人编辑陆集时有所改动，因为隋唐郡国地理书多称"图经"、"图志"。有人曾说当时称"志"者唯唐陆羽《吴兴志》和凌准《邠志》①。但《邠志》实非郡国地理书一类，《新唐书·艺文志》列入杂传记类，《直斋书录解题》卷五入杂史类，并云"文忠修唐史，求此书不获"，《旧唐书》卷一三五《王叔文传附凌准传》称"准有史学，尚古文，撰《邠志》二卷"，且其书虽今已不传，然司马光《通鉴考异》自多有征引，取一检核即可知凌准所撰的《邠志》是一般史籍而非地方志乘。地方志乘之陆书自也不应以"志"命书名，有违当时的通习。正如张国淦先生所推测，当时"各府县所修之图经，其原本未必皆标有本府县之地名"②，则陆书应本名《图经》或《图记》，如颜真卿所称述。至于《中国古方志考》称陆羽《吴兴志》（即《吴兴图经》）有十卷，则未详所据。

最后考证一下《吴兴图经》与《杼山记》的撰作年代。按陆羽在上元二年秋天曾写过一篇《陆文学自传》③，文末列其撰著八种，内有与吴兴地方有关的《吴兴历官记》和《湖州刺史记》，而未及《吴兴图经》和《杼山记》④，因此，《吴兴图经》和《杼山记》都应该撰于上元二年之后。大历八年正月，颜真卿出刺湖州⑤，同年真卿在杼山立"三癸亭"（"以癸丑岁冬十月癸卯朔二十一日癸亥建，因名之"），次年撰《湖州乌程县杼山妙喜寺碑》，已见到《杼山记》⑥，因此，《杼山记》当写成于大历九年以前。由《杼山妙喜寺碑》引述《杼山记》不及三癸亭这一点来看，更为可能是在上元二年秋至大历八年秋这一段时期里写成的。颜真卿《梁吴兴太守柳恽西亭记》和《项王碑阴述》引

---

① 黄苇：《地记与图经考述》，载《方志论集》，浙江人民出版社1983年版。
② 《中国古方志考·叙例》。
③ 见《文苑英华》卷七九三。
④ 此外陆羽还撰有《顾渚山记》一卷，《直斋书录解题》卷八著录，《唐文拾遗》卷二三、《太平广记》卷四一二、卷四五六、卷四六三收有佚文，《杼山记》盖亦如《顾渚山记》之类的作品。
⑤ 《颜鲁公文集》卷一三《乞御书题额恩赐批答碑阴记》："（大历）七年秋九月，起家蒙除湖州刺史，来年春正月至任。"
⑥ 《颜鲁公文集》卷四《湖州乌程县杼山妙喜寺碑铭》。

用陆羽《吴兴图经》①，前者是"大历一纪之首夏"写的，后者是大历"十二载""仲夏方生明之日"写的，都是在大历十二年夏天，因此，《吴兴图经》当撰于上元二年秋至大历十二年夏之间。

三　李好文《长安志图》

元李好文《长安志图》原刻不传，传世以明成化四年鄜阳书堂刻本和嘉靖十一年李经刻本为最古，这两个本子都是和宋敏求《长安志》合刻的，而内容又略有不同。成化本和嘉靖本仅北京图书馆等收藏，外间甚少流传。外间通行的清乾隆四十九年毕沅灵岩山馆校刊本，实源出成化本②，此本只题"河滨渔者编类图说"，无作者姓氏及序言。顷读台北影印文渊阁本《四库全书》中的《长安志图》，据《四库提要》知是据嘉靖本抄写，而卷首尚存李好文原序。本序讲述了《长安志图》的书名、篇幅、成书时间以及《长安志图》和《长安志》的关系。对此前人或未寓目，或虽寓目而未曾仔细研读，以致在评述《长安志图》时发生若干不应有的错误。

（一）成书时间。《四库提要》说："此书结衔称'陕西行台御史'，考本传称好文至正元年除国子祭酒，改陕西行台治书侍御史，寻迁河东道廉访使；又称至正四年仍除陕西行台治书侍御史，六年始除侍讲学士。此书盖再任陕西时作也。"实际上李好文原序末尾明白署有"至正二年秋九月朔，中顺大夫陕西诸道行御史台治书侍御史东明李好文序"，成书时间明确无误，本无庸考证。四库馆臣舍此不取，却取证于《元史》李传，结果仍考错了年份。

附带说一下，《元史》李传并未讲明好文由陕西行台治书侍御史转迁河东道廉访使的时间，据此序结衔，知至正二年九月好文仍任陕西行台治书侍御史，又据《长安志图》卷下"泾渠图说序"，至正二年十月好文尚未离任，离任最早亦在二年十月以后。

---

① 《柳恽西亭记》见《颜鲁公文集》卷一三。
② 详《楹书隅录》卷二《长安志》条所载黄丕烈跋，并参考黄永年师《唐史史料学》，陕西师范大学1983年油印本。

（二）书名及其与《长安志》的关系。今传《长安志图》均与宋敏求《长安志》合刊，《四库全书》则分别著录，《四库提要》论此云："好文是书，本不因敏求而作，强合为一，世次紊越，既乖编录之体，且《图》与《志》两不相应，尤失古人著书之意。今仍分为二书，各著于录。《千顷堂书目》载此编作《长安图记》，于本书为合。此本题曰《长安志图》，疑李经与《长安志》合刊，改题此名。"按《四库提要》在这里讲了两点：(1)《长安志图》之作与《长安志》无关，(2)疑《长安志图》本名应为《长安图记》。其实都讲错了，原来四库馆臣竟粗疏到不去通读李好文的自序。自序中对此本已明确交代："名之曰《长安志图》，明所以《图》为《志》设也。"又《长安志图》成书后，李好文曾寄赠友人吴师道，吴师道读后撰有《〈长安志图〉后题》一文[①]，可知李好文此书本即因《长安志》而作，故名为《长安志图》。可见《千顷堂书目》著录成《长安图记》是错误的，《四库提要》据以立说就更错误了。诚然，《长安志图》并非尽循《长安志》而作，卷下《泾渠图说》更曾独自别为一篇（《〈泾渠图说〉序》）单行，但这些与李好文"为志设图"的宗旨并不矛盾，因为这些都是对《长安志》的补充和匡正，对于阅读《长安志》更有帮助。

（三）图幅多寡。李好文自序云"总为图二十有二"。今毕刻《长安志图》计存图二十幅，另《唐宫城坊市总图》、《唐皇城图》和《唐京城坊市图》三幅有目无图，总计原图应有二十三幅。《四库》本较毕刻本又缺《奉元州县图》一幅，此所缺四幅在目录上均未开列[②]。如何解释李好文自序所说"二十二图"？按今毕刻《长安志图》二十幅内有《唐城市制度图》一幅，接在《唐京城坊市图》的后面。但这幅图只简略地画出了三种坊市的道路形式，其余全是文字说明，注云："旧图全画坊市制度，今间小不能记，容别画一坊之制，以见其余。"可见它只是对前图的注解说明，算不上一幅独立的地图。舍此不计，恰为二十二图，与李好文自序相吻合。

（原载《古籍整理与研究》总第 5 期，1990 年）

---

① 载《吴礼部集》卷一八。
② 据李好文自序，《长安志图》中包括有"汉之三辅及今奉元所治，古今沿革、废置"，故《奉元州县图》当为原书固有，而为嘉靖本所缺失，唐代三图之属原有更毋庸赘说。

古地理书辨证续札
—— 附说唐代漳州徙治龙溪城的时间

前此我曾撰写《古地理书辨证三题》一稿，考证了刘宋孔晔《会稽记》与孔灵符《会稽记》、唐陆羽《吴兴图经》与《杼山记》，以及元李好文《长安志图》几种古地理书，其后于古地理书又续有一些心得，爰辑为此札，以续前稿。

一 晋张玄之《吴兴疏》与《吴兴山墟名》

两宋地志多有征引晋张玄之《吴兴山墟名》者，《隋书》经籍志、两《唐书》经籍志、艺文志皆未著录，北宋叶梦得《玉涧杂书》引此书云：

> 张玄之，晋吴兴太守，尝为《吴兴山墟名》一卷。①

而南宋谈钥修嘉泰《吴兴志》载此书则云：

> 《吴兴山墟名》，张玄之作，见《统纪》。援引不一，又云晋吴兴太守王韶之撰《吴兴山墟名》二卷。②

---

① 明陶宗仪《游志续编》收《玉涧杂书》。
② 嘉泰《吴兴志》已佚，此见《永乐大典》辑本卷一八"事物杂志"。

南宋王象之《舆地纪胜》卷四"安吉州碑记"沿袭谈钥《吴兴志》的说法，载有：

《吴兴山墟名》，张玄之作，又云晋吴兴太守王韶之撰。①

《吴兴山墟名》究竟是出于张玄之还是王韶之？抑或二人各自撰有一部《吴兴山墟名》？《大典》辑本嘉泰《吴兴志》卷一八"事物杂志"还载有王韶之撰《吴兴郡疏》一书：

《吴兴郡疏》，宋吴兴太守王韶之撰，一卷。

清缪荃孙疏忽未审王象之说承自谈钥，反据谈钥《吴兴志》考证说：

《吴兴山墟名》，卷亡，《隋经籍志》、新旧《唐书》未著录，宋王象之《舆地纪胜》云张玄之作，又云晋吴兴太守王韶之撰。按谈钥《吴兴志》云：《吴兴山墟名》，张玄之作，见《统纪》。援引不一。《吴兴郡疏》一卷，宋吴兴太守王韶之撰。是玄之、韶之所撰截然两书，象之合为一，误甚。②

缪荃孙的考证实在不甚高明，因此张国淦先生撰《中国古方志考》时并未采用他的说法，而是并列张玄之、王韶之各撰《吴兴山墟名》及王韶之撰《吴兴郡疏》一部。但这只是一种权宜的办法，是把问题留待后人再行研究。

谈钥谓王韶之撰有《吴兴郡疏》或《吴兴山墟名》，而在嘉泰《吴兴志》中于二书却略无征引，可知他并没有见到王书，所谓《吴兴山墟名》"援引不一，又云晋吴兴太守王韶之撰"云云，即不过略陈传说而已。今检《颜鲁公文

---

① 《舆地纪胜》"安吉州碑记"所著录吴兴诸地理书，实袭诸谈钥《吴兴志》，请参看拙稿《古地理书辨证三题》二"陆羽《吴兴图经》与《杼山记》"。又按王韶之曾两任吴兴太守，分别在宋少帝景平元年和文帝元嘉十二年，事见《宋书》卷六〇本传，此云"晋吴兴太守"误。

② 见《云自在龛丛书》第一集缪荃孙辑本《吴兴山墟名》序。

集》卷四《湖州乌程县杼山妙喜寺碑铭》引述唐陆羽《吴兴图经》：

> 晋吴兴太守张玄之《吴兴疏》云："乌程有墟名东张，地形高爽，山阜四周。"即此山也。①

可知所谓王韶之《吴兴郡疏》实属张玄之所作②。中华书局影印残本《永乐大典》卷二二七九引嘉泰《吴兴志》述颜真卿此碑则径改《吴兴疏》作《吴兴山墟名》：

> 颜真卿《杼山碑》又载《山墟名》云"旧名东张"。

如下所述，谈钥未见张玄之原书，又有云王韶之撰《吴兴郡疏》语，无以妄改颜真卿文，其引文当承自前人志书。据此，可知张玄之《吴兴疏》与《吴兴山墟名》本是一书，后人引述，习称《吴兴山墟名》。其书北宋尚存，故乐史《太平寰宇记》、左文质《吴兴统纪》③、叶梦得《玉涧杂书》等尚多征引，南宋以后，则当已亡佚。检嘉泰《吴兴志》，可知其引述张玄之书实转抄自《太平寰宇记》、《吴兴统纪》等书，故有"见《统纪》"语。王韶之与张玄之同为吴兴太守，又并博学善文，南宋人既不得见张玄之原书，讹附于王韶之名下，自在情理之中。不然，何以张玄之撰《吴兴疏》别称《吴兴山墟名》，而王韶之又恰同撰有《吴兴疏》和《吴兴山墟名》，毋乃奇巧乎？

按《世说新语·言语篇》刘孝标注引《续晋阳秋》载张玄之事迹云："张玄之，字祖希④，吴郡太守澄之孙也，少以学显，历吏部尚书，出为冠军将军、

---

① 陆羽撰《吴兴图经》谈钥《吴兴志》误作《吴兴志》，今皆从谈钥《吴兴志》，拙稿《古地理书辨证三题》据《颜鲁公文集》正作《吴兴图经》。又《文苑英华》卷八〇一唐顾况《湖州刺史厅壁记》亦载"其《图经》竟陵陆鸿渐撰"。

② 《吴兴疏》当即《吴兴郡疏》，古地志如此两称者甚为习见，如刘孝标《世说新语注》引《会稽记》，或称"《会稽郡记》"（见《言语篇》），或称"《会稽记》"（见《赏誉篇》）。

③ 左文质《吴兴统纪》，景德中撰，今佚，见于《舆地纪胜》、嘉泰《吴兴志》等书征引。

④ 丁国钧《补晋书艺文志》、张国淦《中国古方志考》俱讹玄之字作"希祖"。按《世说新语·方正篇》载王忱与张玄（即张玄之）遇于忱舅范宁宅，忱不语于玄，玄去，宁让忱，忱曰："张祖希若欲相识，自应见诣！"《晋书》卷七五《王湛传》同。

吴兴太守。会稽内史谢玄同时之郡，论者以为南北之望，玄之名亚谢玄，时亦称南北二玄。卒于郡。"

二 南齐顾欢《吴地记》

顾欢，字景怡，吴郡盐官人，官齐扬州主簿，《南齐书·高逸传》、《南史·隐逸传》并有传，所撰《吴地记》诸目录书均未著录，后人殊少称引，因此清王谟辑《汉唐地理书钞》也没有列入书目，张国淦先生撰《中国古方志考》，在晋顾夷《吴郡记》（又作《吴地记》）下附注明洪武《苏州府志》卷二引有齐顾欢《吴地记》一条，但张国淦先生似以为此"顾欢"为"顾夷"之讹，所以也没有把顾欢书独列为一种方志。今检唐陆羽《游慧山寺记》载有：

慧山，古华山也。顾欢《吴地记》云："华山在吴地城西一百里。"①

可知顾欢确曾撰有《吴地记》一书。

三 《水经注》在唐代的流传

《水经注》的流传情况，是郦学发展史上一个基本问题。人们一般认为由于卷帙浩繁，抄写不便，在隋唐时代《水经注》尚未广泛流传，仅收藏于内廷；迄唐末陆龟蒙诗说"水经山疏不离身"，才标志着《水经注》已传抄流入民间。核诸唐人著述，这一看法似乎未为允当。

唐代一些官修和半官修书籍如魏王泰《括地志》、章怀太子贤《后汉书注》、《初学记》、《唐六典》等多引及《水经注》，但这些书籍都有官方提供资料，所以不能说明《水经注》的流布情况。私人撰述中引及《水经注》的主要

---

① 见《全唐文》卷四三三。

有李善《文选注》、司马贞《史记索隐》、张守节《史记正义》、杜佑《通典》、李吉甫《元和郡县志》和白居易《六帖》等，这些书籍虽未经朝廷专门提供资料，但分析起来，有的作者也有机会接触内廷藏书。如李善注《文选》，时为"文林郎守太子内率府录事参军崇贤馆直学士"①；司马贞著《史记索隐》，时为"朝散大夫国子博士弘文馆学士"②；李吉甫撰《元和郡县志》时位居宰辅③，他们都很容易看到内廷藏书；至于张守节、杜佑和白居易则未必一定有幸获读。张守节上《史记正义》时身为"诸王侍读宣议郎守右清道率府长史"④，未入崇贤、弘文诸馆，但其所引《水经注》也有可能转录自《括地志》，所以可置而不论。杜佑始撰《通典》在大历之初，身不过淮南节度使下一幕僚，其书初稿草就时仍旧局促淮南幕下⑤，其后虽数度入朝，亦未尝仕职文学，又多充使职，能够接触内廷藏书的机会十分有限。贞元十七年其书最后定稿献上时，已出镇淮南⑥。观杜佑《通典》所云于《水经注》"访求久之方得"⑦，知其必未据内廷藏书。北宋黄鉴所撰记杨亿言谈的《杨文公谈苑》云："人言白居易作《六帖》，以陶家瓶数千各题门目，作七层架，列置斋中，命诸生采集其事类投瓶中。倒取之，抄录成书。故其所记时代多无次序。"⑧既以诸生杂集而成，其书也不必据内廷藏储秘籍。虽然如此，杜佑、白居易后来毕竟身居高官，硕臣显宦之间录有一二部抄本，也不能说明《水经注》流布已经相当广泛。

杜佑于《通典》中云："《水经》僻书，代（世）人多不之观。"⑨似乎可以说明世间绝少流传，然而此言实非笃论。杜佑《通典》州郡一门虽也堪称典要，然终不为博洽之作，观其云《水经注》有郭璞、郦道元二本⑩，即可知

---

① 李善：《上文选注表》。
② 司马贞：《史记索隐序》。
③ 《旧唐书》卷一五《宪宗纪》。
④ 张守节：《史记正义序》。
⑤ 《十七史商榷》卷九〇杜佑作《通典》条。
⑥ 《旧唐书》卷一四七《杜佑传》。
⑦ 《通典》卷一七四州郡四雍州风俗。
⑧ 《说郛》（宛委山堂本）卷一六。
⑨ 《通典》卷一七四州郡四雍州风俗。
⑩ 《通典》卷一七四州郡四雍州风俗。

其未尝略究心于地理之学，亦未尝属意于地理之书[①]，故有是语。《全唐文》卷二六〇收张元琮《卫州共城县百门陂碑序》云："百门陂，按《水经》，出自汲郡共山下，泉流百道，故谓百门。会同于淇，合流于海，鱼盐产利，不可谈悉。"张氏所引显然是郦道元注文而非《水经》本文（此文为今本《水经注》所佚），据《全唐文》小传，元琮为武后时人，未见有担任过任何官职的记载。《旧唐书》卷八五《张文瓘传》附载其有兄名文琮，贞观中为治书侍御史，三迁亳州刺史，永徽初，征拜户部侍郎，卒于建州刺史。疑元琮即文琮之讹。不论如何解释，"张元琮"看来与内廷藏书并没有什么关系，不过是当时一般官员，算不上什么显要人物，而能够轻易读到《水经注》，说明其书当时流传已十分广泛。《文苑英华》卷八三三载李渤《辨石钟山记》，可以更清楚地证明这一点。其文曰："《水经》云：彭蠡之口，有石钟山（焉）。郦元以为下临深潭，微风鼓浪，水石相搏，响若洪钟，因受其称。"（此文亦为今本《水经注》所佚）据《旧唐书》卷一七一本传，渤父钧仕殿中侍御史，以母丧不时举，流于施州。渤耻其家污，坚苦不仕，励志于文学，不从科举，隐于嵩山，以读书业文为事。元和初，始以山人征为左拾遗。而《辨石钟山记》一文则作于"贞元戊寅岁（十四年）七月八日"，署"白鹿先生记"，知其时尚隐居山中。李渤其人既已得见《水经注》，则可以说这本书已经广布民间。

唐初尚无雕版印刷，后期虽已有之，但还仅限于一些民间日用和宗教迷信的东西，传抄像《水经注》这样一部大书确实不是一件十分容易的事。但"奇文共欣赏"，只要书的内容对于当时有重要价值，人们也只能不惜工时，逐一抄录。《史记》、《汉书》部帙浩然百卷之多尚得流布于士子之手，何况《水经注》四十卷之数尚不及其二三之一。即以唐人著述而论，杜佑《通典》达二百卷之巨，亦"大传于时"[②]；当时的地理书有《括地志》六百卷[③]，为张守节《史记正义》所大量引用；贾耽"撰《海内华夷图》及论次地理之书凡五十有五

[①] 《水经》本无郭璞注者，辨详杨守敬《晦明轩稿》。
[②] 《旧唐书》卷一四七《杜佑传》。
[③] 《新唐书》卷五八《艺文志》二："《括地志》五百五十卷，又《序略》五卷。"

篇,贡在中禁,传于域内"①;李吉甫撰《元和郡县图志》四十卷②,亦"行于代(世)"③。郦道元《水经注》集前代地理学之大成,唐人目为详赡审正④,其传抄流行于世,自在情理之中。

要之,起码从远在陆龟蒙之前的武后时期开始,《水经注》即已流行于唐代士人中间。

四　唐贾耽《国要图》、《地图》与《皇华四达记》

唐贾耽以"明九域山川之要,究五方风俗之宜"而蜚声于世⑤,一生撰作地理书籍多篇。后世所传篇目有《海内华夷图》一轴、《古今郡国县道四夷述》四十卷、《贞元十道录》四卷、《吐蕃黄河录》四卷、《关中陇右山南九州别录》六卷、《地图》十卷、《皇华四达记》十卷、《国要图》一卷⑥,总共有七十多卷。但权德舆撰贾耽墓志铭却说贾耽"撰《海内华夷图》及论次地理之书凡五十有五篇,贡在中禁,传于域内。言方志者,以公名家"⑦。贾耽卒于永贞元年,前此,由贞元十年至十七年,权德舆以中书舍人居身禁掖八年⑧,所以"传于域内"的贾耽地理书为其所熟知自无庸待言,即使是"贡在中禁"者,他也应该略有所闻。因此他所说贾耽地理著作"凡五十有五篇"应该是可信的,而今传七十多卷中必然有为后人所舛讹者。

贾耽地理著述见于唐人碑传及其自述者有:

---

① 《权载之文集》卷二二《唐故金紫光禄大夫检校司空兼尚书左仆射同中书门下平章事上柱国魏国公赠太傅贾公墓志铭并序》。
② 《元和郡县图志》卷数记载不一,此据卷首进书表。
③ 《旧唐书》卷一四八《李吉甫传》。
④ 《史通》卷三《书志》:"是以《地理》为书,陆澄集而难尽;《水经》加注,郦元编而不穷。盖方物之事,尽在是矣。"是以《水经注》为地理书之详赡者目之。又《通典》州郡四云世人谓《水经注》"审正"。
⑤ 《陆宣公集》卷八《贾耽东都留守制》。
⑥ 除《国要图》一卷见《宋史·艺文志》外,余并见《新唐书·艺文志》。
⑦ 《权载之文集》卷二二《唐故金紫光禄大夫检校司空兼尚书左仆射同中书门下平章事上柱国魏国公赠太傅贾公墓志铭并序》。
⑧ 《旧唐书》卷一四八《权德舆传》。

（一）郑余庆《左仆射贾耽神道碑》载："兴元元年，诏公撰国图，贞元十四年，先献关中、陇右及山南九州等图，又撰《别录》六卷、《吐蕃黄河录》共四卷。"①

（二）郑余庆《左仆射贾耽神道碑》又载："（贞元）十四年冬，撰《海内华夷图》成，并撰《古今郡国县道四夷述》四十卷。"②

（三）《权载之文集》卷三五有《魏国公贞元十道录序》，云贾耽"为《贞元十道录》四卷"，"时贞元壬午岁（十八年）夏四月谨序"③。

上列书目中，《关中陇右及山南九州等图》与《别录》、《吐蕃黄河录》合在一起为一种书籍，故《旧唐书·贾耽传》称"耽乃画陇右、山南图，兼黄河经界远近，聚其说为书十卷"；《海内华夷图》与《古今郡国县道四夷述》同时进上，本来应当也是相辅而行的。合计上面三种书籍，共得五十四卷，此外还应该有一部书籍，乃未见唐人称述。

余下的《地图》、《皇华四达记》和《国要图》三书中，《地图》和《国要图》从未见后人征引。郑余庆《左仆射贾耽神道碑》云："兴元元年，诏公撰国图，贞元十四年，先献关中、陇右及山南九州等图。"《旧唐书·贾耽传》"进《海内华夷图》及《古今郡国县道四夷述》表"亦云："去兴元元年，伏奉进止，令臣修撰国图，旋即充使魏州，……不遂专门，……近乃……画《海内华夷图》一轴。"可知"关中陇右及山南九州等图"为敕撰"国图"的部分初稿，"海内华夷图"则为定本，所谓"国要图"当即此"国图"，至于是指"海内华夷图"，还是指"关中陇右及山南九州等图"则尚无以断定。至于所谓"《地图》十卷"，则当合指《关中陇右及山南九州等图》、《别录》和《吐蕃黄河录》，因为据《玉海》卷一五所载，《地图》十卷系与《皇华四达记》十卷并

---

① 载《文苑英华》卷八八七。《旧唐书》卷一三八《贾耽传》载贾耽进书表记述更详。又《唐会要》卷三六《修撰》载贾耽进书在贞元十四年十月，"撰《郡国别录》六卷、《通录》四卷"，贾耽进书表同作《通录》四卷，当即贾耽神道碑所说《吐蕃黄河录》。

② 按《旧唐书》卷一三《德宗纪》下：贞元十七年冬十月辛未，"宰相贾耽上《海内华夷图》及《古今郡国县道四夷述》四十卷"；《唐会要》卷三六《修撰》、《旧唐书》卷一三八《贾耽传》并同，此"十四年冬"疑误。《旧唐书·贾耽传》并载有贾耽进书表。

③ 郑余庆《左仆射贾耽神道碑》作此书与《海内华夷图》等同成于贞元十七年冬，但贾耽进《海内华夷图》表等俱未提及，权德舆《贞元十道录序》云此书撰于《海内华夷图》等后，故当成于贞元十八年。

贞元十四年所上,与《关中陇右及山南九州等图》进上时间相吻合,卷次也一致,而《关中陇右及山南九州等图》与《别录》、《吐蕃黄河录》既合为一书,"都成十卷"[①],后人总以"地图"名之,也是十分自然的。

《皇华四达记》后人有所征引。《通鉴》卷二〇二唐高宗永隆元年七月,"吐蕃寇河源,左武卫将军黑齿常之击却之"条《考异》云:

> 贾耽《皇华四达记》:自长安至鄯州约一千七百余里。

又南宋周去非《岭外代答》卷三外国门下西天诸国条云:

> 余闻自大理国至王舍城亦不过四十程。按贾耽《皇华四达记》云:自安南通天竺。

南宋赵汝适《诸蕃志》卷七注辇国条亦云:

> 俗传自交趾之北至大理,大理西至王舍城不过四十程。按贾耽《皇华四达记》云:自安南通天竺,是有陆路可通其国。

可知贾耽确曾撰有《皇华四达记》一书。《玉海》卷一五载:

> 唐《皇华四达记》,《志》:贾耽《地图》十卷,又《皇华四达记》十卷,贞元十四年上〔原注:载驿程远近〕。

《新唐书·地理志》末附载贾耽记"边州入四夷路程",称:

> 贞元宰相贾耽考方域道里之数最详,从边州入四夷,通译于鸿胪者,莫不毕纪。……其山川聚落,封略远近,皆概举其目,州县有名而前所不

---

① 《旧唐书》卷一三八《贾耽传》载贾耽进书表。

录者,或夷狄所自名云。

一般认为,《新唐书》所引贾耽记"边州入四夷路程"即本自《皇华四达记》,这是不错的。但今多据《新唐书·艺文志》等所著录"《皇华四达记》十卷",以为其书本记路程所经之山川、城镇及风土甚详,而《新唐书·地理志》所录节略甚多,这好像就有所差误了。《新唐书·地理志》所谓"其山川聚落、封略远近,皆概举其目,州县有名而前所不录者,或夷狄所自名云",显然是转述贾耽《皇华四达记》的口吻,故当如《玉海》所记,《皇华四达记》本即只"载驿程远近",内容较为简略,《新唐书·地理志》所载应无多删节。由此可以推测,《皇华四达记》"十卷"应是"一卷"之讹,合此,贾耽所撰地理书恰为五十五篇,与权德舆《左仆射贾耽墓志铭》所述吻合。

概括上述考论,可以认为贾耽所撰五十五篇地理书为《地图》十卷(包括《关中陇右及山南九州等图》一轴,《别录》或《郡国别录》、《关中陇右山南九州别录》六卷,《吐蕃黄河录》或《通录》四卷)、《皇华四达记》一卷、《古今郡国县道四夷述》四十卷(有《海内华夷图》一轴与其并行)和《贞元十道录》四卷。

五 唐吴与《漳州图经》

张国淦先生《中国古方志考》著录有宋吴与撰《祥符(漳州)图经》,并从乾隆《漳州府志·艺文志》中录出吴与撰《漳州图经序》。今按此序又见《全唐文》卷五一三,而以吴与为唐人。两相参校,知乾隆《漳州府志》所录颇有删削,今转录《全唐文》所收于下,并附注乾隆《漳州府志》异文,以资考辨。乾隆《漳州府志》所删者,以〔 〕识之,异文以( )别之[①]。

  谨按本州在《禹贡》为扬州〔之〕南境,周为七闽〔之〕地,秦汉为

[①] 乾隆《漳州府志》仅北京、南京等几处有收藏,我均未见到,此据《中国古方志考》录文转录。

东南二粤〔之〕地,〔汉武〕平粤,为东会稽治县,并南海揭阳之地,晋宋以来为晋安、义安二郡〔之〕地。〔皇〕唐垂拱二年〔十二月九日,左玉钤卫翊府左郎将陈元光平潮州寇,奏置州县,敕〕割福州西南地置漳州,〔初〕在漳浦水北,〔因水为名,〕寻以地多瘴疠,〔吏民苦之,〕耆寿余恭(若)讷等乞迁他所。开元四年,敕移就李澳州(川)置郡,〔故废绥定县地也。〕自初置州,隶福州〔都督府〕,开元二十二年〔四月二十二日,敕〕割隶广州。二十八年,〔敕〕复隶福州。〔州〕本二县,一曰漳浦,即州治也,一(二)曰怀恩,〔二十九年十一月二十二日〕敕(后)以户口逃亡,废之,〔并入漳浦。〕又割泉州龙溪县隶本州。大历十一年,〔福建〕观察使皇甫政奏割汀州龙岩县来属,〔十二年五月二十七日,敕〕从之。天宝元年,改为漳浦郡,乾元元年,复为漳州。兴元二年,刺史柳少安请徙治龙溪,〔福建观察使卢惎录奏。〕贞元元年〔十一月十六日〕敕从之。遂以龙溪城(县)为州定(治),管龙溪、漳浦、龙岩三县。山川清秀,原野坦平。〔良山记董奉之游,九侯传夏后之祀。赵佗故垒,越王古城。营头之雉堞依然,岭下之遗基可识。陈将军忠贞冠代,王使君勋烈标时。周先辈之奇才,潘侍郎之重德。大同有九虬之瑞,开元出祥云之符。灵迹应祈,筋山屏盗。遗芳未泯,胜概可寻。〕蔚为江外之名邦,不特闽中之要地。凡诸可纪(传),悉具于后。

通读上文,可见:(1)《全唐文》所收系吴与序全文。(2)吴与序述漳州建置沿革仅止于唐,无涉宋事。(3)乾隆《漳州府志》删去了吴与序中唐代州县设置的具体月日,而如此详明的记载当非宋人所能为。(4)吴与原序"以龙溪城为州定"之"定"字,为乾隆《漳州府志》改为"治"字,唐人避高宗讳,虽多改"治"为"理",但亦有改为"化"、"政"、"务"、"持"、"主"等字者①,"州定"亦当为避高宗讳所改。(5)乾隆《漳州府志》删去了吴与序中"皇唐"之"皇"字,而此为吴与为唐人之铁证。由此可以断定,吴与当为唐人,所撰非《祥符(漳州)图经》,《中国古方志考》失考。

---

① 见(清)周广业:《经史避名汇考》卷一五帝王十二唐(台北影印张钧衡适园抄本)。

附带说明一下，吴与《漳州图经序》述唐代漳州由李澳川徙治龙溪城的时间与《新唐书·地理志》和《元和郡县志》所载不同，两相参校，当以《漳州图经》为是。

漳州徙治龙溪远在天宝之后，而《旧唐书·地理志》叙州郡建置大致以天宝十一载为断限，故不及于此。《新唐书·地理志》和《元和郡县志》俱云是在乾元二年，吴与序则作"兴元二年，刺史柳少安请徙治龙溪，福建观察使卢惎录奏。贞元元年十一月十六日敕从之"。德宗兴元年号只用一年（784），翌年改元贞元，故"二年"当为"元年"之讹。头一年申报，次年批回，于理甚洽。而乾元二年（759）下距贞元元年已有二十六年，更一州治，绝无拖延如此绵久之事。《旧唐书》卷一二《德宗纪》上载贞元元年正月"丁未，以饶州刺史卢惎为福州刺史、福建观察使"，二年七月，"乙未，福建观察卢惎卒"，可知漳州刺史柳少安请求徙治龙溪当在兴元元年底，贞元元年初，卢惎任福建观察使，录奏此事，十一月批复。

六　北宋宋敏求《长安》、《河南》二志的成书时间

北宋宋敏求撰《长安志》和《河南志》各二十卷，世失其撰作年代。考宋赵彦若熙宁九年二月所撰《长安志序》云：

> 《长安志》者，今史官谏议大夫龙图阁直学士常山公所定著也。公……前在河南，旁接三辅，尝有意于搜采矣，然犹未遑暇。又逾二纪，乃创属体绪，缵次其言，穷传记诸子抄类之语，绝编断简靡不总萃，隐括而究极之，上下浃通……为二十卷。

宋敏求在河南，是指其"从宋庠辟，通判西京，为群牧度支判官"事[①]。据《续通鉴长编》卷一七〇，仁宗皇祐三年三月，以包拯诸人上言宋庠不戢子弟

[①] 《宋史》卷二九一《宋敏求传》。

等，宋庠由工部尚书平章事"罢为刑部尚书、观文殿学士，知河南府"。宋敏求为宋庠所辟，当在此后不久，因为宋庠知河南府事未久，即"徙许州，又徙河阳"[①]，由皇祐三四年起算，逾"二纪"即二十四年正当神宗熙宁八九年间，可以肯定，《长安志》即撰于此时，书成即请赵彦若为之作序。今毕沅刻本《长安志》题"龙图阁直学士右谏议大夫修国史特赠尚书礼部侍郎常山侯宋敏求撰"，自是出于后人之手，但袁本《郡斋读书志》卷五附宋赵希弁《读书附志》卷上《长安志》条云："《长安志》二十卷，右龙图阁直学士右谏议大夫修国史常山宋敏求所撰也。"则当本诸宋敏求自署。据《宋史》本传，宋敏求晚年始加"龙图阁直学士"，而《宋史》卷一五《神宗纪二》载熙宁七年八月宋敏求上所修《阁门仪制》尚称"集贤院学士"，亦可证其书确成于熙宁八九年间。

赵希弁《读书附志》卷上《长安志》条又云："敏求亦尝为《河南志》，时以朝奉郎守太常丞充集贤校理编修唐书官通判西京留守司兼畿内劝农事飞骑尉署衔。"可知《河南志》当写成于仁宗皇祐三四年宋敏求通判西京洛阳期间。也就是在编撰《河南志》的同时，宋敏求开始"有意于搜采"有关长安的资料，而至二十四年之后的熙宁八九年间方汇集为书。自其立意著述，迄至成书，时逾二纪之久，不应当仅仅是因为未得遑暇编次，恐怕是其"穷传记诸子抄类之语，绝编断简靡不总萃"这种搜采资料工作一时也不易完成。

（原载《中国历史地理论丛》1987年第1辑）

---

① 《宋史》卷二八四《宋庠传》。

《大业杂记》考说

一 《续谈助》中《大业杂记》的真伪

唐杜宝撰《大业杂记》十卷，著录于《新唐书·艺文志》和《郡斋读书志》、《直斋书录解题》，但宋以后原书即佚失，仅北宋晁载之《续谈助》中有此书的摘录本。它是真从杜宝原书摘录的，还是后人或晁氏伪托的，有必要加以核实。

核实的办法是用司马光《通鉴考异》来比勘。因为《大业杂记》的记载往往和《隋书》不同，所以被《考异》征引的有二十余处，起仁寿四年七月文帝崩、炀帝即位，止武德元年三月，最初两条称《大业杂记》，余均省称《杂记》。其中与《续谈助》摘录本有关者四处，试比勘如下。

（一）《通鉴》卷一八〇大业元年三月"命尚书右丞皇甫议发河南、淮北诸郡民，前后百余万，开通济渠"条《考异》云：

《杂记》作"皇甫公仪"，又云"发兵夫五十余万"。

摘录本正作：

发河南道诸州郡兵夫五十余万，开通津（济）渠。

（二）《通鉴》卷一八〇大业元年八月壬寅"上行幸江都"条《考异》云：

《杂记》作"九月"。

摘录本正作：

（大业元年）九月，车驾幸江都宫。

（三）《通鉴》卷一八〇大业元年八月，炀帝幸江都，"龙舟四重，高四十五尺"条《考异》云：

《略记》（按指《大业略记》）云高五丈，《杂记》言其制度尤详，今从之。

摘录本正作：

龙舟高四十五尺，……四重。

又《通鉴》下文叙炀帝幸江都随行舟船人员也显系摘录本相应部分之压缩改写。

（四）《通鉴》卷一八一大业四年春正月"穿永济渠，引沁水南达于河，北通涿郡"条《考异》云：

《杂记》曰：三年六月，敕开永济渠，引汾水入河，于汾水东北开渠，合渠水至于涿郡二千余里，通龙舟。按：永济渠即今御河，未尝通汾水，《杂记》误也。

摘录本正作：

（大业三年）六月，敕开永济渠，引汾［原校：一作沁］水入河，又自汾［原校：一作沁］水东北开渠，合渠水至于涿郡二千余里，通龙舟。

由此可见《续谈助》摘录本实出《大业杂记》原书。今原书既佚失，所残存文字当以此摘录本为最繁富。

二 《大业杂记》与《大业拾遗》

《崇文总目》著录杜宝《大业拾遗》十卷，另著录颜师古《大业拾遗》一卷，后者又见于《宋史·艺文志》，《郡斋读书志》作《大业拾遗记》，别称《南部烟花录》，实系唐末人伪撰，已经宋人论定[①]，其书尚存，取与杜宝书摘录本及《通鉴考异》引文相勘，显非一物。但《崇文总目》的杜宝《大业拾遗》十卷是否《大业杂记》别称，尚需考论。

所幸《太平御览》引有杜宝《大业拾遗录》多条，或称《大业拾遗》[②]。可择举若干，看它与《大业杂记》的关系。

（一）《太平御览》卷九三六鳞介部鲤鱼：

> 杜宝《大业拾遗录》曰：四年，梁郡有清冷渊水，面阔二里许，即卫平得大龟之处。清冷水南有横渎，东南至宕山县西北，入通济渠。是时大雨，沟渠皆满，忽有大鱼，似鲤而头一角，长尺余，鳞正赤，从清冷水出，头长三尺许，入横渎，逆流西北十余里，不没，入通济渠。于时夹两岸随看者数百人，皆谓赤龙大鲤，从渊而出，此亦唐祚将兴之兆。

《大业杂记》摘录本也作：

> （四年），梁都（郡）有清冷泉（渊）水，周阔二里许，即卫平所得大龟之处。清冷水南有横渎，东南至砀山县西北，入通济渠。忽有大鱼，似鲤有角，从清冷水入通济渠，亦唐兴之兆。

---

① 《诗话总龟·前集》卷二引蔡居厚《诗史》，姚宽《西溪丛语》卷下，王明清《挥麈余话》卷一。
② 《太平御览》卷首所列引用书目为"杜宝《大业拾遗录》"，但文内所注出处有时作《大业拾遗》，如卷六〇二文部著书下之《区宇图志》条。

(二)《太平御览》卷九六四果部一栗:

> 杜宝《大业拾遗录》曰:洛阳仪鸾殿南有乌梸林、栗林,有蒲桃架四行,行长百余步。

《大业杂记》摘录本也作:

> (宝)城内有仪鸾殿,殿南有乌椁林、栗林,有蒲桃架四行,行长百余步。

(三)《太平御览》卷九七七菜菇部茄:

> 杜宝《大业拾遗录》曰:四年,改胡床为交床,改胡瓜为白露黄瓜,改茄子为昆仑紫瓜。

《大业杂记》摘录本也作:

> (四年)九月,自塞北还至东都,改胡床为交床,改胡瓜为白露黄瓜,改茄子为昆仑紫瓜。

可见《太平御览》所引《大业拾遗录》即《大业杂记》,《大业杂记》别称《大业拾遗》或《大业拾遗录》。

又《太平广记》也引有《大业拾遗》十四条,或称《大业拾遗记》[①],有人猜测这可能是杜宝《大业杂记》的佚文[②],这里也可举例以事核实。

(一)《太平广记》卷四一八蔡玉(王):

---

① 《太平广记》卷首所列引用书目为《大业拾遗》,文内除《炀帝》一条外,均作《大业拾遗记》。
② 程毅中:《古小说简目》。

弘农郡太守蔡玉（王）以国忌日于崇（弘）敬寺设斋，忽有黑云甚密，从东北而上，正临佛殿。云中隐隐雷鸣，官属犹未行香，并在殿前，聚立仰看。见两童子赤衣，两童子青衣，俱从云中下来。赤衣二童子先至殿西南角柱下，抽出一白蛇，长丈余，仰掷云中，雷声渐渐大而下来。少选之间，向白蛇从云中直下，还入所出柱下。于是云气转低着地，青衣童子乃下就柱，一人捧殿柱，离地数寸，一童子从下又拔出一白蛇，长二丈许，仰掷云中。于是四童子亦一时腾上，入云而去。云气稍高，布散遍天。至夜，雷雨大霔，至晚方霁。后看殿柱根，乃蹉半寸许，不当本处。寺僧谓此柱腹空，乃凿柱至心，其内果空，为龙藏隐。（原注：出《大业拾遗记》）

《大业杂记》摘录本也作：

　　弘农郡太守蔡王以国忌之日于弘敬寺设斋，□忽黑云从东北来。官人犹未行香，并在殿前，聚立仰看。见两童子衣赤，两童子衣青，俱从云中下。赤衣先至殿西南角柱下，抽出一白蛇，丈余，仰掷云中。少选，蛇从云直下，还入所出柱下。于是青衣一人捧柱，一人从空下，又拔出一白蛇，长二丈许，掷入云中而去。一家谓此柱腹空，凿柱至心，果空，为龙之所藏隐。

（二）《太平广记》卷二三四吴馔：

　　……吴郡又献蜜蟹三千头，作如糖蟹法。蜜拥剑四瓮。拥剑似蟹而小，二（一）螯偏大，《吴郡（都）赋》所谓"乌贼拥剑"是也。（原注：出《大业拾遗记》）

《太平御览》卷九四三鳞介部拥剑也说：

　　杜宝《大业拾遗录》曰：吴郡献蜜蟹二千头，作如糖蟹法。蜜拥剑四瓮。拥剑似蟹而小，一螯偏大，《吴都赋》所谓"乌贼拥剑"是也。

而范成大《吴郡志》卷三〇土物下引《大业杂记》也作：

> 蜜蟹、拥剑，皆大业六年吴郡所献。蜜蟹，糖蟹之类；拥剑，即《吴都赋》所谓"乌贼拥剑"者。

此外，如《太平广记》卷四一三楼阙芝条、卷四一〇仲思枣条，与《太平御览》卷九八六药部芝下和卷九六四果部二枣下所引《大业拾遗录》几乎一字不差，《太平广记》卷二二六水饰图经条又见于曾慥《类说》卷四所引《大业杂记》。可见《太平广记》所引《大业拾遗》或《大业拾遗记》就是《大业杂记》，也就是《崇文总目》所著录的十卷本《大业拾遗》。

三 杜宝的著作及生平事迹

正史未为杜宝立传，他在隋代的事迹略见所撰《大业杂记》里。《太平御览》卷六〇二文部著书下：

> 隋《大业拾遗》曰：大业之初，敕内史舍人窦威、起居舍人崔祖濬及龙川赞治侯伟等三十余人撰《区宇图志》一部，五百余卷，新成奏之。又著丹阳郡风俗，……帝不悦，遣内史舍人柳䛒宣敕责威等，……即日敕遣秘书学士十八人修十郡志，内史侍郎虞世基总检。于是世基先令学士各序一郡风俗，拟奏请体式。学士著作佐郎虞绰序京兆郡风俗，学士宣惠尉陵敬序河南郡风俗，学士宣德郎杜宝序吴郡风俗。四人先成，以简世基。世基曰：虞绰序京兆，文理俱赡，优博有余，然非众人之所能继；陵敬论河南，虽文华才富，序事过繁；袁朗、杜宝吴蜀二序不略不繁，文理相副，宜具状以四序奏闻，去取听敕。及奏，帝曰：学士修书，颇得人意，各赐物二十段，付世基择善用之。世基乃抄吴郡序付诸头，以为体式。及《图

志》第一副本新成八百卷奏之，帝以部秩太少，更遣子细重修成一千二百卷，卷头有图。

又《太平广记》卷二二六水饰图经条引《大业拾遗记》（即《大业杂记》）：

> 炀帝别敕学士杜宝修《水饰图经》十五卷，新成，以三月上巳日，会群臣于曲水，以观水饰，……皆出自黄衮之思。宝时奉敕撰《水饰图经》及检校良工图画，既成奏进，敕遣宝共黄衮相知，于苑内造此水饰，故得委悉见之。

杜宝所任宣德郎见《隋书·百官志》，隶谒者台，正七品，主出使。所撰《水饰图经》及所参与修撰的《区宇图志》也都失传，后者王庸先生认为"乃唐以后地理总图志及一统志之滥觞"①，则杜宝所撰其中吴郡序为全书体式，对后世纂修全国性地志实有倡导之功。

杜宝入唐后的著作即为《大业杂记》，《郡斋读书志》袁本卷二上杂史类载：

> 《大业杂记》十卷，右唐杜宝撰，起隋仁寿四年炀帝嗣位，止越王侗皇太（泰）三年王世充降唐事。

《直斋书录解题》辑本卷五杂史类载：

> 《大业杂记》十卷，唐著作郎杜宝撰，纪炀帝一代事，序言"贞观修史，未尽实录，故为此书，以弥缝阙漏"。

杜宝入唐之为著作郎，当缘《大业杂记》原书题衔或自序结衔如此，故《直斋书录解题》得以知道。据《新唐书·百官志》，龙朔二年著作局改为司文局，郎曰郎中，"杜宝既称著作郎，书成当在龙朔二年前"②。至《直斋书录解题》

---

① 王庸：《中国地理学史》。
② 参看孙永如：《通鉴·唐纪考异引书考》（1985年1月油印稿本）。

谓此书"纪炀帝一代事",《郡斋读书志》谓"起隋仁寿四年炀帝嗣位,止越王侗皇太(泰)三年王世充降唐事",则均未甚确切。皇泰二年四月王世充杀越王侗,建郑,改元开明,并无皇泰三年之说,王世充降唐则在郑开明三年即唐武德四年五月,《太平广记》卷二八〇炀帝条引《大业杂记》即系武德四年东都平后上官魏梦见炀帝事。因此应该说此书止于武德四年"王世充降唐事"。

在北宋王明清的《挥麈余话》里,还提到有《大业幸江都记》十二卷,"唐著作郎杜宝所撰,明清家有之,承平时扬州印本也"①。此书未见他书著录,隋唐时记炀帝幸江都书传有几种,《隋书》卷七六《诸葛颖传》载颖撰"《幸江都道里记》一卷,行于世"。《通志·艺文略》有"《大业拾遗录》一卷,记炀帝幸江都",不著撰人姓名。宋人蔡居厚、姚宽又称《唐书·艺文志》所载《南部烟花录》原本也是记"广陵行幸事"②,而今《新唐书·艺文志》未见著录,或许这原本《南部烟花录》就是《通志·艺文略》的《大业拾遗录》,但和王明清所见的《大业幸江都记》有无关系,已不得而知。

此外,《通志·艺文略》还著录有一卷本《大业拾遗》,题"唐杜宝撰"。这有两种可能:(一)与伪颜师古《大业拾遗》或"记炀帝幸江都"事的《大业拾遗录》为一书;(二)为杜宝《大业杂记》的删节本。

四 《大业杂记》的版本

《大业杂记》原本十卷,记载有炀帝一朝至王世充开明年间的大量政治、军事活动,而有关这方面的记载在《续谈助》的摘录本中却只占很小一部分。《续谈助》系崇宁五年七至八月晁载之任陈留县尉时公暇节录群书,以备浏览,其"决择亦颇不苟"③。每录一书,后必有跋语,论其去取之旨。遗憾的是今本《续谈助》中的《大业杂记》已佚去晁氏跋语,推测起来,晁载之应只着眼于有关"居处"的宫观苑囿、舟梁馆驿等内容,同时兼及一些有关饮食、著述的记述。

---

① 《挥麈余话》卷一。
② 《诗话总龟·前集》卷二引蔡居厚《诗史》,姚宽《西溪丛语》卷下。
③ 陆心源:《续谈助序》。见《十万卷楼丛书》本《续谈助》。

如摘录本中有一半以上的篇幅是关于东都洛阳城苑的，这大体上是整段移录。其他部分则经过不同程度删简压缩。如前引开通济渠事，略去了主持人"皇甫公仪"；清冷水出带角鲤鱼事，略去了鲤鱼出现时时值大雨，沟渠皆满和两岸数百人夹观的情况；蔡王智积设斋行香遇童子降临事也略去了很多细节，等等。

《大业杂记》遗文除见诸《太平御览》、《太平广记》等类书征引外，现存较成片段的都出于《续谈助》。《续谈助》有《粤雅堂丛书》本、《十万卷楼丛书》本，叙事均止于大业十年，均无晁载之跋语，同属卷尾佚失之本，卷中文字则以《十万卷楼丛书》本稍善，为《丛书集成》本所从出。此外，商务印书馆排印的原本《说郛》卷五十七中也收有《大业杂记》，《历代小史》和《唐宋丛书》中也收有《大业杂记》，内容相同，又是另一个系统。它在卷尾比《续谈助》本多出两段，记事止于大业十二年底，其他内容则只比《续谈助》本少，不比它多，很可能仍是从《续谈助》本摘抄，只是所根据的《续谈助》卷尾尚未缺失，所以比今本《续谈助》多出了两段。《指海》中还收刻了《大业杂记》，则是以《续谈助》本为底本，用《说郛》和《唐宋丛书》本校补，并作了校记，在各种本子中还算是较为完善的一种。

五 《大业杂记》与《河南志》

宋敏求《河南志》二十卷，据司马光所撰序，其叙唐事乃本诸韦述《两京新记》而加详[①]，而叙唐以前事所据则有所不详。原书散佚已久，徐松从《永乐大典》所录出的元《河南志》中尚保存有宋敏求志的历代宫阙城坊部分。其卷三有《隋城阙古迹》一节，取与《大业杂记》一相核对，即可知除个别地方参取韦述《两京新记》外，绝大部分当出于《大业杂记》。

正因为《河南志》所载多为《大业杂记》原文，二者又可互为校补，而《大业杂记》可校正《河南志》者较多。清末缪荃孙校刻《藕香零拾》本之《河南志》时，"北魏朝校以《伽蓝记》"，周、汉、魏、晋以"正史、《寰宇记》

[①] 《温国文正司马公文集》(《四部丛刊》影印宋本) 卷六五《河南志序》。

校之"，但未能用《大业杂记》来校隋代宫阙部分，以致存有许多明显的讹误。因此，不仅以《大业杂记》校订《河南志》相关部分十分必要，而且及时整理出版《大业杂记》，会对古都洛阳的研究工作给以更大的促进。

六 《大业杂记》的史料价值

《大业杂记》所包含的丰富内容，可供研究隋代历史许多方面的问题。如据《通鉴考异》，《通鉴》大业元年八月炀帝幸江都条所叙舟船制度，乃出于《大业杂记》，据《大业杂记》摘录本即可校正《通鉴》几处讹误。《通鉴》在"五楼"船下面列有"道场、玄坛"两种船，而《杂记》原文本为："三楼船一百二十艘，四品官人及四道场、玄坛僧尼道士坐。"此"四道场、玄坛"即指《杂记》所载宫中之"惠日、法云二道场，通真、玉清二玄坛"，《通鉴》显然错误。《通鉴》载："又有平乘、青龙、艨艟、艚艘、八棹、艇舸等数千艘。"《大业杂记》则为："又有平乘……，八棹柯二百艘，舴艋舸二百艘。"《通鉴》"艇舸"显系"舴艋舸"之误。此外，《通鉴》云炀帝所乘龙舟中二重有"百二十房"，也与今《大业杂记》摘录本所载之"一百六十房"不合，《类说》引《大业杂记》同作"一百六十房"，似亦当为《通鉴》有误。

《大业杂记》所记隋《区宇图志》的编撰经过和内容，为研治中国地理学史所必据；所记五色饮、五香饮、四时饮、海鲩鱼干鲙、松江鲈鱼干鲙、海虾子、蜜蟹、蜜拥剑等饮食的制作方法，所记"白鱼种子"[①]，分别为研究中国饮食史和水产养殖史的重要资料；等等，只要认真挖掘、利用这些资料，对研究工作都大有裨益。

（原载《古籍整理与研究》1987年第1期）

[①] "海鲩鱼干鲙"至"蜜拥剑"五种见《太平广记》卷二三四吴馔条引文，"白鱼种子"见范成大《吴郡志》卷三〇《土物下》引文，"五色饮"等并见《续谈助》摘录本《大业杂记》。

考《长安志》、《长安志图》的版本
——兼论吕大防《长安图》

北宋宋敏求撰《长安志》二十卷，是记载北宋熙宁以前特别是唐代长安城及其周围地区地理状况的一部重要文献。但是在长期的流传过程中，产生了许多文字舛讹，没有一个比较完善的本子流传下来，给长安城及其周围地区的研究工作造成了许多困难。要想克服这些困难，更好地利用《长安志》进行研究，首先需要弄清《长安志》现存各种版本的源流关系。因今所传各种本子都是与元李好文《长安志图》合刻的，《长安志图》亦同为研治长安城者所必资的重要文献，所以也把《长安志图》放在一起来考述。而考《长安志图》的版本，则又不能不兼及其所从出的宋吕大防《长安图》碑刻。

一 《长安志》现存版本及其关系

宋元刻本《长安志》在清代公私藏书目录中均未见著录，唯吴翌凤曾闻"书贾朱绣城云海盐张氏有宋刻"[1]。但这仅仅是书贾一时传言，实无人亲见。海盐张氏即张元济先世，从清初起有张惟赤、张皓、张宗松等人几代相承聚藏图书。张宗松即张元济六世祖，号青在。张元济云："余家藏书久佚，仅存六世祖青在公《清绮斋书目》一帙，不载其名。"[2] 所以朱绣城所谓宋本并不能得

---

[1] 北京图书馆藏吴翌凤抄本《长安志》跋，别见《铁琴铜剑楼藏书题跋集录》卷二收录。
[2] 见《涵芬楼烬余书录》明嘉靖刊本《长安志》条。

到证实。其实即使明刻本，在明末清初黄虞稷得之时已称"流传甚少"[1]。其后如汪士铉也称"此书人间久已绝少"，得一明抄本亦云"真可宝爱"，并提醒"阅者勿忽视之"[2]；黄丕烈获嘉靖本还十分珍重地"与宋元旧刻之志并储"[3]；黄丕烈后来得到成化本时又云"勿以明刻轻之"[4]；同样，著录海源阁珍本的《楹书隅录》也把成化本《长安志》视同宋元旧刻收录[5]；专门研究唐代长安、洛阳两京的徐松自己没能得到一部明刻本，在见到刘喜海收藏的黄虞稷旧藏成化本《长安志》时，也慨叹"其珍重更何如耶"[6]；李文藻、傅增湘在书肆中购得嘉靖刻本时也都如获至宝，李文藻以售有《长安志》等书而称誉书贾"颇深于书"[7]；傅增湘则云此书虽非宋刻，但他"南北数十年，如明刻此数种皆尚未寓目，其为珍秘可知"[8]。可见《长安志》的明刻本久已以罕见珍。

明刻《长安志》流传下来的有成化和嘉靖两种本子。此外，据明周弘祖《古今书刻》登录，明刻尚有南监本和陕西布政司刻本；英宗正统年间编纂的明代官藏书录《文渊阁书目》也分别著录有《长安志》和《长安图志》（按后者当为《长安志图》之讹）[9]。下面就分别谈一下这些明刻本的情况。

成化本是成化四年孟秋由邰阳书堂刊行的，《长安志图》三卷，附在《长安志》的前面。成化本流传至今的只有两部，现均藏北京图书馆。一为黄虞稷旧藏，另一为黄丕烈旧藏。这个版本的行款为半页十二行，行二十二字，黑口，四周单边。黄丕烈旧藏本卷末有"成化四年孟秋邰阳书堂重刊"双行长方牌记一页，而黄虞稷旧藏本已佚去。两本都有漫漶不清的地方，大体相差无多。但黄丕烈旧藏本有几处缺页，是黄丕烈另外抄补的；而黄虞稷旧藏本除了《长安志图》卷下《泾渠图说》渠堰因革项首页一页同缺外，其他却都完好。

---

[1] 见北京图书馆藏黄虞稷旧藏明成化本《长安志》跋。
[2] 见吴翌凤抄本《长安志》过录汪士铉跋，又《铁琴铜剑楼藏书题跋集录》卷二亦收录。
[3] 见北京图书馆藏黄丕烈旧藏明嘉靖本《长安志》跋。
[4] 见北京图书馆藏黄丕烈旧藏明成化本《长安志》跋。
[5] 见《楹书隅录》卷二。
[6] 见黄虞稷旧藏明成化本《长安志》徐松跋。
[7] 《南涧文集》卷上《琉璃厂书肆记》。
[8] 《张元济傅增湘论书尺牍》，1912年第11号、第19号、第20号。商务印书馆1983年版。
[9] 见《文渊阁书目》卷一九。

黄虞稷旧藏成化本《长安志》，在清代曾经辗转多次传抄，流布甚广。这个本子卷首有黄虞稷父黄居中藏书印，因而入藏黄家当在居中生前（居中崇祯十七年卒）。清顺治七年，黄虞稷在书后写了一段题跋，说明这个本子"旧为陶尔成所藏"。上面又钤有"燕越胡茨村藏书印"、"慕斋鉴定"、"宛平王氏家藏"等印。陶尔成事迹不详。"燕越胡茨村"名介祉，康熙间官湖北佥事道[①]。慕斋为康熙朝礼部尚书太子太傅王熙斋号（康熙四十二年卒，谥文靖）。王熙为顺天宛平人[②]，故所谓"宛平王氏"也是王熙的印记。胡介祉和王熙的生活年代差相仿佛，入藏先后，殊不易断定。以后，这个本子又流入朱筠之手，在书中留下了"大兴朱氏竹君藏书印"。朱筠子朱锡庚并在道光六年写了很长一段的题跋。在朱锡庚之后，这个本子又到了刘喜海的手上，留下了许多他的印记。道光二十三年，徐松在榆林知府任上见到了刘喜海收藏的这个本子，并在书后附了一小段题跋。至于这本书从刘喜海手中又是怎样最终流入北京图书馆的，现在还没有见到记载。

　　另一部黄丕烈旧藏的成化本《长安志》，书后附有黄丕烈嘉庆十四年所作题跋。题跋云此本乃以重值购获，并命工重装，据嘉靖本补其失页。同时，黄丕烈还在书后过录了香严本（周锡瓒藏抄本）的黄虞稷、汪士钟题跋。黄丕烈的题跋谓此本为郡中某故家旧藏，没有明确说明来路。今审书中数处钤有"钱氏书印"印记，或即出于钱谦益、钱曾旧藏亦未可知。盖钱谦益家常熟，黄丕烈家吴县，同属苏州府；而钱谦益《绛云楼书目》、钱曾《述古堂书目》并著录有《长安志》一书。黄氏殁后，这个本子流入汪士钟艺芸书舍（书中多处钤有"曾藏汪阆源家"印记，阆源即士钟字）。艺芸书舍藏书散后，复流入杨氏海源阁（书中钤有杨氏自以增到承训四代藏书印多方，如"杨氏海源阁鉴藏"、"杨以增至堂"、"宋存书室"、"彦合珍存"、"杨承训印"等）。海源阁藏书散出，为周叔弢所得（叔弢名暹，以字行，书中钤有"周暹"印记，并著录于《自庄严堪善本书目》）。后由周叔弢捐赠北京图书馆。

　　嘉靖本是嘉靖十一年冬十月西安知府李经在西安主持刊刻的，《长安志图》

[①] 《藏书纪事诗》卷四。
[②] 《清史稿》卷二五〇《王熙传》。

仍同样附在《长安志》的前面。卷首还有嘉靖十年十月康海序，卷尾有嘉靖十一年十月李经后序。据《中国地方志联合目录》，北京图书馆、中国科学院图书馆、上海图书馆都有收藏，吉林大学图书馆还藏有残本，存《长安志》二至八卷和《长安志图》的上、中两卷。嘉靖本白口，单边，每半页十二行，与成化本相同。但每行为二十字，比成化本少两个字。

北京图书馆所藏之嘉靖本《长安志》有两部，其中一部为黄丕烈旧藏。嘉庆十二年和十六年，黄丕烈在这个本子卷尾先后写有两段题跋。嘉庆十二年跋记其收藏时间，云"近日收得"。这个本子在李经后序下钤有"瞿氏鉴藏金石记"及"恬裕斋藏"两印，可知黄氏身后流入瞿氏，后随瞿氏铁琴铜剑楼全部藏书进入北京图书馆。

北京图书馆收藏的另一部嘉靖本为李文藻旧藏。李文藻的《琉璃厂书肆记》曾提到这部《长安志》是乾隆三十四年他以谒选客居京师时从琉璃厂文粹堂书肆购得的①。同年八月，李文藻作了两段题跋。这个本子除了李文藻自己的藏书印外，还钤有"大云山房"印和"涵芬楼藏"及"张元济"印。"大云山房"主人俟考（清人有恽敬及巴陵邓坚均有此号）。据《涵芬楼烬余书录》著录，可知此书后为盛昱所得，清末民初盛氏藏书散出，张元济委托傅增湘为涵芬楼购得。《张元济傅增湘论书尺牍》中对购书经过有详细叙说②。但是张元济收入涵芬楼的这部《长安志》实际上只有后半部，前面的《长安志图》部分当时可能被书贾分拆开来单独另外售出了，现藏美国国会图书馆③。涵芬楼所藏这后半部书后来随涵芬楼烬余书籍一起归入北京图书馆。

成化本和嘉靖本大同小异。只是现存两部成化本都佚去了《长安志图》卷下《泾渠图说》渠堰因革项下首页，而嘉靖本此页尚且完好。在这一方面嘉靖本优于成化本。但是除此之外，传世嘉靖本缺页更多④，达十余处。据我所见

---

① 见《南涧文集》卷上。
② 见《张元济傅增湘论书尺牍》，1912年第11号、第19号、第20号。
③ 见王重民：《中国善本书提要》。
④ 北京图书馆的两个本子都有许多缺页。另外，据黄丕烈旧藏嘉靖本嘉庆十六年题跋，黄丕烈还曾见到另一嘉靖本《长安志》，"是本非但缺页多同，且未留空白，印本亦同，毫无佳处"。《四库全书》所据为底本的嘉靖本《长安志》也同样有缺页（详下文）。另外，日本学者福山敏男《校注两京新记卷第三及び解说》称其所见日本东洋文库藏嘉靖本也有缺页。因此，推测留传下来的其他几部嘉靖本的情况也差不了多少。

的黄丕烈旧藏嘉靖本、李文藻旧藏嘉靖本和黄丕烈所校对的另一嘉靖本以及主要是出自嘉靖本的《四库全书》本来看，缺页情况往往不尽相同，略有参差，有的地方还只缺损半截版面，疑是制版粗糙，在刷印过程中板片逐渐缺损所致。此外，除了嘉靖本可以补订成化本的一些漫漶不清的地方和个别残缺之处外，从整体上看，现在留传下来的成化本要比嘉靖本完善得多。

比较成化本和嘉靖本的内容，可以发现这两个本子具有密切关系。首先是一些十分明显的讹字，这两个本子完全相同。如《长安志图》卷上《汉三辅图》中"汉中界"同讹作"汉三界"，"镐水"同讹作"铜水"，"右扶风"同讹作"后扶风"，"今华州"同讹为"今鞏山"。又《长安志》卷一总叙秦置内史以领关中条下："《关中记》曰：秦西以陇关为限，东以函谷为界，三关之门，是谓关中也。"这里所谓"三关之门"显然当作"二关之间"，而成化、嘉靖二本亦讹误相同。再如同卷汉三辅条下成化、嘉靖二本俱有："胡广《汉官解诂》曰：三辅典境理人，与守职问。""与守职问"也自然是"与守职同"的讹误。等等。如果这两个版本没有比较密切的源流关系，恐怕是很难出现这样一些共有的讹误的。其次，成化本和嘉靖本有许多共同的残缺。如《长安志图》李好文自序，二本同缺十八字。又《长安志图》卷下建言利病项下云旧渠闸处有退水槽，离新开石渠五百五十（步），成化、嘉靖二本下同缺六字。又《长安志》卷一八盩厔县仙游乡次后一乡，成化、嘉靖二本俱空缺其名作"□□乡"。这种相互吻合一致的残缺情况也可以说明二者之间的亲缘关系是很近的。第三，成化、嘉靖两个本子有几处重要的简次错乱也完全一致。如这两个本子在《长安志》卷九叙唐长安城东南角几坊部分有着同样严重的舛讹错漏，把朱雀街西通化坊下的内容误置在敦化坊下，皇城西修德坊重出于升道坊下，新昌至敦化坊间又佚失了一个坊[①]，等等。而这些错谬决非宋敏求《长安志》所固有，从元人骆天骧在元成宗元贞年间编纂的《类编长安志》一书中，可以看出当时他所见的《长安志》这部分尚且完好如初[②]。又如《长安志》卷一二长安县丰谷

[①] 详见拙稿《唐长安都亭驿考辨——兼述今本〈长安志〉通化坊阙文》（已收入本书）。又拙稿《隋唐两京城坊若干问题新考》，载黄永年师主编《古代文献研究集林》第一集，陕西师范大学出版社1989年版。

[②] 黄永年师：《述〈类编长安志〉》，载《中国古都研究》第1辑，浙江人民出版社1985年版。

水下两个本子都同样颠倒重出了下文永安渠条的绝大部分内容和清明渠、永通渠条的全部内容。这种情况也决不可能是原书所有，只能是这两个本子依据同一舛乱的底本或互有源流关系所致。

从这两个本子的行款上可以反映出其所从出的祖本应是一元刻本。在《长安志图》中，凡是遇到"圣朝"、"圣旨"、"国家"字样的地方，成化、嘉靖两个本子都一律提行。这当然是沿承元刻旧款式的结果。从成化本的某些情况来看，这个本子很可能是完全按照某一元刻本的款式翻刻的。如前述《长安志》卷一二长安县下永安渠重出一段，成化本在此之后突然散开字距，用很稀疏的字距填满两个版面，以后又恢复正常；又如《长安志》卷一一万年县下还重出有下马陵、萧望之墓、唐杜如晦墓和邴吉墓一些内容，成化本在这些地方也采用了同样办法处理版面。这样的做法应当有两种可能：一是底本没有重出，翻刻时误刻，但当时马上就被发现，为省工敷衍并仍然保持底本的行款面貌，只好把因重出一段而增衍的几行用加大下文字距的办法多凑出一页，这样下面的其他版面就不会统统受到影响了；另一种可能则是原来的底本就是如此，形成的原因同上，而成化本完全是依照原来的行款翻刻的。联系嘉靖本也有相同的重出情况，可以看出成化本属于后一种情况。前已述及，成化本与嘉靖本应当是出自同一祖本的，但嘉靖本却并非出自成化本。因为成化本板刻粗糙，有许多漫漶不清的地方，凡此之处，嘉靖本则往往都很完整，特别是成化本《长安志图》卷下《泾渠图说》渠堰因革项下所缺首页，嘉靖本仍然完好如初，足以说明嘉靖本和成化本是依据同一种元刻作为底本。

《古今书刻》著录的南监本未见后人著录，情况不详，恐怕印行很少，没有在社会上流传。陕西布政司刻本流传也很少，康海在嘉靖十年为嘉靖本《长安志》所写的序文里，提到"关中故有《长安志》，刻之省署，岁久亡矣"[①]，指的应当就是这个本子。《古今书刻》著录陕西布政司同时还刻有《雍录》，后来也同样没有见到流传。明文渊阁所藏《长安志》今亦失传，唯清乾隆年间毕沅校刻《长安志》，声称曾用"明文渊阁本"做过校勘，不过毕沅刻本校勘甚为马虎（详下文），他的说法未必完全靠得住。《长安志》卷七唐京城明德门

---

① 康海序收入《康对山集》卷三。

条下毕刻本有夹注："北当皇城朱雀门，南出抵中南山八十里。"毕沅按语云："中南，诸本并作终，明文渊阁本作中。"而成化、嘉靖二本却并作"终"，看来如果毕刻按语可信，明文渊阁本和这两个明刻本也不会有什么渊源。此外，清朱学勤《结一庐书目》卷二、莫友芝《邵亭知见传本书目》卷五和邵懿辰《增订四库简明目录标注》都著录有明叶盛旧藏明初刊本。按叶氏《箓竹堂书目》未见著录有《长安志》，叶盛成化十年卒[①]，而成化本刊于成化四年，因此所谓叶盛旧藏明初刻本很可能也是成化本。

清人刊刻的《长安志》只有乾隆四十九年毕沅灵岩山馆校刊本。在此之前，由于明刊本难得一见，出现了许多抄本流传。现存主要清抄本有北京图书馆藏两部、南京图书馆藏一部、日本静嘉堂文库藏一部（另外，北京大学图书馆也藏有一部，但这个抄本《北京大学图书馆善本书目》没有著录，估计价值不大）。此外，清代比较重要的版本还有《四库全书》本。下面分别谈一下这些清代版本的情况。

南京图书馆藏抄本系丁氏八千卷楼旧藏，《善本书室藏书志》著录，为清吴焯瓶花斋旧物，卷端并有卢文弨印，是知亦曾为卢氏抱经堂所藏，这是"影写嘉靖十一年冬知西安府事南埠李经所序刊、武功康海所加序本"。在上述诸清抄本中是唯一抄自嘉靖本者。

其他几部清抄本都出自成化本，而且还都是从黄虞稷旧藏成化本中传抄出来的。最早抄黄虞稷旧藏成化本的是曹寅。曹寅抄本今已不传，但从后来由这个本子传抄出的吴翌凤古欢堂抄本所过录的黄虞稷跋等情况来看，曹寅抄本肯定是出自黄虞稷藏明成化本无疑。《楝亭书目》卷二著录有这个抄本。据吴翌凤古欢堂抄本所过录的汪士铉跋，知汪士铉亦有抄本，系"丁亥岁奉命纂修《方舆路程》，因于织造曹银台处借抄得之"。按丁亥岁为康熙四十六年[②]，曹寅抄本应当在此之前。

康熙四十六年汪士铉从曹寅抄本中传抄出来的这个本子，后来落入朱文游（名奂）手中。吴翌凤古欢堂抄本后附有跋语云："乾隆戊戌春日，假得朱文游

---

① 《明史》卷一七七《叶盛传》。
② 《清史稿·艺文志二》："《方舆路程考略》，不分卷，康熙时汪士铉等奉敕撰。"

所藏汪退谷（士铉号）本。"戊戌即乾隆四十三年。其后未久，汪士铉抄本又流入周锡瓒香严书屋，黄丕烈尚曾亲见之①。

汪士铉传抄本虽然后来也失传了，但是却有两个从这个本子中再传抄出的本子留传了下来。

一部是吴翌凤古欢堂抄本，现藏北京图书馆。据前引吴翌凤跋，他是乾隆四十三年借得朱文游藏汪士铉传抄本的。据吴跋还可知，他是在"是岁冬至后四日，督率门徒写完"的。吴抄本后入陈鳣向山阁，故在卷首留有陈鳣印记。道光三年，陈鳣子元寿将此书售与黄丕烈②。后来此书又流入铁琴铜剑楼（卷首有铁琴铜剑楼印），最终归入北京图书馆。

另一部是朱彝尊潜采堂抄本，现藏日本静嘉堂文库。在这个本子的封面签注有"影元抄"三字，日人福山敏男对此颇有疑问，然而因其未见成化本及有关著录，仅云"版本与嘉靖本大体一致"，而未得其详③。静嘉堂本卷首钤有朱彝尊潜采堂藏书印等印记。朱彝尊有《长安志》抄本，见《曝书亭集》卷三五《书熙宁长安志后》，云"斯编借录于汪编修文升（士铉字）"；又据古欢堂抄本吴翌凤跋，"朱文游所藏汪退谷本"，乃"曾经朱竹垞抄读者"。黄丕烈在周锡瓒香严书屋所见汪抄本卷中有朱彝尊印④，当即朱彝尊"抄读"时在原本上钤留的。据古欢堂抄本吴翌凤跋，朱彝尊抄本后入吴骞拜经楼。此外，抄本上尚有"宣城李氏瞿硎石室图书印记"，是知亦曾入李之郇之手。后来此书入陆心源皕宋楼，又随皕宋楼书籍流入日本静嘉堂文库。《皕宋楼藏书志》卷三三著录为："《长安志》十卷，影写元刊本，朱竹垞旧藏。"所谓"影元抄"大概就是从这时起才签加的。由于这个抄本基本上是按原款影写的，而其所从出的祖本即黄虞稷旧藏明成化本偏偏又佚去了书后的"成化重刊"牌记，抄本上也自然无此标识，因此就连黄丕烈在未见成化本之前，也"久不知汪抄本为何本"⑤。或许是陆心源见到《长安志图》中"圣朝"、"圣旨"等字样都提行书

---

① 见黄丕烈旧藏明成化本《长安志》跋。
② 见吴翌凤抄本《长安志》黄丕烈跋，别见《铁琴铜剑楼藏书题跋集录》卷二收录。
③ 〔日〕福山敏男：《校注两京新记卷第三及び解说》，载福山敏男著作集之六《中国建筑与金石文之研究》，1983年。
④ 见黄丕烈旧藏明成化本《长安志》跋。
⑤ 见黄丕烈旧藏明成化本《长安志》跋。

写，因而臆断为影元抄本的。

北京图书馆藏另一部清抄本为惠栋手抄，钤有"惠定宇手定本"等印记。这个抄本《长安志图》卷下《泾渠图说》渠堰因革项下也缺失首页，因此无疑也是出自成化本系统。与朱彝尊抄本、吴翌凤抄本及成化本相校，可以发现：（1）成化本有而朱彝尊抄本脱漏者，惠抄本往往都与朱抄本同缺。如《长安志图》卷上《奉元州县之图》上之长杨宫、浊谷均为成化本原有而朱抄本脱漏者，惠抄本亦同缺，而吴翌凤抄本却不缺。这一点在《长安志图》卷下《泾渠图说》上反映得最为明显。在这幅图上，朱抄本比成化本少绘了许多斗门，而惠抄本却与朱抄本完全相同。（2）朱抄本有一些明显的字讹，如上举《奉元州县之图》上，成化本"九嵕山"朱抄本讹作"九岐山"，"沮水"讹作"溳水"，"华原"讹作"鞏原"；又如《汉三辅图》"洛川县"讹作"洛州县"，惠抄本都与朱抄同讹，而吴翌凤抄本则同成化本不讹。这些说明惠抄本极有可能是出自朱彝尊潜采堂抄本。

此外，据黄丕烈旧藏嘉靖、成化二本《长安志》跋，黄丕烈还曾收藏过一部"璜川吴氏旧抄本"，亦出自成化本系统，但不详具体情况。璜川为清吴铨斋号，吴铨与惠栋辈过从甚密①，因此这个本子或许与惠抄本具有一定关系。另外，据《藏园群书经眼录》卷五著录，傅增湘还曾见过一部卢氏抱经楼藏"影写明成化本，十二行二十二字，抄颇精妙"，今已不明下落。

《四库全书》本也应该属于清抄本的一种②。《四库全书》本的最大特点是将《长安志》与《长安志图》重析为二书，分别各著于录。据《长安志图》提要，其所依据底本乃"明西安知府李经所锓"之嘉靖本，书中缺页情况也与嘉靖本相同。如《长安志图》卷上比成化本多缺失掉《奉元州县图》一幅，《长安志》卷六末尾缺"左右三军飞龙院"章，卷九缺新昌坊礼部尚书温造宅以下及升道坊、修德坊的内容，卷十一万年县下缺汉长乐宫至镇国寺一段，等等。同时，《四库全书》本又存有成化本所缺的《长安志图》卷下《泾渠图说》渠堰因革项下首页。因此，可以肯定《四库全书》本《长安志》和《长安志

---

① 《藏书纪事诗》卷四。
② 本文所述《四库全书》本，依据的是台湾影印文渊阁本。

图》的底本主要依据的是明嘉靖本，这是没有问题的①。但是这个本子的情况却并不这样简单。首先，《长安志》与《长安志图》的提要都与原书有一定矛盾。《长安志》的提要云："晁公武《读书志》载有赵彦若序，今本无之，则当属传写佚脱耳。"而事实上《四库全书》本《长安志》前面却明明列着赵彦若序，今所见嘉靖本也都附有赵序。又《长安志图》的提要费了很大力气来考订《长安志图》的成书时间，结论为乃至正四年李好文"再任陕西时作也"，然而《四库全书》本和嘉靖本《长安志图》卷首的李好文自序里却明明已署明是他"至正二年秋九月"初任陕西行台治书侍御史时所作。当然，这些相互矛盾的地方或许还有可能是撰写提要时疏忽所致；但书中内容与嘉靖本的一些明显出入，却只能是别有原因了。如《长安志》卷六唐宫室上西内章东宫正门，嘉靖本作重福门，成化本亦同，而《四库全书》本则作"重明"。东宫正门为重明门，尚可证之于宋吕大防《长安图》、元王士点《禁扁》、李好文《长安志图》、骆天骧《类编长安志》以及《新唐书·礼乐志》、《大唐开元礼》等一些史籍②，南宋程大昌《雍录》卷九唐东宫条云"承天门而东其第三门曰重明门者，即东宫正门也"，见"《长安志》"。可证原本《长安志》当如《四库全书》本作"重明门"为是。又如《长安志》同卷同章嘉靖本有："门下省，左右延明门东南；中书省，左右延明门西南；舍人院；弘文馆，在门下省东。"成化本同嘉靖本。而《四库全书》本则在"舍人院"下增有"在中书省东"一句。从行文上看，嘉靖本和成化本在舍人院下很像是有所脱佚的，《四库全书》本多增的这一句加入后显得非常契合。舍人院在中书省东，正与太极殿东面门下省东侧的弘文馆两组建筑相对称，在布局上是比较合理的③。又如《长安志》同卷同章嘉靖本（成化本同）承天门东广（运）门下"中书省"，《四库全书》本作"弘文馆"；"肃章门"《四库全书》本作"乾化门"。像这样一些实质性问题，显然已经超出了一般传抄过程中的文字异同问题。《四库全书》本不是依据嘉靖、成化两个本子之外的另一版本做过一些校勘，就是根据其他一些文

---

① 《四库提要》著录《长安志》为"两淮马裕家藏本"，《长安志图》为"安徽巡抚采进本"，是来源不同的两部书。
② 别详拙稿《唐长安宫城南门名称考实》，《陕西师大学报》1986年第1期。
③ 别详拙作《隋唐两京丛考》，三秦出版社1993年版。

献做过若干考订。

乾隆四十九年毕沅灵岩山馆校刊的《长安志》是迄今为止唯一的通行本，对研究者有很大影响。毕沅刻本后来编入所刻《经训堂丛书》，添加了一篇乾隆五十二年王鸣盛写的序，故又称经训堂本。民国时还据之刊行有铅印本。毕沅刻本检核常见史籍作有一些考订，加了许多按语，同时也声称利用一些其他版本做过校勘。民国时有陈子怡先生谓"经训堂本付梓时，以康刻为底本，而以《四库》本校勘之，刻书慎重，毕氏亦大费苦心"[①]，则全出臆想，无一语可信。

首先，毕刻本决非以康刻为底本。所谓康刻本即康海作序的嘉靖李经刊本。前已述及，嘉靖本与成化本的主要差别之一就是成化本佚去了《长安志图》卷下《泾渠图说》渠堰因革项下的首页，而今毕刻本在这一点上正与成化本相同，这是毕刻本以成化本为底本的明证。此外，毕氏刊刻此书也并未"大费苦心"。所谓毕刻本实际上是由毕沅幕下的孙星衍等人校刊的，而孙氏校刊此书时昕依据的底本实系前述汪士钟从曹寅抄本转抄出的传抄本。对此黄丕烈在其旧藏成化本《长安志》跋中有明确叙述："李好文《长安志图》，宋敏求《长安志》，近灵岩山馆曾有刊本，其所据依者，乃汪文升家藏抄本也。汪本藏吾郡香严书屋中，昔孙伯渊居毕弇山幕府，校刻此书，曾借之。……香严本虽出自是刻（按指成化本），然朱校纷如，已失其旧。"今毕刻本无《长安志图》李好文自序，也可以从侧面证明黄丕烈的说法。因为成化原刻本是带有这篇序的，很可能汪抄本到香严书屋中时，在流传过程中佚去了篇首的序文，不然是不会出现这种情况的。

其次，毕沅校刻此书并算不上慎重。尽管孙星衍在汪抄本上写过一些校语，但恐怕只是敷衍了事，并未认真下功夫。毕刻本校记中援引有康海刻本即明嘉靖本、明文渊阁本和一所谓"旧本"，没有陈子怡所说的"《四库》本"，事实上毕沅也根本不可能拿出"《四库》本"来供校勘。即使是校记中提到的三个参校版本，孙星衍也根本谈不上做过像样的校勘，只不过是随意信手签注一些异同而已。这一方面体现为整个书中所作互校甚少；另一方面像一些最明

[①] 陈子怡：《西京访古丛稿·宋次道长安志系明人重辑本》，民国二十四年西京筹备委员会刊行。

显不过的大问题，譬如嘉靖本有李好文《长安志图》自序以及《长安志图》卷下《泾渠图说》渠堰因革项首页完整无缺，这些都是可以补订汪抄本的大问题，而孙星衍均未校出。其他比较明显而且重要的例证如《长安志》卷九唐长安城朱雀街西第二街宣义坊下一坊，毕刻本作"安丰坊"，而嘉靖本、成化本乃至《四库全书》本均作"丰安坊"。按刘禹锡有《和苏郎中寻丰安里旧居寄主客张郎中》诗①，温庭筠有《题丰安里王相林亭》诗②，足以证明当作"丰安"为是，而毕刻本于此亦未作任何校勘说明。再如《长安志》卷一〇唐长安城长寿坊永泰寺沿革，毕刻本止于"神龙中，中宗为永泰公主追福，改为永泰寺"。出自汪抄本的朱彝尊抄本下文尚有"□□□□改万寿寺"，有四字因漫漶不清而空缺，汪本情况应当相同。而嘉靖本此处则完好无缺，所空四字作"大中六年"。此可证之于《金石萃编》卷一一八收唐泸州刺史柳玭景福元年所撰《唐万寿寺记》，确实无误，而毕刻本亦未据嘉靖本校出。又如毕刻本中很偶然地提到的所谓"明文渊阁本"，前文曾提到毕刻本在《长安志》卷七唐京城外郭城章用"明文渊阁本"校改"终南山"为"中南山"。"终南山"与"中南山"可相互通用，本无庸特为出校。如果是校刊者以为用"中南山"稍胜，那么书中凡遇"终南山"处自应一律改同此处，可是在毕刻本《长安志》卷六唐宫室上创都章中，却又明明写着"京城……南侵终南山子午谷"，前后竟毫无义例可寻。可见其随意性甚强。至于毕刻本在校记中提到的所谓"旧本"，则每与嘉靖、成化二本相同，也很可能指的就是汪抄本。因为提到"旧本"多是改正其讹误，而不是据之校刊他本。其中改动"旧本"最为荒唐的例子是《长安志》卷一总叙章中云："开元元年，改雍州为京兆府；天宝元年，以京城为西京。京兆府领县二十，二十一年，置五十道采访，为京畿道。"下有校记云："沅按，此二十一年，旧本作二十二三年；五十道旧本作十五道；并改正。"今按此处嘉靖本作"京兆府领县二十二，三年置十五道采访，为京畿道"；成化本作"京兆府领县二十三，二年置十五道采访，为京畿道"；略有出入。唐京兆府领县前后略有变动。《旧唐书·地理志》作二十二县，《长安志》后文作

---

① 见《全唐诗》中华本卷三六一。
② 见《全唐诗》中华本卷五八一。

二十三县，因为时间断限不同，成化或嘉靖本均可通。如从《长安志》下文，似当如成化本作"二十三"为是，而不应当像毕沅那样把这个"二十三"（或"二十二"）属下连读为"二十二三年"。成化本和嘉靖本下文"三年（或二年）置十五道采访使，为京畿道"，年代应有脱讹。因为十五道采访使置于开元二十一年，史有明文①。因《长安志》上文已有天宝元年，为避免混淆，此处当作"开元二十一年"。这一段中最不可思议的是有唐一代从无五十道采访使的设置，而毕沅却不知根据什么，把"旧本"本来正确的"十五道采访使"硬要改为"五十道采访使"②。以上例证可以说明孙星衍为毕沅所作的版本校勘是很草率的。这种情况当然主要由于孙星衍工作不负责任，但当时的条件对他可能也有一定限制。从毕刻本借用汪抄本为底本这一点来看，显然成化本和嘉靖本他们借到手中也颇为不易，因而顾不上仔细校勘。孙星衍本人也是清代著名的藏书家，但在他晚年编写的两部善本书目《平津馆鉴藏书籍记》和《廉石居藏书记》中，均未见到著录有《长安志》旧本，仅在著录普通书籍的《孙氏祠堂书目》卷二分别列有《长安志》和《长安志图》，也未标注版本，很可能就是毕刻本。

尽管毕刻本的版本校勘不够审慎，但仍利用嘉靖本等作了一些有益的订补。如成化本中本有许多漫漶不清的地方，还有许多明显的字讹，从出自汪抄本的朱彝尊抄本来看，这些大多应为汪抄本所沿承，而毕刻本在这方面已完善得多。此外，毕刻本中引用有关文献所作的按语，便利读者，也颇有功绩。当然，仍必须指出，这些按语中很少比较精当的见解，有些甚至颇为粗疏。如前已指出，成化本和嘉靖本《长安志》卷一二长安县丰谷水下重出了下文永安渠条的绝大部分内容和清明渠、永通渠条的全部内容，这种情况当为汪抄本所沿承。正确的校订，应是删除前段重出部分，保留后面一段。然而毕刻本却保留了丰谷水下重出的全部内容，同时在下文又删除清明渠和永通渠，单单保留了永安渠。这样一来，在前面先出现了一次"丰谷水合丰水，西北入城，经西市

---

① 《旧唐书》卷三八《地理志》。
② 有些版本的《旧唐书·地理志》是作"五十道"的，但这是至为明显的乙误，稍习唐史者即明，详《十七史商榷》卷七八"开元分五十道"条。

而入苑",使丰谷水与永安渠首尾相接,混为一事;后面又有"永安渠,隋文帝开皇三年开,在县南,引交水西北入城,经西市而入苑"。重出歧见,不审之甚。可是毕沅对此却别有道理,按语云:"丰谷水一名永安渎,此名永安渠,名本同也,二条宜在一处。"然而,"以是水利,故复载于后"。这实在是曲解。这前后重出的两段中间间隔不到一页,何须重出复载?况且如以水利论,则毕刻原底本中同样重出的永通渠即隋唐漕渠,是隋唐长安诸渠中最为重要的,毕氏又何必要删去?由此一例可以概见毕沅所作按语也不足以云精审。总之,当如吴翌凤所云,毕刻本"讹错尚多,非善本也"[①]。

如上所述,《长安志》现存主要版本的流传情况及其相互关系,可图示如下页。

简而言之,《长安志》现存的成化、嘉靖两个明刻本系出自同一种元刻祖本,清代各种抄本则分别出自成化和嘉靖两个明刻本,清毕沅刻本又出自成化本的传抄本。清抄本中虽有一些做过不同程度的校勘,但工作都很有限。校勘最多的吴翌凤抄本也不过是用毕沅刻本和朱彝尊抄本改正了一些错别字,都没有什么意义。比较而言,毕刻本尽管底本不善,校勘又很粗疏,但是它的按语和某些刊改间或还有参考价值。而《四库全书》本与嘉靖本的某些歧异之处则更须充分重视。

由于迄今为止成化、嘉靖两个本子一直珍秘罕为人见,止毕刻本易得,因而给研究工作造成了许多困难。清徐松撰《唐两京城坊考》,沿袭了毕刻《长安志》的许多错讹,就是最典型的例证[②]。道光二十三年,当《唐两京城坊考》已基本完稿之后,徐松始得一见刘喜海藏成化本,不禁慨叹其珍重何如,怅然之情,跃于纸上[③]。因此,为促进有关研究工作开展,现在很有必要整理出一个较为完善的《长安志》来。根据前述《长安志》现存版本情况,整理的办法应当是以成化本为底本,主要对校嘉靖本,同时,适当参校《四库全书》本和毕刻本,其他清抄本则一般没有什么参校价值。

---

① 见吴翌凤古欢堂抄本《长安志》跋。
② 别详拙稿《〈唐两京城坊考〉评议》,《历史地理》第 12 辑。
③ 见黄虞稷旧藏明成化本《长安志》徐松跋。

考《长安志》、《长安志图》的版本　　285

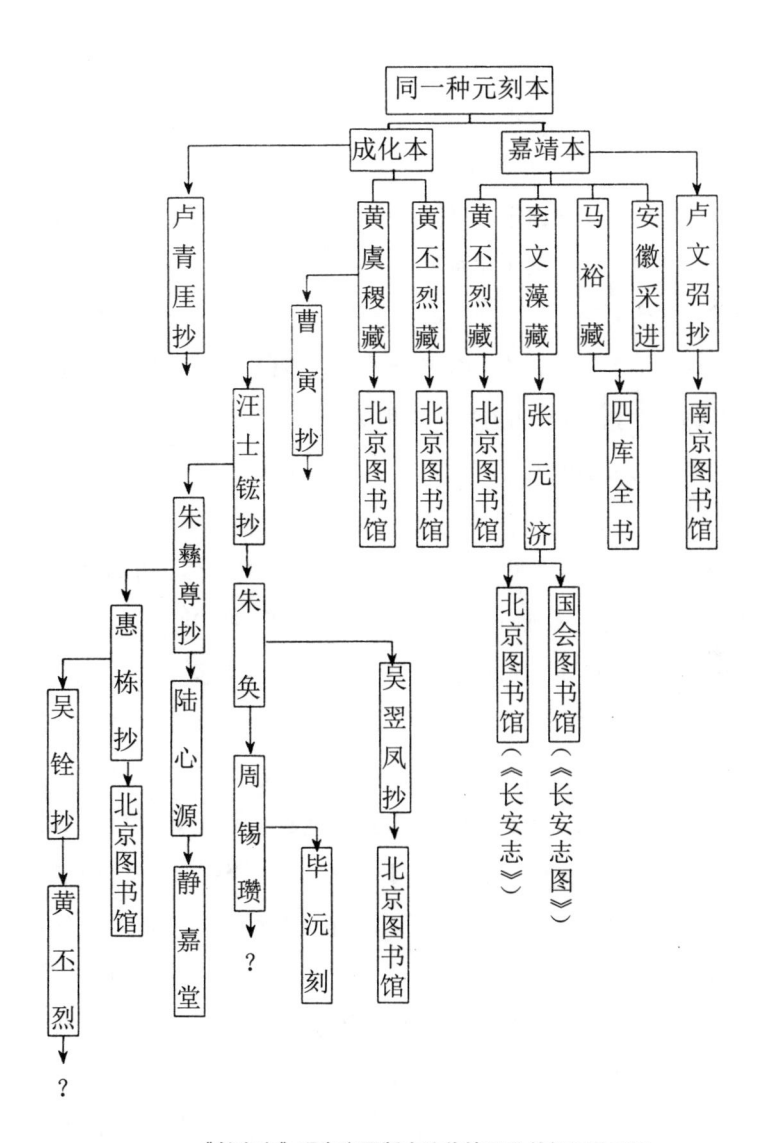

```
                    同一种元刻本
                   /      |       \
              成化本      嘉靖本
             /  |  \    /  |  |  |  \
         卢  黄  黄  黄  李  马  安  卢
         青  虞  丕  丕  文  裕  徽  文
         厓  稷  烈  烈  藻  藏  采  弨
         抄  藏  藏  藏  藏      进  抄
         ↓                              ↓
              曹     汪              张   四   南
              寅     士              元   库   京
              抄     铋              济   全   图
                     抄                   书   书
                  /  ↓  \           /  \        馆
              朱   朱   吴         北   国
              彝   奂   翌         京   会
              尊   ↓    凤         图   图
              抄   周   抄         书   书
           /  ↓   锡                馆   馆
         惠  陆   瓒   北           （   （
         栋  心   ↓    京           长   长
         抄  源   毕   图           安   安
         ↓   ↓   沅   书           志   志
       吴   静   刻   馆           》    图
       铨   嘉                          》
       抄   堂                          ）
       ↓
       黄
       丕
       烈
       ↓
       ?
```

《长安志》现存主要版本流传情况及其相互关系图

二 关于《长安志》现行版本的真伪问题

民国二十四年,西京筹备委员会刊印陈子怡《西京访古丛稿》。内有《宋次道〈长安志〉系明人重辑本》一篇,略谓:"元时有李好文《长安志图》,内容与宋志甚有出入,且多宋志所无;由此可知元时有一《长安志》,与宋志不同,而时在宋志后,此必据宋志以修改者。……元志之作必一伧父执笔,取宋志而大加增删之者。明人甚不重视,可无疑已。而宋志原本,又时久不传,学者每以为憾。作伪乃明人惯技,于此有人焉,遂取元志中自视为雅驯者,辑录成帙,而又以他书参补之,名为宋氏原本,以慰世人之望。"此种臆说自难成立。黄永年师早已指出:"明前期人一般无辑书本领,明本多脱缺不尽原本旧式是事实,重辑则决不可能。"① 我则拟从版本内容上对黄永年师的看法作一补充论证。

陈子怡认为《长安志》现行版本为明人重辑,主要有三方面理由:(1)宋敏求作《长安志》后于《河南志》二纪即二十四年,所作《河南志》倍受司马光称道,而康海在嘉靖本《长安志》序中对其所见《长安志》却"大致不满",若"宋氏原著果真如此,何以大负时誉"?(2)现行《长安志》颇有舛乱,"此种情形,在下等方志内固习见之,敏求博物君子,决不如此昏昏也"。(3)核对《通鉴》胡注引《长安志》"佚文",与现行本颇有出入,"只有云书非原本乃能有此现象,不然即无可解说焉"。下面逐一审核陈氏的这些论据:

第一,康海对宋敏求《长安志》诚然有所不满,然而康海的不满并不在于他所见到的《长安志》与宋敏求的才学名望有什么不副。相反,他还称道"尝因其引类,得其绪理,喜关秦之迹,颇为明悉易见"。对于书中的一些舛错,也以为虽"间有踳驳,则据册而拟,欲尽固难也"。他在序文中表露的对《长安志》的所谓"不满",事实上是对《山海经》、《水经》、《括地志》、《舆地志》等地理文献的一种共同看法,即认为这些文献内容靡曼庞杂,"据册而

---

① 黄永年师:《唐史史料学》,陕西师范大学出版社1989年版,但初稿早在1979年已作教材油印。

拟",缺乏实地考察印证,"徒欲以远而莫考之事毕议一旦","欲遽以言语文字之间定数千百年之疑,诬矣",因此后人对待这些书籍不可过分拘泥,"会其领略可也"。康海同时为李经所刻《雍录》撰写的序言里,也表露了同样的看法,云其"所图或有差误,皆按册拟议,而与图阁产其地而亲见之者不同,予是以伤载记者之难言也"①。康海原意如此,何能曲解!

第二,现行《长安志》诚然亦颇有舛乱。这种舛乱可分为两种情况。第一种情况是确为《长安志》原本所固有的编次失误。如陈氏所指责的曲台重出、长门宫失次等,南宋程大昌所见即如是,"时有驳复"②,并非如陈氏所臆测的乃是出自元人之"下等方志内"。尽管宋敏求学问渊博,但他一生著述甚丰,并未专事于方舆志乘,况且像《长安志》这类书"品汇繁夥,易以昏紊"③,出现一些失当之处,自在所难免。既没有必要对宋敏求过高地崇信,也没有必要苛责于古人。《四库提要》谓此乃"凌云之材,不以寸折为病",是十分得当的看法。第二种情况是在后来的流传过程中产生的衍脱。如陈氏所指责的典型例证:"又'武宗母宣懿皇后福陵在县东二十五里。下马陵岁月深远,误传为虾蟆尔。萧望之墓。……马冢。虾蟆陵在县南六里。韦述《两京记》,本董中舒墓;李肇《国史补》,昔汉芙蓉园即秦之宜春苑也。每至此墓下马,时人谓之下马陵。岁月深远,误传为虾蟆尔',此非伧父无知妄作,焉有此同篇重出而逸其半之笑柄也。以上种种,非原本之旧明甚。"今按此段下马陵重出,见《长安志》卷一一万年县下。前文已经指出,由成化本的版刻情况可知,此系元刻本在刊刻时衍出而为明清诸本沿袭下来的,并非有意造作。又如唐长安城中诸坊在万年、长安两县界分之间颠倒脱漏比较严重,以致失去万年、长安两县起迄界限。这种情况,也是在流传过程中造成的错乱,而不会如陈氏所云:是"以图为轮廓,而集抄各坊文字以纂补之"而形成的。因为若果真是以某城坊图为依据而纂辑,那么又何至于会其他各街起迄界限都十分明确,偏偏在这个最重要的地方颠倒脱漏呢?其实陈氏自己对此也感到有些抵牾难通,因此不得不曲护其说云:"即在初辑书者,恐亦未必如此私捏。取一稿本,涂饰完

---

① 见《康对山集》卷三。
② 见《雍录》卷一《长安志》条,卷二曲台条。
③ 《雍录》卷三唐城内外凡三重条。

整，冀得善价，书贾之伎俩，本善为此。"强委责于书贾，其实已否定了自己前面的说法，等于认同了即使宋志原本，也可能在流传过程中产生类似问题。另外，陈氏据元骆天骧《类编长安志》"横推竖测"，对现行《长安志》此处脱漏还作了一些复原，也颇多错谬。因为与本文主题关系不大，这里也不为赘述了①。总之，现行《长安志》中的舛错并不能归之为后人抄辑所致。

第三，《通鉴》胡注引《长安志》与现行本确有出入，但这却并不是胡三省所见《长安志》与今本不同所致，而是由于胡三省实并未援据《长安志》原书，所引宋志系转手而来。程大昌云："凡求关雍曲折者，宋之此志，引类相从，最为明悉。"故所撰《雍录》"采用宋志为多"②。《雍录》一书不过从《长安志》等书中选取若干专题进行辨析，其详赡去《长安志》甚远。然而胡三省注《通鉴》，却很少引据《长安志》而屡屡称述《雍录》。这种做法显然是违背常理的，因此日人福山敏男怀疑胡三省所引《长安志》是从《雍录》转引来的③。不过福山敏男没有具体勘比，所以也就未敢断言肯定。下面随意择举几处例证，来验证一下福山敏男的推论。

《通鉴》卷八秦二世三年九月，沛公引兵绕崤关、逾蒉山条胡注：

> 宋敏求《长安志》曰：峣关即蓝田关，在县东南九十里。蒉山在县东南二十五里。

《雍录》卷五汉高帝入关条：

> 《长安志》曰蓝田关即峣关也，在县东南九十里。蒉山在县东南二十五里也。

《长安志》卷一六蓝田县有：

---

① 关于《长安志》这一部分缺漏的复原，请别详拙稿《隋唐两京城坊若干问题新考》，载黄永年师主编《古代文献研究集林》第1集，陕西师范大学出版社1989年版。
② 《雍录》卷一《长安志》条。
③ 〔日〕福山敏男：《校注两京新记卷第三及び解说》。

> 蓝田关在县东南九十八里，即秦岭关也。……
> 黄山在县东南二十五里。事见上。

由这一条引文可见，《通鉴》胡注引《长安志》较原文多有删落，没有能超出《雍录》引文的范围。其他诸条也都是这样。

《通鉴》卷一九九唐太宗贞观二十年十二月，太宗幸芙蓉园条胡注：

> 《长安志》曰：隋营宫城，宇文恺以其地在京城东南隅，地高不便，故阙此地，不为居人坊巷，而凿之为池以厌胜之。又会黄渠水自城外南来，入城为芙蓉池，且为芙蓉园也。

《雍录》卷六唐曲江条下除了在"黄渠水自城外南来"句下多有"可以穿城而入，故隋世遂从城外包之"两句之外，其余与此完全相同，而后注"出《长安志》，吕图同"。现行《长安志》曲江池有缺文，无上述内容。《通鉴》卷二四五唐文宗太和九年正月，发左右神策军浚曲江及昆明池条胡注复引有《长安志》这部分内容，而未注出《长安志》，径冠以《雍录》云云，点破了前面一条的实际出处[①]。

同样的情况，还有《通鉴》卷二二九唐德宗建中四年十一月马燧遣王权等屯中渭桥条胡注引《长安志》，将程大昌的话也一同带出，可知正是出自《雍录》卷六中渭桥条。又《通鉴》卷一九九唐德宗永徽五年三月武氏入感业寺为尼条胡注引《长安志》曰：

> 贞观二十三年五月，太宗上仙。其年即以安业坊济度尼寺为灵宝寺，尽度太宗嫔御为尼以处之。

[①] 《通鉴》卷二四五同一条目胡注下除了引《雍录》卷六唐曲江条释曲江外，还引《雍录》卷六昆明池条释昆明池，其中也提到《长安志》的内容，但覆核《雍录》，即可知同样是转手而来。

陈氏在文中即提出这一条作为力证，云"此文现行本竟无之"。今按现行本《长安志》中确实没有与此完全相同的一段话，但安业坊下有济度尼寺，永徽中自崇德坊徙来，崇德坊下云崇圣寺西门本济度尼寺，"贞观二十三年，徙济度寺于安业坊之修善寺，以其所为灵宝寺，尽度太宗嫔御为尼以处之"，与胡注引《长安志》文仍是大体相差不多的。况且胡注下面还有一段话为陈氏所忽略："程大昌曰：以《通鉴》及《长安志》及吕大防《长安图》参定。"恰恰清楚说明了胡注前面所引的这段话并非出自《长安志》，而是程大昌根据《通鉴》、《长安志》以及吕大防《长安图》参定的看法。检核《雍录》，知出自卷一〇感业寺条。陈氏提出的另一条力证是《通鉴》卷二〇九唐睿宗景云元年睿宗幸隆庆池条胡注引《长安志》记龙首渠事，云："现行本虽与此义相同，而文则有变化。"今按胡注此处首即冠以"程大昌曰"，其下所述《长安志》文，正是《雍录》卷四兴庆池条下的内容。

由以上论证可见，福山敏男推论《通鉴》胡注引《长安志》出自《雍录》是完全正确的。胡注既从《雍录》转引，也就沿承了《雍录》引用《长安志》时对原文的某些增改。像龙首渠条不过是文字与原文略有不同，这是古人引书常见的事，也不能说明程大昌所见的《长安志》与现行版本有多大根本性的不同；像感业寺条那样较大的差异，则本是程大昌参合几种记载所得出的综合性记述，而胡三省转引时一时疏忽，仍视之为《长安志》旧文，根本不是胡氏当时别有一"原本"为据。

需要说明的是陈子怡文中除上述例证外，尚举有《通鉴》卷二二一唐肃宗乾元二年三月肃宗宴回纥骨啜特勒于紫宸殿条胡注引《长安志》曰："宣政殿北曰紫宸门，门内有紫宸殿，即内衙之正殿。"陈氏云："现行本文中有此说，而文字却有异，且无'内衙之正殿'一句，此句甚要，而现行本竟无之，原书固如是乎？"按胡注此条尚别见于《通鉴》卷二三六唐顺宗永贞元年二月顺宗朝百官于紫宸门条下，而未见于《雍录》引《长安志》文。然而依据上文所举大量例证，这条孤证并不能认定为《长安志》旧文，当是胡注有讹误。《唐六典》卷七工部郎中员外郎大明宫条下有："宣政（殿）北曰紫宸门，其内曰紫宸殿，即内朝正殿也。"与胡注所谓《长安志》文相类，而《唐六典》又是胡注中频频引用来释唐长安城宫阙的，因此胡注所云《长安志》或即《六典》之讹。

总之，陈子怡所举述的三方面理由，都不能证明现行《长安志》为明人所重辑。同时，由前文所论《长安志》的版本流传过程，亦可知现存明成化、嘉靖二本系出自同一种元刻，根本不存在明人重辑问题。

三 《长安志图》的构成及其与《长安志》的关系

李好文《长安志图》三卷，一向附《长安志》以传。后人对于二书之间的关系看法不一，另外李好文自序云原书总计共二十二幅图，而今传诸本均有脱佚，原本究竟都有哪些地图和这些地图的编绘依据也需要加以考究。

《四库提要》认为《长安志图》与《长安志》本来了不相关，二书合刊在一起，疑出自李经刊嘉靖本。《四库提要》云："好文是书本不因敏求而作，强合为一，世次紊越，既乖编录之体，且图与志两不相应，尤失古人著书之意。"故在《四库全书》中"仍分为二书，各著于录"。四库馆臣当时未见成化本，故疑二书合刊始自李经，后之见成化本者，如杨彦合、朱锡庚等，自然识其诬枉[①]，然而仍没有人能够说明图、志合刊始于何时。今按据前文所论，成化、嘉靖二本系出自同一种元刻，因此元人刻本当已经如此。再看《长安志图》成书于元顺帝至正二年李好文第一次至陕西出任行台治书侍御史时[②]，在此稍后，至正八年方国珍起兵；十一年刘福通、徐寿辉起兵；十三年张士诚起兵；时届元亡亦不过二十余年。《长安志图》初成未久，即值天下大乱，恐怕是不会在此期间再刊重印的。所以明成化、嘉靖二本应即出自李好文原刻。换言之，即至正二年李好文刻《长安志图》时，就是把它附刊在《长安志》前面的。

李好文把《长安志图》附刊在《长安志》的前面，完全符合他的编纂意图。李好文《长安志图》自序述其编纂缘起，乃因来陕任官后，游览关中古迹，"举目萧然，瓦砾蔽野，荒基坏堞，莫可得究。稽诸地志，徒见其名，终

---

① 《楹书隅录》卷二。黄虞稷旧藏明成化本《长安志》朱锡庚跋。
② 《四库提要》征引《元史》本传考证《长安志图》成书于至正四年，实《长安志图》前李好文自序已署明至正二年秋九月。

亦不敢质其所处"。得前人旧图后，"于是取志，所载宫室池苑城郭市井，曲折方向，皆可指识"。"然其中或有学人附益者，往往不与志合。因与同志较其讹驳"。书成后"名之曰《长安志图》，明所以图为志设也"。由此可见，李好文是书本即为宋敏求《长安志》所作。明黄虞稷《千顷堂书目》著录此书作"李好文《长安志图》三卷"。四库馆臣因否认《长安志图》与《长安志》的关系，囿于先入之见，以为作"《长安图记》"，方才"于本书为合"，并怀疑是李经与《长安志》合刊时改题为《长安志图》的。倪灿《补辽金元艺文志》亦据《千顷堂书目》著录为《长安图记》。今黄虞稷所据以著录的明成化本原书仍在，其与李经刊嘉靖本同样题为《长安志图》，足证《千顷堂书目》为传写之讹。又李好文在《长安志图》成书后曾寄呈友人吴师道，吴师道阅后写有《长安志图后题》一文①，可以进一步证明书名《长安志图》无误。

清代一些人在见到成化本后对于《长安志图》与《长安志》合刊虽然认为情理可通，但却以为最初当是"以好文之图说附之宋志之末，而后来抄刻误冠于首"，所以一般仍按时代先后分别著录②。其实这种看法是没有道理的。古代所谓图经或带有地图的地志，一般都是列地图于卷首或篇首。比较著名的如隋大业初虞世基等人奉敕修《区宇图志》，即有总图及山水图、郭邑图、公馆图等图冠于篇首③；又如唐李吉甫《元和郡县图志》也是"每镇皆图在篇首，冠于叙事之前"④。李好文既然是要为志而设图，那么按照当时通例，自然应该把《长安志图》放在前面，这本来是无可非议的。

李好文自序云"总为图二十有二"，吴师道《长安志图后题》也同有此说，但今传诸本都有脱佚。存留最多的明成化本也缺失了《唐宫城坊市总图》、《唐皇城图》和《唐京城坊市图》三幅，即实存十九幅图。嘉靖本则缺佚更多（各传本情况不一，如黄丕烈旧藏本多佚去有《奉元州县图》和《唐建陵图》两幅，出自嘉靖本的《四库全书》本则也比成化本多佚去了《奉元州县图》）。现

---

① 见《吴礼部集》卷一八。
② 《楹书隅录》卷二成化本《长安志》杨彦合跋。《善本书室藏书志》卷二二吴焯旧藏抄嘉靖本《长安志》。
③ 《太平御览》卷六〇二文部著书下引唐杜宝《大业杂记》。
④ 李吉甫进《元和郡县图志》表。

存的十九幅图中包括有《唐骊山宫图》上、中、下三幅和《唐昭陵图》上、下两幅，而没有计算《唐城市制度》。在明成化本和嘉靖本的《长安志图》目录中，"唐城市制度"是和"唐陵图说"、"图志杂说"等一样标目的，后面没有附加"图"字。显然，李好文并没有把它计入图幅总数之内。因为它紧接在《唐京城坊市图》后面，虽然也画了三个坊市的示意图，但这只是对前图的注解说明，算不上是一幅独立的地图。毕沅没有能够认识到这一点，在所刻《长安志图》的目录上自作聪明随意增添上了一个"图"字，遂多出"唐城市制度图"一幅，致使《长安志图》的图幅总数与李好文自序产生出入，后人对《长安志图》是否有后人增损也很容易产生疑惑。

根据李好文自序，可以知道，《长安志图》的编纂起因于他在至正二年来陕任官前曾见到一幅反映长安旧貌的地图，用现在的话来说，也就是历史地图，当时茫茫然"弗能尽晓"，并未引起注意。到长安后因考稽古迹所需，"因求昔所见之图，久乃得之"。因其"往往不与志（按即《长安志》）合，因与同志校其讹驳，更为补订，厘为七图"。这七幅图是李好文最先编制的，同时也是《长安志图》的核心部分。

李好文说他得到的这幅图"旧有碑刻，亦尝锓附《长安志》后，今皆亡之。有宋元丰三年龙图阁待制吕公大防为之跋，且谓之《长安故图》，则是前志图固有之"。这段话讲得不够清楚，而且还有舛讹，因而使后人产生了错误理解。如朱锡庚以为"前志""似即指敏求之志而言"①。朱彝尊则据之以为，"宋敏求撰《长安志》，旧有图，勒之碑，吕待制跋其尾。秦人取以附锓于志，谓之'长安故图'，其后亡之。"②吴翌凤也说《长安志》"旧有图，亡已久矣"③。李好文序"则是前志图固有之"一句，明成化、嘉靖二本皆然，但《四库全书》本却作"则此图前世固有之"。前面已经指出，《四库全书》本有许多地方是足资参证的，合诸李序上下文，前面已云碑刻旧图尝锓附《长安志》后，即说明这个图与《长安志》自别为一事，不是出自宋敏求之手（以图附于《长安志》后实元初人所为，详下文），因此在后面也不应导出"则是前志

---

① 见黄虞稷旧藏明成化本《长安志》朱锡庚跋。
② 《曝书亭集》卷三五《长安志图序》。
③ 见吴翌凤古欢堂抄本《长安志》跋。

图固有之"的结论。吕大防谓之"长安故图",只能导出"则此图前世固有之"的结论。李好文在《长安志图》卷上引及吕大防"长安故图"一说时附注云:"观吕氏此言,是图之作,其来尚矣!"足证当以《四库全书》本为是。

总之,从李好文的序中是看不出《长安志》原本应附有地图的。南宋程大昌撰《雍录》,由于《长安志》叙"关雍曲折""最为明悉",书中"采用宋志为多"①。然而书中所用地图却取之于吕大防图,从未提到宋志有图。以宋志之明悉,其若有图亦自当可取,程大昌何须舍此而他求?从这一点来看,《长安志》固有地图的说法恐怕是难于成立的。或以为同出于宋敏求之手的《河南志》一书,今所见之元人增续本附有地图,以此例之,《长安志》似乎也应当有图。但元《河南志》的地图也有可能出自元人之手,非宋敏求《河南志》所固有。而且退一步讲,即使宋敏求《河南志》确有地图,《河南志》与《长安志》本来就"凡例微不同"②。司马光序《河南志》,谓书中甚至"人物之俊秀,守令之良能,花卉之殊尤,无不备载"③,这些项目中除了个别守令事迹有极为简略的记述之外,其余大多都是《长安志》中所不具备的,可以证明二书体例确实并不完全相同。

李好文所说有吕大防跋的地图,其实就出自吕大防之手。这个地图是北宋神宗元丰三年五月吕大防在陕西任永兴军知府时命京兆府户曹刘景阳按视、邠州观察推官吕大临检定绘制的长安图。原图四幅合为一组,附有比较详细的题记。

据吕大防题记,这四幅图中一幅是包括汉和隋唐长安城、唐大明宫以及长安周围渭河、终南山等山川古迹的总图,比例为二寸折一里。另外三幅是"太极、大明、兴庆三宫,用折地法不能尽容诸殿,又为别图"。其图"大率以旧图及韦述《西京记》为本,参以诸书及遗迹考定"。所谓"旧图",吕大防又称之为"长安故图"。吕大防在题记中没有提到《长安志》,应当是由于当时他还没有见到《长安志》的缘故。因为《长安志》成书于神宗熙宁九年④,下距吕

---

① 《雍录》卷一《长安志》条。
② 《直斋书录解题》卷八《长安志》条。
③ 《温国文正司马公文集》卷六五《河南志序》。
④ 别详拙稿《古地理书辨证续札》(已收入本书)。

大防制《长安图》成不过三年多时间，恐怕还没有能流布开来。如果吕大防依据的这份底图是出自宋敏求《长安志》的话，对于当代名公刚刚刊刻的地图，他是决不会呼之为"旧图"或"长安故图"的，而应注明依据的是宋敏求新作。这一点可以补充证明上文所说的成化、嘉靖两个本子的李好文自序作"则是前志图固有之"是有舛讹的。其实这个"长安故图"也是宋敏求《长安志》所依据的一项重要资料，《长安志》尚引有数条佚文。其中卷九唐长安城东南角处的立政坊和敦化坊下分别引述了"《长安图》"记载的这两个坊后来从中一分为二的名称，但宋敏求对《长安图》此说不以为然，并没有采用。吕大防原图这一部分现在虽然已无从见到，但留存下来的吕大防《长安图题记》，却采用有类似说法，云"宣宗……自芙蓉园北入至青龙寺，……开敦化以北四坊各为二"。《雍录》卷三所载《唐都城内坊里古要迹图》，自云"按吕图位置以立"，图中正是把城东南角曲江池北面的敦化坊以北四坊一分为二。由此可以说明两个问题：一是吕大防所依据的《长安图》出于宋敏求《长安志》成书之前；二是这个《长安图》当成书于唐宣宗朝以后，不然是不会图记有宣宗分敦化以北四坊一事的。

吕大防《长安图》在元丰三年制成后，连同题记，一起刻石上碑。《长安志图》卷上录有壬子年中秋郕邦用《长安图跋》，云此图碑旧置京兆府公署前，"兵后失之。有雷德元、完颜椿者，访得旧碑本，订补复完，命工锓梓，附于《长安志》后"。雷德元事迹不详，完颜椿为金元之际人，元世祖至元十六年前后任太乐令[①]。郕邦用金哀宗正大元年进士，正大二年至七年间身为承直郎、京兆府学教授[②]。日人福山敏男据元成宗元贞二年成书的《类编长安志》卷一〇石刻项下没有著录吕大防图碑，推测郕邦用所说图碑失去之事当在元贞二年稍前，又云壬子年当为元宪宗二年或仁宗皇庆元年[③]。今按郕邦用正大元年（1224年）已中进士，至皇庆元年（1312年）已有八十八年，他中进士时起码

---

① 《元史》卷一〇《世祖纪》七，卷六八《礼乐志》。
② 《金石萃编》卷一五九《改建题名之记》，卷一五八《大金重修府学教养之碑》。又元骆天骧《类编长安志》卷九廉相泉园条云"至元改元，平章廉公行省陕右，……暇日同……前进士郕大用"等燕乐于此，疑大用即邦用字。
③ 〔日〕福山敏男：《唐长安城之东南部》，载福山敏男著作集之六《中国建筑与金石文之研究》，1983年。

也要有二十岁左右,合之已一百多岁,显然是不可能的。壬子年当是元宪宗二年,即公元 1252 年。又邠邦用跋中所云兵难,当是指金哀宗正大八年(辛卯,1231 年)元兵破凤翔,金弃京兆府,迁居民于河南一事[①]。这次迁徙给长安城造成很大破坏。元人为宋张礼《游城南记》所作的续注,谓唐故荐福寺至"辛卯迁徙,废荡殆尽,唯砖塔在焉";唐故慈恩寺也因"正大迁徙,寺宇废毁殆尽,唯一塔俨然"。吕大防《长安图》碑,当亦同罹此难。

《长安图》碑在金元之际毁弃不见,但并没有彻底消失。清末光绪宣统之际,叶昌炽曾云:"近新出残石数十片,余尝从西估得拓本,离合句贯,不能得其斗笋之处。"[②]叶氏所得的这些残片拓本究竟是原图的哪些部分,由于拓本下落不明,今亦不得而知。此外,民国二十四年宋联奎编纂的《长安咸宁两县续志》卷一据"保经堂夏氏所藏拓本",摹绘有太极宫图(当出自总图残片)和兴庆宫图(出分图)。除了这两幅图外,"保经堂夏氏所藏拓本"中还有总图的一部分共九段(宋联奎云总图拓片共七段,但这未计入故汉长安城拓片两段,这两段应同属总图内),因其残缺过甚,宋联奎没有采录。在此前后日人前田真典来到西安,搜得由二十一块残石构成的拓片,带到了日本[③]。据平冈武夫所述,前田的拓本钤有"桥西邵氏父子欣赏记"和"伯纲所得嘉拓"两方印章,是知本为邵章旧藏[④]。邵章旧藏这部分拓片比保经堂夏氏要多一些。如宋联奎云"太极宫内苑亦当有图,惜未得见",太极宫内苑指的应该是西内苑,邵章旧藏拓片是存有这一部分的。保经堂夏氏所藏拓片后来下落不明,邵章旧藏《长安图》拓片也就成为海内外孤本。但遗憾的是前田所得邵章旧藏《长安图》碑拓本后来又在 1945 年的战火中失去。幸好前田曾将拓片刊印在《东京城》一书中(1939 年出版,东京《考古学丛刊》第 5 号),日人岸边成雄在拓片失去前也曾拍有拓片的全照和个别局部照片,平冈武夫利用这些资料,做出摹本,收录在《长安与洛阳·地图篇》中。《考古学报》1958 年第 3 期在转发陕西省文管会《唐长安城地基初步探测》一文时,又对平冈武夫摹本进行订

[①] 《金史》卷一七《哀宗纪》上。
[②] 《语石》卷五《地图》。
[③] 〔日〕福山敏男:《唐长安城之东南部》。
[④] 〔日〕平冈武夫:《长安与洛阳·地图篇》,杨励三译本,陕西人民出版社 1957 年版。

正，附刊在这篇文章的后面；同时还附刊了吕大防题记残碑拓本的照片，其上仍可见"桥西邵氏父子欣赏记"印章。民国二十三年三月初，当时的国立北平研究院与陕西省政府协作，在西安城内发掘到原碑分图中的大明、兴庆两宫合刻残碑一片和总图中唐宫城西南部及皇城西北部等部分残碑一片。这两块残碑的内容仍未超出邵章旧拓，磨泐已甚①。这两块残碑今存西安碑林，是吕大防《长安图》碑仅存下的两块残石，弥足珍贵。对比宋联奎所摹保经堂夏氏拓片和邵章旧藏拓片，可见二者当出自同样破碎的残碑。推测当是光绪时期《长安图》碑残片出土后，流出了一些拓本，叶昌炽、夏氏及邵章所得，同出自此时。而这些图碑残片旋即复又失去，至民国二十三年始重新发掘到其中的两块。

  吕大防《长安图》碑可以分为三个组成部分。第一部分是长安城总图。其中包括隋唐长安城的全部城坊宫市以及故汉长安城和终南山、渭河等周围地区。第二部分是太极宫、大明宫和兴庆宫三宫的分图。《通志》卷七二《图谱略》下说是"三宫合为一图"，今存兴庆宫图碑残片，其上正北即有大明宫之望仙、建福诸门，可证这三幅分图确是合刻在一起的。第三部分是吕大防的题记。这三部分曾分别单独流传。《通志》卷七二《图谱略》下分别著录有吕大防《唐长安京城图》和《唐太极宫、唐大明宫、唐兴庆宫图》，后者注云"三宫合为一图"；同书卷六六《艺文略》下分别著录《唐太极、大明、兴庆三宫图》一卷和《长安京城图》一卷，更可见吕图的总图、分图两部分是被拆开单行的。《直斋书录解题》辑本卷八著录有《长安图记》一卷，云："丞相汲公吕大防知永兴军，以为正长安故图，著其说于上。今信安郡有此图，而别录其说为一编。"《玉海》卷一五引《中兴馆阁书目》也著录有吕大防《长安图记》一卷。由此可知不仅吕大防的题记也曾单独刊行，而且地图部分在信安还有覆刻。吕大防《长安图》题记部分的单行本后来也失传了，但南宋赵彦卫《云麓漫钞》卷八抄录了题记的大部分内容，这是今天所能见到的吕大防题记的主要部分。此外，《长安志图》卷上正好抄录了《云麓漫钞》所未收的题记结尾部分；邵章旧藏拓片也有连同结尾在内的很大一段，《考古学报》载《唐长安城

---

  ① 残碑内容及发掘情况详何士骥：《石刻唐太极宫暨府寺残图与兴庆宫图之研究》，刊前国立北平研究院史学研究会编《考古专报》（民国二十四年）第1卷第1号。谨按因一时不便查阅，这里均据日本学者福山敏男《唐长安城之东南部》所引述。

地基初步探测》一文附有十分清晰的拓本照片；《雍录》卷三也引有部分题记；相互参补，可以复原出比较完整的题记①。

《长安图》碑的地图部分，除了前述残碑及拓片外，还有南宋绍兴秘书省本流传下来一部分，人称"阁本"或"阁图"②。从阁本系统流传下来的又有三种。第一种是《永乐大典》所收，原有三幅：（1）《阁本太极宫图》，（2）《阁本大明宫图》，（3）《阁本兴庆宫图》。这三幅图应当是从吕大防《长安图》碑的三宫合图中析出的。清嘉庆间徐松从《永乐大典》中抄出，其中前两幅图附所抄元《河南志》后，现藏北京图书馆，《兴庆宫图》则今已不明下落③。民国二十三年《长安图》碑残片出土后，何士骥将前两图影印在《考古专报》第1卷第1号上，日人平冈武夫又据之刊入《长安与洛阳·地图篇》中。阁本系统吕图的第二种是程大昌《雍录》中转绘的一些地图。《雍录》中有大明宫图（卷三）、太极宫图（卷三）、兴庆宫图（卷四）三幅图是注明据阁本所绘的，应当出自吕图相应各图。另外还有一幅《唐都城内坊里古要迹图》（卷三），也注云乃"按吕图位置以立此图"，但前面唐朱雀门外坊里条下又云："吕图、宋志，大抵交相表发，而稍有不同，今故参会，蹙为小图，以便稽证。"可见这幅图应是以吕图总图的长安城坊市部分为主，参用《长安志》简化改绘的。此外，《雍录》卷一《汉唐要地参出图》肯定也是参阅吕图总图简化改绘的，这与吕图残拓一相比勘，即可清楚。还有卷三《隋大兴宫为唐太极宫图》、卷八《宫北禁军营图》、卷一〇《唐三苑图》等图，可能也和吕图有一定关系。对比《雍录》和《永乐大典》共有的《阁本太极宫图》和《阁本大明宫图》，可以发现，《永乐大典》阁图与《雍录》本内容基本相同，除个别讹字外，没有出入，只是《永乐大典》本比《雍录》本每幅都减省了许多内容。如《太极宫图》，《雍录》本有太极门以外诸门及东宫嘉德门以内建置，《大明宫图》有宣政门以外建置，《永乐大典》本都省去未录，并在《太极宫图》上注明："南面门不

---

① 日本学者福山敏男《唐长安城之东南部》、平冈武夫《长安与洛阳·地图篇》都做过这种复原，但他们的工作仍有个别地方值得商榷。
② 《雍录》卷一吕图、阁图条。
③ 日本学者平冈武夫在《长安与洛阳·地图篇》中云徐松仅抄出有前两幅图，这是不正确的。如平冈所云，徐松《唐两京城坊考》卷一西京兴庆宫明义门下明确提到"《永乐大典》载《阁本兴庆宫图》"，说明当时他一定也一同抄出了兴庆宫图。

载。"这种情况说明所谓《永乐大典》本阁图也完全有可能是出自《雍录》，未必修《永乐大典》时实有传本为依。由于吕图分图中的《太极宫图》和《大明宫图》已无原碑或拓本可勘，所以现亦无从核对阁图与吕图原碑有无差别[①]。但从现存的《兴庆宫图》碑来看，阁本《兴庆宫图》与吕图原本是没有什么差异的。阁本吕图的第三种传本是元胡三省《通鉴》注中所征引的部分佚文。胡三省在注《通鉴》时，共引述《阁本太极宫图》和《阁本大明宫图》各十二条，所引阁图有时也间接出自《雍录》，但也有些是出自他处，与《雍录》阁图略有不同。如《通鉴》卷二一六唐玄宗天宝十一载八月有凤集左藏库西通训门下胡注引《阁本太极宫图》云"左藏库西则通训门"，通训门就未见于《雍录》、《永乐大典》两个本子的阁图，但在吕图总图残存拓本上却同胡注引阁图，标有通训门。又《通鉴》卷一九二唐高祖武德九年建成、元吉入葬，太宗哭之于宜秋门条下胡注引《太极宫图》云："宜秋门在千秋殿之西、百福门之东。"《雍录》、《永乐大典》两个本子的阁图在千秋殿之西、百福殿之东也没有标绘宜秋门。可见胡三省手中当据有一种与《雍录》本不同的阁本吕图。

除了上述这些残碑旧拓以及阁本诸图之外，保存吕大防《长安图》内容最多的也就是《长安志图》所据之改订的七幅地图了。前已引述邵邦用所作《长安图跋》，知元初雷德元、完颜椿曾订补吕图碑本、附刊于《长安志》后。但这次可能刊印很少，流传不多，李好文到陕西后也没有见到这种附有吕图的《长安志》。根据《长安志图》所引邵邦用跋，可知李好文作《长安志图》依据的应是邵邦用过去收藏的一部吕图的摹写本，也可能是间接摹自雷德元等人的订补本。如下文所述，李好文疑其所据吕图掖庭宫北有太仓为碑本磨灭后后人所增附，而今存吕图拓片此处实确有太仓，可知李好文所见决非拓本。

根据前述吕大防《长安图》的内容分析，《长安志图》据之厘订的七幅图应是：（1）《汉长安故城图》。（2）《唐宫城坊市总图》。（3）《唐禁苑图》。（4）《唐大明宫图》。（5）《唐宫城图》。（6）《唐皇城图》。（7）《唐京城坊市图》。这七幅图虽然出自吕图，但李好文刊刻时以其"往往不与志合，因与同志较

---

① 《阁本大明宫图》上延英殿在紫宸殿之西，这与《长安图题记》引李庚赋以为在紫宸殿东有异，今总图拓本延英亦在紫宸之东。但吕图本据长安故图改绘，或长安故图延英本在紫宸西，吕大防于总图有所更改而未改分图，前后本来就存有矛盾。

其讹驳"，作了很大增改，已经不尽是吕图旧貌。其中如《唐宫城图》中之太仓位置，吕图本在太极宫西侧之掖庭宫北，见于今存残石拓片，李好文则云："今见其处止可容置一宫，而图乃以太仓杂处其中，大非所宜。又志亦不曾载。若此之类，必是碑本磨灭，后人不详，误附之者。又汉城中有石人、石马、定心石之类，今皆去之。"[①] 李好文在校订这些图幅时，参酌了许多对汉唐遗迹的实地调查结果，因此在某些方面他的校订具有一定价值。但也有些地方为了迁就《长安志》等文献的说法，对原图做了错误的改订。如《唐宫城图》今存残石拓片东宫正门本是重明门，李好文则错改作重明门东的侧门永春门[②]。今《四库全书》本《长安志》卷七唐长安城西内章正是把重明门下夹注的"即东宫之正门"一句话舛置在了永春门下，李好文改订吕图，依据的可能就是同类本子的《长安志》。

今存《长安图》碑残段拓片，有总图中大明宫和太极宫的绝大部分，以之参校《长安志图》的《唐宫城图》和《唐大明宫图》，可以发现《长安志图》这两幅图的内容基本上没有超出吕图总图的范围，《长安志图》中也没有《兴庆宫图》，说明李好文根本没有利用比这更详细的吕图分图，甚至也可能是他见到的吕图写本上只有总图和题记而缺佚分图。在这七幅图中，有《唐宫城坊市总图》、《唐皇城图》和《唐京城坊市图》三幅在今传《长安志图》诸本中都已佚失，这是令人遗憾的。但是从上文所论这三幅地图的来源来分析，对这三幅图的资料价值也不能估计过高。这是因为《唐宫城坊市总图》只能是吕图总图的整体简缩，主要用以表示唐长安城太极、大明、兴庆三宫城、皇城、外郭城等建置的相对位置关系和长安城附近的山川、古迹形势，把这些内容压缩到一幅小图上，必然只剩下一个简洁的轮廓。这样的轮廓概图，对于研究长安城却没有什么特别重大的意义。从《唐宫城图》和《唐大明宫图》两图的情况看，《唐皇城图》的内容也基本上不会超出吕图总图的皇城部分。而这部分除西南角一处外，吕图总图大部分有拓片留了下来，可以在相当程度上起到替代作用。比较起来，《唐京城坊市图》应是这三幅图中价值最大的了，它应是取

---

① 《长安志图》卷中《图志杂说》。
② 别详拙稿《唐长安宫城南门名称考实》。

自吕图总图的坊市部分。但《长安志图》卷上城市制度条下记有："旧图全画坊市制度，今间小不能记，容别画一坊之制，以见其余。"由此可知在这幅图上并没有像吕图总图中那样画出坊内的主要街道，并标注出各重要寺观宅邸在坊内的位置。图幅的间距限定了它只能是比《雍录》卷三的《唐都城内坊里古要迹图》稍详细一点，可能标有全部坊名，而坊内的寺观邸第等建置标注得应很少。与吕图原图相比则要简略得相当多。今吕图残碑拓片存有城东和城南部分坊市，结合《雍录》的《唐都城内坊里古要迹图》，也可以对李好文此图起到一定的替补作用。

除了这七幅之外的其他图幅，也大多是李好文依据有关图刻改编的。如卷上《唐骊山宫图》三幅，卷中《唐昭陵图》二幅，《唐建陵图》和《唐乾陵图》各一幅，总共七幅图，都是出自北宋游师雄的石刻地图。《唐骊山宫图》为哲宗元祐三年刻，见该图所附游师雄题记。《唐昭陵图》和《唐建陵图》为哲宗绍圣元年刻，见《长安志图》卷中"昭陵图说"下所附游师雄题记。《唐乾陵图》为哲宗元祐中刻，同见"昭陵图说"。按神宗元丰三年吕大防在永兴军刻《长安图》碑时，游师雄正被吕大防辟用充管勾机宜文字，吕大防此举可能对游师雄后来刊刻关中古迹地图颇有影响。游师雄在陕西，凡"自周秦以来古迹之湮没者皆表之，以示往来"①，所刊地图或不止于此七幅，《长安志图》中可能仍有出自游师雄者。上述游师雄所刊地图，在李好文之前，昭陵、建陵二陵图还曾有合为一卷的传本流行②，在社会上有一定影响，这可能对李好文编选《长安志图》也有所影响。昭陵、建陵二图石刻原件现存陕西乾县昭陵博物馆，毕沅曾取以校《长安志图》。其余石刻今皆失传。

《长安志图》上、中两卷的其余几幅图中，《汉三辅图》、《太华图》和《咸阳古迹图》出处不详，俟考。《奉元州县图》和《奉元城图》为当时事，自有图册可依，也可现行编制。《城南名胜古迹图》，平冈武夫以为与吕图总图的相关部分具有密切关系③，这是很有见识的。但这幅图与北宋张礼《游城南记》

---

① 《金石萃编》卷一四一张舜民撰《宋故朝奉郎直龙图阁权知陕州军府兼管内劝农学兼提举商虢等州兵马巡检公事飞骑尉赐绯鱼袋借紫游公墓志铭》。
② 《通志》卷六六《艺文略》地理类。
③ 〔日〕平冈武夫：《长安与洛阳·地图篇》。

的关系应更为密切。这幅图的命名首先就应与《游城南记》有关。李好文在《长安志图》卷中图志杂说条下明文记有："樊川，长安名胜之地。……前辈有张茂中（即张礼）同其友为城南之游，尝作记以记之。当时遗迹犹有存者，今欲访之，尚能见其仿佛。据可知者，别为一图。掇其遗漏，以补其阙。"因此这幅图是与张礼《游城南记》相为表里的。

《长安志图》卷下《泾渠图说》只有两幅泾渠水利图。《图说》卷首有"至正二年冬十月日奉训大夫陕西诸道行御史台监察御史樵隐必申达而"作《泾渠图序》。按必申达又作毕申达，号樵隐，当为蒙古人或色目人名而汉语译音不同，曾任艺林库提点、摄奎章阁授经郎等职①。过去有人不审，径将"而"字视为虚词。必申达而序中仅云李好文"尝刻泾水为图，……名之曰《泾渠图说》，索而读之"，没有提到《长安志图》只字，显然是专门为《泾渠图说》作序。这样单独为一部书中的某一卷作序是不够正常的。在明成化本和嘉靖本上，《长安志图》前面有总目，开列有上、中、下三卷的章目，因此上、中两卷都未曾在各卷再重新开列章目，卷中篇末还注有"卷中杂说终"。而卷下却首题前述必申达而《泾渠图序》，次列本卷的"图说目录"，与《长安志图》的总目两相重复，篇末也仅署"图说终"，篇内根本见不到与《长安志图》有什么关联。从形式上看，很像是独立于《长安志图》之外的别一种书。《四库全书》本以外今传诸本在《图说》目录均有夹注云："《图说》本《长安志图》之下卷，以其纪录颇多，且泾渠利民为大，故自为一编。"从而可以说明如下两个问题：（1）《泾渠图说》有"自为一编"的单刻本。明叶盛《箓竹堂书目》卷六著录有《泾渠图说》，应当就是这种单刻本。（2）把这段话和前面所述《长安志图》卷下《泾渠图说》的刊刻形式结合在一起来分析，可以明白这种形式是为单刻本而设定的。但是这种"自为一编"形式的《泾渠图说》怎么又会出现在《长安志图》中？如果它本来就被编排在《长安志图》卷下，又为什么还要特意注明"《图说》本《长安志图》之下卷"？如果说今本《长安志图》下卷是用《泾渠图说》单刻本补辑的，今本《长安志图》卷下的形式倒是可以得到相应解释的。但是李好文《长安志图》自序作于至正二年九月，必申达而

---

① 《揭傒斯全集》文集卷四《送艺林库提点毕申达弃官归养诗序》。

的《泾渠图序》作于同年十月，稍后不到一个月时间，《泾渠图说》同时刊印两种不同版本的可能性是极小的。况且如前所论，明成化、嘉靖二本当出自同一元刻（而且很可能就是李好文原刻），《长安志图》怎么可能在这短短二十年左右时间内就偏偏佚去了下卷，要用《泾渠图说》单刻本来补缺了呢？我认为明成化、嘉靖本《长安志图》的这种形式仍然是出自李好文原刻。合理的解释只有一种，这就是由于"泾渠利民为大"，而且与宋敏求《长安志》缺乏直接、密切的联系，所以有必要、同时也可以刊行《泾渠图说》的单刻本。然而李好文又舍不得把这一部分从《长安志图》中割舍，如自序所云，"乃不可遗者"。结果就采取了一种折衷的办法，即雕一个版而同时装印两部书。一部题为《泾渠图说》单行，给专意关心泾渠水利的人来看。这就是叶盛收藏的那种本子。一部仍作为《长安志图》的下卷，就是明成化本和嘉靖本《长安志图》的样子。为了单刻本的需要，也才专门请必申达而写了一篇序文放在前面。《图说》目录下面注云本《长安志图》之下卷，当然也是考虑便利单刻本才加上的，这一部分的其他版面形式也都主要是从方便单刻的考虑出发设置的。

［附记］

本文是在业师黄永年先生的指导帮助下写成的。文中的一些观点和看法得先生启发，资料也多由先生指示提供。隆情盛意，感荷无已。

（原载《古代文献研究集林》第二集，1992年）

《宣和乙巳奉使金国行程录》的一个被人忽略的抄本

北宋宣和七年许亢宗奉使金国时其随行人员钟邦直记述沿途经见的"语录"《宣和乙巳奉使金国行程录》（下文依习惯简称"《许录》"），是研究北宋末期燕山内外特别是东北地区历史地理的重要文献，后收入《三朝北盟会编》、《靖康稗史》、《大金国志》诸书中，其间文字详略不一，互有错谬。今中华书局刊《大金国志校证》，以《三朝北盟会编》、《靖康稗史》勘校《大金国志》所收《许录》，同时又取《大金国志》不同版本互校，厘清了《大金国志》中《许录》的主要文字错谬。但是校证者或许是疏忽，没有能注意到并利用清初顾炎武《天下郡国利病书》中所收的《许录》。

《天下郡国利病书》所收《许录》编排在原编第三册"北直隶下"内，首题"大金国志"，标题为"许奉使行程录"，从其具体文字内容（如第二十七、二十八两程间的几句错简与《大金国志》完全相同），也可以看出显然是抄自《大金国志》。《天下郡国利病书》今有《四部丛刊三编》影印本，用来十分方便，其中所收《许录》完全可以看作是《大金国志》中《许录》的一个较早的抄本（为叙述方便下文简称为顾抄本），可以用来校勘其他版本。下面即从中华书局校证本中择举几例以为说明。

《许录》第一程，白沟，"河阔止十数丈"。今校证本云："按'丈'下，章钰校本有'深可二丈'四字，未知章氏何据。"因此存疑未敢补入正文。今按白沟曾长期作为宋辽界河，弄清其水文状况具有重要意义。检顾抄本《许录》，恰好和章钰校本相同，有"深可二丈"四字，可据之补入正文。

《许录》第四程，燕山府城，"地堑三重，城门八开"。虽然校证者已根据

《靖康稗史》和《三朝北盟会编》将"城门八开"校正为"城开八门",但这里仍有问题。检顾氏所过录《许录》,"地堑三重"作"池堑三重",城池相对,文义显然胜于前者,当据后者改正。

《许录》第五程,潞县潞沙,"曹操征乌丸,袁尚等凿渠,自滹沱由派水入潞沙"。尽管校证者采用陈乐素先生意见改"派水"为"弧水",但是校证者以后在笺证《靖康稗史》所收《许录》时(见中华书局刊同人《靖康稗史笺证》)对于其中将"派水"写作"涿水"却未置一词,显然对于孰是孰非仍不甚了然。曹操征乌丸引滹沱水即开平虏渠事,见《三国志·魏书·武帝纪》,乃"凿渠自滹沱入泒水",顾氏所抄《许录》则正是写作"泒水",远较其他诸传本为胜,可资校勘。

《许录》第十四程,营州渝关。今校证本据《靖康稗史》、《三朝北盟会编》改作"榆关",顾氏抄本则同《大金国志》作"渝关"。按渝关关名见《新唐书·地理志》营州条,因关临渝水得名,故又称临渝关(见《新唐书·地理志》平州条,《通鉴》卷一七八、卷一九八等),作榆关则当为后来音讹俗写(《通鉴》卷二一三唐玄宗开元二十一年闰三月癸酉郭英杰屯榆关条胡三省注曾有辨)。因此没有必要特意去把《大金国志》的正确写法改从俗写。

《许录》第二十一程,刘家庄,"是后行人俱野盘"。"是后",顾氏抄本作"是夜"。今按《许录》前面第十八程至海云寺,云"是夜行人皆野盘",与此处顾氏抄本行文同。许亢宗一行在海云寺附近时当是遇到特殊情况(除了"海云寺"这一所寺院外,当地可能根本没有其他房屋,而这所寺院可能也已残破至极,不堪居止),所以没有能在居宅内停宿,因此也才需要在《行记》中特置一笔记下。在刘家庄也应当是遇到了相似情况,再次野盘一夜。不然的话下文终须呼应记明到哪一站始结束了"野盘"的境遇,这一点在《许录》中却没有说明。再说刘家庄的下一程停宿在"显州",这里是沿称辽的旧名,金人改称"广宁府",《金史·地理志》称府有户四万多,也算是一方通都大邑了,终不至于堂堂国使在府治竟然也找不到一处庇风之居,还要在大路上"野盘"。显州的下一站兔儿窝,听起来名称还不如刘家庄美妙,如果说是人烟荒无,只得风餐露宿,或许尚有可能;但紧接着的下一站梁鱼务却明明写着有"居民数十家",又谁敢不接待有大金特使相伴的宋人使臣?再四天之后到咸州时,更记明有州守备酒食鼓乐在"州宅"奉迎了，怎么能说从刘家庄起"是后行人俱野盘"？可见，顾氏抄本记作"是夜行人俱野盘"是正确的，而其他诸本均误。这个错误如不留意，很可能留给读者一种错觉：即从刘家庄向北，一路都荒凉凋敝至极，连使臣也无所依庇。——这是与实际地理状况不相符合的。

《许录》第三十九程，金皇城，"阁门使及祗坐班引入"。此处"祗坐班"诸本均同，无解，不知所指。今检顾氏抄本作"祗候班"。《金史》卷五六《百官志》二阁门使下有"阁门祗候二十五人"，又有"承奉班"、"内承奉班"，故所谓"祗候班"应即指列班当值的"阁门祗候"。《金史》卷三八《礼志》十一"外国使入见仪"下载："各祗候引右出，赐衣。次引宋人从入，……各祗候亦引右出。"可见引接宋使谒见，正是祗候官的职掌，当据顾抄本改正他本之讹。

通过上面所举述的几个例子，可以看出顾炎武《天下郡国利病书》中所抄录的《宣和乙巳奉使金国行程录》在校勘上是具有相当价值的，由此也可以引发我们注意利用《天下郡国利病书》中所收录的其他地理文献来作地理典籍的校勘整理工作。

（原载《中国历史地理论丛》1990年第1辑）

徐霞客史事二题

自从丁文江倡言徐霞客在地理学上有所谓重大发现，后人就把徐霞客列为明代著名地理学家，而赞誉之声日盛，乃至今日学术界论及中国地理学发展，必举之以为有明一代最高成就之标志。论者多以为徐霞客游迹山水是有目的的、自觉的地理科学考察，并将《徐霞客游记》中可以与现代地理科学相互印证的某些内容视为徐霞客的科学创见。提出这些观点，对于认识徐霞客其人、其游记，固然富有积极意义，但通观自丁氏以来的研究状况，却不能不承认从整体上来说，目前学术界对于徐霞客及其游记，还需要进行更为深入的研究。四十年代初，谭其骧先生曾经撰著《论丁文江所谓徐霞客在地理上之重要发现》一文[①]，对于丁文江的某些看法表述异议。谭其骧先生对一些具体问题的看法，至近年已为学术界所普遍接受，但是他在文中对徐霞客个人成就所持的与丁文江明显不同的看法，却并未引起学术界的充分注意。固然由于时代的局限，谭其骧先生当年的见解也未必尽是，但是如果按照谭其骧先生所提倡的"吾侪今日纪念霞客，首须真正了解霞客"这样一种研究方法，多做一些深入的研究，把《徐霞客游记》放到明代地理学的总体状况中去考察，把徐霞客的游历放到明代学术思想和士大夫风尚等社会环境中去评价，也许会得出一些新的认识，以致或许需要依此重新审度某些现在通行的看法。当然，这是一项需要花费较多功夫进行研究的问题，我们拟另行撰文论述。本文仅为"真正了解霞客"，考证有关徐霞客的两件史事。

---

① 见谭其骧：《长水集》上册，人民出版社1987年版。本文引述谭其骧先生的观点均出此处。

一　金沙江为长江正源并非徐霞客首先提出

徐霞客著《溯江纪源》（一作《江源考》），提出长江应以金沙江为正源，而传统上一直被认作江源的岷江不过是长江的一条支流，丁文江当年列举徐霞客在地理上有五大发现，其中之一就是发现金沙江为长江正源。谭其骧先生撰文驳正此说，指出在徐霞客千数百年前之《汉书·地理志》、郦道元《水经注》，已知金沙江，"然而前人终无以金沙江为江源者，以岷山导江为圣经之文，不敢轻易改易耳。霞客以真理驳圣经，敢言前人所不敢言，其正名之功，诚有足多"。近年论及徐霞客的一些书刊，大多都一定程度地采用了谭其骧先生这一说法。对于徐霞客正定江源之功，学术界评价甚高，除论证江源本身的功绩之外，还认为他在论证江源过程中发展和完善了我国古代的河源理论。概括起来就是认为《溯江纪源》中称弃金沙江不取而以岷江为正源是"舍远而宗近"，在《盘江考》中又提出不当"弃大源而取支水"，所以徐霞客是"主张把同一水系中最大和最长的一条河流作为主源"的，"这表明他是主张'唯远是源'的原则的，并考虑到流量的大小问题"；这又表明当时"已有明确而科学的确定河源的原则了"[①]。其实不仅以金沙江为长江正源并非徐霞客首先提出，而且在徐霞客之先也早已有了比《溯江纪源》和《盘江考》更为先进的河源原则了，事见明章潢《图书编》。

《图书编》是章潢编著的一部类书，成书于万历五年（1577），后九年（即万历十四年）徐霞客始生，后六十三年（即崇祯十三年）霞客始作《溯江纪源》。《图书编》论江源事凡两见，同在卷五八中，一见《万里长江图叙》下，一见《江源总论》下，而以《江源总论》更具有代表性。像《图书编》这种类书，往往多采摘前人旧说，不必尽出于己意，因此其论述江源之说所出可能更早，须俟详考。

《江源总论》开篇就提出了一条明确的河源判别原则：

[①] 中国科学院自然科学史研究所：《中国古代地理学史》，科学出版社1984年版，第142页。

> 水必有源，而源必有远近小大不同。或远近各有源也，则必主夫远；或远近不甚相悬，而有小大之殊也，则必主夫大；纵使近大远微，而源远流长，犹必以远为主也。

这是比徐霞客在《溯江纪源》和《盘江考》中支离破碎的两句话表述得要远为完整、明晰和科学的河源判别原则。《江源总论》提出的河源原则实际上分为两级。一级原则是以远为源。即"或远近各有源，则必主夫远"，"纵使近大远微，而源远流长，犹必以远为主也"。二级原则是以大为源。即在有两条以上源头"远近不甚相悬"的情况下，根据其流量"小大之殊"，"必主夫大"。这一原则是完全符合现代河源理论的。

正如谭其骧先生所论，金沙江出吐蕃界，源远流长，实乃"明人之通识"，因此，以什么原则来论定河源，实际上是长江源头认识上的一个关键问题。前人论江源多因循《禹贡》岷山导江之说，没有人深究河流水文现象；而根据《江源总论》中明确提出的河流水文原则，《禹贡》岷山导江之说自然也就不攻自破了。《江源总论》中正是依据《云南志》记载的明朝人对于金沙江的一般了解，认定"金沙江源出吐蕃，则其远且大也明矣"，因此过去"言江源者仅蜀之岷山，而不及吐蕃之犁石，是舍夫远且大者，主夫近且微者"，这显然是不符合上述原则的，理应更正，以金沙江为长江正源。

指出《图书编》中对江源的认识早于徐霞客数十年，并不是要否定徐霞客探索江源的意义，而是为了通过与当时的具体史实的比较，更为准确地认识和评价徐霞客及其游记。譬如《江源总论》在论证江源时与徐霞客《溯江纪源》同样提到了元人都实对河源的探索，但《溯江纪源》中仅提到溯河源者"有都实之佩金虎符"，以及《禹贡》"导河自积石，而河源不始于积石"，"河源屡经探讨，故始得其远；江源从无问津，故仅宗其近"，没有明确叙述河源认识与江源认识之间的联系；而在《江源总论》中则明确论述说："古之言河源者，皆曰出昆仑山北陬"，"迨元穷河源，使都实出西域，自河州西行五千里抵星宿海，则是言河源者至元始得其真焉"，而"言江源者则不然"，"安知今之主江源于岷山者无异昔之主河源于昆仑乎？"对照二者，可以清楚地看出，不管是《江源总论》也好，还是《溯江纪源》也好，他们敢于否定岷山导江说，确定金沙江为长江正源，都受到了元人都实河源探索活动的巨大影响。可以说都实河源探索得出的新的认识，正是他们起而修正江源的直接契机。而这一点在以往的徐霞客研究中却并未引起充分重视。

比较《江源总论》和《溯江纪源》中对江源的看法，可以看出两文所得出的结论虽然大体一致，但是就论证的科学性来说，《溯江纪源》是不及《江源总论》的。因此，起码就这一问题本身而言，徐霞客的观点并不能代表明代地理学的最高水平。《江源总论》的科学性强于《溯江纪源》，一方面体现在上文所述的河源判别原则上，另一方面也体现在《江源总论》中还对江源的具体位置作了合理的推测。论者往往谓徐霞客认定金沙江为正源，与其实地考察所见有密切关系，而事实上如谭其骧先生所论，在江源问题上，徐霞客考察所得并无新见，"霞客所知前人无不知之"。《溯江纪源》和《江源总论》在论证江源时都引述黄河的情况进行对比类推。《溯江纪源》只是通过对比长江与黄河水量大小，导出了对二者流域面积差别的认识，并含含糊糊地提出了"江之大于河者"与"其源之共远"之间的对应关系。其实长江水量大于黄河，并不完全决定于流域面积和河流长度，因纬度和海陆位置不同引起的流域内降雨量的差别，则是更为重要的原因。因此徐霞客的推论并不十分正确。与此不同，《江源总论》在对比长江、黄河两条河流的情况时，却是根据二者同出于吐蕃，虽然都几经转折，但分析它们前后转折的方向和"今江河二口之入东海者相距不过二三百里，皆在正东，则二源发于正西者当亦不甚辽绝"。同样是对比长江和黄河，但相形之下，《江源总论》得出的结论却要比徐霞客高明得多。不仅如此，基于都实考察河源的实际经验，《江源总论》中还提出了进一步实地考察金沙江上源的课题，论曰："唐刘元鼎所探河源，自以为过汉张骞远矣，安知今之所谓江源出吐蕃犁石者，非唐之刘元鼎而尚未得夫星宿海乎？"故论者只能是"姑即江水来自西番者，以俟真知江源之君子"。这样的认识也是徐霞客在《溯江纪源》中未曾提出的。

二　徐霞客奉母出游当在天启四年

徐霞客母王氏极力支持徐霞客浪迹天下，徐霞客曾以母亲春秋年高，愿受不远游之戒，而王氏却反而以身先之，携霞客同行，出游太湖以西地区。丁文江编《徐霞客先生年谱》，系此事于天启四年①，这一年徐母王氏整八十岁。王成组先生作《徐霞客游迹、游记对照表》②，列此事于万历四十五年，王氏时年应为七十三岁；上海古籍出版社1982年出版《徐霞客游记》，点校前言也说王氏"以七十多岁的高龄，还豪兴满怀，和徐霞客一起游了荆溪、勾曲"，看法和王成组略同。徐霞客这次奉母出游是其整个游踪的一部分，因此也应当做一考辨。

王成组先生谓霞客奉母出游在万历四十五年，依据的是陈函辉作《徐霞客墓志铭》。墓志记壬申（崇祯五年）秋，徐霞客过陈函辉处，自言"丁巳家居。亦入善权、张公诸洞"，善权（善卷）诸洞皆在今江苏宜兴，而墓志下文在"天启甲子，母寿八十"事前，又记有徐母王氏"令霞客侍游荆溪、勾曲"事，荆溪也在今江苏宜兴，勾曲亦相距不远。所以王成组疑"此两次可能在同一年"，并将二事同系于丁巳年（万历四十五年）下。今按陈函辉《徐霞客墓志铭》作于徐霞客身后，有些事情了解、记忆得未必都很清楚，有时甚至记述得颇为混乱，故丁文江编《徐霞客先生年谱》就没有完全依从其说，对此吴应寿先生已有详细论述③。如墓志谓徐霞客曾至昆仑并穷星宿海，以及游历峨眉山诸事，均属子虚乌有。又如与徐霞客奉母出游事时间密切相关的徐霞客游华山事，墓志铭中凡两见，而歧说并出。一在天启甲子（四年）徐母八十寿辰的当年，一在辛酉、壬戌两年间（天启元年、二年间），而《徐霞客游记》则明确记载此行是在天启癸亥（三年）二三月间④。墓志记载不仅混乱，而且都显然有误。《徐霞客墓志铭》记徐霞客奉母出游荆溪、勾曲事在徐母王氏八十寿辰前，而徐霞客的好友张大复在《梅花草堂笔谈》卷一四"秋圃晨机图"条下，则记云："今年王夫人八十，振之（霞客字）不复请行，母独心怜振之，治软舆，率振之尽游善卷、铜棺诸绝胜处，一月乃还。其明年，王夫人寝疾卒。"

---

① 见丁文江编本《徐霞客游记》附，商务印书馆1986年版。
② 王成组：《中国地理学史》（上册），商务印书馆1982年版，第120页。另见王成组先生1984年撰《〈徐霞客游记〉丁文江编本读后感》，1986年商务印书馆出丁文江编本《徐霞客游记》前附。
③ 吴应寿：《徐霞客游峨眉山考辨》，《历史地理》第6辑，上海人民出版社1988年版。
④ 见《徐霞客游记》（上海古籍出版社1982年版）卷一下《游嵩山日记》、《游太华山日记》。

善卷即陈函辉《徐霞客墓志铭》中之善权，铜棺当亦在其附近，同在荆溪、勾曲一带，因此这次出行与《徐霞客墓志铭》载霞客奉母出游荆溪、勾曲当为一事；斟酌张大复《梅花草堂笔谈》的笔法，可以看出其"今年尽游善卷、铜棺诸绝胜处"云云，应当是当时随手所录，"其明年王夫人寝疾卒"云云，则应为后来所增。因此《梅花草堂笔谈》的记载应当是真实可信的，徐霞客奉母游历荆溪、勾曲一带，当在天启四年徐母王氏八十岁时。

考察有关史事，还可以进一步推断这次出行当在徐母王氏八十寿辰度过之后。因为徐母王氏以八十高龄携子出游，在今天也不能不说是一件了不起的事情，在当时更堪称壮举，如果发生在八十寿辰之先，徐霞客为母作寿是应当大肆颂扬这件事情的，可是在他请陈继儒所作的《寿江阴徐太君王孺人八十叙》这篇寿文里，却只字未提此事，这在情理上是不太相合的；徐霞客为母作寿又请张苓石作《秋圃晨机图》，并广为张扬，如果已有徐母携子出游事在先，那么对于嗜游成癖的徐霞客来说，请人作一幅"携子壮游图"为寿，似乎也更为合适。此外，徐母王氏七十岁以后，徐霞客一直出游未止，因母亲已年满八十而请受"不远游之戒"也是顺情入理的。这一点可以进一步说明徐霞客奉母出游荆溪一带不应该发生在天启四年之前。

那么这次荆溪之行与陈函辉《徐霞客墓志铭》所记万历四十五年（丁巳年）徐霞客游历善权、张公诸洞一事究竟是否为一事呢？由于这几处缺乏游记印证，根据现有资料，我认为还不能认定为同一件事。因为奉母出游对于徐霞客本人来说，主要是为了使母亲与其同享游历之乐，由于母亲年事已高，他只能选择离家乡较近的地点，而不必拘泥他本人有无需要，而且到他去过并且熟悉的地方去，实际上是更为方便和合适的；况且纵观徐霞客的全部游踪，故地重游也并非仅见。

（原载《徐霞客逝世三百五十周年国际纪念活动文集》，1991年）

后　记

这是我的第一部文集，选编了二十八篇历史地理学方面的学术论文，其中有两篇是没有正式刊发过的旧稿。文章的内容很庞杂，涉及到了历史地理学的大部分领域，还有一篇关于地理学史的文章，但有关古代交通和古地理文献方面的文章要多一些，所以就采用了《古代交通与地理文献研究》这样一个书名。书中所收论文，除修饰个别字句外，对于观点和内容一律不做增改。这样其中某些文章的内容互相有所交叉，请读者鉴谅。

除了这本集子里所收录的文章之外，我曾花过很大精力考订过的隋唐长安、洛阳两城的宫市坊邸寺观等基本建置问题，则已汇结为《隋唐两京丛考》一书，在三秦出版社出版。正是由于我对隋唐长安、洛阳两城的研究，得到了学术界一些师友的认可和鼓励，我才敢不惮浅陋之讥，在三十五岁这样的年龄里就汇编出版自己的文集，所以我想在这里对有关学者表示我的谢意。在这一方面，首先我要衷心感谢业师史念海、黄永年两位先生。史念海师不仅把这本小书作为他所主编的《古长安丛书》中的第一种而给予出版，而且在编制《开元天宝时期长安的文化》一文中的唐代长安城图时，还专门让我把一些结论绘入该图，给我以极大鼓励。黄永年师则专门撰文对于拙作给予了较高评价，瞩望之深，激励着我永远努力进取。此外，给予我鼓励最多的应属同样致力于隋唐东西两京研究的西北大学李健超先生。在隋唐东、西两京研究方面，我最早写成的是《唐长安都亭驿考辨》一文，但最早刊出的是1986年初发表的《唐长安宫城南门名称考实》。这篇文章一发表，就得到了李健超先生的热情赞誉。1987年8月，我又在西安国际历史地理学讨论会上，提交了我的大部分研究成果；继之在同年底将所有研究内容撰为《隋唐两京丛考》一稿，作为博士学位论文。李先生不仅在西安国际历史地理学讨论会上对拙文再三表示赞誉，作为评审人员之一，在审阅我的博士论文时，也给予了很高评价，并且还把其中一些考证结果，吸收到了他所撰写的著述当中。同时在他为《国家大地图集》历史地理卷所编绘的唐长安城图中，也采用了我的研究结论。在该图初稿绘出后，李先生又特地嘱我为其修订了图稿的部分内容。只是由于李健超先生与我多年交谊甚笃，因而没有拘于常例，一一注明依据出处。假使有人需要了解有关结论的论证过程，谨请阅读拙著《隋唐两京丛考》一书。若有谬误，责任当然是要由我来承担的。李先生研究隋唐长安、洛阳两城，走的是为徐松《唐两京城坊考》添补新出土材料的路子，局面宏阔，不像我斤斤拘泥于考订具体问题，而且是我的前辈学者，却能不弃畸琐，在自己的著述和国家重点研究项目中吸纳鄙见，这不能不大大增强了我从事学术研究的信心。

中华书局总编辑傅璇琮先生、历史编辑室主任张忱石先生和姚景安先生，多年来一直给予我热情的关怀和帮助，在当前学术著作出版十分艰难的情况下，安排出版了这部文集。作为一家饮誉海内外的学术出版单位，对于像我这样的青年学术工作者来说，这种提携和扶持尤为难能可贵。具体负责审核这部书稿的何英芳给以支持。业师史念海先生、黄永年先生，多年来耳提面命，在学术上对我期望甚深。这部文集中所收论文，无一不出自两位恩师的教诲和指导，书名也是由永年师题写的。最后我要衷心感谢家乡哈尔滨市民联房地产综合开发公司经理徐世宽先生对此书出版给予的支持和帮助。隆情盛谊，将永志不忘。

1994 年 11 月 1 日

记于京西未亥书室

再版后记

这是我的第一部论文集，初版于 1996 年。一转眼，已经过去二十一年了。当时只印了 2000 册。很多年来，有很多读者，说是想买这本书而买不到，希望能够重印或是再版。但这事我自己无法做主，只能仰赖出版社的意愿。

好事不怕晚，现在机会来了。商务印书馆慨然相助，帮助再版。我当然很高兴，也很感激。

重看自己二十多年前出版的这部文集，结合这部文集出版之后自己所做研究的体会，在治学的一般方法方面，有一些思考，我想写在这里，供各位读者参考。

总的来说，这些初涉学海时候的习作，与现在自己的文章相比，显得要稚嫩很多。首先文句很生涩，行文也很拘谨。同时，很多论证都不够丰满，还颇显局促。对于我这样一个既缺乏天赋、又无家学相传和没有文科教育基础的初学者来说，这应该说是必然的。

更为严重的问题，是有一些论证，存在很严重的缺陷。在这一方面，《唐高僧籍贯及驻锡地分布》一文，尤为突出。

这篇文章，本来就只是做一个很表象的数据统计和说明，即使不存在什么瑕疵，也没有什么深度和难度。要是在今天，我是无论如何也不会写这样的文章的。说实话，当时也不是我想写，这是业师史念海先生指派给我的任务。那是我读博士学位期间的事情。史念海先生当时计划组织一项唐代文化地理方面的研究，而我为拓展史料阅读的范围，正翻看一些史传类的佛藏著述，于是，史念海先生就指示我尝试写一下唐代高僧的地理分布问题。

直到现在，我也根本不懂佛教。在这种情况下，当然是写不好的。问题是这篇文章不仅没有学术深度,就连基本的统计方法和对统计结果的说明,都颇有问题。我从小就数不过来数,很害怕做计算。越怕,也就越做不好。因为讨厌计算,所以上大学报的是文科,谁知又被错招到理科,而我最终还是逃到了文科研究领域。因为笨,就慢慢数算,结果是文中以圆饼形式表现的高僧籍贯和驻锡地分布图,是没有什么问题的,这也是这篇文章仅具的价值。问题,出在唐代前后期对比的升降幅度值上,我的算法好像很不对头,但我到现在也弄不明白个所以然。读者们看看就是了,对这部分内容,不必太当真。

其他一些比较幼稚的失误,如在《崤山古道琐证》一文中,我举述光武帝刘秀以"玺书"慰问将领冯异事,来说明冯异一军与刘秀不在同一条路上,所以才需要使用"玺书",而不是当面表明他的美意。现在才知道"玺书"本是郑重其事的一种礼遇形式,而不是离得远才需要写的书信,我这条证据恐怕是不能成立的。

尽管存在这样一些问题,但到目前为止,我觉得这部文集中各篇文章的基本结论,并没有太大问题,大致都是可以成立的,论证的过程也是比较合理的,所以仍然愿意再版印行此书。当然,有些文章的内容,可以做出更好的修订和补充,比如《〈水经·渭水注〉若干问题疏证》一文对汉长安城诸门名称的考证,最近我在《海昏侯墓园与西汉长安城的平面布局形态》一文中已经做了新的订定;又比如《西汉至北周时期长安附近的陆路交通》一文所论证的汉长安城北出通路,新近发现的汉代渭河古桥遗址,也可以对传世文献的记载做出重要补充。

历史学是一门人文学科,而人文学科一项很强的特点,就是因人而异,往往各有各的特点,很难说出一个统一的道理。就我个人而言,在读研究生之前,几乎一点儿基础也没有,脑袋里是一片空白。这样,读研究生后被导师逼着写论文做练习,根本不可能做大问题,只能随手做一些小问题,碰到什么就做什么。

对于一个初学者来说,做的问题虽小,费的力气却往往很大。这主要是因为做小问题,通常需要查阅很多苛细的史料,需要动用一些做大问题时无需多加理会的史籍。对初学者的好处,一是可以扩大史料阅读的范围,在具体的研究过程中,了解史籍,熟悉史籍;二是可以更好地帮助初学者养成对史料的敏感性，注意在读书时关注细节；三是这种对细节的关注，会使初学者深切地意识到自己与古代社会之间的距离和隔膜，为更好地认识过往的历史，我们需要学习很多很多方面的知识，具备很多很多基本的能力，而不仅仅是大学历史教科书上那一大堆抽象干瘪的概念。

随着年龄的增长，读书范围的扩展，一些从事小问题研究的学者，不同程度地会转而关注和研究一些更大的问题。实际的做法，大致有两种；一种是直接研究宏观性、全局性、通贯性的问题；二是看起来似乎还是研究很具体的小问题，但在很多时候，事实上已经超越所研究的具体对象本身，是在一个较大的背景和一般性认识的基础上，着力解决个别的疑难问题，并尽可能阐释其普遍性意义或典型特征。不解决这些疑难的个别问题，所谓大问题，就会在这些关键问题上缺乏支撑，成为空中楼阁。这看起来似乎还是小问题，但实际上却是在解决大问题。清代第一流的历史学者钱大昕，主要采用的就是后一种研究方法。

记得还是在中国社会科学院历史研究所的时候，有一次，老领导林甘泉先生，语重心长地指教我说："你这两年的工作，做得很好，推动历史所的研究，更加扎实。但同时也存在一个很大的问题，就是历史所人员所做的研究，越来越苛细，越来越缺乏对宏观重大问题的关照，希望你能及时注意这一点，在这方面有所作为。"我非常感激老领导、老前辈对我本人和历史所工作的支持与关心，也非常赞成他对历史研究所总体方向的把握。同时，也很坦诚地讲述了我对这一问题的想法。

我认为，一个好的历史学者，要能够解决、并且着力解决一些重大的历史问题，至少像中国社会科学院历史研究所这样的国家级研究单位，其中要有相当一部分研究人员，不能永远满足于具体细琐问题的研究。但是，在另一方面，我觉得学术的成长，要有个自然的过程，有一条合理的路径，并不是怎么做都能够达到你所期望的目标。

如果从小处做起，从更具体的问题做起，更多关注历史的细节，就会逐渐形成一个比较坚固的基础。在此基础上，一部分人，研究的境界和能力若是能够有所提升，就是实实在在的长进，就能够切切实实地解决一些大问题，推动历史学的研究取得重大进步。与此相反，若是一入门就两眼紧盯所谓大问题，对于绝大多数普通学人来说，恐怕无异于攫发升天，就是揪破头皮，也升不上天去。

至于有许多、甚至绝大多数从小问题做起的学人，最后一直未能有所跃升，那是他天分如此，而不是方法和路径的问题。每个人都有自己的天花板，高度各不相同，这是天注定的自然生理条件，无可奈何。所幸历史学不是高能物理学，也不是哲学，做不了大学问，成不了大家，踏踏实实地研究小问题，仍然会对学术有所贡献，终究会比空洞地漫谈所谓大问题更有价值。

况且从本质上讲，我认为历史学是研究具体历史事实的科学，大问题要研究，小问题也需要有人研究。所谓大问题，不过是牵涉面比较广、同时对全局的影响也比较大而已，并不是它比别的问题更高贵。研究者和接受、消费、利用其研究成果的读者，因个人关注点的不同，需要的不同，喜好的不同，问题的大与小，也是随时可以转化的，绝非一成不变。问题的关键，还是要能够切实解决历史问题，揭示历史的真相。能够做到这一点，就是好的研究，就是有价值的研究。具体的事实和史事，总不如宏观大论的叙说更能招引读者的注意，赢得大众的关注与喝彩，往往会显得十分冷清。历史研究既然是一项科学的探索，就必然是孤寂之旅。对此，我在大学二年级时就已有清醒的认识。自我享受发现的快乐而不取媚于世俗，不违心屈从于他人，这是我向往的人生境界。

林甘泉先生自青年时期起即奋不顾身地加入中国共产党，投身中共领导的革命运动。他从事历史研究，肩负红色使命，是为了阐释历史发展的规律决定中国必然进入社会主义，虽然身在学术界，实际上却干了一辈子革命，当然不会同意我的想法。不过至今我也还是坚持自己的看法，坚信不积跬步无以至千里的古训。至于到底自己有没有进一步提升的可能，那只能听天由命，走到哪里算哪里是了。

事实上直到今天，我的研究也没有能够有重大的跃升，大多研究还只是就事论事而已。这就是天分太薄的缘故，而不是没有用功读书治学。尽管如此，在我力所能及的范围之内，还是努力尝试揭示一些具体问题之外的普遍性规律，或因展宽视野而触及一些与所研究问题相关的其他重要事项。

收在这部集子里的一组有关汉唐长安交通地理的文章，前三篇，先是一一复原了汉唐期间长安附近的水陆交通路线,其中包括很多复杂的考证。在此基础上,我撰写了第四篇文稿,这就是《长安城兴起与发展的交通基础》一文。在这篇文稿中,我尝试从普遍性意义上,对交通道路与城市选址之间的关系,做了一点儿探索,指出在一个城邑的对外交通道路中,并不是每一条交通路线对城址的确立都具有等同的作用,因而可以将其划分为"控制性道路"和"随机性道路"两大类别。

所谓"随机性道路",是指那些受自然条件的限制很小,从而会随着政治、经济、军事各项社会因素的变化而变化的道路;"控制性道路"则严格受制于自然条件,稳定性甚强,从而对人文和经济地理布局起着控制作用。在对这两种道路认知的基础上,我对汉唐长安城的四出通道做了区别和分析。尽管我提出的这些概念并未有人关注,也没有见到有人用同样的眼光来分析历史时期的城址选定问题,这也不是什么高深的见解,但我仍然觉得对一个城邑的交通道路做出这样的划分是具有积极意义的,自信这会有助于人们深入认识一座城邑赖以确立的交通道路基础。

能够在具体的路线和地点考证之后,再来思考这样一些相对更高层次的问题,有助于使我们的认识更为真切,更为丰满,也更加牢靠。

我研究汉唐期间长安城对外交通道路与其城址选定之间的关系,在研究方法上,完全是受侯仁之先生的影响。

侯仁之先生在分析北京城兴起和发展的地理背景时,特别强调这一城址是处于几大交通干道的交汇点上,是这一交汇点决定了这一城址的必然位置。这些交通干道,包括通过燕山阻隔的古北道、卢龙道和傍海道。这里"古北道"是指通过今古北口的道路,"卢龙道"是指通过今喜峰口的道路,而所谓"傍海道",即今通过辽西走廊和山海关的道路。

对这些道路在历史时期的应用状况,侯仁之先生没有顾得上一一梳理辨析,都将其列为决定北京城址的交通道路。当时,中国历史地理学刚刚创建,侯仁之先生对北京城址选定问题的研究,正是创建这一学科的典范性研究之一,他这样处理这一问题,是很自然的事情。但在这一学科已经全面建立起来多年之后,作为后辈学者,我们重新看待学术前辈的开创性成果,就应该尽可能使之更加完善。

我在读硕士学位期间发表的第一篇学术论文《论宋金以前东北与中原之间的交通》，本来关注的只是东北和中原这两大地域之间的交通道路变迁问题，但在全面考察相关道路之后，发现在北京城建立之初，影响其交通地理位置的信道，应该主要是卢龙道，这是因为古北道和傍海道当时还都很不发达，特别是傍海道，直至唐代，还很难通行。辽金时期以后，随着沿海地区的全面开发，这条道路才变得比较通畅，成为中原地区经今北京城去往东北地区最重要的道路。当然，在北京城进一步发展的过程中，傍海道是发挥了至关重要作用的。这是我在研究古代交通结构时牵连触及的一个北京城的基本历史地理问题。只有展宽视野，不拘泥于某一方面、某一时代、某一地区的历史地理问题，才能在研究中随时获取意想不到的发现。

我主张首先关注具体问题的研究，但如上所说，并不赞成一直做某一特定方面、特定时代或是特定地区的研究，不赞成青年学者走这样的"专家"之路。老一辈人很在意读书人的素养是否"博雅"，这两个字看起来挺简单的，要做到，却很不容易。

所谓"博"，就是拓宽视野，拓展知识范围。这一点，我首先要感谢业师史念海先生的要求和指导。初入师门未久，业师就很严肃地告诫我说："你跟着我读书做学问，学习的历史地理学知识，一定要系统全面，若是偏守一隅，就一辈子只能做成个三家村学者。"这句话说起来大多数人都能够理解，也能够接受，但历史学研究中，重要的是实践，而这个实践活动，是需要一点一滴地累积展开的。

史念海先生的研究，局面宏阔，涉及历史地理学的方方面面，可以说当代中国历史地理学的学科框架，就主要是在业师的努力下建立起来的。他老人家丰硕的研究成果，自然是我首先要效法的典范。不过与此同时，黄永年先生浩无涯涘的研究兴趣，也给我很大刺激和诱惑。当年第一次读到黄永年先生研究李秀成自述的论文时，不仅为其精彩的论述拍案叫绝，同时也在钦敬之余，心向往之，以为读书人本当如此。应该能够像黄永年先生那样，从先秦一直做到近代（其实黄永年先生谈起现、当代中国史，更是如数家珍，但中国的现、当代史研究首先是讲政治，不宜妄谈，所以写文章能写到近代也就满不错了），而且能够很深地介入各个方面的问题。

在这种想法的驱动下，在读硕士和博士学位期间，我都尽量拓展读书学习的范围。这样的努力，在这部论文集中已经有所体现——文集的内容颇显杂乱，就是出于这一原因。从所涉及的时代看，大致从先秦两汉以迄明清，多少都涉及一些；从内容上看，虽然文集以"古代交通与地理文献研究"为名，但除了古代交通和地理文献这两方面的内容之外，还包括历史自然地理、历史城市地理、历史文化地理和古代地理学史等多方面的研究；从研究的地域范围来说，则既有全国性的研究，也有对中原地区的研究，还有研究东北地区的文章和研究西南地区的文章。这种情况，既已初步具备我后来研究的基本特点，但也还有明显的差异。这就是基本上还限制在历史地理学的范畴之内，所研究的古代文献，基本上也都是地理文献（《〈大业杂记〉考说》一篇在性质上虽然论述的不是地理文献，但《大业杂记》书中有一些涉及隋代东都的史料，我是因研治隋唐两京问题而牵连涉及此书）。与之稍有差别的，主要是《徐霞客史事二题》一文所做的地理学史研究。但由于史料上的重合之处较多，历史地理学者从事一定的地理学史研究并不需要向外跨越多大距离，历史地理学的前辈往往也都会像这样做一些地理学史的研究。我这样做，算不上在学科领域上有明显跨界的地方。

　　对于从事学术研究的人来说，我想，可以把"雅"理解为做学问的路子要正，味道要醇。不过究竟怎样做才算得上正确的路径，醇美的味道，这是因人而异的事情。学问是自己的，犹如宗教信仰，本是自信其是而已。既没有必要让别人非信自己的不可，也没有必要看人家眼色行事，一味跟着别人脚后跟儿走，特别没有必要死乞白赖地去追赶什么世界新潮流。

　　就我个人的态度而言，首先是重视基本史籍的阅读，从基本史籍出发，去认识历史，发现问题，继而再主要依据基本史籍的记载、或是在基本史籍给我们提供的大背景下去努力解决问题。

　　古代的历史，已经远离我们而去。认识历史的手段虽然有很多，但至迟从东周时期开始，其最最基本的凭借，到目前为止，还是传世史籍的记载。这些传世文献，保存的历史信息最多，也最清楚。脱离这些文献记载，绝大多数史事都无从索解。不过流传至今的中国古代史籍数量庞大，可谓汗牛充栋，所以在利用这些史籍从事研究中，还有一个正确处理主次、正偏关系的问题。

在这方面，当年业师史念海先生经常给我和同学们讲的一句话，是要"化腐朽为神奇"。这是从他的老师顾颉刚先生那里习得的治学原则，即强调要以传世典籍中的基本文献为主。形象地说，就是依赖最常见的正经正史，而不是野史杂记，更不是各种新出土的简牍碑版，以至各种纸质公私文书。从这些多少年来迭经披览而看似早已"腐朽"透彻的书籍中，发现前人不能发现的问题，解决前人未能解决的问题。

我的另一位老师黄永年先生，尤其强调说，做学问，一定不能走偏恃孤本秘籍的路子。黄先生反复告诫我，那不是治学的正路，必然会失之于"陋"，而不是日臻于"雅"。那样做很容易只见树木，不见森林，缺乏对历史现象的总体观照，缺乏应有的厚度和深度，不会有更加持久、更加强劲和更加深入的发展。在黄永年先生的晚年，几乎每一次见面，他都要向我强调，一定要集中力量好好读正史，许多中国古代史中的重大问题，大家都习以为常，但只要认真阅读正史，就可以发现存在重大的缺陷或是偏差，需要重新做出阐释。

作为走上治学道路以后最初的习作，收在这部文集里的大部分文章，都是按照老师的指教，遵循上述旨趣，依据习见基本典籍尝试做出的研究。关于这一点，读者开卷可知，我在这里就不再具体说明了。

为了更好地利用传世文献，就需要具备一定的版本目录学知识。老一辈学者，普遍重视这些知识，将其视作入门的阶梯。当年随同史念海先生读书之始，即遵先生的指示，去听黄永年先生讲授的版本目录学课程，并随时向黄永年先生请教，尽量多在这方面打下一个良好的基础。这样，我不仅在黄永年先生的课堂上接受了正规、系统的文献学基础训练，幸运的是，还蒙受永年师垂爱，在课堂授课之外，给予了很多很多教诲。在读硕士学位之前，我本科毕业时拿到的是理学学士学位，版本目录学知识一片空白，没有一点儿基础，是永年师引领我入门，手把手地传授，使我较快有了一些长进。

收在这部文集中的几篇地理文献的考据文章，就是我在这方面尝试着做出的一些努力。这些文章大多比较浅显，相比较而言，《〈水经·渭水注〉若干问题疏证》和《考〈长安志〉、〈长安志图〉的版本——兼论吕大防〈长安图〉》这两篇文章，可以说分别是在目录学和版本学两个方面自己稍微满意一些的研究。像《〈水经·渭水注〉若干问题疏证》这篇文章对灞水上源各重要支流的考辨、对西汉长安城诸门名称的订定等,得出很多新的看法。尽管只是一篇习作,但涉及《水经注》的版本等一系列复杂问题,前人虽有过很多研究却仍存在不少问题,做起来颇费一番功夫。由于自己花费了较大力气,文中提出的看法,至今看起来,自以为仍基本成立。其中个别问题,虽然可以做出一定的订补,如前文所述,关于西汉长安十二门的名称,最近我在《海昏侯墓园与西汉长安城平面布局形态》一文中就对旧说略有修正,但基本的分析方法,并没有改变,而这样的分析方法,对相关的研究,或许能够提供一些参考和借鉴。

虽然后来我又做过很多版本目录学的研究,也出版过不止一部研究著述,但所有这些研究,一如其初衷,只是为了更好地利用史籍来做历史问题的研究,而不是为研究史籍而研究史籍,这也是我从黄永年先生那里学到的治学旨趣。永年师一直认为,掌握相应的版本目录学知识,是一个历史学者必备的前提条件,而不是所谓"版本目录学家"才需要掌握这些知识,才能够掌握这些知识。当年自己在这方面的努力,为研治相关历史问题,奠定了较为适宜的基础。对这方面的知识,我现在学得还很不好,还要一直努力学习下去。

在研究中注重以传世基本典籍为主要依据,并不是说排斥其他史料。相反,史念海先生和黄永年先生都指点我要广泛阅读,以拓展见闻。黄永年先生特别强调说,一个受过正规训练的好学者,要使自己具备"指哪儿打哪儿"的素质和能力,即根据工作的需要或是兴趣的指向,能够在短时间内,转换研究的时段和领域。这自然需要历史文献知识具备相应的广度,既是治学之"雅"的一种体现,同时也又回到了前面谈过的"博"的问题。

在我这部习作文集中,有四篇涉及石刻文献的研究,能够大致反映我在传世基本典籍之外,对碑版铭文这类史料的关注和态度。

第一篇是《唐〈东渭桥记〉碑读后》,针对的是当时新出土的一方唐代碑石。集中关注新发现的石刻史料,是当下学术界的普遍倾向,而我当时撰文发表自己的一些看法,却主要是基于此前对唐长安城附近交通道路进行研究的基础,而不是跟着去抢什么新材料。也就是说,我在史念海、黄永年先生那里接受的治学方法,是根据研究问题的需要来使用一切可以利用的史料,而不是两眼紧盯新材料来写文章。这是两条完全不同的路径。出发点不同,写出来的东西,味道往往也会有所差异。

其次是《汉〈杨孟文石门颂〉堂光道新解——兼析谠骆道的开通时间》，这篇文章是以汉碑中大名鼎鼎的《石门颂》作为研究对象。这种世代相承迭经研讨的石刻，与新出土的《东渭桥记》截然不同，需要更加深入的思索，才能得出前人未能提出的见解。但我理解，体现一项好的研究的"雅"意，正在于此。我这篇文稿的观点，未必完全正确无误，但对这种著名石刻的解析，就像解读《史记》、《汉书》一样，充满诱惑，也充满挑战。

其余两篇主要依据和研究石刻文献的论文，是《宋金元时期西安城街巷名称考录》和《西安碑林迁建时间新说》。前者的特色，是主要利用了金章宗明昌五年上石的《京兆府提学所帖碑》来复原这一时期的街巷状况，后者也是利用一篇金代石碑的铭文来解决今西安碑林的始置时间问题。这两通金代的石刻，都见于《金石萃编》的著录，是最大路的"老材料"，早已无人关注。但悉心解读这两篇石刻文字，同样可以取得"化腐朽为神奇"的效用。

《京兆府提学所帖碑》记述了城中很多街道上的宅基范围，我在分析这一碑刻时发现，碑中凡记街道两旁地基，云其东西或南北阔若干，都是在与街道平行方向上量算，而若云其东西或南北长若干，则必是在与街道垂直方向上量算。据此通例，可以推导出诸多街道的走向和街道两旁住宅的规模、布局形态等问题。唐代坊制打破之后城市街巷形态的演变过程，是中国古代城市发展史上的一个重要问题，宋辽金是唐代以后这一演变过程中的关键时期，或者可以说是转折时期，而相关史料，却相当匮乏。认真分析《京兆府提学所帖碑》提供的这份资料，可以帮助我们解决很多重要问题。我这篇文稿，只是最初步的史料整理和归纳，属于札记性质。本来计划在此基础上再做更进一步的研究，只是因完稿后即调离古都西安，工作的重心随之转变，直到现在，也没有再触及相关问题。但愿以后还能重拾旧业，继续这一研究。

《西安碑林迁建时间新说》一文主要是利用金海陵王正隆二年的《京兆府重修府学记》石碑，考定今西安碑林的始建时间是宋徽宗崇宁二年（1103），而不是以往认定、同时也是至今该博物馆仍在大力宣传的宋哲宗元祐二年（1087）。只要稍微正眼看一下这方碑石的内容，这本是一清二楚的事情，是不想承认也得承认的史实，而且这方碑石应当就藏在现在碑林博物馆里，其被忽略如是，就是因为它是一块传世已久老旧石头，而不是刚从地底下挖出来带有土腥气息的"新史料"。设想一下,要是新鲜出土,岂不会被炒翻天上去,一定会被一干人等用作"颠覆"旧说的神器。前些年我去西安碑林博物馆参加其庆祝碑林建置若干周年的一次学术会议,一到场就有好心人相告,千万别提碑林的始建时间问题,这会让主办者窘迫。大喜的日子,我当然不会去扫人家的兴致。

历史研究,对于我来说,只是满足好奇心而已。真相,我知道了,这就是个乐子。至于别人怎么看,和我又有什么关系。有根有据、就所有的论点论据直接针锋相对的学术批评和讨论,我当然会认真对待,也非常欢迎。认识到自己错了,就改。不然的话,若只是空口白话,或是邪说歪理,别人想怎么讲,就怎样讲,那是人家的事儿。

我觉得,由于基本学术理念的偏差,惟新是崇,导致时下学术界对旧有金石材料的利用,远远不够。即以较早著录大量汉魏碑刻的《隶释》、《隶续》而言,很多研治秦汉魏晋史者,甚至对其闻所未闻;翻检过的人,更是少之又少。习惯成自然,在中国史学界,类似的怪事早已见怪不怪,成为一种"新常态"了。事实上石刻文献也与其他传世典籍一样,也有其自身的体系,为了更好地利用这些文献,最好也要努力对石刻文献有一个比较系统的了解。知道得多了,才能更加合理、更加广泛地利用好这类史料。

后来我来到北京大学历史系工作,在给本科生讲解碑刻学基础知识,为了锻炼自己的实践能力,特地试着写下了《北齐乐陵王暨王妃斛律氏墓志与百年太子命案本末》、《〈马天祥造像记〉与北齐武平九年纪年》和《北齐〈大安乐寺碑〉与长生久视之命名习惯》等几篇文章。后来所做同类石刻文献研究,比较重要的论文,还有《说阜昌石刻〈禹迹图〉与〈华夷图〉》一文。研究的对象,都是学术界久已熟知的著名碑版。这些新写的论文,自然要比当年的习作更为成熟,但基本的治学理念,却是一以贯之,由过去延续下来的。

另外,在这里需要稍微具体一些加以说明的是,作为历史地理学的研究,在研究中还需要合理地对待史料的阅读分析和对实际地理状况的了解、认识。这实际上涉及两个方面的问题:一是一定要结合地理形势来分析史料,考证史料;二是合理地处理用功读书与野外实地考察之间的关系。在我看来,把这两个方面的问题处理好了,一项研究就会得其雅正;若是处理不好,则或格于迁，或失于野。

历史地理学的研究对象，不仅具有各自不同的时间特征和属性，还具有独特的空间特征和属性，研究者自然需要同时对其加以关注。我理解，合理的做法，应当是主要通过史料的阅读来揭示地理事物在时间轴上的样貌，再结合具体的地理形势，特别是总体地理背景，以准确地解读其空间内涵，最终展现出具体时间点上的空间形态。

文集中《论霸上的位置及其交通地位》、《再论霸上的位置》和《三论霸上的位置》这三篇文章对"霸上"这一地点的考订，若是不多考虑具体的地理状况，单纯从一般意义上看，所谓"霸上"，就像"河上"、"汉上"、"海上"等词一样，不过是"某水之上"的意思而已，既可以指霸水的东岸，也可以是指霸水的西岸。可是，若是和当时、当地的具体情况相结合，就可以看出，汉唐长安城东面的"霸上"，已经成为一个表示特定地点的专有名词。这一特定地点，就是长安城东出三条大干道的分歧点，或者说是一个至为关键的"结点"：一条是去往正东的函谷关道，一条是去往东北的蒲关道，另一条是去往东南的武关道。"霸上"在交通地理和军事地理上的地位和重要性，就在这一点上。因而论定这一问题，已不是简单的地名考证，而是解决汉唐长安都城附近交通地理结构中的一个关键问题。

同样，《论宋金以前东北与中原之间的交通》这篇文章在分析各条通道的兴替关系时，我也努力结合这些道路的自然地理形势，分析相关文献记载，指出滨海一道在辽金以前的通行能力，因受地表积水的阻滞而相当低下，难以发挥很大的作用。在《论西渭桥的位置与新近发现的沙河古桥》这篇文章中，针对一些考古学者将沙河古桥推定为"丝绸之路第一桥"，亦即西渭桥的说法，我从长安城西北向干道的走向来论证沙河古桥的性质和作用，指出其位置、朝向与长安城西北出大道的抵牾，从而否定了其属于西渭桥的可能。近年新发现的一组渭河古桥，证明我的分析是符合历史实际的。这也是透过总体的地理形势来考定一个具体的地物。

谈到对实际地理环境的重视，很多人一定会首先想到野外实地考察。其实面对目前中国学术界的现实情况，这一点，正是我持有强烈异议的地方。

当今，中国的历史学界，特别是历史地理学界，有很大很大一批人，动辄声称"野外考察"具有非同寻常的神异作用,可以解决很多依据历史文献所不能解决的问题。于是,东奔西走,南来北往,一时间煞是热闹。可是实际效果呢?我看绝大多数所谓"考察",不过是一场场观光之旅而已,既浪费了大量民脂民膏,更枉耗了一大批学者的学术性命。

众所周知,在中国历史地理学界,业师史念海先生是积极倡导野外考察的第一人,并身体力行,为此树立了典范。但史念海先生倡导的野外考察,准确地表述,是文献记载与野外考察相结合,强调在全面掌握并悉心分析史料的基础上,再辅之以实地的考察,既考察地理形势,也考察相关的历史遗迹。

从学术研究方法演进的角度来看,由于过去有很大一部分学者只是局促于书斋,单纯计较于文字的考订,完全不顾实际的地理形势,不顾实际存在的古代遗存,因此,史念海先生所主张的野外考察,是对这一局限的匡正和补充,而不是对文献考辨分析的否定。利用文献记载和实行野外考察,二者之间是相辅相成的关系,而不是后者对前者的取代。

收在这部文集中的《史万岁南征路线重析》一文,是我在跟随史念海先生读硕士学位第二年的一篇习作。写这篇文章,是缘于史念海先生在1983年夏带领我们几位研究生去西南地区的一次考察。这次考察的对象,是古代中原去往西南的交通道路。出发之前,先生即要求我们先花力气读书做功课,首先努力从文献中发现和提炼问题,再验之以山川形势。

为此,在一个多月的准备阶段,我集中思考了四川入滇通道的历史变迁问题,而对这一问题的深入认识,又集中到了隋代史万岁南征的往返路线上来。关于这一问题,向达、方国瑜等许多学者都做过探讨,但我在一一阅读相关文献之后,觉得基本的史实并未阐释清楚,仍有继续讨论的必要。

通过这次考察,使我对相关山川形势有了更具体的了解,从而得以更为切实地理解地貌形态对川滇之间历史通道的制约和影响。更为重要的是,考察途中,真真切切地亲眼目睹了小相岭上连绵不断的雪峰,由此可以认定,史万岁收兵回师时所写诗句"盖天白岭胜金汤,镇压西南天半壁",讲的必是这一条路线,从而更加清楚地阐明了川滇交通的变迁状况。

这篇小文章写出之后,得到史念海先生的肯定。先生特地说明,他所倡导的实地考察,就是要像这样先好好读书,再有具体针对性地身赴其地,考察特定的目标，绝不是脱离历史文献的记载而过分依靠所谓"考察"来解决历史地理问题。

如何看待野外考察在历史学、特别是历史地理学研究中的作用，还涉及在现代社会条件下人们如何认识历史、如何获取知识的基本理念问题。

在现代社会中，各个专门领域的研究，已经都相当专门，相当深入，学者在研究中若是需要利用自己学科领域之外其他相关学科的知识，最适宜的途径，应该是首先利用这些学科业已取得的专业成果，而不是像一个外行的棒槌一样去乱插横捅。就大多数历史学者、特别是历史地理学者来说，所谓野外考察，主要涉及两个学科领域的知识，一是地理学，二是考古学。

很多人以为，出门乱走一气，随便看上两眼，就能够弄明白地理，不把地理学看作是一门专门的学科。以这种态度来看待地理知识，自然会过度相信自己的"考察"。其实当前人们进行的绝大多数"考察"，所获取的结果，并没有逸出于地理学界已有的认识之外。其中有很多问题，只要翻看一下普通的地形图，就能轻而易举地解决，无需再多事他求；甚至到了现场，瞪着眼睛使劲看，反而不如看看地图、利用一下地理学家总结的情况更为清楚。盖一个人的目力是有限的，而与此相比，地理学家利用的研究手段是丰富的，即所谓"不识庐山真面目，只缘身在此山中"是也。

考古学的知识，更需要专门的训练。不具备基础的考古学知识而侈谈古迹古物的考察，很难取得有价值的成果。我认为，在历史地理学领域，侯仁之先生在研究乌兰布和沙漠变迁时所做的考察，最为可取。在这一研究中，侯仁之先生是特地邀请考古学家俞伟超先生与其合作，一同考察沙区的古代遗迹，所以才取得了非常切实的成果。在不具备相应条件的情况下，首先针对自己所要研究的区域或地点，尽量多阅读一些考古学者已经公布的勘察和发掘结果，也是一项有益的工作，往往会比盲目地前往现场会获取更多有价值的信息。

如何对待读书治学与野外考察的关系，有时还会牵涉到对古代学人的评价问题。谈到野外地理考察，近代以来，世人往往对明末所谓"千古奇人"徐弘祖推崇备至，以为徐氏所为是具有近代科学意义的学术考察。在这一点上，我的认识与通行的看法颇为不同。我认为，徐弘祖之浪游天下，只是出于赏玩山水风光的目的。正由于他束书不观，徒然四方奔走，并没有任何重大地理发现。《徐霞客游记》中对奇峰幽洞的记述,也与西方近代科学具有本质性的差异。不能不顾历史事实而一厢情愿地拔高。究其内在实质,徐弘祖的行为,不过是明末颓废"世纪病"的一种症候而已,同西门庆之纵情色欲,并没有明显区别。

文集中的《徐霞客史事二题》一文,即针对学术界通行的看法,讲述了自己不同的认识。所幸这一看法写出后,得到了谭其骧先生的高度认可和大力赞赏,并特地赐函予以鼓励。这极大地坚定了我不循流俗地独立思考问题的信心,努力实践自己认定的学术方法。附带说一下,关于徐弘祖其人其事,我一直想以"《徐霞客游记》与《金瓶梅》"为题写一篇论文,来具体说明对《徐霞客游记》内在实质的认识,可惜延宕日久,至今仍未能如愿。

上面拉拉杂杂地讲了很多,不一定适宜,也卑之无甚高论,但说的都是我的心里话,仅供读者了解而已。我的认识和实践,当然还存在很多弱点和缺陷,这只能在今后的读书和研究过程中,努力加以改进。

最后,在这里,我要向当年热情帮助我出版这部文集的责任编辑张忱石先生致以衷心的谢意,向支持此书出版的中华书局总编辑傅璇琮先生致以衷心的谢意。作为一个刚刚走入学界未久的年轻人,他们的帮助和支持,对我后来的进一步发展,起到了重大作用。这种情谊,是永远难忘的。

当然我要感谢帮助再版此书的王江鹏先生。前面一开头我就谈到,有朋友反映此书难以觅得,已经多年,我也苦于未能重刷再印,以满足读者的需求。前两个月,王先生主动相助,提出帮助再版,而且这么快就要印出了,这实在很让我兴奋,也很令我感动。最让我感动的是,王江鹏先生说,他正是因为收齐了我其他所有著作而尚且无法购得这本,才想到要帮我重印此书。没有王江鹏先生的积极努力,就没有这次再版的机会。由于身体的原因和事情较为忙乱,这次再版,我基本上什么也没做,全靠王先生代为处理一切繁杂的文字核校工作。需要说明的是,除了王江鹏先生帮我改正了一些笔误错字以外,文章的内容,一律未做更动。

还要感谢商务印书馆的上层主管,同意印行拙作。商务印书馆是中国现代出版业的第一标志性企业,也可以说是天下第一品牌。我一直期望能有机会在商务印书馆出版一本小书。这次虽然是旧作重版,也让我感到十分荣幸。不过得陇望蜀,但愿将来能新写出一部与商务印书馆名誉、地位相差不是太多的书稿来,有幸在这里出版。我也衷心期望商务印书馆能够全面恢复旧有的传统,在出版中国传统文化的书籍方面,绽放旧日绚丽的光彩,特别是能多出版一些用正体字印制的书籍。

2017 年 11 月 7 日漫记